KNAUR⭐

HERA LIND

DAS EINZIGE KIND

Roman nach einer
wahren Geschichte

Besuchen Sie uns im Internet:
www.knaur.de

Aus Verantwortung für die Umwelt hat sich die Verlagsgruppe
Droemer Knaur zu einer nachhaltigen Buchproduktion verpflichtet.
Der bewusste Umgang mit unseren Ressourcen, der Schutz unseres
Klimas und der Natur gehören zu unseren obersten Unternehmenszielen.
Gemeinsam mit unseren Partnern und Lieferanten setzen wir uns
für eine klimaneutrale Buchproduktion ein, die den Erwerb von
Klimazertifikaten zur Kompensation des CO_2-Ausstoßes einschließt.
Weitere Informationen finden Sie unter: www.klimaneutralerverlag.de

Originalausgabe November 2023
Knaur Taschenbuch
© 2023 Knaur Verlag
Ein Imprint der Verlagsgruppe
Droemer Knaur GmbH & Co. KG, München
Alle Rechte vorbehalten. Das Werk darf – auch teilweise –
nur mit Genehmigung des Verlags wiedergegeben werden.
Covergestaltung: buxdesign, München
Coverabbildung: buxdesign I Lisa Höfner unter Verwendung
von Motiven Maryna Halton/Arcangel, Ildiko Neer/Trevillion Images
und Alan Swart/Alamy/mauritius images
Satz: Daniela Schulz, Gilching
Druck und Bindung: CPI books GmbH, Leck
ISBN 978-3-426-52836-5

2   4   5   3   1

Vorbemerkung:

Dieses Buch basiert zwar zum Teil auf wahren Begebenheiten und behandelt typisierte Personen, die es so oder so ähnlich gegeben haben könnte, einen Anspruch auf Faktizität erhebt es aber nicht.

Diese Urbilder wurden jedoch durch künstlerische Gestaltung des Stoffs und dessen Ein- und Unterordnung in den Gesamtorganismus dieses Kunstwerkes gegenüber den im Text beschriebenen Abbildern so stark verselbstständigt, dass das Individuelle, Persönlich-Intime zugunsten des Allgemeinen, Zeichenhaften der Figuren objektiviert ist.

Für alle Leser und Leserinnen erkennbar, erschöpft sich der Text nicht in einer reportagenhaften Schilderung von realen Personen und Ereignissen, sondern besitzt eine zweite Ebene hinter der realistischen Ebene. Es findet ein Spiel der Autorin mit der Verschränkung von Wahrheit und Fiktion statt. Sie lässt bewusst Grenzen verschwimmen.

Es kommt die Bezeichnung »Zigeuner« vor, die heute als diskriminierend und abwertend gilt und nicht mehr gebräuchlich ist. Sie wird in diesem Buch an manchen Stellen dennoch verwendet und weder umschrieben noch vermieden oder nur angedeutet, da sie zu der Zeit, zu der die Geschichte spielt, gebräuchlich war und dazu beiträgt, die Zeit und die Zustände vorstellbar zu machen.

IRGENDWO BEI SOKOLICE, EHEMALIGES KÖNIGREICH JUGOSLAWIEN, LANDESTEIL BOSNIEN,
Frühling 1939

Nebenan machte sich meine Mame schön. Sie bemerkte mich nicht, während sie ihre langen schwarzen Haare mithilfe eines Handspiegels betrachtete und sich mit nacktem Oberkörper hin und her drehte. Ihre Mähne glänzte noch feucht, sie hatte sie im Bach gewaschen und wrang sie gerade auf der Türschwelle unserer Behausung aus. Neugierig lugte ich um die Ecke in unserem aus Lehm und Stroh erbauten Hüttchen, das in der Einsamkeit irgendwo im Nirgendwo lag.

Die Mame hatte mich auf das Strohlager im dunklen steinernen Nebenraum gesetzt, ich kleiner Knirps war wie immer nur mit einem Hemdchen bekleidet, unten herum war ich nackt. Das sparte Mame viel Arbeit, aber es war damals auf dem Lande im ehemaligen Jugoslawien absolut üblich. Alle kleinen Dreckspatzen liefen so herum. Ich war vielleicht drei oder vier Jahre alt.

»Djoko! Schlaf, Bub! Die Augen zu!« Mame wirbelte zornig herum, sie fühlte sich ertappt. Ausnahmsweise trug sie kein Kopftuch, weshalb ich nicht aufhören konnte, ihre langen Haare fasziniert anzustarren. Sie sah aus wie eine schöne Märchenfee, was nicht immer zu ihrem unberechenbaren Temperament passte.

»Aber ich kann nicht mehr schlafen, es ist ja schon heller Morgen!«

»Djoko, du sollst schlafen, habe ich gesagt! Ich will meine Ruhe haben!«

»Mame, darf ich auch einmal hineinschauen?« Ich war genauso dunkeläugig und dunkelhaarig wie Mame und hätte gern mal einen Blick in das blinkende Zauberding geworfen.

»Nein, das ist nichts für kleine Rotzbuben! Du machst mir den Spiegel noch kaputt!«

Unwirsch schickte sie mich wieder in meinen winzigen Verschlag aus Stroh. »Wenn du jetzt nicht schläfst, gibt es Ärger. Später musst du nämlich weit laufen, Djoko, und denk ja nicht, dass dich der Tate trägt!«

»Wo gehen wir denn hin?«

»Wenn Tate vom Dreschplatz zurückkommt, gehen wir zu deinen Großeltern. Aber jetzt gib Ruhe, sonst setzt es was.«

Tate war mein Vater, ein kräftiger, sehniger Mann, vielleicht zweiundzwanzig. Mame war sicher noch keine zwanzig.

Doch an Schlaf war nicht zu denken. Ich war viel zu aufgeregt! Endlich war der lange einsame Winter vorbei, in der völligen Abgeschiedenheit, in der Mame, Tate und ich auf dem winzigen kleinbäuerlichen Anwesen lebten. Mein stolzer, schöner, großer Tate hatte mit seinen Männern im Wald Wölfe gejagt, meine zierliche, mädchenhafte Mame hatte sich aus Angst vor wilden Tieren mit mir und unserer Dalmatinerhündin Cuja tage- und nächtelang in der dunklen Lehmhütte verschanzt. Aber nun stand die Tür zur grünen Wiese wieder weit offen, draußen gluckerte und plätscherte der liebliche Bach, die Vögel zwitscherten, die Blumen blühten, unsere drei Schafe, das Schwein und die Kuh grasten auf der Weide, und die kinderreiche Nachbarsfamilie, die jenseits des Baches wohnte, wusch unter lautem Hallo und Geschrei ihre Wäsche und sich selbst gleich mit.

Wie sollte ich da schlafen! Es war doch schon heller Tag! Aufgeregt buddelte ich mich auf meiner Schlafstelle im Stroh ein und warf die würzig riechenden Halme übermütig spielend in die dunkle Luft unserer stickigen kleinen Hütte.

Vor dem winzigen Fenster, in das die Morgensonne herein-schien, tanzten die Staubkörner, und ich musste husten.

»Still, Djoko! Du gehst mir auf die Nerven!«

Plötzlich raschelte etwas im Stroh, und ein glitschig-feuchter schwarzer Kriechtierleib züngelte zischend knapp an meinem nackten Gesäß vorbei.

»Mameeee! Eine Schlange!« Ich schrie wie am Spieß.

Mit einem Satz war Mame bei mir, riss mich am Schlafittchen von meiner kratzigen Schlafstätte und zerrte mich in den winzigen Wohnraum, wo sie mit dem milchigen Spiegel ein ausführliches Zwiegespräch hatte halten wollen.

»Dass du aber auch immer so einen Unsinn machst, Djoko!« Statt mich zu trösten, ließ sie eine schmale Weidenrute auf mein nacktes Hinterteil sausen. »Das werde ich dem Tate erzählen, dann gibt es Haue obendrein!«

»Au, Mame, au!« Vor Schmerzen trappelte ich barfuß auf dem lehmigen Steinboden herum.

Ich hatte es doch nicht mit Absicht gemacht! Die Schlange hätte mich fast gebissen!

»Was habe ich dir gesagt? Schlafen sollst du!« Mame ließ die dünne Weidenrute zischen. Sausend wickelte sich die lange Gerte um meinen kleinen nackten Körper und traf mein empfindliches winziges Geschlechtsteil.

Vor Schmerzen ganz taub, trippelte ich von einem Beinchen auf das andere.

»Au, mein Pipi!«

»Du bist selber schuld, Djoko, du ungehorsamer kleiner Ben-gel!« Sie riss mich am Arm und schüttelte mich, dass meine langen schwarzen Locken nur so flogen.

»Komm her, wenn wir schon dabei sind! Anständig sollst du aussehen, du Dreckspatz!«

Sie zwang mich mit den Knien in einen Schraubstock, griff zu

Papas scharfem Jagdmesser und schor mir den Kopf kahl. »Steh still, sonst tu ich dir noch mehr weh!«

Ich ließ die Prozedur mit zusammengekniffenen Augen über mich ergehen. Meine schwarzen Locken fielen in langen verfilzten Strähnen auf den Lehmboden. Nach getanem Werk drückte Mame mir den Reisigbesen in die Hand und befahl mir, sie wegzufegen.

»So, jetzt hast du wenigstens keine Läuse mehr.«

Warum meine Mame zu mir so hart war, konnte ich als drei- oder vierjähriger Knirps nicht begreifen. Wir hatten doch nur uns, sie hatte mich in dieser Hütte geboren! Aber der Umgangston war rüde und das Verhauen an der Tagesordnung. Mein Tate war auch nicht immer nett zu ihr, was wohl an der damaligen Rollenverteilung einer üblichen Ehe lag.

Wenn nicht sofort gehorcht wurde, ließen die Stärkeren ihre Fäuste oder die Weidenrute sprechen.

»Und jetzt ab in den Bach mit dir, Djoko!«

Wie ein Paket klemmte sie sich mich zappelndes Bündel unter den Arm und schleppte mich hinunter zum eiskalt sprudelnden Bach.

Die Nachbarsfamilie Jovanovic war bereits damit beschäftigt, ihre Kinder im Bach zu waschen. Auf der mit Morgentau bedeckten Wiese lagen ihre Laken, Blusen und Hemden zum Trocknen ausgebreitet, der laue Wind ließ sie lebendig aussehen wie riesige Schmetterlinge, die versuchen, zum Fliegen abzuheben.

»Ich will nicht!« Wütend strampelte ich mit den Beinen, mein Weinen ging aber in Lachen über, als ich die etwa gleichaltrige Nada bereits in den gurgelnden Fluten planschen sah.

»Hallo, Djoko! Komm rein, das Wasser ist so schön!« Mit ihren weißen Milchzähnchen im dunklen Gesicht grinste sie mich an. Vor ihr konnte ich ja wohl keinerlei Schwäche zeigen. Schaudernd ließ ich mich in das eiskalte Wasser gleiten.

»Wirf mir mal die Kernseife rüber!« Mame fackelte nicht lange und tauchte mich zur Gänze in das sprudelnde Nass, bevor sie mich wieder hochriss, um mich einzuseifen. Zitternd vor Kälte stand ich da und versuchte, mein Zipfelchen mit den Händen zu bedecken. Denn eines hatte ich schon herausgefunden: Das Nachbarmädchen Nada hatte keines! Und genau deshalb starrte es immer so unverhohlen auf diese offenbar kostbare Seltenheit.

Mame hatte übrigens auch keines. Da die Frauen unter ihren Röcken niemals Unterhosen trugen, hatte ich auch diese für mich hochinteressante Tatsache schon herausgefunden. Während der Feldarbeit, bei der wir Kinder mit unseren Hunden und Katzen in der Nähe unserer Eltern herumtollten, setzten sich die Frauen einfach an den Waldrand, hoben ihre Röcke und verrichteten, was sie verrichten mussten. Wir Kinder taten es ihnen nach. Auch wenn unser karges Leben in der Abgeschiedenheit einsam und hart war, so fühlten wir Kinder uns doch wie Adam und Eva im Paradies. Außer, wenn wir eine Schlange aufscheuchten oder in einen verbotenen Apfel bissen, natürlich. Dann fuhr zwar nicht Gottes Zorn, aber der unserer temperamentvollen Eltern in Form von Stockhieben auf uns herab.

»Du hast Djoko seine schönen Locken abgeschnitten!« Johanna Jovanovic seifte ihre Tochter ein und ließ dabei ihre kräftigen Armmuskeln spielen. Harte Feldarbeit und der Umgang mit den Tieren hatten die Frauen zu starken Amazonen gemacht.

»Er war nicht brav. Statt zu schlafen, hat dieser kleine Satansbraten sich im Stroh eingegraben und es in die Luft geworfen. Und natürlich war da eine Schlange drin.«

»Dann musst du ihn verhauen.« Dieser nachbarschaftliche Rat kam nicht etwa spöttisch, sondern im Brustton der Überzeugung.

»Habe ich schon gemacht.« Mame schrubbte an mir herum.

»Auch wenn er mit seinen großen braunen Augen und seinen langen Wimpern aussieht wie ein Unschuldslamm. Du musst hart bleiben, Marusha. Mach einen Mann aus ihm.«

»Ich weiß. Davon lasse ich mich nicht beeindrucken. Er weiß nämlich selbst, wie süß er ist.«

Während die beiden Mütter handfeste pädagogisch wertvolle Ratschläge austeilten, ließ ich mich bereitwillig einseifen und abschrubben. Dass das eiskalte Wasser auf meinen frischen Striemen brannte, ließ ich mir nicht anmerken. Stattdessen liebäugelte ich mit der nackten Nada, die mir beiläufig kleine Kieselsteinchen zuwarf.

»Wir gehen heute zu unseren Großeltern!« Hoffentlich imponierte diese Verlautbarung der kleinen Nachbarstochter. »Wir warten nur noch auf meinen Tate. Der ist mit seinem Gewehr im Wald und bringt bestimmt einen Hasen oder Fasan mit.«

»Weiß ich doch. Mein Tate ist ja auch im Wald. Der bringt gleich zwei Fasane und drei Hasen mit! Und bestimmt einen Fuchs und vielleicht sogar einen Wolf.«

»Pah, den Wolf kann man ja gar nicht essen!«

»Aber das Fell abziehen und im Dorf verkaufen, Djoko, du Dummi!«

Der Punkt ging eindeutig an sie. Und zählen konnte sie auch! Vielleicht war sie ja schon fünf. Woher sollte ich das wissen.

Unsere Mütter ratschten, was das Zeug hielt. Der Frühling, die Morgensonne, der milde Wind, der sanft über die Erlen und Weiden am Bachufer strich wie heute früh die Haarbürste über Mames schwarz glänzendes Haar, die Hühner, die gackernd und aufgekratzt vor der offenen Feuerstelle scharrten, die Schafe, deren wollige Lämmchen sich an ihrem jungen Leben erfreuten, die zufrieden grunzende Sau, die sichtbar trächtig war: all das trug sicher zu ihrer ausgelassen fröhlichen Laune bei.

»Da kommen sie!«

Beide Frauen reckten die Köpfe, die schon wieder in bunten Kopftüchern steckten, und starrten auf den Waldrand, aus dem nun unsere Papas stapften. Sie hatten tatsächlich Erfolg gehabt und winkten triumphierend mit ihrer Beute.

»Stipan!« Mame platzierte mich unsanft auf einem Stein und rannte mit fliegenden Rockschößen meinem Tate entgegen. »Ich hatte wieder solche Angst um dich!«

»Geh, Marusha!« Tate breitete die Arme aus und drückte sie an seine dunkel behaarte Brust, ohne das blutende Federvieh, das er an den Krallen in seinen starken Händen hielt, loszulassen. Sein Blick unter seinem Sonnenhut, der ihn verwegen aussehen ließ, fiel auf mich.

»Warum hat Djoko eine Glatze? Er sieht aus wie ein gerupfter Vogel!«

»Der Bengel war nicht artig, und Läuse hatte er bestimmt auch!«

Sicher war sie oft einfach nur überfordert mit mir, der ich allerlei Flausen im Kopf hatte. Wochenlang war sie während des strengen Winters in der winzigen Hütte mit mir allein gewesen. Aus Angst vor den herumstreunenden Wölfen hatte sie während der schneereichen Zeit das einzige Fenster und die Tür mit Holzbrettern verbarrikadiert. In der dunklen Enge des Raumes, in dem nur ein kleines Bodenfeuer brannte, waren ihr meine kindlichen Streiche wohl allzu oft auf die strapazierten Nerven gegangen. Wie sollte sie mich auch beschäftigen, die ganze Zeit? Wir hatten doch nichts, keine Spiele, nichts zu lesen, keinen Zeitvertreib. Meine einzigen Spielgefährten waren die Katzen, die nachts die Mäuse fingen, und Cuja, unsere unendlich geduldige Dalmatinerhündin.

Eines Nachts, mitten im Winter, als Mame und ich alleine waren, hatte Cuja plötzlich angefangen zu knurren. Mame und ich lagen dich aneinandergeschmiegt mit der warmen Hündin im Stroh, als ihr ganzer Hundekörper sich versteifte, die Lefzen zitterten und ihre Ohren in die Höhe standen. Tate war mit einigen anderen Männern in den Wäldern zum Jagen. Sie übernachteten dann irgendwo in einsamen Unterständen oder Höhlen, immer bedacht darauf, nicht von Wölfen angefallen zu werden. Tate hatte schon die schauerlichsten Geschichten erzählt: wie die Wölfe nachts in der schwarzen kalten Finsternis den Jägern auflauerten und den Männern keine Zeit mehr für einen gezielten Schuss blieb. Wenn man Glück hatte, konnte man sich noch in letzter Sekunde auf einen Baum retten, während die ausgehungerten Bestien bereits heulend am Stamm heraufsprangen und nach den Waden schnappten.

Tate hatte für solche Angriffe immer ein Seil mit, damit er sich für die restlichen Stunden der Nacht hoch oben auf den starken Ästen anbinden konnte. Denn die Wölfe gaben so schnell nicht auf. Tate hatte mir staunendem Dreikäsehoch schon oft geschildert, was passierte, wenn man auf dem Baum einschlief und den Wölfen quasi vor den Rachen fiel: Mehr als die Füße in den Stiefeln blieben von so einem Menschen selten übrig. Hatte man aber einen Wolf erwischt und erschossen, stürzten sich gleich Dutzende von Artgenossen gierig auf das tote Tier und fraßen es bis auf die Knochen auf. Das Märchen vom Wolf und den sieben Geißlein war dagegen Babykram.

Cujas eigenartiges Knurren verschärfte sich. Aus nicht allzu großer Entfernung war das rasch herannahende, schauerliche Heulen von Wölfen zu hören.

»Mame! Ich habe Angst!«

»Still, Bub! Keinen Laut!«

Mame presste mich an sich und hielt Cuja die Schnauze zu. Das Knurren und Zittern des Hundes hielt an, ebenso wie das immer näher kommende mehrstimmige, schaurige Heulen der Wölfe. Mein kleines Herz raste wie verrückt. All die schrecklichen Szenen, die Tate mir erzählt hatte, jagten wie Blitze durch mein kleines Kindergehirn. Hatten sie meinen Tate schon in Fetzen gerissen und vertilgt? Hing noch ein Fuß von ihm aus einem der gefräßigen Mäuler? Schleppten sie seine blutdurchtränkten Opanken im Maul?

Plötzlich war es ganz still. Kein Heulen mehr, kein Knurren.

Grausame Stille. Nur mein eigenes Herz polterte wie die Wacker-steine, die der Wind manchmal vom Hügel riss.

Und plötzlich fingen die Kuh, das Schwein, die Schafe und Hühner an zu kreischen und zu schreien, wie ich es noch nie aus tierischen Kehlen vernommen hatte. In ihrer Todesangst gaben sie Geräusche von sich, die mir das Blut in den Adern stocken ließ.

Mame hatte sich über mich geworfen und mir die grobe Wolldecke über den Kopf gepresst. Ihre Brust hämmerte an meinem kleinen Rücken. »Still, Bub!«

Sie krallte ihre Fingernägel in meine Schultern und biss sich selbst auf die Fäuste.

Draußen wütete und tobte das tödliche Gemetzel. Nach einer Ewigkeit wurde es plötzlich wieder bedrückend ruhig, als wäre nichts vorgefallen. Noch lange lagen wir wie erstarrt und wagten kaum zu atmen.

Am nächsten Morgen getrauten Mame und ich uns nicht aus der Hütte und warteten dicht aneinandergeschmiegt mit Cuja, der angsterfüllten Dalmatinerhündin, bis Tate endlich aus dem Wald gestapft kam. Als er das aufgerissene Strohdach des Stalles sah, stieß er einen lauten Fluch aus. Erleichtert schoben wir den dicken Balken von der Tür weg und stoben barfuß in den Schnee unserem lang ersehnten Retter entgegen.

»Heiliger Strohsack!« Tate warf seine blutende Jagdbeute in den Schnee und riss sich die Mütze vom Kopf. »Und das konntet ihr nicht verhindern?«

»Stipan, wir sind vor Angst fast gestorben!«

»Gut, dass wenigstens euch nichts passiert ist.« Tate schüttelte sich den Schnee von der Schulter und gab mir einen zärtlich rauen Kuss. Sein Dreitagebart kratzte nasskalt.

»Tapferer kleiner Bengel.«

Mit seinen löchrigen durchnässten Handschuhen riss Tate die Stalltür auf und prallte zurück. »Seht euch das an!«

Die Kuh und drei Schafe waren bis auf die Knochen aufgefressen. Ihre noch vom Schrei aufgerissenen Mäuler ragten skelettartig in das Dunkel des Stalls hinein. Die Zungen waren zerrissen und hingen in blutigen Fetzen schlaff aus blutigen Kiefern. Scharf stieg mir der Gestank nach Blut auf fauligem Stroh in die Nase. Verschreckt vergrub ich mein Gesicht in Mutters langen Röcken, doch mit einer rüden Handbewegung scheuchte sie mich weg.

»Geh, Bub, sei nicht lästig!«

»Das Schwein hat wenigstens überlebt.« Vater stiefelte auf seinen Opanken über das knackende Stroh und besah sich die trächtige Sau, die sich verstört die blutenden Klauen leckte. »Die kriegen wir wieder hin.«

»Und ein paar Hühner konnten sich auch retten.« Mutter schob mich von sich und inspizierte den Hühnerstall. »Wie gut, dass wir die steile Hühnerleiter gebaut haben.«

Überall lagen Federn, Knochen und blutige Tierfetzen. Doch niemand machte sich Gedanken darüber, ob das meine kleine Kinderseele belasten könnte. Die Eltern hatten andere Sorgen.

»Verfluchtes Wolfspack, euch werde ich es zeigen!« Vater knurrte und fluchte fürchterlich. Er hob die Faust zum wolkenverhangenen Himmel: »Der gottverdammte Schaden ist für so einen kleinen Bauernhof fast nicht wiedergutzumachen! Was soll jetzt aus uns werden, bei allen verdammten Heiligen?«

»Stipan, du versündigst dich!«

»Herrgottnochmal! Wir rackern und schuften Tag und Nacht bis zur totalen Erschöpfung und ziehen unseren Jungen groß, damit der Herrgott uns diese Ausgeburt der Hölle schickt und uns ausrottet?« Mein Tate schleuderte seine Mütze in den Schnee und stampfte darauf herum. Verstört spürte ich, wie meinem Vater der Schock heftig in allen Gliedern saß. Erst jetzt wurde ihm das Ausmaß der Zerstörung bewusst.

»Lass den Herrgott aus dem Spiel!« Mame überspielte ihren

Schock, indem sie die kaputten Eier einsammelte, die sie aus der Nähe des Hühnerstalls fischte. »Da kann man zur Not Rühreier draus machen ... Bub, eil dich und hol ein Gefäß! Was stehst du noch hier rum und hältst Maulaffen feil?«

Als die Nachbarn, Herr und Frau Jovanovic, die meine Eltern mittels Rauchzeichen über die schneebedeckten Sträucher herbeigelockt hatten, den Schaden sahen, brachen auch sie mit den Eltern in lautes Wehklagen aus. »Oh, Gott, dass euch das passieren musste! Ihr hättet selbst in Fetzen gerissen und bis auf die Knochen abgefressen sein können ... Verfluchte Bestien, wir werden euch ausrotten, und wenn die letzte Pistolenkugel dafür draufgeht!«

Niemand nahm auf eine drei- oder vierjährige Kinderseele Rücksicht.

»Wir werden wohl wegziehen müssen«, ächzte Vater, der inzwischen mit Herrn Jovanovic ein paar Sliwowitz heruntergekippt hatte. Mutter und Frau Jovanovic labten sich an heißem Kaffee, und mir hatte man eine Schale warme Honigmilch über den Holztisch geschoben.

»Ach nein, das könnt ihr uns nicht antun!«, jammerten die Nachbarn. »Wir leben jetzt seit Jahr und Tag friedlich miteinander am Bach, weit und breit gibt es keine andere Menschenseele, ihr dürft uns in dieser Einöde nicht zurücklassen!«

»Aber wir haben nichts mehr, von dem wir leben können!« Verzweifelt kippte der Tate sich den nächsten Stumpen Sliwowitz hinter den Kehlkopf, der auf faszinierende Weise auf und ab hüpfte. Mit dem Handrücken wischte er sich über die Nase. Fasziniert starrte ich auf seine schwarzen Bartstoppeln, die sich während seiner Wolfsjagd im Wald gebildet hatten.

»Wir gehen im Frühling hinunter ins Dorf und schauen auf dem Viehmarkt, was es für euch günstig zu erwerben gibt.« Der Nachbar schlug meinem Tate beruhigend auf die Schulter.

»Das wird, Stipan, lass den Kopf nicht hängen!«

Glücklicherweise war der Winter ohne weitere Vorkommnisse zu Ende gegangen, und jetzt, im Frühling, sprangen auf ihren staksigen Beinchen schon wieder zwei Kälbchen um eine Mutterkuh herum, die mit weichem Maul friedlich im Grase lag und wiederkäute.

Und ich lag mit meinem frisch geküssten Popo auf einem warmen Stein und ließ mir die Sonne auf die Glatze scheinen. Das war wirklich ungewohnt, plötzlich so ganz nackt da oben wie da unten. Die kleine Nada kicherte, und ich warf einen Stein nach ihr.

»Also was ist, gehen wir los?«

Mein Tate zwickte mich in den nackten Popo, und ich schrie verzückt wie verschreckt auf.

»Zieh ihm irgendwas an und dann machen wir uns auf die Socken!«

Da ich noch sehr klein war, konnte ich den schwierigen steilen Hohlpfad, der zu unseren Verwandten ins etwa fünf Kilometer weit entfernte Dorf Sokolice führte, nicht allein gehen. Mein Tate hatte mir lederne Opanken angefertigt, mit denen ich zuerst tatendurstig über Stock und Stein sprang, die mich aber bald arg an den nackten Füßchen drückten. Also stemmte mich mein Tate auf seine Schultern, was ich mit einem glücklichen Jauchzen quittierte. Nun überragte ich die mir bekannte Welt um ein Vielfaches und schlug übermütig mit meinem Stock das Dickicht über unseren Köpfen weg.

»Verwöhn den Bengel nicht so!« Eifersüchtig stapfte Mame auf ihren Opanken hinter uns her. Sie sah heute so wunderhübsch aus, ohne ihr Kopftuch, mit dem frisch geflochtenen langen schwarzen Zopf, der ihr glänzend über den Rücken hing. Bei jedem Schritt baumelte er wie ein großer Kuhschwanz hin und her. Damit konnte sie doch prima das Ungeziefer vertreiben!

Auf dem Hügel angekommen, setzte mein Tate mich schnaufend ab.

»Geh pieseln, Junge.« Er wischte sich ein paar verräterische Tropfen vom Nacken und wedelte die Fliegen weg.

Artig pinkelte ich in hohem Bogen in die Büsche, während die Mame ihre Röcke hob und sich in den Nachbarbusch verzog.

»Was machen die Leute da, Tate?« Viel lieber wendete ich mich an meinen vergötterten Tate, der mich nie schlug oder schimpfte, im Gegensatz zu meiner unberechenbaren Mame, die ihre jugendlichen Launen an mir ausließ.

»Sie dreschen.«

»Wen verdreschen sie?«

»Nicht verdreschen. Dreschen. Schau, Djoko …« Mein Tate drehte mich so, dass ich den kreisrunden Platz auf der ebenen Fläche sehen konnte, in deren Mitte ein Pfahl steckte.

»Dieser Pfahl dient zum Getreidedreschen, siehst du?«

Zwei Ackergäule trotteten gemächlich im Kreis herum, mit einem langen Seil an den Pfahl gebunden, in ihr Schicksal ergeben.

»Warum gehen die Pferde im Kreis?«

»Ach Junge, frag deinem Vater keine Löcher in den Bauch!« Meine Mame war mit dem Pieseln fertig und kam hinter den Büschen hervor. »Sammele lieber ein paar Beeren, damit wir anständig Rast machen können.« Behände ließ sie sich neben uns auf einem Baumstumpf nieder und wickelte das frisch gebackene Brot und den würzig riechenden Speck aus dem Tuch, das sie mit einem Knoten zusammengebunden und auf dem Rücken getragen hatte.

»Lass den Jungen Fragen stellen!« Tate zupfte ein frisches grünes Blatt aus dem Fresspaket und stopfte es sich in den Mund. »Sonst lernt er doch das Landleben nie!«

»Magst du probieren?«

Der saftig frische Geschmack des knackigen Salatblattes zerging mir auf der Zunge.

»Schau, die Pferde gehen im Kreis herum, um die Getreidekörner aus den Halmen zu treten.«

»Und was machen die Leute mit den Schaufeln?«

»Sie werfen den verbleibenden Rest gegen den Wind, und so sind die Getreidekörner von der Spreu getrennt.«

»So trennt man die Spreu vom Weizen.« Krachend biss die Mame in eine Paprika. »Sagt man doch so.« Sie kaute verzückt und wischte sich roten Saft vom Kinn.

»Den Platz hier nennt man den Arman«, klärte Tate mich geduldig weiter auf. »Der Arman wird von mehreren Familien in Gemeinschaftsarbeit genützt. Du warst auch schon hier, im letzten Sommer. Kannst du dich daran noch erinnern? Wir haben das Mittsommernachtsfest gefeiert!«

»Stipan, da konnte der Kleine ja kaum laufen! Wie soll er sich daran erinnern?« Mame schenkte sich aus dem mitgebrachten Krug Wasser in den Becher.

»Ich erinnere mich aber wohl!«, behauptete ich, um auf jeden Fall auf der Seite von meinem Tate zu sein.

»Und was ist das da unten im Tal? Das Spitze, das in den Himmel ragt?« Mit ausgestrecktem Finger zeigte ich auf den steinernen grauen Turm. Eigentlich buhlten die Mame und ich ständig mit kindlicher Eifersucht um Tates Aufmerksamkeit.

»Das ist ein Kirchturm. Er gehört zur Siedlung Sokolice, wo deine Großeltern wohnen.«

»Warum sind da zwei Kreuze drauf?«

»Weil wir serbisch-orthodoxe Christen sind.«

»Was sind särbisch orthodexe Christel –«

»Es reicht!« Mame sprang auf. »Der Junge fragt uns noch Löcher in den Bauch! Wenn wir heute bei Opa und Oma ankommen wollen, gehen wir jetzt weiter!« Leichtfüßig sprang sie auf die Füße und richtete ihre Röcke und ihr Bündel neu. »Und untersteh dich, den Jungen weiter zu tragen! Du verwöhnst ihn mir zu sehr! Das muss ich nachher wieder ausbaden!«

Abwärts ging es nun zuerst über einen steilen Weg durch einen dunklen Wald, dann über weite Wiesen, auf denen friedlich Pfer-

de grasten. Jetzt mussten wir nur noch einen breiteren Bach überqueren, auf einem schmalen Holzsteg. Da der aus rohen Holzplanken zusammengezimmerte Steg stark wackelte, hob ich Hilfe
suchend meine Arme zu Tate hinauf. Ein Geländer gab es natürlich nicht.

»Der Junge soll laufen!«, beharrte Mame. »Sonst trägst du ihn
eines Tages noch zur Schule!«

Also nahm ich all meinen Mut zusammen und rannte barfuß,
so schnell mich meine Beinchen trugen, über die Holzplanken.
Obwohl ich vom vielen Barfußlaufen eine starke Hornhaut an
den Fußsohlen hatte, spürte ich doch den stechenden Schmerz,
als sich ein herausstehender dicker Nagel in meine rechte Ferse
bohrte.

»Au, ich habe mir wehgetan!« Ich hüpfte auf dem linken Bein
und fing an zu weinen.

»Jetzt reiß dich zusammen und lauf weiter! Oder willst du, dass
wir alle noch hineinfallen? Ich habe heute mein Festtagsgewand
an!« Meine Mame packte mich im Nacken und schob mich mit
eisernem Griff vor sich her. Der Steg schwankte umso stärker, und
vor Angst und Schmerz heulte ich laut.

»Au, au, in meinem Fuß steckt was drin!« Es fühlte sich an wie
ein Schlangenbiss oder ein Wespenstich.

»Wir sind gleich bei den Großeltern, und dann kannst du dein
Bein ausruhen.«

Gutmütig, wie mein Tate war, stemmte er mich wieder huckepack auf seinen breiten Rücken, und ich kuschelte mich Trost suchend an ihn und presste mein tränenfeuchtes Gesicht in seinen
braun gebrannten Nacken. Dabei legte ich meine Ärmchen um seinen starken Hals und strich mit meinen Fingern behutsam über
seine Bartstoppeln. Er roch so gut nach frischem Gras, nach starken Gewürzen und nach Tabak! Ich hätte mein Leben dafür gegeben, immer nur an ihm riechen zu dürfen.

Bei meinen Großeltern angekommen, hatten meine Eltern mein kleines Aua längst vergessen. Der Sliwowitz kreiste, das bäuerlich einfache Essen mundete, und ich schlief auf der Holzbank vor ihrer Feuerstelle vor Erschöpfung ein. Erst als ich Stunden später erwachte und es schon dunkel geworden war, spürte ich den pochenden und hämmernden Schmerz unter meinem Fußballen wieder. »Au, aua, das tut weh!«

Die Großmutter besah sich den Schaden mithilfe ihrer Petroleumlampe.

»Oje. Da steckt wirklich ein dicker Nagel drin. Den hat er sich ja richtig eingetreten, konntet ihr das nicht sehen?«

»Ach, der Junge macht ständig so ein Geschrei.« Mame zuckte mit den Schultern. »Er will immer nur getragen werden, da weiß man ja nie, wenn es wirklich ernst ist.«

Die Großmutter schüttelte den Kopf. »Das hat sich ja schon entzündet.« Sie ruckelte sich ihre Brille zurecht und stocherte mir einer Stricknadel an meiner Fußsohle herum.

»Au, aua! Das tut so weh!« Ich heulte und strampelte und schrie hysterisch herum.

»Junge, das muss jetzt ein paar Tage anschwellen, bis der Nagel herauseitert. Die Eiterstelle muss ungefähr die Größe einer Mokkaschale erreichen, bevor sie aufgestochen werden darf.«

»O nein, nicht stechen«, wimmerte ich, vor Schmerzen schon ganz fiebrig.

»Da muss deine Mame Zwiebeln drauflegen, dann geht die Eiterung schneller voran. Das wird aber einige Tage dauern, da musst du ganz tapfer sein. Dein Heulen und Jammern macht es auch nicht besser.« Die Großmutter hielt mich im Klammergriff. »Und wenn die Eiterblase voll ist, wird sie mit einer Nadel durchgestochen und ein Wollfaden eingezogen, weißt du, Kleiner. Wegen der Saugwirkung.«

»Ich will nicht, das tut weh, ich will auch immer brav sein …«

»Junge, das muss aber sein, sonst wirst du nie wieder laufen können. Und das willst du doch nicht, oder?«

So verging mein erster Frühlingsausflug im Jahr 1939. Mit
Schmerzgeheul und Todesangst.

Dass das im Vergleich zu späteren Erfahrungen gar nichts war,
wusste ich zum Glück noch nicht.

Spätsommer 1939

Ich musste inzwischen vier Jahre alt geworden sein, doch niemand unterrichtete mich davon. Sehr viel später wurde mein Geburtsdatum auf den 12. Juli 1935 geschätzt, und so steht es auch heute in meinem Pass.

Es war die übliche Zeit, um Schweine zu schlachten. Unsere Sau hatte inzwischen geworfen, und nun war sie an der Reihe.

Tate machte durch die gängigen Rauchzeichen unseren Nachbarn, Herrn Jovanovic, darauf aufmerksam, dass er Hilfe brauchte, und dieser kam alsbald unternehmungslustig über den Bach gestiefelt, ausgerüstet mit Hacke und Spaten, einem Messer und einem Seil.

»Auf geht's, zum Saustechen!«

Das Schlachten war eine sehr brutale Angelegenheit, aber wir kannten es nicht anders.

»Grüß dich, Stipan. Soll der Junge zusehen?«

»Natürlich, sonst lernt er es nie.«

»Also, Djoko. Stell dich da hinten an das Gatter. Und wenn die Sau flüchten will, dann stoß sie mit dieser Hacke wieder hinein. Aber so fest du kannst. Mit aller Macht. Sie darf dir nicht entwischen.«

Artig nahm ich meinen Platz im würzig riechenden Matsch ein. Natürlich war ich barfuß, wie immer. Die Sau spürte genau, dass wir Arges im Schilde führten. Mit misstrauischem Blick aus ihren kleinen schwarzen Augen beäugte sie mich. Ihre Ferkel waren bereits in den Stall gesperrt, wo sie jämmerlich quietschten, aber die brauchten wir noch für nächstes Jahr.

»Also los, treiben wir sie aus dem Unterstand hinaus!«

Mit großen Gebärden und wildem Geschrei versuchten die beiden Männer, die arme Sau ins Freie zu lotsen. Ich stand bereit, um sie mit der Hacke in ihre Richtung zurückzustoßen.

»Jetzt hab ich dich, du Mistvieh!« Herr Jovanovic drosch mit der verkehrten Seite der Spitzhacke auf den Schädel der armen Sau ein. »Verdammt, sie geht einfach nicht ein!«

»Lass mich mal!« Tate schob ihn zur Seite und schlug nun seinerseits mit seinem Beil auf den Kopf des kreischenden Tieres ein. Doch die Sau war immer noch nicht tot. In ihrer Not und vielleicht auch, weil sie das erbärmliche Geschrei ihrer Ferkel aus dem Stall hörte, griff sie die beiden Männer an und hieb ihren bereits stark blutenden Kiefer in ihre Hüften.

»Achtung! Verdammtes Vieh! So stirb endlich!«

»Tate! Sie kriegt dich!« Entsetzt sah ich dem grausamen Schauspiel zu. In meinem kindlichen Hirn spielten sich grässliche Szenen ab: Was, wenn die vor Schmerzen und Pein irre gewordene Sau nun meinen geliebten Tate totbiss und auffraß wie ein Wolf?

Doch ein weiterer kräftiger Hieb von Tate mit seinem Beil ließ das quietschende Riesenschwein endlich zu Boden sinken. Es wälzte sich in Todespein im Dreck und versuchte immer wieder, zappelnd auf die Beine zu kommen. Die Hufe gaben unter dem massigen borstigen Körper nach, knickten mehrfach ein, bis das Schwein, alle viere von sich streckend und heftig zuckend, am Boden liegen blieb.

Vater stürzte aus der Deckung und rammte dem Tier sein Messer in den Hals. Mit weit aufgerissenen braunen Kinderaugen starrte ich auf das sterbende Vieh, das nun in einer schwarzroten, immer größer werdenden Blutlache schnaufend und zuckend verendete. Die Ferkel drinnen quietschten und randalierten weiter um ihr Leben. Immer wieder stießen ihre Körper von innen an die Holzwand des Stalles, dass dieser heftig wackelte. Sie spürten genau, dass ihre Mame sie verlassen hatte. Aber ich hatte kein Mitleid. So war das eben, um als Mensch zu überleben. Wir würden den ganzen Winter etwas zu essen haben.

»Gut gemacht, Tate!« Ich sprang auf meinen nackten Beinchen im Matsch auf und ab und fuchtelte jubelnd mit meiner Hacke herum. In diesem Moment liebte ich meinen Tate so sehr, dass ich mir einbildete, ich hätte das mächtige Tier selbst erlegt. Eines Tages würde ich das auch schaffen. Und mein Leben lang nichts anderes mehr tun. Schließlich würde ich ja Nada heiraten, und wahrscheinlich würden wir eine Menge Kinder bekommen. Also konnte ich gar nicht früh genug lernen, wie das ging mit dem Saustechen.

»Komm, Stipan, wir lassen sie ausbluten.« Der Nachbar schlug Vater auf die Schulter und entkorkte mit den Zähnen eine Flasche Sliwowitz, die er aus der Jackentasche zog. »Und du, Kleiner, hast uns ja mächtig geholfen. Kriegst einen Apfel.« Er warf mir eine schrumpelige Frucht zu, die ich in meiner kindlichen Ungeschicklichkeit noch nicht fangen konnte. Dankbar fischte ich sie aus dem Schweinematsch, wischte den Dreck an meinem Kittel ab und verzehrte sie strahlend. Waren wir im Paradies oder etwa nicht!

»Geh sag deiner Mame, sie soll uns helfen, die Borsten abzubrennen.«

Aufgeregt stürzte ich in die Hütte, die meine Mame gerade mit dem Reisigbesen ausgefegt hatte. Als sie meine Dreckspuren auf dem sauberen Lehmboden sah, benutzte sie den Besen gleich, um ihn auf mein nacktes Hinterteil sausen zu lassen.

»Scher dich raus, du Drecksbengel! Immer machst du mir Ärger!«

Doch kurz darauf half ich eifrig beim Abbrennen der Borsten und sah danach begeistert dabei zu, wie die Erwachsenen die Sau aufschnitten, die Innereien herausholten, sie klatschend und dampfend in mehrere bereitstehende Kübel warfen und schließlich gegen Abend die ersten Fleischteile an Spießen ins offene Feuer hielten. Selig schielte ich zu Nada hinüber, die für dieses Festessen ebenfalls herübergekommen war. Auch sie saß barfuß in ihrem Kittelschürzchen selig kauend auf einem Stein und ließ meine Blicke an sich abprallen. Dabei würde ich sie eines Tages heiraten, und ihre drei kostbaren Bauklötze, mit denen sie mich nie spielen lassen wollte, würden in meinen Besitz übergehen. Das wusste sie genau.

* * *

Im Herbst, als die Zwetschgen reif waren, wurden sie getrocknet und eingelegt und während des Winters verzehrt. Meine Mame verstand es ganz großartig, aus dem schwarzen klebrig süßen Sud ein hervorragendes Mus zu bereiten. Aber ein Großteil der Ernte wurde im Brennofen am unteren Ende des düsteren Waldes zu Sliwowitz gebrannt.

Die Bauern aus der Umgebung brachten ihre Zwetschgen in Leiterwagen oder Buckeltragen heran und kippten sie vor der tiefen schwarzen Grube aus.

Unter großem Geschrei wurden die schwarzen reifen Früchte mit einer Balkenwaage gewogen, von Wespen ebenso umkreist wie von neugierigen Kindern. Ich war natürlich immer mittendrin in der schmutzig klebrigen Kinderschar. Der abfließende Schnaps floss in eine metertiefe Grube, aus der wiederum die bunt berockten Bauersfrauen mithilfe mitgebrachter Gefäße ihren Anteil schöpften. Die Männer tranken das warme dampfende Gebräu mit dem süßlich scharfen Geruch an Ort und Stelle, johlten und lachten immer lauter, und so manches melancholische Lied wurde angestimmt.

»Geht von der Grube weg, ihr kleinen Scheißer!« Jemand scheuchte uns mit dem Besenstiel davon. »Ihr wärt nicht die Ersten, die da reinfallen und elendiglich ersticken!«

»Ach, das muss ein schöner Tod sein«, lallte einer von den Männern, ließ sich rückwärts ins bereits gelbe Gras fallen und lachte

sich kaputt. Wir Kinder krabbelten übermütig auf der Schnaps-
leiche herum, auf dessen verschmierten Mundwinkeln sich die
Fliegen tummelten.

»Djoko! Komm da weg, du Lausebengel!« Meine Mame kam in
ihren ledernen Opanken über die Wiese gerannt und drohte mir
schon von Weitem mit dem Stock. »Kann man dich keine Minute
aus den Augen lassen! Stipan, pass auf den Jungen auf!«

»Aber Marusha, lass ihn doch, er hat uns so eifrig geholfen!«
Tate war wohl auch nicht mehr ganz nüchtern. Aber ich liebte ihn
dafür, dass er immer für mich Partei ergriff.

»Komm sofort ins Haus, Djoko! Du erkältest dich noch mit deinem nackten Hinterteil! Es wird jetzt schon empfindlich kühl!«

Widerwillig ließ ich mich in die Bretterhütte ziehen. Dort zog
meine Mame mir ein wärmeres Hemd an und streifte mir zusätzlich einen selbst gestrickten Pullover über. Meine Haare, die inzwischen wieder zu einer dichten schwarzen Lockenpracht gewachsen
waren, verfingen sich in der groben Wolle. »Au, das kratzt!«

»Sei nicht so wehleidig! Den lässt du jetzt den ganzen Winter
über an, Djoko!« Meine Mame klemmte mich erneut zwischen ihre
Knie und zwang mir auch noch selbst gestrickte Socken über die
Füße. Zum Glück war die Wunde, die der Nagel verursacht hatte,
inzwischen verheilt und vergessen.

Eine Hose gab es allerdings während des gesamten Winters
nicht.

»Und wenn du wieder rausrennst, ziehst du die Opanken an!«
Mutter verstrubbelte mir die Haare, zog mich leidenschaftlich an
sich und schmatzte mir einen Kuss auf die Wange.

»Bist der hübscheste Bengel der Welt«, raunte sie mir leidenschaftlich ins Ohr. »Das ganze Dorf beneidet mich um dich. Na,
nun lauf schon und hole Tate, bevor der nicht mehr gehen kann!«

Meine Mame meinte es eigentlich immer gut mit mir, wenn ich
mich heute an sie zurückerinnere. Es war ihre raue, herzliche und

oft temperamentvolle Art, mit mir umzugehen. Sie war damals, aus heutiger Sicht betrachtet, ja fast selbst noch ein Kind. Auch mein Tate war ja erst Anfang zwanzig. Aber groß, schlank und kräftig. Und so stark! Er war einfach der wunderbarste Papa der Welt. Er war der beste Jäger und Fallensteller von allen Männern der gesamten Gegend. Sie alle waren in den umliegenden Wäldern zu Hause, aber keiner fand sich in dieser Wildnis so gut zurecht wie Tate.

Eines Tages überraschte er mich mit einem Messer, welches aus einem Holzgriff und einer einklappbaren Klinge bestand.

»Schau mal her, Kleiner, was ich für dich habe.«

»Gib dem Jungen doch kein Messer, Stipan! Er ist noch nicht mal fünf!«

»Er muss lernen, damit umzugehen!«

Tate ignorierte Mames Gezeter, die sich wütend mit dem Rupfen eines Waldvogels zu schaffen machte, und zeigte mir, wie man schnitzt.

Tagelang hockte ich nun glücklich im Schneidersitz auf der Ofenbank und schnitzte für meine angebetete Nada an einem Holzstück herum. Es sollte ein wunderbares Schmuckstück werden. Schließlich konnte man ja mit seiner Verehrung für eine Auserwählte gar nicht früh genug beginnen. So hatte es Tate mir gesagt. Er hatte Mame auch etwas geschnitzt.

»Du wirst dich verletzen, Djoko.« Mame rupfte das Federvieh und warf den toten Vogel, dessen Köpfchen schlaff herunterhing, mit dem Schnabel zuerst in einen Trog.

»Nein, Mame, ich passe schon auf.«

»Was soll das überhaupt werden?«

»Ein Glücksbringer.«

»Für mich?«

Ich senkte den Kopf und vergrub mein verlegenes Gesicht unter meinen herabfallenden Locken. Erwartete sie etwa ein Geschenk von mir? Eine tiefe innere Freude breitete sich in mir aus. Wenn das so war, sollte das hier natürlich als Erstes für meine Mame sein. Vielleicht wäre sie dann auch wieder lieb zu mir.

Mit Entschlossenheit stieß ich das Messer erneut in mein Holzstück und rammte es mir unglücklicherweise mit voller Wucht in den nackten Oberschenkel. Blut spritzte hervor, und mir wurde schwarz vor Augen.

»Du dummer Bengel du!« Wütend schlug Mame mit dem blutigen Küchenfetzen auf meinen Nacken ein. »Ich habe es dir gesagt, du wirst dich verletzen!«

»Ich habe es doch nicht mit Absicht getan!« Ich schrie vor Schreck und Schmerzen.

Sie presste den schmierigen Fetzen auf meine klaffende Wunde. »Du wirst deine Strafe schon kriegen!«

Heulend und wimmernd saß ich da. Wieso tröstete mich Mame nicht? Es tat längst weh wie Hölle! Warum musste sie mich jetzt auch noch zusätzlich bestrafen? Ich wollte ihr doch ein Schmuckstück schnitzen, damit sie mich lieb hatte!

»Los, du musst es lernen. Lauf in den Wald und schneide eine Weidenrute ab.«

Mit tränennassen Augen starrte ich sie an. Meinte sie das ernst?

»Na! Was ist! Wenn du so gut mit einem Messer umgehen kannst, dann gehst du jetzt in den Wald und schneidest damit eine Weidenrute ab! Aber eine biegsame, lange!« Sie packte mich am Nacken und zerrte mich zappelndes Bündel vor die Hüttentür. »Ich bleibe hier stehen und warte. Und zähle bis zehn. Und wenn du nicht bei neun wieder hier bist, sollst du was erleben!«

Leider war Tate wie so oft mit den Männern in der Stadt, wo neuerdings geheimnisvolle Versammlungen stattfanden, sodass ich dem Wutanfall meiner Mame schutzlos ausgeliefert war. Trotzig, zutiefst enttäuscht und verletzt, stapfte ich zum Wald hinüber.

»Pst! Djoko! Musst du eine Rute holen?«

Die Jovanovic-Kinder spähten verstohlen durch die knackenden Äste. Der große Bruder von Nada war älter als ich und hatte noch mehr Flausen im Kopf als wir alle zusammen. Erst neulich hatte er mich dazu angestiftet, mit ihm ein Amselnest auszuheben, und mir eingeredet, dass frisch geborene Amselküken über dem Feuer gebraten hervorragend schmecken, wenn man erst einmal die Federn abgerupft und den Schnabel ausgerissen hat.

Er wusste auch schon, wie man Feuer macht, und während ich auf den Bäumen herumkraxelte und die Amselnester plünderte, war der Rauch bereits hoch hinauf über die Wipfel gezogen. Meine Mame war in ihren Opanken schreiend über die Wiese gelaufen und hatte nicht nur mich, sondern auch den Jovanovic-Buben an Ort und Stelle verdroschen. Und ihn dann seiner Mame übergeben, die dasselbe mit ihm laut schreiend noch mal machte.

»Ja, muss ich.« Ich heulte und schniefte und tat mir ganz fürchterlich selber leid. Am peinlichsten war es mir, dass meine angebetete Nada ebenfalls durch die Äste lugte und meiner Demütigung beiwohnte.

»Hör zu, Djoko. Du musst die Rute in der Mitte einschneiden, damit sie beim Hinschlagen bricht!«

»Ja, das versuche ich.«

»Neun«, schrie meine Mutter von der Hütte her. Ich flitzte, so schnell ich konnte, mit der präparierten Weidenrute zurück und überreichte sie ihr zu meiner Züchtigung.

»Leg dich über meinen Schoß!«

Widerwillig tat ich das. Wie gern hätte ich mich stattdessen einmal auf ihren Schoß gesetzt und mich von ihr liebkosen lassen. Aber dazu war meine Mame viel zu zornig. Hatte sie mir doch gesagt, dass ich mit dem Messer aufpassen sollte! »Wer nicht hören will, muss fühlen!«

Sie holte aus und ließ die Rute auf mein nacktes Hinterteil sausen, wobei diese wunschgemäß durchbrach.

»Nein, mein Freund. So haben wir nicht gewettet. Ich zähle bis zehn!«, schnaubte sie, weiß vor Wut, weil sie meinen Plan durchschaut hatte. »Ich lasse mir doch von dir Rotzbuben nicht auf der Nase herumtanzen. Du holst eine neue Rute. Aber schnell.«

»Mist«, zischte ich, als ich an den Büschen vorbeikam, hinter denen meine Freunde lauerten.

»Sie hat's gemerkt!«

»Kneif die Augen zu und denk an was Schönes«, flüsterte Nada mitfühlend. Ja, ich würde sie heiraten, und ich dachte an die Bauklötze, die damit in meinen Besitz übergehen würden.

Bei der zweiten Rute kannte meine Mame kein Erbarmen. Sie drosch auf mich ein, dass ich tanzte vor Schmerzen. Meine kleinen Hände vor das nackte Gesäß gestreckt, ließ sie die Rute auch auf meine Handflächen sausen.

»Au! Das tut weh! Aua, Mame, ich brauche doch meine Hände noch!«

»Dann zieh das Hemd aus.«

Vor Scham wollte ich mich in ein Mauseloch verkriechen! Schließlich schauten Nada und ihr Bruder der Züchtigung zu! Doch es half nichts. Ich musste mich splitternackt ausziehen, damit meine Mame mich verdreschen konnte. Das Schlimme war, dass diese Rute lang und dünn war und sich mit jedem Schlag um meinen Körper wickelte und mein kostbarstes kleines Teilchen traf! Meine gutmütige Hündin trottete jaulend um uns herum und litt mit mir. Sie stupste Mame mit der Schnauze an, als wollte sie sagen: Nun lass es gut sein.

»Au! Mame, es tut mir leid, ich will es nie wieder tun!«

»Du musst es lernen, Junge, du musst es lernen!« Sie drosch, bis sie außer Atem war. Ihre Augen waren ganz schwarz geworden und ihre Lippen ganz weiß.

»So. Und jetzt gehst du ohne Essen ins Bett!«

Vor Schmerz und Scham gepeinigt, lief ich jedoch schreiend vor der Hütte herum und konnte mich nicht beruhigen. Dass sie mir das antat! Dass sie mich so vor den anderen Kindern demütigte! Dass sie derart die Beherrschung verlieren konnte!

»Willst du wohl ins Bett gehen, oder muss ich noch mal nachhelfen?«

Meine Mame hatte sich in kalte Wut gesteigert, riss mich an den Haaren und zerrte mich in die Hütte. In ihrer Machtlosigkeit sagte sie etwas ganz Entsetzliches: »So. Und jetzt gehe ich weg. Und komme nie mehr wieder. Cuja nehme ich mit.«

Sie raffte ihr Bündel an sich, zog den verdutzten Hund heraus, verließ die Hütte und sperrte von außen ab.

Fassungslos stand ich im Dunkeln, schmerzgepeinigt und angsterfüllt. Das würde sie nicht wirklich tun?

Draußen jaulte Cuja und scharrte an der Tür. Ich kletterte auf einen Schemel und starrte durch das einzige milchige kleine Fenster. Doch Mame wickelte dem Hund ein Seil um den Hals und zog das widerstrebende Tier hinter sich her. »Ich gehe jetzt für immer mit Cuja weg und wir kommen nie mehr wieder. Dein Tate kommt auch nie mehr wieder. Unartige Kinder haben es nicht verdient, Eltern zu haben!« Sie drehte sich um und zog das widerspenstige Tier mit sich.

Tatsächlich ging sie auf den Wald zu, der sie vor meinen Augen in der Dunkelheit verschluckte.

In meinem Schmerz und meiner Not konnte ich das Ausmaß dieser Ungeheuerlichkeit gar nicht begreifen. Hatte sie mich, ihr einziges Kind, gerade für immer verlassen? Weil ich mich mit dem Messer verletzt hatte, obwohl sie gesagt hatte, ich solle besser aufpassen?

War das der Grund, mich hier verhungern zu lassen? Bestimmt würden in der Nacht die Wölfe kommen. Denn die konnten Angst riechen. Und kleine nackte Kinder, die sowieso schon nach Blut rochen, waren ihre Lieblingsspeise, das hatte meine Mame mir oft genug gesagt.

In meiner Panik schob ich den Schemel an das hölzerne Küchen-
regal und angelte nach dem Glas mit dem Kaffeesud. Ich war dem
Wahnsinn nahe, denn was ich tat, erscheint mir heute ganz und gar
nicht kindgerecht. Ich begann den Kaffeesud zu essen, weil ich
überzeugt war, dann abstoßend zu riechen. Und vielleicht schmeckte ich dann auch den Wölfen nicht mehr. Löffelweise schob ich den
bitteren schwarzen Kaffeesud in mich hinein, und als mir zum Erbrechen schlecht wurde, verschmierte ich noch mit meinen kleinen
Kinderhänden die Scheibe des einzigen Fensters, bevor ich daran
herunterglitt und in Ohnmacht fiel.

Wie viel Zeit vergangen war, wusste ich nicht, als mich irgendwann eine hysterische Stimme kreischend aus dem Zustand des
Todes riss. Ich war überzeugt, dass ich tot war. Obwohl ich schwarze Galle würgte. War ich in der Hölle? Verdient hatte ich es bestimmt! War es der Teufel selbst, der auf mich einschlug und mich
anschrie? Oder eine böse Hexe?

»Djoko! O Gott, Junge, wach auf! Ich habe es doch nicht so gemeint! Ich wollte dich nur ein wenig erschrecken!«

Eine eiskalte Hand patschte auf meinen fiebrigen Wangen herum, und sie schüttelte mich wie ein nasses Handtuch.

»Djoko, bei allen Heiligen, Jungfrau Maria, ich flehe dich an!
Wach doch auf! Bitte stirb nicht!« An meinen Beinen fühlte ich die
bekannte nass-raue Zunge meiner geliebten Cuja.

Irgendwann schlug ich die Augen auf. Es war meine Mame, die
wie durch ein Wunder zurückgekommen war! Hatte sie es sich anders überlegt? War ich doch nicht so ein schlimmes Kind, dass ich
den einsamen Hungertod verdient hatte?

»Da sind sie wieder, deine braunen Kulleraugen!« Mame riss
mich an sich und bedeckte mein von Kaffeesud verschmiertes Gesicht mit heißen Küssen und noch heißeren Tränen.

»Du lebst, mein kleiner Engel, du lebst! Gott und allen Heiligen
sei Dank!«

Das Folgende habe ich nur schemenhaft in Erinnerung. Wahrscheinlich liegen Wochen oder sogar Monate zwischen dem gerade geschilderten Ereignis und dem, was irgendwann danach geschah. Mein Tate war wieder einmal besorgten Gesichtes in die Stadt gegangen, um an einer Versammlung teilzunehmen, und meine Mame war mit ihrer Angst und ihrer Einsamkeit mit mir, ihrem kleinen Satansbraten, allein.

Eben noch hatte sie mir liebevoll eine heiße Milch hingestellt, an der ich selig schlürfte. Fasziniert zupfte ich an der Haut, die sich über der dampfenden Milch gebildet hatte. Wie konnte das sein, dass sich plötzlich etwas Flüssiges in etwas Festes verwandelte?

»Lass den Unfug, Djoko!«

»Ich mag aber die Haut nicht!«

»Du wirst deine eigene Haut bald nicht mehr mögen, ich warne dich!«

Zornig stapfte meine Mame in ihren ledernen Opanken aus der Hütte, um mit der Mistgabel bewaffnet ihre tägliche Stallarbeit zu verrichten. Über der offenen Feuerstelle hing der Kessel, voll mit kochender Milch. Meine Mame hatte sie frisch vom Melken unserer einzigen Kuh direkt hereingebracht. Ich ließ meine Fingerkuppe weiter über die eklige Haut gleiten und fischte sie schließlich im Ganzen aus dem Becher. Na also. Das ließ sich doch leicht bewältigen. Ich schüttelte sie angewidert ab und bot sie der Katze an, die sie sofort schnappte und damit unter einer Holzbohle verschwand. Neugierig ließ ich mich von der Bank gleiten und beugte mich über den Kessel, der über dem offenen Feuer hing. Wenn ich die Haut aus dem viel größeren Gefäß auch noch rausfischen würde, hätte ich etwas, womit ich Nada imponieren könnte. Ich könnte ihr das Ding zeigen und behaupten, es sei die Haut einer Schlange, die ich ganz allein erschlagen hätte. Das wäre doch was!

Vorsichtig beugte ich mich über den kochend heißen Kessel und steckte meinen Finger hinein. Autsch! Das war heiß! Schmerzverzerrt ließ ich meine Kinderhand zurückschnellen, um den verbrannten Finger in den Mund zu stecken, stieß dabei an den Kessel und brachte ihn dazu, immer heftiger zu schaukeln und in Sekundenschnelle seinen kochenden Inhalt über meinen linken Arm zu gießen.

Meine furchtbaren Schmerzensschreie gellten über das kleine Anwesen. Wutentbrannt kam Mame herbeigestapft, um mir mit der Mistgabel eins überzubraten, aber da stürzte auch schon die Nachbarin, Frau Jovanovic herzu. Mein ganzer Arm war verbrannt mit kochender Milch! Sofort hatten sich Brandblasen gebildet, wovon eine handflächengroß war. Vor Schmerz fiel ich in Ohnmacht und klatschte auf den nackten Fußboden. Als ich wieder zu mir kam, hatten die beiden Frauen meinen Arm in die Höhe gerissen und behandelten mit vereinten Kräften die Blase auf der Unterseite meines Armes. Hier ist sie auch heute, dreiundachtzig Jahre später, noch deutlich zu sehen.

»Junge, was hast du nur wieder angestellt!« Mit Tränen in den Augen massierte meine Mame mir eine kühlende Salbe ein, die Frau Jovanovic für solche Fälle selbst hergestellt hatte. Es gab weder einen Arzt noch einen Apotheker, den man fragen konnte. Die Menschen waren auf die Wirkung von Naturheilkräutern angewiesen.

Nachdem mein Arm nach Wochen abgeheilt war, kam Mame infolge irgendeines aktuellen Wutanfalls auf die Idee, mich für die Angelegenheit nachträglich zu strafen. »Du warst nicht folgsam, Djoko. Geh in den Wald und hol mir eine passende Rute. Aber wehe du schneidest sie ein, ich schicke dich erneut los, um eine noch viel längere und biegsamere zu holen!«

Das konnte doch nicht ihr Ernst sein!

Hatte sie mich nicht leiden sehen, tage- und wochenlang? Hatte ich meine Strafe für meine unvorsichtige Tat nicht längst erhalten?

»Djoko, worauf wartest du? Ich zähle bis zehn!«

Mame presste die Lippen zu einem schmalen Strich zusammen und schickte mich vor die Tür. Sie warf mir mein Messer vor die Füße. »Nun mach schon. Strafe muss sein.«

Das konnte ich nicht fassen. Mein Gerechtigkeitsgefühl randalierte in meinem kleinen Gehirn. Nein, das mache ich nicht. Ich ließ mich bockig in den Sand vor der Hütte fallen und fing an, kleine Kreise in den Sand zu malen. Mein Inneres stellte sich tot und blendete sich aus.

»Dann musst du im Dunkeln gehen, Djoko. Sieh nur, die Sonne ist schon untergegangen. Und du weißt ja, was du nachts im Wald finden wirst. Schlangen und Wölfe.«

Erbarmungslos verschränkte sie die Arme vor der Brust. »Ich habe Zeit, Djoko. Und du wirst deine Strafe kriegen. Je länger du wartest, desto mehr Schläge wirst du bekommen.«

Nachdem sie mir noch weitere schreckliche Strafen angedroht hatte, trollte ich mich schließlich weinend in den dichten dunklen Wald. Längst hatte sich die Dämmerung wie eine schwere kratzige Decke über die Wurzeln und Steine gelegt und ließ vor meinen Augen Feen und Zwerge, wilde Tiere und unheimliche Fabelwesen um mich herum aufsteigen.

Ich fürchtete mich zu Tode. Was tat Mame mir da nur an? In meiner Verzweiflung und meinem Zorn beschloss ich, nie mehr nach Hause zu kommen. Sollte sie doch verhungern und vor Angst um mich weinen! Und wenn Tate nach Hause kam, würde sie richtig Ärger bekommen! Und das gönnte ich ihr von Herzen! Sie hatte mich als ihr Kind nicht verdient! Weinend und schluchzend irrte ich herum und ließ mich schließlich kraftlos in einen Blätterhaufen fallen. Moderiger Geruch stieg in mir auf, und die Kühle des feuchten Mooses verlieh mir das Gefühl, mir mein erlösendes Grab zu schaufeln, als ich mich bis zum Hals in die Blätter einbuddelte. Hier würde mich niemand finden, weder Mame noch ein böser Wolf.

Irgendwann schlief ich vor Erschöpfung und Verzweiflung ein. Aufgeregte Stimmen und der Lichtschein von Petroleumlampen weckten mich, vermutlich Stunden später.

»Djoko! Verdammt, irgendwo muss der Bengel stecken!«

»Djoko, Djoooooookooooo!«, hallte es durch die unheimlich schwarze Nacht. Doch ich war so beleidigt, dass ich mich nicht zu erkennen gab. Sollten sie ewig nach mir suchen, sie würden mich nicht finden!

»Djoookoooo!«, durchschnitt die hysterische Stimme Mames die Stille, und »Djoookooooo« hörte ich die tiefe, besorgte Stimme meines Tates rufen. Nein, auch meinem geliebten Tate wollte ich mich nicht zu erkennen geben. Denn er war mit schuld daran, dass er mich nicht vor den Zornesausbrüchen meiner Mame beschützt hatte. Was ging er auch immer in die Stadt zu seinen langweiligen Männer-Versammlungen. Was konnte denn wichtiger sein als ich, sein einziger Junge?

Ja, Krieg, davon war in letzter Zeit immer öfter die Rede. Pah, blöder Krieg. Sollte er doch erst mal nach mir schauen, seinem einzigen Sohn! Mame und ich, wir hatten schon lange Krieg! Dass Tate von einigen zwielichtigen Männern zum Kartenspielen verführt worden war und dass er unser mühsam verdientes Geld verspielt hatte, das machte meine Mame so wütend. Aber was konnte ich denn dafür? Warum ließ sie ihre ganze Frustration an mir aus? Es war so ungerecht! Wenn Tate uns nicht mehr liebte, sollte er sich doch eine neue Familie suchen!

In mich zusammengekauert und innerlich versteinert ließ ich die Stimmen und den zuckenden Lichtschein weiterziehen. Leiser und leiser wurde das Rufen, schwächer das kleine Licht, und schließlich hörte es ganz auf. Schwärze und Finsternis umgaben mich wie eine Höhle, und nur mein eigener weißer Atem war zu sehen. Geister und Feen tanzten um mich herum, und überall knackte es in den Bäumen. Ich hockte im Stockdunkeln, in einem

Blätterhaufen und fühlte mich innerlich schon verwest. Sie hatten mich aufgegeben. Mein kleines Herz zog sich vor Liebe und Schmerz zusammen: Nun würde ich also hier im Wald sterben. Bestimmt war in dem Blätterhaufen eine Schlange, und dann würde es vielleicht ganz schnell gehen. Sie würden mein kleines Gerippe finden, von Wölfen zerfetzt, und dann würde es ihnen bitterlich leidtun, ihren kleinen Jungen so schlecht behandelt zu haben.

Plötzlich raschelte es dicht neben mir, und kurz darauf fühlte ich etwas Klebriges, Glitschiges durch mein Gesicht kriechen. Da war sie schon, die Giftschlange! Nun würde ich also sterben, und sie hatten es verdient. Aber das vertraute Hecheln, der bekannte Geruch und das glückliche Jaulen passten nicht so recht dazu. Es war Cuja, die als Einzige nicht aufgegeben hatte! Cuja hatte mich gefunden. Mit einem lauten Bellen meldete sie ihren Erfolg. Ich klammerte mich an den warmen, vertraut riechenden Hundeleib und ließ mich von Cujas streng riechender Zunge ablecken. Sie stupste mich mit der feuchten Schnauze vorwurfsvoll an, als wollte sie sagen: Junge, mach das nie wieder. Dummer Bub.

Ganz steif gefroren und vom vielen Weinen schon nicht mehr in der Lage zu sprechen, fanden meine Eltern mich und fischten mich aus dem Laubhaufen. Selbst Mame schimpfte nicht mehr, sondern weinte bitterlich. Wahrscheinlich hatte Tate sie mal ordentlich verhauen, und recht geschah es ihr.

Als mein Tate mich auf seine starken Schultern nahm, war ich der glücklichste kleine Junge der Welt. Ich kuschelte mich Wärme und Schutz suchend an ihn und schwor mir, ihn nie wieder zu verlassen.

Frühjahr 1940

Tate, was ist ein König?«

Beine baumelnd hockte ich neben Mame auf der einfachen Holzbank in unserem kleinen Wohnraum und rieb mir müde die Augen. Seit dem Erlebnis mit dem Wald war Mame viel netter zu mir. Tate hatte ihr mal kräftig den Hintern verhauen. Das fand ich absolut gerecht und wünschte mir, er würde das öfter tun.

Tate war in letzter Zeit immer öfter in der Stadt und in den Wäldern geblieben, und die Männer kamen nie mehr lachend und fröhlich, so wie früher, in unseren abgelegenen Weiler zurück. Sie hatten ernste und besorgte Mienen, und heute hatte Tate uns aufgefordert, seinen Ausführungen zuzuhören.

»Der König ist ein mächtiger Mann, Djoko. Er herrscht über alle Menschen in Jugoslawien.«

»Wie macht er das?« Meine großen braunen Kulleraugen auf Tate gerichtet, hatte ich meinen Kopf auf die Hände gestützt, um nicht einzuschlafen. »Mit dem Stock?«

»Nein, Junge. Nicht mit dem Stock.« Tate sandte meiner Mame einen schmerzvollen Blick. »Die Menschen in Jugoslawien lieben ihn, obwohl ihn die meisten noch nie gesehen haben.«

»Wieso lieben die ihn denn? Schenkt er ihnen Spielsachen?«

»Nein, eher nicht. Er wohnt in einem wunderschönen großen Haus, das man Schloss nennt. Er ist immer schön angezogen und hat auch eine wunderschöne Frau.«

»Warum?«

»Weil er der König ist, darum!« Mame stupste mich mit dem Ellbogen an. »Ich habe dir doch schon viele Märchen erzählt, in denen Könige vorkommen, oder nicht? Also sei nicht begriffsstutzig und stell nicht so viele dumme Fragen.«

»Marusha, ich warne dich.« Mein Tate funkelte meine Mame wütend an.

»Ist das denn jetzt auch ein Märchen?« Ein bisschen fühlte ich mich wie im Märchen, denn meine Mame hatte mich seit dem Walderlebnis nie mehr geschlagen. Vielleicht war sie eine verzauberte Prinzessin, die von meinem Tate wach geküsst worden war?

»Nein, das ist die Wirklichkeit.« Tate seufzte. »Und ich erkläre euch jetzt, was sich in unserem Land gerade abspielt.«

Mühsam versuchte ich, wach zu bleiben. Draußen war es schon lange finster, die Wölfe heulten von ferne aus dem Wald, die Käuzchen klagten, der Mond stand in einer blassen Sichel über dem Waldrand, und aus den feuchten Wiesen stiegen Nebelschwaden.

»Der König muss nicht schwer arbeiten und kann jeden Tag gute Sachen essen.« Meine Mame strich mir ungewohnt liebevoll die verfilzten Locken aus dem Gesicht. »An besonderen Tagen trägt er eine goldene Krone auf dem Kopf. Die ist sehr schwer. Dann fährt er mit seiner wunderschönen Frau in einer offenen Kutsche, die von weißen Pferden gezogen wird, durch das Land. Die Menschen stehen am Straßenrand und werfen ihre Hüte in die Luft und jubeln ihnen zu.«

Ich klappte meinen Mund auf, um etwas zu fragen, aber ich war so überwältigt von diesem ernsten, liebevollen Gespräch meiner Eltern mit mir, dass ich ihn wieder zuklappte.

»Schau, Djoko. Hier ist das Wappen unseres schönen Königreiches.«

Mein Tate wickelte eine Papierrolle auf dem Tisch aus, und ich gewahrte ein prächtiges rot-weiß-blaues königliches Wappen mit roten Kordeln, den Umrissen zweier königlicher Häupter und einer Krone obendrauf.

»Hör zu, Marusha. Ich muss mich jetzt für längere Zeit in die Wälder zurückziehen, zusammen mit Jovanovic und den anderen Männern. Stelle du das Wappen unseres Königreiches ins Fenster, sodass es von außen gut sichtbar ist. Es könnte nämlich sein, dass fremde Männer vorbeikommen, und wenn sie die Fahne sehen, wird euch nichts geschehen.«

Staunend starrte ich Tate an, der so ganz anders klang als sonst, wenn er mit uns scherzte und lachte. Mein Kopf fiel immer öfter zur Seite, und irgendwann landete es wohl auf der Tischplatte, und ich schlief ein.

Tatsächlich kamen in den nächsten Tagen und Wochen wild aussehende, schwer bewaffnete Männer auf ebenso wild aussehenden Pferden vorbeigeritten. Sie sprangen ab, mit Dolchen und Pistolen im Halfter, und hämmerten an unsere Tür. Als sie das Wappen im Fenster sahen, beruhigten sich ihre kämpferisch aussehenden Mienen unter den schwarzen Bärten. Mame zitterte vor Angst, und ich versteckte mich hinter ihren bunten Röcken, aber wir ließen die Männer herein. Und meine Mame tischte alles auf, was sie zu bieten hatte. Die Männer ließen den Sliwowitz kreisen und griffen mit großem Appetit zu. Ich hockte mit ängstlicher Miene auf meinem Strohlager oberhalb der Wohnstube und lugte zwischen den Gitterstäben hindurch hinunter auf die wilden Männer. Doch sie verhielten sich Mame gegenüber anständig, und ihre Mienen hellten sich auf, als sie mich mit baumelnden Beinchen da oben hocken sahen: »Was ist das denn für ein süßer Knirps! Den klauen wir und nehmen ihn mit!«

»Das könnt ihr vergessen! Er beschützt mich und ist auch sonst ein ganz hilfsbereiter kleiner Kamerad. Den gebe ich nicht her!« Meine Mame wischte sich die Hände an ihrer Schürze ab und blickte stolz zu mir herauf. Mein Herz zog sich zusammen vor Liebe und Glück: So hatte sie noch nie von und mit mir gesprochen! Irgendwie spürte ich, dass sich die Zeiten änderten, und zwar nicht nur in unseren winzigen vier Wänden, sondern auch draußen, in der großen weiten Welt.

Als Tate nach einigen Tagen zurückkam, war er zwar verschmutzt und seine markanten Gesichtszüge hinter einem langen kratzigen Bart verschwunden, aber er war unversehrt und wohlbehalten.

»Es sieht im Moment alles ruhig aus.« Tate wusch sich die Hände am Brunnen vor unserer Hütte und trat hungrig ein. »Nach dem Essen muss ich sofort aufs Feld, es sind ja die wichtigsten Arbeiten liegen geblieben! Jovanovic und ich haben heute auf dem Arman die zwei Pferde für das Dreschen reserviert.«

»Darf ich mit?« Aufgekratzt hüpfte ich um meinen Tate herum.

»Natürlich, Djoko. Ohne dich schaffen wir das ja gar nicht, kleiner Mann.« Mein Tate nahm mich auf seine starken Arme und drückte mir seinen kratzigen Bart ins Gesicht. Ich war so glücklich, dass ich quietschte vor Begeisterung. Meine Eltern stritten sich nicht mehr, Mame verdrosch mich nicht mehr, das Leben war in Ordnung!

»Wo ist Cuja?« Tate stellte mich wieder auf die nackten Füße und sah sich suchend um. »Sie hat mich gar nicht begrüßt wie sonst?«

»Ja, wo ist der Hund?« Mame stellte die Schüssel mit dem Essen auf den Tisch auf und riss das Fenster auf: »Cuja! Cuuuujaaaa!«

In Erwartung ihres erfreuten Bellens und Herantrottens lugte ich unter ihrem Arm hindurch. Ihre dichte schwarze Achselbehaarung kitzelte mich an der Nase, und ich sog ihren starken, vertrauten Geruch ein. Seit sie mich nicht mehr schlug, sondern manchmal sogar streichelte, hatte ich vor ihrer Hand keine Angst mehr.

»Cuja!«, schrie ich aus Leibeskräften. »Komm her, der Tate ist wieder da!«

Doch nichts geschah. Weit und breit erschien keine Dalmatinerhündin.

»Wo treibt sich das Vieh denn nur rum?« Tate tunkte seine letzte Soße mit einem Stück Brot auf und schob es sich zwischen die Barthaare.

»Vielleicht ist sie läufig!« Mame knallte das Fenster zu. »Na das fehlte uns gerade noch.«

»Was ist *läufig*?« Ich kletterte zu Tate auf die Bank und leckte seinen Teller ab.

»Ach komm, Kleiner, du musst nicht alles wissen. Mach dich fertig, wir gehen auf den Arman.« Tate verstrubbelte mir die Haare und grinste.

»Trägst du mich auch?« Hoffnungsvoll tauchte ich hinter dem Teller auf, den Mame mir im nächsten Moment kopfschüttelnd wegriss und unter das Brunnenwasser stellte.

»Na gut, aber nur ausnahmsweise. Du bist schließlich schon viereinhalb und schwer wie ein Sack! Und wehe du pinkelst mir wieder in den Nacken. Das ist nicht lustig.«

»Versprochen, ich tu's nicht.« Begeistert hüpfte ich mit Tate davon.

Erst gegen Abend, als wir vom Dreschplatz heimkamen, hörten wir ein schauriges Heulen aus der Richtung des Waldes. Und diesmal kam es nicht von Wölfen. Es war eindeutig Cuja.

»Was hat sie denn?« Ängstlich blickte ich Tate an. »Steckt sie in einer Falle?«

»Gut möglich. Pass auf, Kleiner, du bleibst hier bei Mame, und ich gehe nachschauen.«

Besorgt stiefelte Tate davon, nicht ohne sein Jagdgewehr vom Haken genommen zu haben. Das jämmerliche Klagen von Cuja jagte mir einen kalten Schauer über den Rücken.

Hoffentlich hatte sie kein Wolf angegriffen? Oder eine Schlange gebissen?

Ich kletterte auf die Ofenbank und drückte meine Stirn gegen die Fensterscheibe. Tate war in der Abenddämmerung bereits

44

hinten am Waldrand angekommen, und da sah ich Cuja auf ihn zulaufen! Aber sie wedelte nicht mit dem Schwanz, sondern jaulte und biss sich selbst in den Rücken und kreiste um sich selbst, als wollte sie sich selbst in den Schwanz beißen, und dann sah ich, wie sie die Haare aufstellte und meinen Tate anknurrte, mit hochgezogenen Lefzen. Der grüne Schaum quoll ihr aus dem Maul und tropfte auf die Erde. Warum tat sie das denn? Sie war doch der liebste und geduldigste Hund der Welt?

Tate trat ganz plötzlich den Rückzug an. Ohne den Hund wie sonst an ein Seil zu binden, eilte er auf unsere Hütte zu und verbarrikadierte sich eilends hinter der Haustür.

»Was ist mit Cuja?« Ich drückte mir die Nase platt. Sie führte draußen einen schaurigen Tanz auf, quietschte und heulte und hatte immer mehr Schaum vor dem Maul.

»Hör zu, Kleiner.« Tate ließ das Gewehr von seiner Schulter gleiten und lud es durch.

Mir schwante Fürchterliches.

»Cuja hat eine schlimme Krankheit, die heißt Tollwut.« Tates Kieferknochen mahlten. »Sie leidet an fürchterlichen Schmerzen, wir können ihr nicht mehr helfen.«

»Was ist Tollwut?«

»Bestimmt hat sich Cuja bei einem kranken Fuchs im Wald angesteckt. Die Krankheit ist sehr ansteckend, weißt du. Wir dürfen Cuja nicht mehr anfassen, sonst bekommen wir selbst diese schreckliche Krankheit.«

»Aber wer hilft ihr denn? Wann wird sie wieder gesund?« Ich fühlte dicke Tränen zwischen meinen Wimpern hervorquellen.

Tate nahm mein Kinn mit zwei Fingern hoch und zwang mich, ihm in die Augen zu sehen. »Du musst jetzt ganz tapfer sein, Djoko. Ich muss Cuja von ihren Schmerzen erlösen.«

Mit dem Hemdsärmel wischte er mir unbeholfen die Tränen ab und schluckte selbst schwer.

»Die Krankheit ist für Menschen sehr gefährlich. Wir würden ebenfalls unter schlimmen Schmerzen sterben, wenn wir Cuja jetzt nicht töten.«

»WAS?!« Wie in Trance fing ich an, auf meinen nackten Beinchen zu trappeln. »Das kannst du nicht machen, Tate! Sie ist meine einzige Freundin!« Außer Nada natürlich, aber die sah ich im Winter über Monate nicht.

»Es bleibt mir nichts anderes übrig, Kleiner.«

Tate machte sich sanft von mir los, öffnete das Fenster einen Spaltbreit, legte an, und dann erfolgte ein ohrenbetäubender Knall. Er hatte noch nie aus der Hütte hinaus geschossen! Nur immer im Wald! Der Lärm ließ mich die Hände auf die Ohren pressen und entsetzt in mein Strohlager flüchten. Bäuchlings lag ich da und strampelte mit den Beinen.

»Es tut mir leid, Djoko. Aber es ist das Beste so.« Tate unterdrückte selbst ein paar Schluchzer. »Ich weiß, dass Cujas Anwesenheit dich über so manches unangenehme Erlebnis hinweggetröstet hat. Aber nun ist sie tot und muss nicht mehr leiden.«

Und ganz gegen seine Gewohnheit legte er sich neben mich und streichelte mir das verschwitzte Haar. »Lass sie gehen, Djoko. Du wirst noch oft jemand Geliebtes gehen lassen müssen. So ist nun mal das Leben.«

September 1940

»Wieso bringst du jetzt eine andere Fahne mit, Tate?«
Die wild aussehenden Männer waren wieder einmal tage-
und nächtelang in den Wäldern verschwunden gewesen, und Tate
und Nachbar Jovanovic stapften mit ihrer Jagdbeute und anderen
Besorgungen aus der Stadt heran. Sie sahen verschmutzt und verwahrlost aus.

»Da ist ja gar keine Krone mehr drauf?«

»Gut aufgepasst, mein Kleiner.« Mein Tate ließ den schweren
Rucksack auf den Lehmboden gleiten, sank auf die Bank und ließ
sich aus seinen Stiefeln helfen. Meine Mame beeilte sich beim Anblick seiner blutigen Blasen, vom Brunnen im Hof Wasser für ein
linderndes Fußbad hereinzuschleppen. Früher hätte sie mich dazu
angehalten, ihr beim Wasserschleppen zu helfen, doch seit einiger
Zeit behandelte sie mich viel netter. Unser Männergespräch ging
vor. Ich beugte mich interessiert über die neue Fahne, die Tate bedächtig auf dem Tisch ausgebreitet hatte, während die alte Fahne
vom Fenster gerissen, mit dem Messer zerstochen wurde und anschließend die Fetzen ins Feuer geworfen worden waren. Diese
hier hatte einen roten Stern in der Mitte, zwischen den mir bekannten Farben Blau, Weiß und Rot. Sie wirkte lange nicht mehr so
schön, eher kühl und sachlich.

»Das ist jetzt die richtige.« Tate atmete tief auf, als er seine zerschundenen Füße in die Schüssel mit dem lindernden Wasser
tunkte. »Aah, tut das gut!«

»Muss ich mir Sorgen machen, Stipan?« Mame hockte auf dem
Schemel vor ihm und wusch ihm die Füße mithilfe von Kernseife
und der Asche der Holzkohle.

»Es sieht nicht wirklich gut aus.« Tate blickte sorgenvoll in den Eimer. »Jovanovic will durchhalten und sich und seine Familie bis zur letzten Patrone verteidigen, aber ich halte das für Wahnsinn. In dieser Abgeschiedenheit sind wir Freiwild für die schwarze Armee. Es besteht täglich die Gefahr eines Überfalls. Und die spaßen nicht. Man hört entsetzliche Dinge, aber bitte nicht vor dem Jungen.«

Was meinte er nur damit? Das klang irgendwie aufregend, aber auch gefährlich.

»Die Unruhen haben bereits das ganze Land erfasst.« Tate rieb sich die Waden, die über und über mit Striemen und Schürfwunden bedeckt waren.

»Was sollen wir denn tun, Stipan?« Meine Mame richtete sich auf und schob sich eine schwarze Haarsträhne unter das Kopftuch zurück.

Ihr Gesichtsausdruck war verzweifelt. »Wir können doch nicht unser ganzes Lebenswerk hier zurücklassen? Wir haben alles so mühsam über Jahre aufgebaut, mit unserer Hände Arbeit!«

Irgendwie spürte ich, dass es besser war, jetzt keine Fragen zu stellen. Ich schielte nur unter meinen dichten Wimpern meine Eltern abwechselnd an und versuchte, mich so unsichtbar wie möglich zu machen.

»Wir gehen über den Hügel in das kleine Dorf zu meinen Eltern. Da können wir fürs Erste unterkommen.« Tate zog die Füße aus der Schüssel mit dem Wasser, das sich inzwischen schmutzig braun gefärbt hatte, und ließ sie sich von Mame mit ihrer Schürze abtrocknen.

»Da wären wir zumindest im Schutz der Siedlung.«

»Und Jovanovic will bleiben?«

»Er besteht darauf.«

»Dann gnade ihm Gott.«

Die Eltern redeten an diesem Abend noch lange mit besorgten Gesichtern darüber, dass sich eine wild gewordene Bande von gefährlichen Männern zusammenfand, die sich »Schwarze Legion« nannte und einfach Menschen und Dörfer angreifen und grausame Dinge tun würde. Mame schlug sich immer wieder die Hände vor das Gesicht. Ich verkroch mich angstvoll auf mein Strohlager und lugte so lange durch die Gitterstäbe auf meine Eltern hinunter, bis mir die Augen zufielen.

Unsere wenigen persönlichen Habseligkeiten wurden am nächsten Morgen in aller Frühe von meinen Eltern der einzigen Kuh aufgeladen, die wir nach dem Angriff der Wölfe angeschafft hatten.

»Komm, Djoko, steh nicht herum, hilf mir, die Hühner aus dem Stall zu treiben!«

Wie sollte das nur gehen? Weder die Schafe noch die zwei Schweine, noch das wild durcheinandergackernde Federvieh wollten ihre angestammten Plätze verlassen. Die Tiere trabten und rannten immer wieder zurück, während ich versuchte, sie mit meinem Stock hinter Tate und der schwer beladenen Kuh herzutreiben. Mame packte die Hühner beherzt beim Kragen und sperrte sie in einen tragbaren Käfig, wo sie wild mit den Flügeln schlugen und gackernd in der Enge aufeinander einhackten. Die Schafe und das Schwein waren inzwischen zusammengebunden und wurden hinter der Kuh hergezerrt. Mame bildete das Schlusslicht mit einem voll beladenen Handkarren samt gackerndem Federvieh, den sie mühsam hinter sich herzog. Alles in allem sahen wir aus wie Zigeuner, die es damals in unserer Gegend überall gab. Das waren sehr interessante Leute, die Handel trieben, Musik machten und den Frauen aus dem Kaffeesatz oder aus der Hand lasen. In Ermangelung anderer Informationsquellen fanden wir dieses fahrende Volk sehr spannend, und den Begriff empfanden wir damals keinesfalls als abwertend.

Sollten wir wirklich für immer unseren angestammten Platz hier verlassen? Ratlos sah ich mich noch einmal um. Unser winziges

Hüttchen lag im Licht der aufgehenden Sonne da, und das kleine Fensterchen blitzte, als wollte es mir winken.

Unser bekannter Weg führte ein letztes Mal über den Bach zu unseren Nachbarn und Freunden Jovanovic hinüber. Die Kuh muhte widerwillig und warf den Kopf hin und her. Als Lasttier war sie nie missbraucht worden, und den Bach auf dem wackeligen Steg hatte sie auch noch nie überquert! Meine Mame zerrte mit letzter Kraft an dem überladenen Handkarren, und ich beeilte mich, ihr zu helfen, indem ich mein ganzes Körpergewicht von hinten dagegenwarf.

»Ihr wollt also wirklich gehen?« Die Familie Jovanovic stand versammelt vor ihrer Hütte. Enttäuscht starrten sie uns an und schüttelten die Köpfe. Meine Nada schenkte mir gar keinen Blick mehr, sondern versteckte sich hinter der Schürze ihrer Mutter.

»Ja, wir sehen keine andere Möglichkeit.« Mein Tate schob sich die Mütze in den Nacken und kratzte sich am Hinterkopf. »Es mag für euch wie ein Verrat wirken, aber wir können euch nur beschwören mitzukommen.«

»Nein, tun wir nicht.«

»Aber ihr kommt nie und nimmer gegen die Ustaschas an!«

Dieses Wort war nun schon öfter gefallen. Aber ich hatte keine Ahnung, was dahintersteckte. Ich hatte immer wieder von einem Ante Pavelić gehört, dessen Name Angst und Schrecken verbreitete. Er war der Führer der Ustascha-Bewegung, und seine Milizen massakrieren Serben, Zigeuner und Juden. Sie kämpfen gegen die Partisanen und die Tschetniks und machen auch vor Frauen und Kindern nicht halt. Sie tun ganz fürchterliche Dinge mit ihnen, das wurde immer wieder hinter vorgehaltener Hand getuschelt. Aber was begriff ich davon? Was bedeutete das, eine Frau pfählen? Die Ausmaße der Brutalität und Grausamkeiten war mir in keiner Weise bewusst. Ich spürte nur, dass meine Eltern die Jovanovic-Familie nicht überzeugen konnten, so schnell wie möglich von hier zu verschwinden.

»Wir sind gut gerüstet, um jeden Angriff abzuwehren.« Jovanovic schwang sein Gewehr. »Mein Junge ist schon zehn, der wird mir mit der Waffe helfen.«

»Dann sei Gott mit euch.« Die Erwachsenen umarmten sich noch einmal, und ich versuchte, einen letzten Blick von Nada zu erhaschen. Doch die nahm mir unseren Aufbruch persönlich übel. Mein Herz war schwer, als wir endlich weiterzogen, den langen Hohlweg hinunter in Richtung des bewaldeten Tales, durch das wir gehen mussten, um auf den gegenüberliegenden Hügel und schließlich in das Dorf meiner Großeltern auf der anderen Seite zu gelangen. Wir waren den ganzen Tag unterwegs. Mein Tate würde mich diesmal nicht tragen.

Dass wir die Familie Jovanovic niemals wiedersehen würden, ahnte ich zu dem Zeitpunkt zum Glück nicht. Sie würden als Erste einem unfassbar brutalen Angriff der Männer der berüchtigten Schwarzen Legion zum Opfer fallen, und keiner von ihnen würde überleben. Ihr kleines Häuschen sollte schon wenige Tage später in Flammen aufgehen. Ich will mir bis heute nicht ausmalen, was sie mit meiner kleinen Nada gemacht haben.

* * *

»Oh, Gott, dass ihr da seid!« Meine Großeltern rannten uns aufgeregt entgegen, als sie uns schwer bepackt den Hügel herunterkommen sahen. »Um Himmels willen, der Junge. Hat er noch immer keine Hosen? Ich schneidere dir welche, Kleiner.« Meine Oma nahm mir den schweren Rucksack ab, den ich auf meinem nackten kleinen Hintern mühsam mitschleppte. »Ach du liebe Zeit, wie seht ihr aus. Es war wirklich höchste Zeit für euch, in einer größeren Gemeinschaft Schutz zu suchen. Stellt euch nur vor, sie hätten euch angegriffen, stellt euch das nur vor …« Aufgeregt redeten sie auf uns ein, und Großvater war bemüht, Tate mit der widerspenstigen Kuh zu helfen. Diese wollte immer wieder zurück in ihren Stall, und mein Tate musste sich mit all seiner Kraft gegen sie stemmen. Der Großvater fackelte nicht lange und drosch mit einem Knüppel auf sie ein. »Hier geht's lang, du bockiges Vieh!«

Unter lautem Gemuh und Gemäh und Geschnatter des eingesperrten Federviehs auf Mames wackeligem Bollerwagen hielten wir Einzug in das Dorf. Was mich auf Anhieb begeisterte: Hier gab es Kinder! Mengen von Kindern! Hinter jedem Zaun standen welche, beäugten uns durch die krummen hölzernen Stäbe und rannten neugierig barfuß hinter uns her.

Die Großeltern plapperten weiter auf Tate und Mame ein. »Außerdem könnt ihr uns bei der Feldarbeit mithelfen, die jetzt im Spätsommer anfällt, wir brauchen jede Hand!«

Endlich in der bescheidenen Behausung meiner Großeltern angekommen, durfte ich am Brunnen in ihrem staubigen Hof Wasser trinken, so viel ich wollte. Mame wollte mich gleich in den Waschzuber stecken, wahrscheinlich um vor den Schwiegereltern Eindruck zu schinden, was für eine gute und sorgfältige Mutter sie sei, doch in Anbetracht der mich kichernd beäugenden Kinder, die uns bis in den Hof gefolgt waren, wehrte ich mich mannhaft. Nur Babys lassen sich in aller Öffentlichkeit am Brunnen waschen! Und diese Kinder waren mit Sicherheit seit Monaten nicht mehr gewaschen worden! Tief gebräunt vom Sommer, allesamt halb nackt, barfuß, starrten sie mich aus dunkelbraunen Augen an, und ich sie. Hoffentlich würden wir Freunde werden!

Nach dem Auspacken und Einrichten – wir bekamen einen Strohballen im hinteren Raum, wo wir auch unsere Tiere im Heu unterbringen konnten – saß die Großmutter, ganz in Schwarz gekleidet mit ihrem schwarzen Kopftuch in der Abendsonne auf der Holzbank vor ihrer Hütte und begann sogleich, mir einen warmen Pullover für den Winter zu stricken. »Und eine Hose, Djoko!

Komm her, lass mich mal Maß nehmen!« Sie zog mich am Hemd-
zipfel zu sich heran und klemmte mich zwischen ihre Knie, um
meinen Popo zu vermessen.

Doch das war mir ebenso peinlich wie das Gewaschenwerden!
Ich wollte keine Hose! Wo sollte ich denn dann hinpieseln? Obwohl die Oma mir zahnlos lachend versicherte, sie würde auch an
entsprechender Stelle ein Loch offen lassen, war das für mich keine
Option.

»He, Junge, willst du mitspielen?« Ein dünner, langer Lausebeng-
gel rollte mir eine Murmel zu.

Das ließ ich mir nicht zweimal sagen! Endlich Kinder, spielen!
Nichts wie weg hier!

Wir tobten im Dorf herum und tollten über die Wiesen, wir kletterten auf Bäume, die sich bereits herbstlich färbten. Für mich war
es die letzte unbeschwerte Zeit. Während die Eltern sich mühten,
die Ernte auf den Feldern einzuholen, und vom Dreschplatz die
Dreschflegel im Takt schlugen, ließ ich mich mit Begeisterung auf
allerlei Unsinn ein, den die Dorfkinder im Sinn hatten.

Meine Lieblingsbeschäftigung war es, mit meinem neuen Freund
Mirko die Schafe zu hüten. Mirko war schon richtig alt, seine Stimme kiekste so lustig, wenn er sprach! Meine Großmutter erklärte
mir, er sei im Stimmbruch. Also fast ein Mann. Aber Mirko hatte
nur Flausen im Kopf und heckte die lustigsten Streiche aus. In seiner Schafherde war ein junger Widder, mit dem er sich regelrechte
Ringkämpfe lieferte. Er packte den Widder bei den Hörnern und
raufte mit ihm, bis der Widder schließlich den Kürzeren zog und
kläglich blökend davongaloppierte. Dann freute sich Mirko wie ein
Schneekönig und riss die Fäuste in die Höhe: »Gewonnen, ich bin
der Stärkere, ich habe gewonnen!«

Weil Mirko lustig und übermütig war und sich mit uns Kleine-
ren geduldig abgab, sah ich in ihm so etwas wie einen großen Bruder. Mirko ließ es auch nicht zu, dass die anderen Kinder mich

auslachten oder mit Steinen nach mir warfen, weil ich nicht einer von ihnen war.

»Lasst den Djoko in Frieden, sonst setzt es was!«

Als ich einmal weinte, weil ein Dorfjunge mich einen kleinen Nacktarsch gerufen hatte, was gleich eine ganze Traube von Kindern – leider auch Mädchen – dazu veranlasste, mich mit diesem Spitznamen zu necken und hinter mir herzurennen, tröstete Mirko mich: »Lass den Blödmann nur spotten. Du solltest kämpfen lernen, dann haust du ihm das nächste Mal eins in sein freches Maul!«

Da kam mir als Übungsgegner der junge Widder gerade recht. Mit Mirko wollte er es nicht mehr aufnehmen, aber mit mir halber Portion rang er leidenschaftlich gern. Wir waren eher auf Augenhöhe, der junge Widder und ich.

»Pack ihn bei den Hörnern und schau ihm fest in die Augen, und lass ihn nimmer aus!«, feuerte Mirko mich an. Es muss ein Bild für die Götter gewesen sein, wie der Widder mich hin und her schleuderte, ich mich aber nicht beirren ließ und mein Griff um seine geschwungenen Hörner immer fester wurde. Dabei lachten wir uns kaputt. Ich hatte den Eindruck, der junge Widder hatte auch seinen Riesenspaß daran und spürte, dass es kein ernst gemeinter Kampf war: nur ein kindliches Kräftemessen.

Der Ringkampf zwischen dem Widder und mir ging meistens unentschieden aus: Irgendwann ließen wir beide erschöpft voneinander ab, ohne uns gegenseitig wehgetan zu haben. Der Widder hatte auch seinen Stolz, genau wie ich. Wenn wir mit dem Kämpfen fertig waren, ließen wir uns nebeneinander ins Gras fallen und schliefen ein. Ich kuschelte mich an den Widder und benutzte ihn als Kopfkissen, und er hielt mich wahrscheinlich für seinen Bruder.

So fand uns Tate am Abend, als er von der Feldarbeit kam: »Schaut nur, unser Djoko hat einen neuen Freund!«

Es waren herrliche sorglose Wochen oder vielleicht sogar Monate, wer weiß das schon.

Als Vier-, Fünfjähriger hatte ich noch kein Zeitgefühl.

Es war ein wunderschöner Tag, und keine Wolke trübte den Himmel. Die Erwachsenen waren mit irgendwelchen Arbeiten beschäftigt, und wir Kinder rannten in der Siedlung herum.

»Mirko, spielst du heute nicht mit mir?«

Aufgeregt rannte ich meinem großen Freund entgegen, der seltsam anders aussah als sonst. Er kam gerade aus dem Haus seiner Eltern und zog das quietschende Gartentor hinter sich zu. War das etwa eine Uniform, die er da anhatte? Eine beigefarbene Schirmmütze verdeckte seine Augen, und statt der üblichen kurzen zerschlissenen Hosen trug er eine lange Hose und Stiefel. Und war das etwa ein Gewehr, das er an einem Gurt um den Körper trug?

»Nein, Kleiner, heute habe ich keine Zeit für dich. Ich werde mit den Männern in die Wälder gehen und schießen üben.« Seine ganze Haltung war erwachsener als sonst, und seiner Stimme verlieh er mit Absicht einen tiefen Klang.

»Aber du kannst mich ein Stück den Hügel hinauf begleiten.« Freundschaftlich legte Mirko den Arm um mich Dreikäsehoch, und während ich ihn mit kindlichen Fragen löcherte, stiefelten wir die Wiese hinauf. Also er stiefelte, und ich tappelte barfuß, wie immer.

»Darf ich auch mal schießen, Mirko?«

»Nein, natürlich nicht. Das Gewehr ist mit scharfer Munition geladen. Dein Tate würde Hackfleisch aus mir machen!«

»Und wenn wir es ganz heimlich tun?«

»Kleiner, du weißt doch, was so ein Gewehr für einen Höllenlärm macht. Heimlich geht da nix.«

Und wie aufs Stichwort erzitterte plötzlich die Erde, und oben am Himmel donnerte und krachte etwas Unsichtbares mit unfassbar lautem Lärm über uns hinweg.

»Scheiße, es geht los«, murmelte Mirko und zog mich in ein stacheliges Gebüsch.

»Was geht los? Au! Du hast mich mit dem Hintern in die Dornen gedrückt!«

»Na hörst du es nicht, Djoko? Das Flugzeug? Die werfen Kanonen ab!«

Mirko spähte unter seiner Schirmmütze hervor in den wolkenlosen Himmel und kniff die Augen zusammen. Tatsächlich donnerte und krachte es irgendwo hinter dem Wald, also eigentlich genau da, wo wir früher gewohnt hatten, ohrenbetäubend. Kurz darauf stieg Rauch auf.

»Aber Mirko!« Ich baute mich vor ihm auf und versuchte ein tapferes Lachen. »Da fährt ein von acht Pferden gezogener Wagen oben am Himmel vorbei! Das ist der König mit seiner wunderschönen Frau!«

»Ach Kleiner …« Mirko zog mich aus dem Gestrüpp und klopfte mir Dreck und Dornen vom Hemd. »Wer hat dir denn so was erzählt? Es gibt keinen König mehr!«

»Oh, doch!«, trumpfte ich auf. »Der König rumpelt mit seiner Kutsche über den Himmel, gezogen von schwarzen Pferden!« Das erzählte mir mein Tate immer, wenn ein Gewitter auf uns niederkrachte. Und dann hatte ich keine Angst mehr! »Denn der König ist gut! Alle Menschen lieben ihn, selbst wenn sie ihn noch nie gesehen haben. Au! Das sticht!«

»Ach Djoko, du Dummerchen …« Mirko drehte mich um und zupfte mir ein paar Stacheln aus dem Po. »Das ist eine Kanone! Die werfen sie auf die Menschen ab!«

In dem Moment sauste eine zweite unsichtbare Kutsche mit unfassbarem Getöse über den blauen Himmel, und ich begann daran zu zweifeln, dass es der König sein könnte. Wieder folgte in der Ferne ein lautes Krachen, und wieder stieg Rauch auf.

»Was ist eine Kanone?«

»Das erklär ich dir später! Diese Schweine! Wir müssen uns wehren!«

Die Leute rannten aus ihren Behausungen und schrien wild durcheinander.

Sie riefen panisch nach uns Kindern, und Mirko packte mich am Schlafittchen und raste mit mir den Hügel hinunter, um mich meiner Großmutter zu übergeben.

Kurz darauf verließen alle Männer den Ort, darunter Tate und Mirko, wild entschlossen, mit Gewehren und Pistolen unser Dorf zu verteidigen. Nur die alten gebrechlichen Männer blieben zurück, so auch mein Großvater.

Im Dorf breitete sich Angst aus, denn jetzt waren die Bewohner ohne Schutz den Angreifern ausgeliefert. Immer wieder zogen mit ohrenbetäubendem Gekreisch und donnerndem Krachen die unsichtbaren Flugzeuge in einem Affenzahn über den Himmel, und irgendwo in der Ferne schlugen die Kanonen ein.

Die Leute sagten, es sei Krieg. Aber was war denn Krieg? Niemand hatte es mir erklärt. Die Frauen jammerten und wehklagten und verbarrikadierten sich in ihren Behausungen. Schon wieder hatte niemand Zeit für mich, und keiner kümmerte sich um mich.

So schlüpfte ich eines Nachmittags ungesehen aus der Hütte, in der Mame, Großmutter und Großvater mit anderen lamentierenden Frauen zusammenhockten und zu allen Heiligen beteten, die aber auch nie auftauchten, und trollte mich die Wiese hinauf, um nach meinem Widder zu sehen. Er schien der Einzige zu sein, der noch mit mir spielen wollte.

Oben angekommen, wurde ich von meinem tierischen Freund mit freundschaftlichem Hörnerstupsen begrüßt. Im Gegensatz zu mir war er inzwischen deutlich gewachsen. Er schien mir viel mächtiger und größer geworden zu sein als noch vor ein paar Wochen, und auch seine Hörner waren doppelt so groß.

Mein Widder wollte kämpfen, wie früher, aber ich war gar nicht mehr mit ihm auf Augenhöhe.

»He, nicht so doll!« Aus meinem Lachen wurde ein Weinen, doch mein Freund, der Widder, verstand mich nicht. Er nahm Anlauf, senkte den mächtigen Kopf und rannte auf mich zu.

Früher hatte ich mich an den Hörnern festgehalten und mich schütteln lassen wie ein Kopfkissen, aber jetzt kam ich kaum an sie heran.

Der Widder senkte den Kopf, rammte mir seine Hörner in den Bauch und spießte mich regelrecht auf.

»Halt, lass mich runter!«

Der Widder dachte gar nicht daran! Er schüttelte und schleuderte mich mit einer solchen Kraft, dass ich fast das Bewusstsein verlor. Au, das tat weh.

»Lass mich runter, ich bin's doch, dein Freund Djoko!«

Endlich ließ der Widder von mir ab. Ich weinte, er hatte mir wirklich wehgetan und war überhaupt nicht mehr zärtlich spielerisch mit mir umgegangen. Die Hörner hatten sich richtig in meinen kleinen Bauch gerammt und hinterließen blaue und grüne Flecken.

»Blöder gemeiner Widder du! Ich spiele nie mehr mit dir!«, schrie ich ihn heulend an und rannte in Richtung einer steilen Böschung, als ich spürte, dass der Widder gern noch weiterkämpfen wollte. Er hatte sich nur zurückgezogen, um neu Anlauf zu nehmen! Ich rannte, so schnell mich meine nackten Beinchen tragen konnten. Da hörte ich schon die wilden Hufe hinter mir her donnern, über Stock und Stein, in wildem Galopp dem Abgrund entgegen.

Ich konnte mich gar nicht mehr umsehen, so schnell kam der erneute Angriff, diesmal von hinten! Der Widder rammte mir seine Hörner in den Rücken, und völlig betäubt von dem Schmerz spürte ich nur noch, wie er mich in den Abgrund stieß, mit voller Wucht.

Ich stolperte, rutschte und schlitterte sicher dreißig Meter auf steinernem Geröll in die Tiefe, überschlug mich mehrmals und blieb schließlich arg verletzt und überall blutend in der Talsohle liegen. Oben stand der Widder mit seinem mächtigen Gehörn und starrte mir nach.

Und schon kam das nächste Flugzeug mit ohrenbetäubendem Gedröhn und Gekreisch über den Himmel, spie tödliche Kugeln und spuckte Feuer, und wieder fiel etwas Riesiges Schwarzes aus seinen Löchern, explodierte weiter hinten und ließ Rauchsäulen aufsteigen. Der Widder rannte weg, aber ich blieb schutzlos liegen. Bis ich mich endlich aufgerafft hatte und mit blutenden Knien und übersät von grünen und blauen Flecken, völlig verdreckt und zerzaust wieder in der Hütte ankam, war es schon finstere Nacht geworden. Aber meine Mame bestrafte mich nicht. Die Erwachsenen waren viel zu sehr mit sich selbst beschäftigt, um sich noch die Mühe zu machen, mich zu verhauen. Mame nahm mich nur weinend in die Arme und bedeckte mein zerzaustes Haar mit tausend Küssen. Und die Oma tupfte mir die Wunden ab und schüttelte betend und jammernd den Kopf, gab mir heiße Milch zu trinken und steckte mich ins Bett.

In den nächsten Tagen hörte man die Kanonen immer seltener, bis sie ganz verstummten. Und dann kamen unsere Männer zurück, verdreckt und zerlumpt, aber wohlbehalten, bis auf eine Ausnahme: Mirko.

Tate und ein anderer Mann hatten den völlig entkräfteten Mirko in ihre Mitte genommen und schleiften den arg verletzten armen Kerl über die staubige Dorfstraße, um ihn vor der Hütte seiner Eltern abzulegen. Natürlich hetzte ich dem Trupp sofort entgegen und prallte zurück: Es war schrecklich, meinen Freund so entstellt zu sehen! Sein zuvor hübsches Gesicht war mit lauter Wunden übersät, und über einem Auge trug er eine schwarze Binde.

Die Dorfbewohner brachen in Schluchzen und Weinen aus,

59

beschworen Gott und alle Heiligen, reckten die Fäuste zum Himmel, und seine Mame brach neben ihm im Staub zusammen und hielt seinen Kopf in ihren Händen auf ihrem Schoß.

Sein Gesicht war halbseitig zerschossen, und überall sickerte Blut durch seine Kleidung.

Aber Mirko grinste mich schief an: »Na Kleiner? Hast du mich vermisst?« Ein nie gekannter scharfer Geruch strömte aus jeder seiner Poren. Süßlich und nach verbranntem Fleisch.

»Was ist dir passiert?«, piepste ich erschüttert und versuchte seine Hand zu nehmen. »Tut es sehr weh?«

»Ach was. Vielleicht ein bisschen. Aber wir haben die Kanonen zum Stillstand gebracht.« Mit letzter Kraft presste Mirko diese Worte heraus, bevor er erschlaffte, nach hinten kippte und für immer sein verbliebenes Auge schloss.

Das Wehklagen seiner Mame und der anderen Familienmitglieder hallt mir heute noch in den Ohren. »Er war doch erst vierzehn! Gott, gib mir meinen Jungen zurück!«

»Komm, Djoko, komm, das ist nichts für dich!« Mein Tate hob mich sanft von dem toten Mirko hoch, löste meine Hand aus der seinen und führte mich zum Haus meiner Großeltern. Hier harrten schon Mame und die Großeltern klagend und betend mit anderen Frauen und Kindern der tapferen Männer. Hölzerne Rosenkränze klapperten durch die mageren, abgearbeiteten Hände der alten Frauen.

Ich zitterte selbst am ganzen Körper, als Tate mich in die Hütte trug und sanft neben der Feuerstelle ins Stroh gleiten ließ. Hatte ich doch heute zum ersten Mal einen Menschen sterben sehen.

Nachdem Großmutter Tate etwas zu essen und zu trinken hingestellt und meine Mame ihm die Stiefel von den Füßen gezogen und Waschwasser für ihn herbeigeschleppt hatte, begann er, leise und erschüttert zu erzählen. Vielleicht dachte er, ich sei eingeschlafen, aber ich konnte genau hören, was er sagte.

»Die faschistische Ustascha unter Ante Pavelić hat den Hügel besetzt, über den wir gerade noch rechtzeitig geflüchtet sind. Sie sind nachts gekommen, als die Familie Jovanovic im tiefen Schlaf lag. Sie haben auf dem Arman, unserem Dreschplatz, ihre Granatwerfer aufgestellt und das kleine Haus unserer Nachbarn in volles Licht getaucht. Als Jovanovic und sein zehnjähriger Sohn mit vorgehaltener Waffe herauskamen, haben sie sie beide erschossen. Dann haben sie das Haus gestürmt, Frau Jovanovic vergewaltigt und die kleine Nada …« Er unterbrach sich und schluchzte heftig. »Ich kann es euch nicht sagen, was sie mit ihr gemacht haben.«

Ich presste mir die Hände auf die Ohren und versuchte, mich auf meinem Strohlager in Luft aufzulösen. All das Grauenvolle, das mein Tate da erzählte, konnte ich noch nicht verstehen, aber mein kleines Gehirn bildete sich leider eine Vorstellung davon, was man meiner kleinen Freundin mit dem langen Zopf angetan hatte. Fremde Männer in schwarzen Uniformen, genannt die Schwarze Legion, hatten damit begonnen, Serben, Juden und Zigeuner auszurotten, und wer sich ihnen entgegenstellte, wurde auf das Grausamste massakriert.

Was sich mir damals schon in mein kleines Gehirn einmeißelte, war die Erkenntnis, dass es uns ganz genauso ergangen wäre, hätten meine Eltern sich von Jovanovic zum Bleiben überreden lassen.

In den nächsten Tagen und Nächten geisterten schreckliche Bilder durch meine Fantasie, und immer wieder stellte ich mir vor, dass fremde schwarze Männer in die abgelegene Idylle meiner bis dahin unbeschwerten Kindheit eingedrungen waren und alles Leben, was bis dahin dort gewesen war, für immer zerstört hatten.

Aber waren wir denn hier im Dorf meiner Großeltern sicher?

Etwa drei oder vier Nächte später krachte es plötzlich gegen Mitternacht, und Fensterscheiben splitterten und barsten mit einem entsetzlichen Knall. Ich fuhr aus dem Schlaf hoch und wurde sogleich von irgendwelchen Händen mitgerissen.

»Schnell! Raus hier! Sie kommen!«

Hysterisch kreischend und schreiend stürmten die Dorfbewohner, Frauen und Kinder samt ihren jaulenden und quietschenden Tieren, so sie denn noch freigelassen worden waren, auf die Straße.

»Sie kommen! Die Ustaschas! Hilf uns Gott!« Die älteren Frauen reckten die Hände zum Himmel und beteten in ihrer Panik alle Heiligen an, ihnen zu helfen, die jüngeren rafften ihre Kinder an sich und begannen zu rennen. Die ersten Häuser brannten bereits. Männer öffneten Stalltüren und ließen Kühe, Pferde und Schafe heraus, die in wilder Panik brüllend und blökend in Richtung des Waldes rannten.

Es herrschte ein entsetzliches Durcheinander, Brand- und Schießpulvergeruch erfüllte die Luft. Mame zerrte mich blindlings hinter sich her und schrie nach Tate, der sich mit einigen anderen Männern schwer bewaffnet in Richtung der Wälder aufmachte, um Gegenwehr zu leisten. Wir waren auf uns allein gestellt! Nur die Alten, die Frauen und die Kinder. Hühner flatterten kreischend über die staubige nächtliche Straße, die vom Schein der brennenden Häuser in unheimliches Licht getaucht war. Und da zischten schon die nächsten Geschosse dicht über uns hinweg, und plötzlich war das ganze Dorf taghell erleuchtet, als wäre die Sonne aufgegangen.

»Wird es schon hell, Mame?«

»Das sind Leuchtraketen, die die Ustaschas aus ihrem Hinterhalt abgeschossen haben!«, rief ein alter Mann namens Bakić uns zu. Er war der Großvater des toten Mirko, ich kannte ihn vom Sehen.

»Hört zu, Leute, das Schreien und die Panik treiben uns ihnen nur vor die Gewehre! Lauft in Richtung Wald, so leise wie möglich! Lasst alles stehen und liegen, nehmt eure Kinder und rennt!«

Mame packte mich, und wir rasten um unser Leben. Die Großeltern hatten wir aus den Augen verloren. Es krachte und toste über unseren Köpfen, und kaum hatten wir den schützenden Waldrand erreicht, bebte bereits die Erde. Mame und ich ließen uns in Todesangst irgendwo auf den Waldboden fallen und drückten unsere Gesichter in das feuchte Laub. Auf jede Leuchtrakete folgte unmittelbar ein schweres Geschoss, und danach war das Einschlagen einer Granate zu hören. Es pfiff und kreischte, toste und krachte, der Himmel leuchtete rot, die Häuser und Hütten standen in Flammen. Wir duckten uns im Schutz der Mulde, pressten uns aneinander und rührten uns nicht.

»Mame, müssen wir jetzt auch sterben?«

»Nein, mein Kleiner, Tate verteidigt und beschützt uns!« Meine Mame flüsterte ganz dicht an meinem Ohr, und ich fühlte, wie sich ihre kalten Hände in meinen kleinen Körper krallten. Sie hatte sich schützend über mich geworfen und versuchte mich zu trösten.

»Der Tate kommt bestimmt bald und holt uns hier raus!«

Auch in unsere Richtung verirrten sich ein paar Granaten, flogen aber zum Glück dicht über unsere Köpfe hinweg und zerbarsten unten in der Schlucht. Bäume brannten lichterloh, Tiere stoben im gleißenden Scheinwerferlicht in alle Richtungen davon. Ich bildete mir sogar ein, die Umrisse meines Widders mit seinem beeindruckenden Gehörn am Horizont zu sehen.

Die Frauen und Kinder, die ebenfalls in der feuchten Mulde zusammengepresst lagen, wimmerten und weinten in Todesnot. Viele Frauen beteten wie in Trance. »Heilige Maria, Mutter Gottes, bitte für uns Sünder, jetzt und in der Stunde unseres Todes, Amen.«

Der alte Mann namens Bakic mahnte uns zur Ruhe.

»Kein Wort, kein Laut, sonst sind wir verloren!«

Eng aneinandergedrängt lagen Mame und ich im dichten Unterholz und rührten uns nicht.

Mame hatte sich über mich gebeugt, und ich spürte durch mein dünnes Nachthemd ihr Herz wild schlagen. Trotz all der Angst genoss ich doch ihre Nähe und die Tatsache, dass sie mich mit ihrem Körper beschützte.

»Mame?«

»Ja, Djoko?«

»Ich hab dich lieb!«

»Ich hab dich auch lieb, Djoko. Vergiss das nie!«

»Ruhe da hinten!«

Die ganze Nacht über, nur mit wenigen Unterbrechungen, wurde das Dorf beschossen. Erst vor dem Morgengrauen wurde es plötzlich still.

»Weiterhin ruhig bleiben«, flüsterte Bakic. »Es könnte eine Falle sein! Sie wollen, dass wir aus der Deckung kommen!«

Das Verharren im Dickicht wurde zur Qual. Manch einer der Alten konnte nicht mehr und wollte schon aufgeben.

»Es hat doch keinen Zweck«, stöhnte einer weiter unterhalb, der mit seiner Frau und seinen Kindern unter einem Felsvorsprung hockte. »Wir müssen sowieso alle sterben!«

»Halt's Maul, Jurgelewitsch«, tönte es von weiter oberhalb zurück. »Du verrätst uns nur mit deinem Gequatsche!«

Einige Frauen und Mädchen fingen unterdrückt an zu wimmern, und andere hielten ihnen den Mund zu.

»Sobald die Ustaschas zum Dorf herunterkommen und sehen, dass sie keine Menschen getroffen haben, werden sie im Wald nach uns suchen«, jammerte der Alte. »Wir können gleich mit erhobenen Händen rauskommen.«

»Damit sie uns alle grausam ermorden? Halt durch, unsere Männer kämpfen für uns!«

So zischten sie eine Weile hin und her, bis der alte Bakic sie mit einer eindeutigen Geste zum Schweigen brachte.

Ich lag immer noch bäuchlings unter dem Körper meiner Mame und versuchte, nicht zu atmen. Ihre Halsschlagader pochte an meinem Ohr. In diesem Moment liebte ich sie wie nie zuvor. Sie beschützte mich mit ihrem Leben!

So vergingen weitere qualvolle Stunden der Angst und Ungewissheit. Scheinbar gab es für uns keine Rettung mehr, und die Männer kamen auch nicht zurück.

»Meinst du, Tate ist tot?«, wisperte ich kleinlaut.

»Nein, Djoko, dein Tate kämpft für uns und wird uns bald zu Hilfe kommen.« Woher meine Mame in diesem Moment die Kraft nahm, mich so zu trösten, wird mir immer ein Rätsel bleiben.

Erst als es richtig hell wurde, konnten wir unseren Fluchtplatz in der flachen Mulde genauer besehen. Durch einige dicht beieinanderstehende Bäume war er für die Ustaschas nicht einsehbar.

Was für ein Glück, dass es uns im Stockdunkeln hierher verschlagen hatte!

Oben auf dem Dreschplatz, dem Arman, hatte der Feind sich verbarrikadiert, von dort hatten sie die Leuchtraketen geworfen und die Schüsse und Granaten abgefeuert.

Aber auch unsere Männer mussten doch irgendwo sein!

Plötzlich knatterte wieder ein Maschinengewehr. Reflexartig pressten wir unsere Gesichter in das Moos und Gestrüpp am Boden.

»Sie kommen zurück!«

»Mame, ich hab Angst! Muss ich sterben?«

»Leise, Djoko. Es könnten auch unsere Männer sein.«

Die Antwort auf das Rattern des Maschinengewehrs waren Gewehrschüsse aus der Gegenrichtung. Jetzt schienen wir eingekesselt zu sein! Von überallher wurde geschossen, und wir lagen genau in der Schusslinie!

Weiter vorne knackte es im Geäst. Vorsichtig hob ich den Kopf. Da pirschten bewaffnete Männer am Waldrand in unsere Richtung, ich konnte sie genau durch die Bäume sehen! Sie hielten einen großen Abstand zueinander. Kaum knallte ein Schuss, ließen sie sich zu Boden fallen und verharrten minutenlang wie tot. Jetzt standen sie wieder auf und pirschten weiter, ich konnte schon ihre Schritte hören!

Die Schüsse kamen immer näher. Auch hörte ich immer wieder ein dumpfes Krachen, das von explodierenden Handgranaten verursacht wurde. Sie waren so nah, dass ich mir einbildete, die Männer bereits atmen zu hören. Jetzt waren wir verloren! Sie mussten ja gleich über uns stolpern. Von Baum zu Baum Deckung suchend, pirschten sie direkt auf uns zu.

»Bakic!«

Das war ja Tates Stimme!

»Ja hier!«

»Seid ihr unverletzt?«

»Ich glaube schon!«

Das alles im heiseren Flüsterton.

»Still bleiben und Ruhe bewahren!« Der Alte ermahnte uns weiterhin, unser Versteck nicht zu verlassen. »Sie sind noch nicht weg. Keiner verlässt seinen Platz!«

Wimmernd lagen die Frauen und Kinder auf dem Waldboden, die Alten hockten unter Felsvorsprüngen, Wurzeln und im Schutz von Baumstämmen.

Erschöpft ließ sich Tate neben uns sinken und zog mich unter Mames schützendem Körper hervor. »Gleich haben wir es geschafft, kleiner Djoko!« Er zog seine Jacke aus und breitete sie über uns. Erst jetzt merkte ich, wie sehr wir am ganzen Körper zitterten.

»Ist es vorbei?«

»Nein, sie warten nur ab, was wir machen!«

»Haben sie mehr Waffen als ihr, Tate?«

»Ja, viel mehr, aber wir kennen uns hier aus. Wir müssen sie überlisten!«

Nach einer kurzen Verschnaufpause raffte sich Tate auf und folgte den anderen Männern, die sich nur durch Zeichensprache miteinander verständigten.

Weiter hinten im Wald sah ich sie auf gewohnte Weise in großem Abstand zueinander von Baum zu Baum pirschen, und dann knallten schon wieder unzählige Schüsse.

Der Kampf wurde den ganzen Tag über erbittert fortgesetzt.

Aufgrund der waffenmäßigen Überlegenheit der Schwarzen Legion, die sich oben auf dem Arman verschanzt hatte, schien unsere Lage aussichtslos. Wir verharrten bis zum späten Nachmittag in unserem Versteck und wagten es nicht, uns zu rühren.

Endlich, als es schon wieder dunkelte, pirschten sich ein paar Männer heran, und zu meiner riesigen Erleichterung erkannte ich meinen geliebten Tate. Er sah zerrissen und zerschunden aus, er humpelte stark und blutete am Arm, aber er lebte.

»Mit Mut und höchstem persönlichen Einsatz ist es uns gelungen, den Feind zu vertreiben.«

Wir waren so steif gefroren, dass Tate uns hochziehen musste. Klappernd vor Kälte hockten wir da und ließen uns berichten, wie sie es geschafft hatten.

»Wir haben sie von allen Seiten umzingelt und schließlich in die Flucht geschlagen. Dabei haben wir keinen einzigen Mann verloren. Aber die sehr wohl.«

Tate hob mich hoch und trug mich aus dem schrecklichen Wald. Mame humpelte leichenblass und schockiert unter seiner schützenden Jacke neben uns her.

»Wie habt ihr tapferen Männer es nur geschafft, uns zu retten und unser Dorf zu befreien?«

»Letztlich war es unsere Geländekenntnis.« Tate legte den Arm um sie und zog sie dichter zu sich heran. »Wir konnten sogar das brauchbare Kriegsgerät in Besitz nehmen, das sie oben auf dem Arman zurücklassen mussten. Ich denke, wir sind sie für eine Weile los.«

Zurück im Dorf, bot sich uns ein grauenvolles Bild. Etliche Häuser waren nur noch ein qualmender Trümmerhaufen, das Haus des alten Bakic war dem Erdboden gleichgemacht.

Hier hatten sie doch noch den toten Mirko aufgebahrt, aber von ihm war nichts mehr übrig geblieben! Hatten die Wölfe ihn schon geholt? Überall lagen tote, halb zerfressene Tiere zwischen den kaputten Häusern, Schutt und Asche türmte sich, Scherben von zerborstenen Scheiben und zerstörte Gärten und Ställe boten ein Bild des Grauens.

Die Frauen und Kinder jammerten und weinten, verschreckt und verstört von dem unerwarteten Überfall. Panisch liefen Menschen und Tiere durcheinander und suchten ihr ehemaliges Zuhause, meist unter brennenden Trümmern und zerborstenen Brettern.

Die Dorfgemeinschaft traf sich noch am selben Abend in der orthodoxen Kirche, die nur halb zerstört worden war, und beriet sich.

Ich hockte auf Mames Schoß in einer Kirchenbank und kaute verstört auf dem Zipfel meines Nachthemdes, das mir in Fetzen vom Körper hing. Wohin ich auch blickte, sah ich in verstörte, verzweifelte und schmutzige Gesichter. Die Ikonen der Heiligen, die in der Nacht verzweifelt angerufen worden waren, schienen nicht den geringsten Anteil an unserem Schicksal zu nehmen. Sie blickten genauso desinteressiert und leblos wie immer aus ihren dunklen Rahmen. Die alten Mütterchen mit ihren schwarzen Kopftüchern krochen auf Knien von Ikone zu Ikone und küssten sie unter zahnlosem Gemurmel.

Währenddessen wurde ein schwerer samtroter Vorhang aufgezogen und drei gewichtige Männer mit langen Bärten traten heraus. Sie hielten große rote Bücher in die Höhe und küssten sie.

»Was sollen wir tun?«, wurden nun Stimmen laut. »Wohin sollen wir gehen?«

»Wir haben unser Dorf unter solchen Mühen errichtet!«

»Ja, wir haben unser ganzes Leben hier verbracht, wo sollen wir hin?«

Die Geistlichkeit, gehüllt in lange schwarze Gewänder und mit pompösen Kopfbedeckungen, redete beruhigend auf die verzweifelten Dorfbewohner ein.

»Wir sollten unser Zuhause nicht so schnell aufgeben. Mit Gottes und aller Heiligen Hilfe wird es uns gelingen, unser zerstörtes Dorf wieder aufzubauen!«

Sie begannen mit wuchtigen tiefen Stimmen, ein geistliches Lied zu singen und breiteten ihre Arme aus, und sofort fiel die Gemeinde laut und inbrünstig mit ein. Auch Mame sang, ich wunderte mich, woher sie diese Gesänge kannte. Als das Lied zu Ende war, sagten alle ganz inbrünstig: Amen. Irgendwann musste ich erschöpft eingeschlafen sein, denn als ich aufwachte, war die Gemeinde bereits im Aufbruch.

»Leute, wir errichten Notunterkünfte und setzen unser Dorf instand. Der Feind ist vertrieben, viele von ihnen sind tot, und wir haben einen Teil ihrer Waffen. Sie werden so schnell nicht wiederkommen!«

Nach diesem Beschluss schleppten sich die völlig erschöpften und hungrigen Menschen endlich aus der Kirche. Gesenkten Hauptes schlichen alle wieder in ihre Behausungen oder das, was davon übrig geblieben war, und es gab wohl niemanden, der nicht jemanden bei sich aufnahm, der obdachlos geworden war.

* * *

»Wie weit seid ihr heute gekommen?«

Die Männer saßen nach getaner Arbeit an einem der folgenden Abende zusammen und fachsimpelten. Wir Kinder drückten uns in ihrer Nähe herum, immer gespannt darauf, etwas Interessantes aufzuschnappen.

»Wir haben das völlig abgebrannte Haus vom alten Alminko abgetragen und Baumaterial für ein neues herangeschafft.«

»Da wart ihr fleißig!«

Einer der alten Männer kaute auf seiner Pfeife herum, die einen faszinierenden Duft ausströmte.

»Allerdings, denn der alte Alminko könnte den Winter im Freien nicht überleben.« Ein anderer Mann drehte sich mit vergilbten Fingern eine Zigarette aus Tabakresten. »Und seine Tochter ist bei der Geburt ihres vierten Kindes ums Leben gekommen. Während diese Bastarde sie angegriffen haben. Könnt ihr euch das vorstellen? Diese Schweine haben eine Gebärende erschlagen.«

Ein zahnloser Alter spuckte aus. »Wie sicher können wir uns fühlen?«

»Der Feind könnte noch in der Nähe sein. Oder aber wieder aus dem Hinterhalt auftauchen.«

»Diesen Ustascha-Mistkerlen ist alles zuzutrauen. Sie sind der Teufel in Menschengestalt.«

»Es ist besser, wenn wir die Waffen weiterhin verstecken.«

»Übrigens haben wir unter den Trümmern vom Alminko ein paar Eierhandgranaten gefunden.« Der Mann mit der Pfeife zog seinen Rotz durch die Kiemen.

Eierhandgranaten? Das klang nach etwas sehr Appetitlichem! Der Hunger nagte an meinem kleinen leeren Magen wie Schmirgelpapier. Vorsichtig pirschte ich mich näher heran. Auch ein paar größere Jungen, ein paar verdreckte Lausebengel, wie die Alten uns nannten, schlichen lauschend näher. Da gab es doch mal wieder etwas Spannendes zu entdecken!

»Wir haben die Eierhandgranaten entschärft und im Wald versteckt.«

Die Männer palaverten weiter über ihre Waffenkenntnis und darüber, mit welchen Waffen sie den Feind letztlich in die Wälder vertrieben hatten und welche Waffen der Feinde sie den Toten hatten abnehmen können.

Das Wort Eierhandgranate hatte sich in meine kleinen Gehirnwindungen eingebrannt.

Die Erwachsenen waren viel zu beschäftigt mit ihren eigenen Problemen, als auf uns Kinder achtzugeben. So schlichen die anderen Jungen und ich in einem unbemerkten Moment in den Wald und streunten dort mit Stöcken im Unterholz suchend herum, um diese leckeren Eierhandgranaten zu finden. Ich stellte mir etwas vor wie einen saftigen Pilz oder eine andere mundgerechte Angelegenheit.

»Hier haben wir uns während des Überfalls versteckt!« Ich erkannte die flache Mulde wieder, in die meine Mame mich stundenlang gedrückt hatte. So hatte ich trotz der spitzen Steine und knorrigen Wurzeln auf dem Waldboden doch den Geruch ihrer Haut und ihre Körperwärme sehr genossen. »Da vorne sind die Bäume, durch die unsere Männer geschlichen sind, als sie auf die Feinde geschossen haben! Sie haben sich immer wieder auf den Boden geworfen, das war Taktik!«

»Dann sind hier bestimmt noch Patronenhülsen!«

Plötzlich stieg eine nie gekannte Spannung in mir auf. Wir waren fast ebenso mutig wie die kriegerischen Männer! Mit unseren Stöcken stocherten wir im Unterholz herum, und plötzlich sahen wir sie funkeln und blitzen: »Hier! Ich habe welche gefunden!« Vor Stolz kiekste meine Stimme in den hellsten Tönen.

»Lass sehen, Kleiner!« Ein Großer schubste mich rüde zur Seite. Der war bestimmt schon acht.

»Boah, so viele auf einen Haufen! Da muss einer ein ganzes Magazin leer geballert haben!«

»Das war bestimmt mein Tate!« Begeistert stellte ich mich auf die Zehenspitzen. »Der hat die Bastarde alle verjagt!« Das Wort »Bastard« fand ich genauso toll wie »Eierhandgranate«.

Sofort rasten die anderen Jungen herbei, schubsten mich zur Seite, und ein Dutzend schwarze kurz geschorene Köpfe beugte sich begeistert über die Fundstelle.

»Da ist eine!«

»Was?!«

»Eierhandgranate!«

Einer der Größeren namens Janko hielt triumphierend ein ovales blitzendes Etwas in die Höhe, was tatsächlich die Form und Größe eines Eies hatte. Leider war es aber wohl aus Eisen oder mindestens aus Blech, also essen konnte man es sicher nicht.

»Bist du verrückt! Das ist gefährlich!« Sein älterer Bruder wich erschrocken zurück und starrte auf Janko, der immer noch stolz dieses Ei in seinen schmutzigen Bubenfingern in die Höhe hielt.

»Wirf das weg!«

»Nein, dann explodiert es!«

Die Jungs stoben in Panik auseinander. »Mein Vater hat mir gesagt, wie gefährlich das ist! Wenn das in die Luft geht, explodieren wir alle!«

»Ach was, ihr Feiglinge! Ich weiß, wie man das entschärft!«

Jankos schmutzige Finger fummelten bereits an dem Schraubverschluss der Granate herum.

»Spinnst du! Unser Vater schlägt uns tot!«

Die Kinder kreischten und stritten durcheinander, und noch immer hielt Janko, der Achtjährige, triumphierend die Eierhandgranate in seiner Hand.

»Die geht los! Lauft!«

Wir rannten um unser Leben, selbst ich hatte begriffen, dass das Ding keineswegs ein nettes Spielzeug war. Hinter den Bäumen suchten wir Schutz und kauerten uns auf den Erdboden, die Finger in die Ohren gepresst, die Augen zu, immer in Erwartung eines entsetzlichen Knalls, fliegender Äste und zerberstender Bäume. Sicher würde Janko gleich in tausend Einzelteilen durch die Luft fliegen!

Doch nichts tat sich. Kein Knall, keine Explosion. Zwischen den Fingern lugte ich hinter dem Baumstamm hervor. Da stand Janko immer noch, und weißes Pulver rieselte aus dem Ei.

»Boah! Bravo, Janko!«

»Du hast sie tatsächlich entschärft!«

»Junge, du gehörst gefeiert.«

Die Burschen pirschten aus ihren Verstecken und huldigten Janko auf gebührliche Weise. Der Junge grinste von einem Ohr zum anderen. »Ich habe die Männer dabei beobachtet, wie sie das gemacht haben! Ist doch leicht!«

Wie einen Staatshelden begleiteten wir Janko wieder aus dem Wald.

»Kein Sterbenswörtchen zu unseren Eltern!«

»Großes Ehrenwort.«

Wir spuckten auf unsere Finger und legten sie an unser Herz.

Ich schwor bei meiner Ehre, nie etwas darüber verlauten zu lassen. Wir Jungen waren nun durch ein heiliges Geheimnis für immer miteinander verbunden.

Während der Instandsetzungsarbeiten der Erwachsenen stromerten wir Kinder immer auf der Suche nach neuen Abenteuern oder geheimen Schätzen durch die Trümmer.

Neben dem Hämmern und Sägen der arbeitenden Männer lief auch irgendwo ein Transistorradio. Zwischen aufmunternder Musik war plötzlich die ratternde Stimme eines aufgeregten Nachrichtensprechers zu vernehmen, und die Männer ließen ihre Arbeitsgeräte sinken und drückten ihre Ohren an das Radio.

»Still! Seid doch mal still! Die Lage verschlechtert sich wieder!«

»Obwohl die Ustaschas durch die tapferen Männer des Dorfes vertrieben werden konnten, steht zu befürchten, dass die Schwarzen Legionen weitere Überfälle auf unsere Region beabsichtigen. Es wurden bereits wieder Aufrüstungen und kriegerische Maßnahmen der berüchtigten Mörderbanden beobachtet. Die Bevölkerung wird ausdrücklich gewarnt, in ihren Dörfern zu verbleiben. Die Regierung rät dringend zu schützenden Maßnahmen. Es steht zu befürchten an, dass der drohenden Gefahr eines erneuten Überfalles, diesmal durch deutlich verstärkte Truppen mit wesentlich moderneren Waffen, nicht mehr auszuweichen ist.«

»Habt ihr das gehört, Männer?« Einer der Arbeiter riss sich die Mütze vom Kopf und warf sie in den Dreck.

»Verdammt, jetzt soll alles umsonst gewesen sein!«

»Wir müssen der Realität ins Auge sehen!« Mein Tate, auf den die Männer im Dorf hörten, rief noch für denselben Abend eine Versammlung ein. »Lasst uns heute in der Kirche beraten, was zu tun ist, aber ich sage euch jetzt schon: Dieses Dorf ist leichte Beute für die Feinde. Sie kennen die Verhältnisse bereits und haben Rache geschworen, was ihre Toten anbelangt. Noch einmal entkommen wir ihnen nicht.«

Am selben Abend saßen wieder alle dicht gedrängt in den hölzernen Kirchenbänken, und diesmal konnten die Popen mit ihren volltönenden Gesängen und dem Küssen der Ikonen selbst die gläubigsten Mütterchen nicht mehr von Gottes Gnade überzeugen.

»Wir müssen das Dorf verlassen!« Tate hatte sich auf die oberste Stufe vor dem roten Vorhang gestellt und wedelte mit den Armen. Ich war so stolz auf ihn, dass ich kaum zu atmen wagte! Mame drückte mich an sich und küsste mir gedankenverloren auf den Kopf.

»Wir müssen unsere mühsam errichteten Unterkünfte verlassen, so schwer es uns fällt, und geschlossen in die nächstgrößere Stadt gehen.«

»Du meinst Sokolice, auf dem gegenüberliegenden Hügel?«

»Ja. Das hat den strategisch wichtigen Vorteil, dass wir dort den Feind schon von Weitem kommen sehen und dementsprechend reagieren können.«

»Ja, aber nur wenn er bei Tageslicht kommt«, unterbrach ein schwarzbärtiger Mann im blauen Arbeitsdrillich Tate spöttisch. »Wenn er sich nachts anschleicht, haben wir keine Chance, egal wie hoch der Hügel ist!«

»Unterbrich Stipan nicht«, zischte eine alte Frau. »Er hat recht! Außerdem haben wir fast alle Verwandte dort, die uns fürs Erste aufnehmen können!«

»Hoffentlich nur vorübergehend!«

»Ja, natürlich. Wenn sich die Lage wieder entspannt hat, kehren wir in unser Dorf zurück und fahren mit den Aufbauarbeiten fort!«

»Haben wir auch Verwandte in Sokolice?« Neugierig reckte ich meine Nase in Richtung des Gesichtes meiner Mame, die heute so besonders gut roch.

»Still, Kleiner. Störe die Beratungen der Erwachsenen nicht.« Sie drückte meinen Kopf wieder gegen ihre Schulter, und sofort war ich still.

Doch auf dem Weg nach Hause gab sie mir die gewünschte Auskunft: »Dein Großvater lebt in Sokolice, der freut sich, wenn wir kommen.«

»Aber wir sind doch schon bei Großvater?« Das sollte jetzt noch einer verstehen.

»Du kleiner Dummkopf. Ich meine deinen anderen Großvater!« Mame schlenkerte mit ihrer Handtasche und gab mir damit einen Stups.

»Habe ich denn zwei Großväter?« Staunend lugte ich zu ihr hinauf.

»Ja, der Großvater, bei dem wir jetzt leben, ist der Vater von deinem Tate. Der andere, zu dem wir morgen ziehen, ist der Vater von mir, deiner Mame.«

»Dann ist da auch noch eine andere Großmutter?« Das erschien mir nur logisch.

»Nein, Djoko.« Endlich sah meine Mame mir ins Gesicht. Sie ging sogar in die Hocke und schaute mir direkt in die Augen. Welch seltener Moment. »Meine Mame ist schon lange gestorben, weißt du. Da war ich selbst noch ganz klein. Aber mein Tate, der freut sich, wenn wir ihm ein bisschen Gesellschaft leisten.«

»Und die Großeltern? Ziehen die auch mit zu dem anderen Großvater, damit er nicht mehr alleine ist?«

»Nein, Djoko. Die haben selbst Verwandte in Sokolice. Und jetzt frag nicht mehr so viel. Wir müssen alles zusammenpacken.« Entschlossen schleifte sie mich hinter sich her, und als ich wenig später todmüde auf meine Strohstelle fiel, ahnte ich nicht, dass dieses eines meiner letzten Gespräche mit ihr gewesen sein sollte.

* * *

Großvaters Haus lag etwas außerhalb des Dorfes und fast am oberen Ende des Hügels.

Das kleine steinerne Gebäude sah unserem verlassenen Hüttchen sehr ähnlich und war genauso einfach und spartanisch eingerichtet. Vom Dorfplatz hatten wir uns mit unseren Bündeln, dem Handwagen, der Kuh und den Schafen durch einen schmalen Hohlweg zu ihm heraufgekämpft.

»Da seid ihr ja. Kommt herein, ich habe Tee gekocht.« Großvater beugte sich zu mir herunter, der ich abgekämpft und verschwitzt hinter dem Handwagen hervorlugte: »Oh, ist das also unser Djoko? Du bist aber groß geworden!«

Stolz reckte ich mich noch ein bisschen mehr in die Höhe.

»Das letzte Mal warst du sooooo klein!« Der Großvater zeigte mit zwei Händen, dass ich ungefähr so groß gewesen war wie ein Brot.

Neugierig spähte ich in das Innere seiner spartanischen Hütte. »Und wo darf ich schlafen?«

»Djoko, sei nicht so vorlaut!« Die Mame versetzte mir eine Kopfnuss.

Doch der Großvater nahm mich an die Hand und zeigte mir in der hinteren Ecke der schummrigen Stube meinen Schlafplatz aus Heu und Stroh. »Schau, kleiner Mann, und deine Eltern schlafen direkt neben dir. Hier auf der Erde.«

»Und du, Großvater?«

»Ich habe hier meinen Bereich.« Er zog einen zerschlissenen Vorhang zur Seite, und dahinter kam eine Art Feldbett zutage. »Das habe ich mir vom Schmied zimmern lassen.«

»Warum hast du nicht mehr Betten? Und warum hast du keine Frau?«

»Djoko, noch ein Wort und du gehst ohne Essen ins Bett.«

»Aber Marusha, sei doch nicht so streng zu dem Kleinen!« Der Großvater legte seine weiche, warme Hand auf meinen Kopf. »Er ist wissbegierig, der wird mal ein kluges Kerlchen!«

»Ach, papperlapapp. Setz ihm keine Flausen in den Kopf, Vater. In die Schule kann ich ihn sicher nicht schicken.«

»Ja, vielleicht jetzt noch nicht, aber die Zeiten ändern sich hoffentlich wieder.«

Mit einer Friedenspfeife im Mundwinkel setzten sich Großvater und Tate nach getaner Arbeit, dem Abladen und Verstauen unserer Tiere und Habseligkeiten, genüsslich vor seine Hütte und hielten ihre von Sonne und Arbeit gegerbten Gesichter in die Abendsonne, während Mame sich in der Stube am Feuer zu schaffen machte. Es war ja ihr Elternhaus, und sie kannte sich aus.

»Schau, Djoko, da gegenüber in dem großen Haus, da wohnt der Schmied.«

Ich staunte nicht schlecht. Das war ein wesentlich kompakteres und schöneres Haus als das vom Großvater. »Ist der reich?«

Großvater und Tate grinsten. »Ja, zumindest ist er reicher als wir.«

»Als wir alle zusammen?«

»Na ja, er hat vielleicht mehr Geld und Dinge und Tiere, aber wir haben ja uns! Also sind wir die Reicheren!« Großvater zog mich zu sich heran und legte seinen Arm um mich. »Außerdem haben wir Verstand.«

»Hat der Schmied keinen? Er hat dir dein Bett gebaut!«

Nun lachten beide lauthals los. »O doch, Djoko. Der Schmied hat sogar sehr viel Verstand! Soll ich dir ein Geheimnis verraten?«

Mit großen braunen Kulleraugen nickte ich, dass mir die wilden Locken flogen.

»Der stellt nicht nur Hufeisen, Sensen und Sicheln her, sondern …« Jetzt näherte sich Großvaters nach Tabak riechender Mund meinem Ohr, bis ich seine kratzigen Bartstoppeln auf meiner runden Kinderwange spürte: »… der macht auch Waffen.«

»Richtige echte Waffen?« Ich starrte ihn mit offenem Mund staunend an. »Auch Eierhandgranaten?«

Der Großvater stutzte. »Woher weiß der Bengel denn solche Einzelheiten?« Erschrocken starrte er meinen Tate an. Ich biss mir auf die Lippen. Verdammt! Ich hatte doch bei meiner Ehre geschworen, nie von unserem Fund im Wald zu erzählen!

»Junge, woher kennst du so etwas?« Mein Tate schüttelte mich tadelnd an meinen dünnen Ärmchen. »Du hast dich doch nicht mit den größeren Bengels im Wald rumgetrieben?«

»Kenne ich ja gar nicht.« Betreten blickte ich zu Boden. »Habe ich nur mal so gehört.«

»Gott, was musste das arme Kind schon erleben …« Kopfschüttelnd zog der Großvater an seiner süßlich riechenden Pfeife. »Statt mit Holzspielzeug spielen die Kinder mit Waffen. Hör mal, Djoko.« Seine grauschwarzen Augen ruhten liebevoll auf mir. »Der Schmied ist ein sehr angesehener Mann und wird uns vor den Ustaschas beschützen. Die Leute kommen oft zu ihm, wenn sie einen Rat brauchen, und er weiß immer eine Lösung für alle Probleme. Du brauchst dir also keine Sorgen zu machen. Und weißt du noch etwas?«

»Was denn?«

»Der hat auch eine Tochter in deinem Alter. Mit ihr und den anderen Kindern im Dorf kannst du ab sofort wieder sorglos spielen. Für den schrecklichen Krieg bist du viel zu jung.«

Das Leben im Dorf verlief ruhig, und die Menschen schoben jegliche Gedanken an einen möglichen Überfall weit von sich. Tagsüber gingen die Frauen und Männer zur Feldarbeit, und selbstverständlich machten sich auch Mame und Tate dort nützlich. Abends trafen sich die Erwachsenen auf dem Dorfplatz am Brunnen zum Plausch. Meine Mame saß kichernd und lachend mit den anderen jungen Frauen zusammen, sie sahen mit ihren schwarzen Kopftüchern über ihren langen schwarzen Haaren aus wie Raben auf der Stange. Wenn sie dann alle zusammen plötzlich über etwas laut loslachten, hörten sie sich genauso an. Seit wir bei ihrem Tate waren, war meine Mame gar nicht mehr so streng zu mir, vielleicht hatte der Großvater ja mit ihr geredet und ihr gesagt, was für ein lieber kleiner Bub ich in Wirklichkeit war? Auch wenn ich selbst bei jedem Streich dabei war, musste ich nie wieder einen Stock aus dem Wald holen, damit sie mich damit schlagen konnte. Sie fühlte sich in dem größeren Dorf unter ihresgleichen sichtlich wohl und blühte auf. Wie sie mir erzählte, war sie ja auch hier aufgewachsen und hatte in den Jahren der Einsamkeit mit mir und Tate in der Abgeschiedenheit ihre Freundinnen aus Kindertagen sehr vermisst. Als wir Kinder wieder einmal am Trog von unseren Müttern gewaschen wurden, legte sie mich auf den Bauch auf eine warme Bank, rubbelte mich ab und schmatzte mir auf jede Pobacke einen Kuss. Die Frauen kreischten und lachten wie aufgescheuchte Krähen, so lustig fanden sie das. Und meine Mame wiederholte, was sie schon damals zu unseren Nachbarn gesagt hatte: »Mein Djoko hat den schönsten Po der Welt, und ich darf ihn küssen, wohin ich will!«

Hauptsache, sie haut mich nicht mehr, schoss es mir durch den Kopf, als ich wie ein Wirbelwind aufgekratzt durch die Menge rannte, um mit den anderen Kindern Fangen zu spielen. »Fang mich doch, du kriegst mich nicht …«

Vor einer anderen jungen Mutter blieb ich keuchend stehen. Sie hatte da unter einem schwarzen Tuch irgendwas am Busen hängen, das zappelte und schmatzte.

»Was machst du da?«

»Ich stille mein Baby.« Großzügig nahm sie das Tuch ab.

»Kommt da Milch raus?« Ungeniert zeigte ich auf ihre nackte Brust, an der ein zufriedener Säugling nuckelte. Statt mich zu maßregeln oder wegzuzerren, wie sie es früher getan hätte, lachte meine Mame nur. »Rechts Milch und links Kakao!«

Wieder kreischten die Frauen los, und das Baby zuckte erschrocken zusammen, hörte auf zu saugen und fing an zu heulen.

»Willst du auch mal?« Die junge Frau klopfte auf ihrem Babybündel herum und dachte gar nicht daran, ihren Busen unter das schwarze Tuch zu packen. Ich starrte auf die große braune Brustwarze. Und bevor die Frau ihr freundliches Angebot zurücknehmen konnte, hatte ich schon zugeschnappt. Hier gab es offensichtlich was umsonst.

Kreischendes Gelächter der jungen Frauen. »Saugen musst du, Djoko! Feste saugen!«

»Aber nicht beißen!«

Es schien mir überhaupt nichts Unnatürliches zu sein, was ich da tat. Wenn einem Nahrung angeboten wurde, in welcher Form auch immer, sagte man als kleiner ständig hungriger Knirps natürlich nicht Nein. Und es schmeckte ganz hervorragend, was da aus der Brust dieser freundlichen Frau kam. Etwas süßlich, milchig, warm und sättigend.

Von da an nahm mich immer mal wieder die eine oder andere Frau zur Brust. Ich stromerte ständig hungrig und nach Nähe suchend um die jungen Mütter herum, und nachdem alle so entzückt von meinen langen Wimpern und meinen braunen Kulleraugen waren, boten sie mir ihre natürliche Nahrungsquelle großzügig an.

Meine Mame verbot es mir nicht, sondern lachte nur oder war so ins Gespräch vertieft, dass sie mein absonderliches Tun nicht weiter beachtete. Nach und nach gewöhnte ich mich dermaßen daran, dass ich den Frauen wohl lästig wurde. Als ich wieder einmal meine abendliche Portion Milch einforderte, beschmierten sich die Frauen ihre Brustwarzen mit Holzkohle. »Hier, Djoko. Guten Appetit.«

Wieder dieses kreischende Krähen-Gelächter aus Mütterkehlen. Irritiert sah ich von einer zur anderen. Das sah jetzt überhaupt nicht mehr einladend aus! Und schmeckte gewiss scheußlich!

Von nun an wollte ich nicht mehr zur Brust genommen werden. Für so einen Quatsch war ich inzwischen definitiv zu alt.

* * *

»He Djoko! Was hast du da?«

Die Tochter des Schmieds, in die ich inzwischen heftig verliebt war, rannte mir barfuß über den Hohlweg entgegen. Sie hieß Blanka und war vielleicht fünf und ich wahrscheinlich auch.

»Ein Messer. Hat mein Tate mir geschenkt!« Mit stolzgeschwellter Brust hob ich ihr mein kostbares Geschenk, dessen Griff einem Fisch ähnelte, entgegen. Wir betrachteten es lange und hingebungsvoll, und unsere schwarzen Haare verfingen sich ineinander und knisterten im heißen Sonnenlicht.

»Schnitzt du mir was?« Sie reichte mir ein Stück Baumrinde und sah mich mit blitzenden Augen an.

O Gott. Das bedeutete, sie war auch in mich verliebt. Ich hatte es herbeigesehnt.

Alle Jungen im Dorf schnitzten ihren Angebeteten etwas. Und die Mädchen verglichen ihre oft in tagelanger blutiger Arbeit geschaffenen Schmuckstücke heimlich miteinander und maßen ihre Größe.

»Natürlich, Blanka.«

Am Boden sitzend fing ich sofort an, für meine neu gewonnene Freundin etwas zu schnitzen, aber rammte mir nach kurzer Zeit das Messer bis zum Griff tief in die Innenseite des linken Oberschenkels. Es war mir schon wieder passiert, genau wie damals. Entsetzt starrten Blanka und ich auf die blutende Wunde, und das dunkle Blut breitete sich immer weiter auf meinem Bein aus und rann zu beiden Seiten in den Waldboden.

Endlich begriff ich, was passiert war, und schrie wie am Spieß.

Einer der größeren Jungen zeigte sich besonnen: »Halt die Klappe, Djoko. Hier, beiß auf mein Taschentuch.«

Er zog einen verschmutzten Fetzen aus seiner Hosentasche und stopfte ihn mir in den Mund.

Meine geliebte Blanka hielt mich fest, und mit einem Ruck zog mir der größere Junge das Messer aus der Wunde.

»Jetzt spuck es aus, mach schon.«

Eifrige schmutzige Jungenhände rissen mir das Tuch aus dem Mund, wickelten es so fest wie möglich um die stark blutende Wunde und knoteten es mit einem Ruck zu.

»Was bist du auch für ein Trottel, Kleiner.«

»Lasst ihn in Ruhe, er wollte mir was schnitzen!« Meine Blanka nahm Partei für mich, wie ich trotz grässlicher Schmerzen feststellen durfte.

»Viel zu klein für ein Messer, wer hat ihm das denn nur gegeben?«

Pah! Mein Tate! Ich *war* nicht zu klein! Sofort hörte ich auf zu heulen und versuchte tapfer aufzustehen. Mit allen Kräften stützte ich mich auf meine Blanka, und so humpelten wir nach Hause zu Großvater. Früher hatte meine Mame mir nachträglich noch Haue obendrein verpasst, aber diesmal nahm sie mich tröstend in die Arme.

»Schon gut, mein Kleiner, wir reinigen deine Wunde mit Sliwowitz.«

Den brennenden Schmerz auf einer offenen Wunde kannte ich bereits, aber in Anwesenheit von Blanka konnte ich unmöglich

Schwäche zeigen. So biss ich tapfer die Zähne zusammen und ließ mich von Großvater und Mame verarzten. Ein unfassbar süßes Ziehen durchlief meinen kleinen Körper, als Blanka meine Hand nahm.

Und erstarrte im selben Moment!

Auf der anderen Seite des Weges wurde gerade der Vater von Blanka, der von allen hoch geachtete Schmied, mit auf dem Rücken gefesselten Händen aus seinem Haus geführt!

»O mein Gott. Die Ustaschas!« Mame presste das nasse Tuch vor ihren Mund und sank in sich zusammen.

Mehrere schwarz uniformierte Männer zerrten den wehrlosen Schmied unter Schlägen und Tritten und wüsten Beschimpfungen auf einen Lastwagen. Meine arme kleine Blanka musste es mit ansehen, wie ihr geliebter Papa mit Fußtritten und Schlägen ihrer Gewehrkolben auf die Ladefläche geschmissen wurde und dort blutüberströmt in sich zusammensank.

Plötzlich war meine Wunde nicht mehr von Bedeutung! Die ganze Welt schien aus den Fugen geraten, als der Geländewagen mit aufheulendem Motor den schmalen Hohlweg hinunterschlingerte.

»Mein Tate, mein Tate!« Blanka presste sich die kleinen Fäuste vor den Mund, und dicke Tränen quollen ihr über die Wangen. Nachbarn liefen aus den Häusern, drohten mit den Fäusten und riefen wüste Beschimpfungen hinter dem Wagen her, aber ich konnte auch spüren, dass diese Leute in den schwarzen Uniformen mächtiger waren als alle Männer dieses Dorfes zusammen.

Mame schnappte sich die schreiende Blanka, legte den Arm um sie und lief mit ihr zu ihrem Haus hinüber, wo ihnen Blankas Mame laut weinend und die Hände ringend entgegenrannte.

»Diese brutalen Schweine! Sie haben ihn abgeholt! Was soll nur aus uns werden?«

Mein Großvater eilte auch hinüber, um die Nachbarin zu beruhigen und zu trösten, und ich hockte mit meinem pochenden und brennenden Schmerz allein auf der Holzbank vor der Hütte. Mein Herz polterte, und mein Mund war ganz ausgedörrt. Was hatte der Papa von Blanka denn Schlimmes getan? Und plötzlich fiel es mir ein, was der Großvater über ihn gesagt hatte: »Er fertigt auch Waffen an. Aber das darf keiner wissen.«

Hatte ihn etwa jemand verraten? Aber wer? Etwa jemand von uns? Sie alle achteten und liebten doch den Schmied, der immer mit Rat und Tat für sie da war!

Meine kleine Welt geriet komplett aus den Fugen, denn bis jetzt hatte ich die Dorfbewohner nur als eine heitere, friedliche Gemeinschaft kennengelernt, in der einer für den anderen einstand.

Nach einigen Tagen, in denen ich nicht mit Blanka spielen durfte, weil sie und ihre Mame und ihre Brüder sich im Hause verschanzt hatten, kamen zwei berittene Uniformierte von der Schwarzen Legion auf den Dorfplatz geprescht. Die Leute stoben angstvoll kreischend auseinander und rissen ihre Kinder mit sich. Doch die beiden wild aussehenden Männer warfen nur einen Zettel in den Staub, gaben ihren Pferden die Sporen und preschten wieder von dannen.

Neugierig näherten wir uns dem Zettel und hoben ihn auf.

»Was steht da drauf?« Keiner von uns konnte lesen.

»Tragt ihn zum Jaroslaw, der kann ihn entziffern!«

Wie eine Horde aufgescheuchter Spatzen rasten wir zum besagten Haus hinunter und brachten dem alten Mann den Zettel. Er saß gramgebeugt vor seinem Haus auf einer Bank und blickte uns ahnungsvoll entgegen.

»Was steht drauf, Jaroslaw?« Die Erwachsenen hatten uns inzwischen eingeholt und umringten den Alten.

»Ihr könnt den Schmied wieder abholen.«

Erleichtertes Raunen ging durch die Menge.

»Aber hier steht auch noch …« Er zog die Augenbrauen hoch und entzifferte mithilfe eines einzelnen Glases, das er vor seine Augen hielt: »Es wäre gut, mit Pferd und Wagen zu kommen, weil der Mann krank ist.«

Ein ahnungsvolles Seufzen machte sich breit. Die arme Mame von meiner Blanka fing schrecklich an zu kreischen. Diesmal hielt ich Blankas Hand, doch sie merkte es überhaupt nicht.

»Ich fahre!« Tate schirrte entschlossen ein Pferd vor die einzige Kutsche, die ihm dafür würdig erschien. Mehrere Männer sprangen sofort auf das Gefährt. »Wir kommen mit.«

»Aber lasst die Waffen hier!« Tate wollte einem der Männer das Gewehr von der Schulter reißen, doch dieser wehrte ihn heftig ab.

»Ich erschieße diese Bastarde!« Dem Mann stand die heilige Wut ins Gesicht gemeißelt.

»Branko, das bringt nichts! Ich nehme nur besonnene Männer mit!« Nach einigem heftigen Gerangel und wütenden Diskussionen fuhren Tate und zwei andere Männer, die vorher ihre Pistolen auf den Boden gelegt hatten, los.

Das ganze Dorf war inzwischen auf den Beinen, und alle warteten vor dem Haus des Schmieds. Laut schluchzend und bebend und Hände ringend auch meine Blanka und ihre Mame. Meine Mame versuchte alles, um sie zu beruhigen, aber sie ahnten wohl schon das Schlimmste. Wieder wanderten Rosenkränze durch zuckende Hände, und das Gemurmel aus zahllosen Mündern plätscherte wie Regen auf trockenen Steinen dahin.

Und dann kam die Kutsche mit meinem Tate auf dem Kutschbock zurück. Sie hatten eine schwarze Plane darübergeworfen, und sosehr wir auch unsere Hälse reckten, wir konnten den Schmied nicht sehen. Sie hatten ihn mit einer schwarzen Decke zugedeckt und holten dieses grauenvolle Bündel schweigend aus dem Wagen. Mit ganz ernsten Gesichtern trugen sie ihn unmittelbar hinein. Es herrschte bedrückende Stille, und alle standen mit gesenkten Köpfen da.

Schließlich murmelte einer der Männer in seinen Bart hinein: »Das war ihre Rache. Aber jetzt rächen wir uns!«

Als wir endlich abends in unserer Hütte auf dem Stroh saßen, fragte ich Tate, was der Mann gemeint haben könnte. »Tate, was ist Rache?«

»Sieh mal, Djoko, der Schmied war unser Anführer, als wir damals im Wald gegen die Ustaschas gekämpft haben.« Tate nahm meine kleine Hand in seine und strich mir mit der anderen über den Kopf.

»Ich dachte, du warst der Anführer?«

»Ja, ich war der Anführer unserer Gruppe, aber der oberste Anführer von allen, der, auf den wir alle gehört haben, das war der Schmied.«

»Und deshalb haben sie ihn jetzt verhauen?« Mit angstgeweiteten Augen sah ich zwischen Tate und meinem Großvater hin und her. Mame machte sich an der Feuerstelle zu schaffen und reinigte mit Asche unseren einzigen Krug. Dass ich beim Wasserholen den kostbaren Krug versehentlich auf einen spitzen Stein gestellt hatte, sodass ein kleines Loch im Boden entstanden war, und dass ich aus Angst vor Strafe ein Blatt hineingestopft hatte, damit sie es nicht merken würde, erwähnte sie mit keinem Wort.

Früher hätte sie mich gnadenlos dafür verhauen, aber das schien jetzt eine andere Welt zu sein, in der die Missetaten kleiner Jungen nicht mehr zählten.

»Sie haben ihn so lange misshandelt, bis er sich nicht mehr rühren konnte.«

Betroffen kuschelte ich mich in mein Stroh und versuchte, mir nicht vorzustellen, was diese schwarzen Männer mit dem klugen und lieben Vater von Blanka gemacht hatten.

Nachdem man sich von dem Schock etwas erholt hatte, schworen die Männer des Dorfes bittere Rache. Und jetzt konnte ich schon erahnen, was das war: Rache.

Der Schmied erholte sich nur sehr langsam, und man hatte beinahe das Gefühl, als würde er überhaupt nicht mehr gesund werden. Ich durfte auch nicht mehr mit Blanka spielen, weil meine Freundin Tag und Nacht bei ihrem armen Papa saß. Als er irgendwann wieder ansprechbar war, ging Tate zu ihm hinüber, und die Männer schmiedeten einen Plan.

Man traute dem Frieden nicht mehr und wurde vorsichtig. Die Männer streiften in den umliegenden Wäldern herum, um die Feinde rechtzeitig auszumachen, wie mein Tate mir erklärte. »Die kommen nämlich ganz feige aus dem Hinterhalt, und wir starken Männer müssen die Dorfbewohner vor ihnen schützen.«

Nun war Tate wieder nächtelang mit den anderen im Wald, und wir verbarrikadierten uns mit Großvater in der Hütte. Wenn es nicht die Wölfe waren, die nachts auf ihre Beute lauerten, um sie zu zerfleischen, so waren es jetzt andere Menschen. Das war für mich schwer begreiflich und noch schlimmer.

»Warum tun die Menschen das?«, fragte ich meinen Großvater, der verstört auf seiner Schlafstelle saß. »Ich dachte, so was tun nur Wölfe!«

»Ach, Djoko!« Seine Augen hatten sich mit Tränen gefüllt. »Der Mensch ist dem Menschen ein Wolf.«

Die Tage vergingen zäh und langsam, die Erwachsenen sprachen nur noch mit vorgehaltener Hand miteinander und verkrochen sich schnellstmöglich wieder in ihren Hütten, und fröhliches Kinderlachen hörte man überhaupt nicht mehr.

»Djoko, was kratzt du dich denn ständig?« Mame hockte neben mir an der Feuerstelle und sah mich prüfend von der Seite an.

»Ich kratze mich gar nicht!«

»Oh, doch, sogar in diesem Moment tust du es.« Mame riss mir meine Finger vom Kopf. Tatsächlich. Eigentlich kratzte ich mich die ganze Zeit und hatte es gar nicht gemerkt.

»Komm mal her.« Sie zog mich in ihrer grob-liebevollen Art an sich und fing an, mit ihren Fingern über meine Kopfhaut zu streichen. Sie trennte Haarsträhne für Haarsträhne und hielt ihre Finger ans Feuer, um sie besser sehen zu können.

»Djoko, du hast Läuse.«

Und plötzlich spürte ich, dass das Jucken unerträglich war. Mit allen zehn Fingern kratzte ich mich heftig am Kopf.

»Lass es, Djoko, du kratzt dir die Kopfhaut blutig!«

Nun krabbelte es auch noch in meinen Augenbrauen!

Und über der rechten Schläfe! Und wieder am Hinterkopf!

»Was sind Läuse? Mach die weg, Mame, bitte!« Jammernd streckte ich ihr meinen Lockenkopf entgegen.

»Ach, Djoko!« Mame seufzte nur und sah ihren Vater mit Tränen in den Augen an. Großvater setzte sich zu mir und bestätigte Mames Diagnose.

»Mit dem Krieg kommen die Läuse.«

Schweigend machte er sich ans Werk und schor mir zum zweiten Mal in meinem kurzen Leben die schönen langen schwarzen Locken ab.

»Warum kommt Tate nicht wieder?«

»Die Männer haben sich im Wald zusammengetan mit anderen Männern aus anderen Dörfern.« Großvater kaute auf einem Zigarettenstummel herum, während Locke für Locke auf den staubigen Boden fiel und er sein Werk auf meinem Kopf sorgfältig vollendete. »Die haben Verstärkung bekommen, verstehst du, die haben sich mit anderen Männern verbündet.«

»Wird denn dann alles wieder gut?« Ich trank einen Schluck Wasser aus dem Krug, den meine Mame, ohne zu schimpfen, repariert hatte.

»Schau, Djoko. Unsere Männer, allen voran dein Tate, kämpfen zwar mit mehr Männern, aber mit weniger Waffen. Die Ustascha-Milizen sind inzwischen voll ausgerüstet, aber unsere

Männer sind klüger. Sie kämpfen nachts in den Wäldern und greifen die Ustaschas aus dem Hinterhalt an.«

»Aber hinterhältige Schweine sind doch die anderen? Ich dachte, Hinterhalt ist was Gemeines und nur für Feiglinge?«

Mit großen Augen lugte ich über den Tonkrug hinweg auf meinen Großvater.

»Diesmal ist es unsere einzige Waffe, um zu überleben.« Großvater legte das Rasiermesser weg, damit es aus meiner Reichweite war. »Natürlich ist hinterhältig sein etwas Gemeines. Aber nur so haben unsere Männer gegen die Schwarze Legion eine Chance. Mit dieser Kampfform fügen sie den Feinden erhebliche Schäden zu. Und im besten Fall kapieren die das und gehen wieder nach Hause. Wir wollen keinen Krieg, Djoko. Wir wollen nur in Ruhe gelassen werden.« So in etwa klang die Erklärung meines Großvaters an mich, der ich damals etwa fünf Jahre alt war. Aus heutiger Sicht würde ich sagen: Wahrscheinlich war dies die Vorstufe zur späteren umfassenden Partisanen-Bewegung!

SOKOLICE,
Oktober 1940

Wo ist Tate? Warum kommt er nicht nach Hause?«
Immer öfter fragte ich nach meinem Papa und machte mir schreckliche Sorgen um ihn. Er war nun schon wochenlang in den Wäldern verschwunden, und am Dorfbrunnen, wo man allabendlich Nachrichten austauschte, wurde gemunkelt, dass die Männer aus Sokolice empfindliche Einbußen zu verzeichnen hatten. An verschiedenen Fronten wurde weitergekämpft, und man berichtete von großen Verlusten. Was das zu bedeuten hatte, konnte ich zwar nicht ermessen, aber eine dunkle Ahnung hatte sich schon lange über mein kindliches Gemüt gelegt. Meine Mame lachte nicht mehr, sie saß nur noch mit blassem verkniffenem Gesicht in der kälter werdenden Stube und verrichtete ihre tägliche Arbeit ohne Freude.

Großvater saß gesenkten Hauptes auf seinem Feldbett und murmelte: »Man muss auf das Schlimmste gefasst sein. Wie gut, dass deine Mutter das nicht mehr erleben muss.«

»Aber was ist denn das Schlimmste?« Meine Stimme klang piepsig und schwach.

Mame und Großvater wechselten einen gequälten Blick.

»Mein Junge, geh spielen!« Großvater strich mir über den Kopf. »Aber bleib in Sichtweite, hörst du?«

Draußen war jedoch niemand zum Spielen. Das Lachen war im Dorf verschwunden, die Frauen stillten nicht mehr am Brunnen ihre Kinder; wohin man blickte, hasteten nur noch verhüllte Frauen schnell wieder in ihre Behausungen, nachdem sie ihre Besorgungen verrichtet hatten. Wir Kinder schrien und tobten nicht mehr. Auch auf uns lastete die bedrückende Ahnung, dass unsere kleine heile Welt dabei war, zu zerbrechen, wenn sie nicht schon längst zerbrochen war.

Und dann kam eines Tages das klapprige Postauto, das einmal in der Woche den Weg in unser Dorf fand. Die Frauen strömten ahnungsvoll zusammen und pressten ihre Kinder an sich. Mit blassen Gesichtern starrten sie auf den Postbeamten, der die Briefe verteilte.

Auch Mame wurde aufgerufen. Zitternd nahm sie den grauen Brief mit dem unheilvollen Stempel an sich. Früher hätte ich um die Briefmarke gebettelt, jetzt spürte ich, dass ich den Mund halten musste.

Großvater stand schon in der Tür seiner Hütte, als Mame mit mir im Schlepptau über den Hohlweg zurückgelaufen kam. Ich sah, wie ihre Hände zitterten.

»Mach du ihn auf, Vater, ich schaffe es nicht!«

Großvater konnte jedoch ebenso wenig lesen wie meine Mame, sodass wir erneut zum einzigen Mann des Dorfes gehen mussten, der des Lesens mächtig war. Der alte Lehrer wurde jedoch schon von anderen Frauen bestürmt, ihnen die Post vorzulesen. Die schwarz gekleideten Frauen mit ihren eng gebundenen Kopftüchern standen geduldig vor seiner Hütte Schlange. Er ließ sie einzeln eintreten, und kurz darauf hörte man markerschütterndes Schreien und Weinen. Tränenüberströmt kam dann eine Frau nach der anderen wieder herausgelaufen, hielt sich die Zipfel des Kopftuches vor die Augen und zerrte ein weinendes Kind mit sich. Ich fühlte mich wie auf dem Schafott, als wir endlich an der Reihe waren.

Der alte Lehrer sah meine Mame und mich mitfühlend an: »Es tut mir leid, Marusha. Aber auch dein Stipan ist als großer und tapferer Held gefallen. Er war ein großartiger Mann, wir haben ihn alle unendlich geschätzt.«

Mein Großvater fing laut an zu schluchzen.

Mame, die zu diesem Zeitpunkt vielleicht zwanzig Jahre alt war, brach in seinen Armen zusammen. Zu zweit hielten sie mich fest, und ich weinte ganz fürchterlich, als ich begriff, dass mein geliebter Tate nie mehr nach Hause kommen würde. Das konnte nicht sein! Er lag doch nicht irgendwo tot im Wald? So tot wie Mirko, mein damaliger Freund?

Mein Tate war doch lebendig und stark und groß! Es überstieg mein Vorstellungsvermögen.

»Er ist jetzt im Himmel und passt auf uns auf«, war alles, was Großvater schluchzend hervorbrachte. Laut weinend schleppten wir uns wieder durch den Hohlweg in unsere Hütte hinauf. Wir waren untröstlich und standen lange unter Schock. Mame zitterte unaufhörlich. Sie war leichenblass, und ihre Augen lagen in tiefen Höhlen.

»Was soll nur aus uns werden? Wie soll unser Leben ohne ihn weitergehen?«

Tate war doch unser Ernährer und Beschützer gewesen! Ohne ihn waren wir wehrlos diesen schrecklichen Männern mit den schwarzen Uniformen ausgeliefert. Und wer sollte jetzt für uns jagen und auf dem Feld arbeiten? Großvater nahm uns in die Arme und versuchte uns zu trösten. »Ich bin zwar alt, aber ich sorge für euch, so gut ich kann, das verspreche ich!«

Nach kurzer Zeit klopfte es bereits an unsere Tür, und verschiedene Nachbarn und Freunde standen da, mit Essen, das sie für uns gekocht hatten.

»Wir sind für euch da, wir lassen euch nicht im Stich!«

»Komm, Kleiner, du musst was essen!« Liebevoll zog mich eine alte Nachbarin an den Tisch und versuchte, mich zu füttern, doch mein Magen war wie zugeschnürt.

Auch die Nachbarinnen hatten ihre Männer verloren, und es war ein nicht enden wollendes Weinen und Wehgeschrei in jeder Hütte.

Die Stimmung im Dorf wurde immer gedrückter. Die Bewohner huschten nur noch wie Schatten vorbei, niemand blieb mehr stehen, um zu plaudern, und die Kinder wurden in den Behausungen gehalten. Der Feind war in der Nähe, das spürten wir alle instinktiv. Die Angst war allgegenwärtig.

Nun konnte uns niemand mehr beschützen. Doch was sollten wir tun? Es gab keinen Ort, an den wir noch ausweichen konnten. Die Eltern von meinem Tate waren zu anderen Verwandten geflüchtet, der Weg dorthin wäre zu gefährlich gewesen.

Großvater besaß ein kleines Radio, und er klebte förmlich mit dem Ohr daran.

Obwohl immer wieder von Kampfhandlungen aus verschiedenen Gebieten berichtet wurde, blieb unser Dorf bis zu jenem Tag, an dem sich das Tor zur Hölle öffnete, verschont.

Und dann kam jene verhängnisvolle Nacht. Die Nacht, die mein kleines Leben in ein einziges Chaos stürzte.

*　*　*

Wie immer waren wir bei Einbruch der Dunkelheit schlafen gegangen, Mame, Großvater und ich. Wie immer hatten wir noch um Tate geweint und für ihn gebetet. Großvater hatte eine Geschichte aus seiner Jugendzeit erzählt, um mich abzulenken, sodass ich irgendwann friedlich eingeschlafen war. Als der Morgen graute, schliefen wir noch tief und fest.

Ein furchtbares Krachen und Bersten riss mich aus dem Schlaf. Die Scheiben klirrten, Scherben fielen auf mich, Putz bröckelte, die Decke stürzte ein. Erst langsam kam ich zu mir, versuchte mich zu rühren. Schutt und Staub hatten mich komplett unter sich begraben. Meine Augen waren verklebt, mein Hals wie ausgedörrt. Irgendetwas Schweres lag auf mir, und ich konnte mich nicht bewegen. Sicher war das nur ein schrecklicher Traum! Doch mein eigenes Husten und Würgen ließ mich auf grausame Art begreifen, dass dies die Wirklichkeit war! Ein beißender Geruch breitete sich aus und stieg mir in die Nase. Lange konnte ich mich nicht rühren und keinen klaren Gedanken fassen. Warum halfen mir Mame und Großvater denn nicht?

»Mame! Großvater!« Hatte ich das gerufen oder nur gedacht?

Verzweifelt versuchte ich aufzustehen, aber ich war viel zu benommen. Bestimmt war ich tot! So fühlte es sich also an, wenn man tot war. Man spürte nichts! Kam ich jetzt zu Tate in den Himmel?

Doch ganz allmählich kroch der Verdacht in mir hoch, dass ich in der Hölle war! Überall qualmte und brannte es, es stank entsetzlich nach verbranntem Fleisch, und als es mir schließlich gelungen war, meine Arme unter dem heruntergefallenen Schutt der Holzdecke zu befreien, rieb ich mir den Dreck aus den Augen. Das Haus war in sich zusammengestürzt! Es stand nur noch eine einzige Mauer, die in den dämmrigen Winterhimmel ragte. Der eiskalte Wind pfiff herein und ließ die Planen und Stofffetzen flattern. Gegenstände rollten herum, draußen bellten hysterisch die Hunde, Menschen schrien, Fackeln irrten durch die Trümmer.

»Mame!«

Meine Benommenheit ließ langsam nach, und ein gewaltiger Schmerz zog mir von den Beinen herauf bis in die Brust. Irgendetwas Schweres, Spitzes war auf mich gefallen.

Vom Staub fast blind, gelang es mir nach gefühlten Stunden, mich von Schutt und Asche zu befreien. Meine Beine gehorchten mir nicht! Endlich kroch ich auf dem Bauch durch den am Boden liegenden Schutt durch die Trümmer zu meiner Mame hin.

»Mame!«

Sie lag vom Staub und Schutt zugedeckt in einer Blutlache. Ihre langen schwarzen Haare waren verklebt und hatten sich ausgebreitet wie ein Fächer.

»Mame!« Mit bloßen Händen fing ich wie wild an zu graben und legte ihr Gesicht frei.

Es war kaum mehr zu erkennen. Überall Blut, zersplitterte Knochen, ihr halber Kiefer war zertrümmert. Sie starrte mit toten Augen ins Leere.

»Mame!« Verzweifelt schüttelte ich den leblosen Körper, doch außer Staub und Asche bewegte sich nichts auf ihr.

»MAME! MAME!«, schrie ich wie in Trance, meinen eigenen körperlichen Schmerz damit ausblendend. »Wach auf, Mame, wach auf!«

Ich presste mein Gesicht auf ihres und legte mein Ohr auf ihren Mund, doch der war mit Dreck und Blut verklebt, und es kam kein Atem mehr heraus.

Wie lange ich verzweifelt schreiend auf meiner toten Mutter lag, kann ich nicht mehr ermessen. Irgendwann, als ich selbst verstummt und innerlich gestorben war, vernahm ich ein sonderliches Stöhnen aus der Ecke, in der das Feldbett meines Großvaters gestanden hatte. Auch hier war nur noch ein Berg aus Trümmern, Schutt und Asche zu sehen.

»Junge …«

»Großvater …?«

Mit größter Mühe schälten seine alten zitternden Hände sich aus dem Sand und Staub, sie flatterten wie magere Fledermäuse. Fassungslos starrte ich darauf, unfähig, mich zu bewegen oder zu ihm zu kriechen. Es dauerte unendlich lange, bis mein Großvater sich aus den Trümmern befreit hatte. Eine Blutspur hinter sich herziehend, kroch er zentimeterweise auf mich zu.

»Mame!«, schluchzte ich erneut auf. »Sie soll aufwachen! Mach, dass sie wieder aufwacht, Großvater!« Ich hätte mit den Beinen gestrampelt, wenn sie mir gehorcht hätten.

Als er Mame in ihrem Blut liegen sah, brach Großvater röchelnd auf dem Trümmerhaufen zusammen. War er jetzt auch tot? Eine namenlose Verzweiflung überkam mich. Ich war genauso von Sinnen wie damals, als meine Mame mich in der Hütte allein gelassen hatte und als ich Kaffeesud gegessen hatte, damit die Wölfe mich nicht fraßen. Doch dies hier war noch die Steigerung meiner kindlichen Verzweiflung. Sie ist mit Worten nicht zu beschreiben.

»Junge!«, flüsterte der sterbende Großvater schließlich mit tränenerstickter Stimme. Sein Gesicht war ganz nah an meinem, seine Augenbrauen weiß vor Staub, seine Nase verklebt, sein Mund voller Blut. »Deine Mame wacht nie mehr auf. Sie ist jetzt im Himmel bei deinem Tate. Deine Eltern warten dort schon auf dich.«

Die Tränen liefen ihm unaufhaltsam über das zerfurchte Gesicht und bildeten Rinnsale durch den Dreck.

»Junge, du musst jetzt ganz stark und tapfer sein …« Ich hörte gar nicht zu. Meine Mame sollte auch tot sein, genau wie mein Tate? Das konnte ich einfach nicht begreifen! Ich weinte und schluchzte und schrie meinen Schmerz in die Welt hinaus, während draußen ganz langsam die milchige Sonne hinter einem Nebelschleier aufging.

Während mein Großvater auf mich einredete, weinte ich unentwegt und konnte mich nicht beruhigen. Heftiger Schüttelfrost hatte sich meines kleinen Körpers bemächtigt, und meine Milchzähne schlugen aufeinander.

»Was ist denn passiert, dass wir jetzt alle tot sind?«, quietschte ich in Panik. »Und unser Haus ist kaputt!« Ich rang verzweifelt nach Luft und stand komplett unter Schock. Draußen irrten verstörte Tiere umher, die wohl aus brennenden Ställen und Scheunen entkommen waren, manche zogen brennende Balken, an die sie wohl angebunden gewesen waren, hinter sich her.

»Hör zu, Djoko«, kam es im rauen Flüsterton von meinem Großvater. »Du bist nicht tot. Die Ustascha-Einheiten haben unser Haus mit Granatwerfern beschossen und zerstört.«

»Bist du denn tot, Großvater?« Ich schob meine stark zitternde kleine Hand in sein Gesicht, aus dem es unentwegt blutete.

»Djoko, mein Kleiner, ich werde auch bald sterben.« Er versuchte mit letzter Kraft, seinen Blick in meinen zu bohren. »Ich bin schwer verletzt und kann es nicht mehr schaffen.«

Panisch starrte ich ihn an, während mein ganzer Körper vor Schüttelfrost klapperte.

»Kannst du dich aufrichten?«

»Ja … aber es tut so weh …«

»Kind, du musst schnell weg von hier.« Es war nur noch ein Ächzen und Röcheln, während sein Gesicht wieder in den Staub sank.

»Wiewiewiewie … wowowowo …?«

Ein weiteres Mal hob er mit letzter Kraft seinen Kopf und durchbohrte mich mit eindringlichem Blick aus verklebten Augen.

»Die Hauswand steht teilweise noch, hörst du?« Er spuckte Blut und röchelte. »Du musst dich im Schutz der Wand gebückt davonpirschen, denn wenn die Ustaschas dich hier finden, werden sie dich töten. Sie kommen zurück, da bin ich mir sicher.«

»Neinneinneinneinnein …«, winselte ich. »Großvater, ich lasse dich hier nicht allein!«

»Du musst, Djoko. Du musst. Bis die kommen, bin ich tot. Aber du musst leben, Junge. Schleich dich runter zum Dorfbrunnen und schau, ob du jemanden findest, der überlebt hat.«

»Ich kakakakakann nicht …«

»Du kannst. Ich habe dich mit den Kindern Räuber und Gendarm spielen sehen. Du bist der beste Pirscher der Welt …« War das etwa ein Lächeln, das da in seinem verstaubten Bart zu erkennen war?

»Du kannst weder mir noch sonst jemandem helfen, wenn du hierbleibst, Djoko. Du. Musst. Jetzt. Gehen.«

Unter Tränen gehorchte ich schließlich. Mit Mühe und Not richtete ich mich auf und robbte im Schutz der rauchenden Hausmauer

Richtung Hohlweg. Es stimmte, wir hatten hier unendlich oft Verstecken und Räuber und Gendarm gespielt, und ich wusste, welcher Zweig knackte und welcher Stein ins Rollen geriet, wenn man mit dem Fuß daran stieß. Wie in Trance bewegte ich mich hinunter zum Dorfplatz. Kaum war ich ein paar Schritte gelaufen, schossen mir messerscharfe Schmerzen in beide Beine ein. Die letzten Meter bis zum Brunnen rannte ich wie auf brennenden Nägeln und ließ mich völlig kraftlos auf die Erde fallen.

Auweh! Meine Beine brannten wie Feuer. Es war inzwischen taghell, und erst jetzt nahm ich wahr, dass sie beide stark bluteten.

Mein Versuch, wieder aufzustehen, scheiterte kläglich, und ich sank kraftlos und von heftigen Schmerzen gepeinigt zu Boden.

Noch immer peitschten in der Ferne Schüsse, noch immer brannten und rauchten zerstörte Häuser, und plötzlich meinte ich, die bösen schwarzen Männer auf ihren wilden Pferden erneut auf das Dorf zustürmen zu sehen! Die Erde bebte unter den donnernden Hufen, und ich hatte das Gefühl, dass mir ihre Gewehrkugeln bereits um die Ohren zischten. Instinktiv tat ich das Richtige: Ich kroch bäuchlings über den Dorfplatz auf die ersten Häuser zu, meine blutenden Beine im Staub hinter mir herschleifend. Der Schmerz war so grauenvoll, dass er mich betäubte. Nach jedem Meter sank ich einer Ohnmacht nahe in mich zusammen, raffte mich aber immer wieder auf und kroch auf den Ellbogen zentimeterweise weiter. Vor meinen flimmernden Augen sah ich ein paar schwarze Gestalten wie aufgeschreckte Krähen umeinander flattern. Ich sackte zusammen und presste mein Gesicht in den Straßenstaub.

Es waren die wenigen Überlebenden des Dorfes, die panisch und verschreckt aus ihren zerstörten Häusern zusammengelaufen kamen.

»Jesus Maria und Josef, da liegt ein Kind!« Es hallte wie von fern in verzerrten schrillen Schreien. »Es atmet noch!« Ich fühlte Finger an mir herumtasten, und ein Ohr kitzelte meine Nase.

»Vorsichtig, hebt ihn auf, um Gottes willen, das ist der kleine Djoko!«

Die Frauen kreischten los, entsetzt über meinen Anblick.

»Wo sollen wir hin mit ihm?«

»Da drüben in den Stall! Der steht noch!«

Sie legten mich in einen Futtertrog und fingen vorsichtig an, mich von Staub und Schmutz zu befreien.

Ein schmutziger nasser Fetzen wurde mir vorsichtig auf das Gesicht gelegt und die aufgeplatzten Lippen damit benetzt. Jede einzelne Berührung tat unbeschreiblich weh und brannte wie Feuer.

»Au, au, au«, jammerte ich panisch.

»Gebt ihm Wasser!«

»Schaut euch seine Beine an!«

»Um Gottes willen! Das sind große offene Löcher, alles voller Dreck, und der Knochen liegt blank!«

»Und hier klafft eine noch größere Wunde …«

»Djoko, du musst jetzt ganz tapfer sein, wir reinigen deine Wunden mit Sliwowitz …«

Ich brüllte und schrie vor Schmerzen und Angst wie am Spieß. Von hinten hielten mich helfende Arme fest, und jemand presste mir einen Lappen in den Mund.

»Beiß drauf, Djoko, beiß feste drauf!«

»Wo ist der Arzt?«

»Lebt nicht mehr …«

»Dann müssen wir es selbst versuchen, er verblutet uns hier vor unseren Augen …«

Jemand presste einen provisorischen Verband auf meine faustgroßen offenen Wunden, und der Schmerz schoss mir ins Gehirn, umklammerte all meine Nerven und raubte mir den Atem. Schrille Töne heulten und sirrten in meinem Kopf, weiße Sterne tanzten mir vor den Augen, die Schmerzen rissen an meinen Beinen wie brennende Fackeln, und mit dem Gedanken, dass ich jetzt wie

Mame und Großvater sterben und bald bei Tate im Himmel sein würde, fiel ich in eine erlösende Ohnmacht.

Lärm, furchtbares Gebrüll und vereinzelte Schüsse ließen mich wohl nach Stunden wieder zu mir kommen.

»Sie brechen alle Türen auf«, drang panisches Gemurmel dicht neben mir in mein Bewusstsein. »Die Schwarze Legion ist zurück!«

»Sie hämmern an jedes Tor, sie schlagen alle Fenster ein! Oh, lieber Herrgott, jetzt kommen die Ustaschas und lassen keine Seele mehr am Leben ...«

Wimmern, Jammern, Weinen und vereinzeltes Aufschluchzen drangen an mein Ohr.

Von draußen Hämmern, Brüllen, Befehle und Schüsse.

»Ruhe, kein Geräusch! Vielleicht finden sie uns in diesem Stall nicht ...«

Sie hielten den Atem an und beteten tonlos mit bebenden Lippen. Jemand presste mir erneut einen Fetzen auf den Mund, und mir quollen die Augen heraus vor Angst. Nur nicht schreien! Ich durfte meine Dorfbewohner nicht verraten! Die Tränen rannen mir aus den Augen vor Qual.

Langsam krochen die qualvollen Schmerzen in meinen kleinen Körper zurück, und mein Bewusstsein schaltete sich wieder ein. Das Tuch wurde abgenommen.

»Der Kleine kommt zu sich, mein Gott, er lebt noch ...«

»Sie haben meine Mame totgeschossen und meinen Großvater auch«, wisperte ich mit letzter Kraft.

In dem Moment wurde schon von außen die Stalltür aufgerissen, und mehrere große schwarze Männer mit Gewehren polterten auf schweren Stiefeln herein.

Ein Aufschrei ging durch die Menge. Es waren vielleicht zwanzig Frauen und Kinder und ein paar Greise, die in dem Stall Zuflucht gesucht hatten.

»Alle mit erhobenen Armen und mit dem Gesicht zur Wand aufstellen!« Mit drohendem Gebrüll scheuchten die Uniformierten die armen Menschen aus dem Stroh, wo sie sich angstvoll zusammengekauert und aneinandergepresst hatten.

Wer nicht sofort auf den Beinen war, hatte auch schon den Gewehrkolben im Rücken oder auf dem Kopf.

»Los, aber schnell! Rauf mit euch!«

Schließlich standen sie alle bebend und zagend mit dem Gesicht zur Stallwand. Nur ich nicht.

Ich lag mit verbundenen Beinen, aus deren Verband das Blut quoll, wehrlos in der Futterkrippe.

»Na wird's bald, kleines Stinktier!«

Über mir stand ein riesiger böser Mann und hielt mir sein Bajonett unter die Nase. Er brüllte mich an: »Wenn du nicht bei drei an der Wand bist …«

»Ich kann nicht …«, stammelte ich in höchster Not.

»… dann werde ich dir Beine machen!« Schon hob er das Gewehr, um mir damit in die Schienbeine zu stoßen, doch als sein Blick auf meine blutdurchtränkten Verbände fiel, ließ er es wieder sinken. »Der Kleine ist eh hin.«

»Den nehmen wir uns später vor. Was machen wir mit den anderen?«

»Na, was wir mit allen machen. Wir radieren sie aus, und zwar das ganze Dorf, ohne Ausnahme.« Rauchend berieten sie sich direkt neben meiner Futterkrippe, in der ich hilflos und mit angehaltenem Atem lag. »Keiner bleibt am Leben. Kein beschissener Bastard und kein noch so altes Weib.«

Schließlich brüllte der Anführer der Ustascha-Bande: »Ihr werdet jetzt alle erschossen, ohne Ausnahme, ihr Saubande, und zwar weil eure Männer unsere Einheiten aus dem Hinterhalt angegriffen und erschossen haben! Auge um Auge, Zahn um Zahn!«

Die alten Frauen fingen ergeben murmelnd an zu beten, die jüngeren flehten auf Knien um ihr Leben und um das ihrer Kinder.

»Ihr stellt euch jetzt in Zweierreihen auf, WIRD'S BALD!«, brüllte der Kommandant und stieß wahllos mit dem Gewehrkolben auf Frauen und Kinder ein. Seine Kieferknochen mahlten, und ich sah den abgrundtiefen Hass in seinen schwarzen Augen. »Ihr verlasst jetzt den Stall in Zweierreihen und stellt euch draußen genauso wieder auf!«

In lautem Wehgeschrei, weinend und betend, fielen die Frauen vor ihren Peinigern auf die Knie und flehten um Gnade, aber die Männer droschen brutal auf sie ein, sodass nach kurzer Zeit alle ruhig waren und in Zweierreihen mit erhobenen Händen aus dem Stall stolperten.

Plötzlich kam einer der schwarzen Männer auf mich zu. In der sicheren Erwartung, dass er mich jetzt von meinem Lager reißen und totschlagen würde, hielt ich die Luft an. Er riss einen schwarzen Koffer auf, mit einem roten Kreuz darauf. War das mein Sarg? Würde er mich da gleich hineinschmeißen? Doch machte er sich an meinen Beinen zu schaffen! Mit geübten Griffen wickelte er die schmutzigen und blutdurchtränkten Verbände ab, reinigte mit einer fürchterlich brennenden Tinktur die offenen Wunden, und ich schrie mir vor Schmerzen die Seele aus dem Leib, während draußen Schüsse krachten. Er stopfte mir ein Tuch in den Mund.

»Ruhig, Kleiner, ich will dir nur helfen. Beiß drauf. Dich hat es ja verdammt erwischt, aber wenn du jetzt stillhältst, wird es mit der Zeit besser.« Der Mann, der eine weiße Binde mit einem roten Kreuz auf seinem Arm hatte, redete weiter beruhigend auf mich ein. Er strich mir sogar kurz mit der Hand über die fiebrige Stirn und wischte mir Schweiß und Tränen ab.

Schließlich kramte er einen Tiegel mit Salbe hervor und bestrich die Wundränder damit.

»So, Kleiner, damit du keinen Wundbrand bekommst. Du schaffst das, du bist stark.«

Während der Mann mit geübten Griffen meine Wunden versorgte und mir mehrfach versicherte, dass ich eines Tages wieder würde laufen können, verspürte ich sogar für kurze Zeit weniger Schmerzen. Ganz kurz versuchte ich mir vorzustellen, dass er mein Tate sei.

»He, Sie da!« Er wandte sich um, als gerade die letzte alte Frau mit erhobenen Händen durch das Stroh wankte, um den Stall zu verlassen. »Schneller, schneller«, brüllte von draußen der Kommandant und fuchtelte mit seinem Gewehr an der Tür herum.

»Bleiben Sie stehen.«

Sie gehorchte sofort.

»Kennen Sie den Kleinen?«

Sie nickte unter Tränen. »Das ist Djoko, der Sohn meiner Nichte Marusha.«

»Dann sind Sie also seine Tante.«

»Na ja, seine Großtante.«

»Bleiben Sie bei ihm.« Der Mann wischte sich mit dem Handrücken den Schweiß von der Stirn und warf seine Gerätschaften wieder in den Koffer. »Rühren Sie sich nicht von der Stelle, bis draußen alle weg sind. Dann nehmen Sie ihn mit nach Hause und pflegen ihn. Haben Sie das verstanden?«

Sie nickte unter Tränen. »Danke, Herr Offizier, Gott segne Sie!«

Draußen brüllte der Kommandant die Leute an, sich gefälligst in Bewegung zu setzen.

Jeder hätte von zu Hause eine Schaufel abzuholen und sich hier innerhalb kürzester Zeit wieder einzufinden. Sie könnten sich dann im Wald da drüben ihr eigenes Grab schaufeln. Und wenn einer versuchen wollte zu fliehen, würde er einen nicht so angenehmen Tod sterben wie bis jetzt geplant. Denn dieses Dorf würde heute noch dem Erdboden gleichgemacht werden, und keine einzige Seele würde überleben.

Die Ustaschas durchsuchten alle Häuser und trieben sämtliche Frauen und Kinder sowie die Alten auf dem Dorfplatz zusammen.

Die Frauen jammerten und schrien, und man hörte wieder Schreie, Schläge und Schüsse.

Dann zog sich der Zug draußen wehklagend und betend in Bewegung, begleitet von harschen Befehlen aus dunklen Männerkehlen.

Einige alte Frauen stimmten sogar ein Lied an, und so zog der bedauernswerte Trupp von dannen.

Plötzlich war mein unbekannter Wohltäter weg. Die fremde alte Frau, die behauptete, meine Tante zu sein, stand zitternd neben mir und streichelte meine Hand.

»Dieser Mann hat dir das Leben gerettet, er hat ein gutes Herz. Vielleicht ist er sogar Arzt?«, sinnierte sie vor sich hin. »Zumindest aber Sanitäter. Und weißt du, was ich glaube, Djoko? Er ist auch ein Papa und hat zu Hause einen kleinen Jungen wie dich.«

Immer wieder verlor ich das Bewusstsein, doch als ich das nächste Mal aufwachte, waren aus einiger Entfernung vom Wald her rasch aufeinanderfolgende Schüsse zu hören.

Die Tante, die die ganze Zeit meine Hand gehalten hatte, brach schluchzend über mir zusammen. »Da waren meine Töchter dabei, meine Enkelkinder und mein Ehemann!«

Das Leben schuldloser Menschen fand auf grausamste Weise ein furchtbares Ende.

Dennoch fasste sich die alte Frau schnell. Sie lugte durch die Astlöcher der Stallwand, steckte sogar ihren Kopf zur Stalltür hinaus und kam dann, so schnell sie konnte, zu mir zurück.

»Sie sind weg. Sie sind alle weg.«

Tatsächlich war nach diesen etwa hundert Schüssen alles totenstill.

»Komm, Djoko. Leg deine Arme um meinen Hals und beiß die Zähne zusammen. Ich trage dich rüber in mein Haus.«

Unter fürchterlichen Qualen ließ ich mich im Trippelschritt von ihr über den menschenleeren Dorfplatz tragen. »Wir haben's gleich, wir sind gleich da, halt durch, Djoko!« Mit der Schulter stieß sie eine nur angelehnte Haustür auf und legte mich auf ein Strohlager, auf dem noch ein Stofftier lag.

Keuchend ließ sie sich neben mir auf den Boden gleiten. Keine Sekunde zu früh, denn in diesem Moment kamen die Ustaschas von ihrem Massenmord im Wald zurück, preschten auf ihren Pferden durch das ganze Dorf, trieben das Vieh aus den Ställen und töteten unter viel Geschrei alles, was sich bewegte.

Die Tante saß geschockt neben mir auf dem Fußboden, streichelte meine Hand und zog den Kopf ein. Jeden Moment würde man dieses Fenster über ihr einschlagen und uns töten.

»Ich habe alles versucht, mein Kleiner. Doch sie werden zuletzt auch uns finden und umbringen. Du wirst in den Himmel kommen, Djoko, wo deine Eltern auf dich warten. Da oben hast du keine Schmerzen mehr …«

Der Höllenlärm draußen ließ etwas nach, doch schwere Schritte in Stiefeln näherten sich unserem Haus.

Einer plötzlichen Eingebung folgend, hob mich die Tante von dem Strohsack und trug mich zur gegenüberliegenden Wand, hinter der Haustür, wo sie mich hastig ablegte.

»Schreck dich nicht, Kleiner, aber ich verstecke dich jetzt unter meinem Rock.«

Stocksteif vor Schreck lag ich auf dem nackten Steinboden, und die Alte setzte sich mit gewohnt nacktem Hintern direkt neben mein Gesicht. Meine glühenden fiebrigen Wangen waren an ihre ausladenden Backen gepresst, zwischen Wand und Hintern, und mein Blick fiel auf etwas sehr Haariges, das sehr streng roch.

»Djoko, wenn sie mich gleich erschießen, versuche ich, nicht auf dich zu fallen. Du bleibst so lange liegen, bis sie weg sind, hast du mich verstanden? Du darfst auf keinen Fall vor Schmerzen schreien …«

Weiter kam sie nicht, da wurde die Tür von außen aufgestoßen und prallte gegen die am Boden sitzende Alte.

»So, die letzten Schweine hier werden auch noch erschossen. Wo habt ihr euch versteckt, ihr dreckiges Gesindel? Verfluchtes Gesindel, zur Hölle mit euch!«

Zwei riesige Männer in schwarzen Uniformen stürmten herein und fuchtelten suchend mit ihren Gewehren herum.

»Hallo, hier bin ich.« Die alte Frau blieb am Boden sitzen. »Erschießt mich, wenn ihr wollt. Ich habe nichts mehr zu verlieren.«

»Erledige du die Alte, ich nehme mir das nächste Haus vor.« Der Blutrünstige stürmte davon.

Der andere hielt das Gewehr auf das Gesicht der Tante. »Ich werde dich jetzt erschießen. Du hast es nicht besser verdient.«

»Tu das. Es macht mir nichts aus, ich bin alt und habe mein Leben gelebt. Aber tu mir einen Gefallen und denke dabei an deine Mutter. Na los, schieß. Ich hoffe du hast die Eier.«

Der Uniformierte schnappte hörbar nach Luft.

»Na los, drück ab.« Ich fühlte, wie sie die Arschbacken anspannte, und machte mich darauf gefasst, dass sie jeden Moment tot über mir zusammenbrechen würde.

Da sagte der Mann, den ich nicht sehen konnte, etwas Merkwürdiges.

»Hör zu. Du schreist jetzt ganz laut, dann schieße ich und dann fällst du um und verhältst dich sehr lange sehr still. Kapiert, Alte?«

Zwei ohrenbetäubende Schüsse peitschten durch den kleinen Raum, zerberstendes Mauerwerk flog herum, das Fenster zerbrach klirrend in tausend Scherben, scheppernd knallten Dinge von der Wand und kollerten schließlich kaputt über den Steinboden. Die dicke alte Tante hatte sich zu Boden fallen lassen und rührte sich nicht mehr.

Die Tür wurde von außen zugeschlagen, und draußen wurden heftige Schimpfworte mit den anderen gewechselt. In den Nachbarhäusern hörte man sie schießen und schreien. Schweine quietschten um ihr Leben, Pferde bäumten sich auf und wieherten in Todesangst, Gänse und Hühner gackerten flügelschlagend von dannen, Kühe brüllten vor Angst und Schmerzen. Ein Schuss nach dem anderen fiel, oft in knatternden Gewehrsalven, bis endlich, nach Stunden, kein Hahn mehr krähte und kein Blatt sich mehr regte. Sie hatten Sokolice dem Erdboden gleichgemacht.

Da die Tante sich nicht mehr regte, war sie wohl tatsächlich erschossen worden. Und wieder war ich allein auf der Welt, schwer verletzt, ganz taub vor Schmerzen.

Totenstille legte sich über die zerstörte Stadt.

»Djoko, lebst du noch?« Benommen und schwankend erhob sich diese unsagbar mutige Tante umständlich aus ihrer misslichen Position und rückte ihre Röcke gerade. »Ich hoffe, ich habe dich nicht erstickt.«

Sie hob mich aus meiner Ecke hinter der Tür und trug mich wieder auf den Strohsack. Das selbst genähte kleine Kuscheltier lag immer noch hier, als hätte es nur auf mich gewartet.

Hatte ich vor Aufregung und Angst in meiner Ecke meine Notdurft hinterlassen, so erwähnte das die Tante mit keinem Wort. Schweigend putzte sie die Bescherung weg und wusch sich die Hände, um nach meinen Wunden zu sehen. Jetzt, auf dem Strohsack liegend, schossen mir die Schmerzen wieder wie Messer ein. Dort in der Ecke hatte mein Gehirn sie unter Adrenalinschock ausgeblendet.

»Es hilft alles nichts, Kleiner, wir müssen unbedingt etwas essen und trinken.«

Sie wackelte an ihren Steinofen und erwärmte tatsächlich etwas Milch für mich.

Oben auf dem Regal stand eine Brotdose, aus der sie für mich eine Scheibe Brot fischte. »Du musst zu Kräften kommen, Djoko. Wer weiß, wie lange ich dir noch helfen kann.«

Unter Tränen und wie in Trance ließ ich mir von der guten alten Frau in warmer Milch eingeweichte Brotbrocken in den Mund schieben. Es war inzwischen später Nachmittag und dämmerte bereits, als wir erneut schwere Schritte auf unser Haus zukommen hörten.

Die Tante versteckte mich wieder unter ihrem Kittel und hockte auf dem Strohsack, als die Tür auch schon von außen aufgerissen wurde.

»Hier lebt noch jemand!«

»Eine alte Frau. Sie ist allein!«

Zwei Männer betraten den Raum und stampften auf uns zu. Ich war auf alles gefasst.

»Oh, Gott sei Dank, ihr seid keine Ustaschas, ihr seid welche von uns!« Die Tante schlug ihre Röcke zur Seite, und darunter kam ich zum Vorschein.

»Du liebe Güte, hast du den Kleinen etwa da versteckt? Lebt der noch?«

»Er ist schwer verletzt, schaut euch das an!«

Die beiden Männer in Zivil beugten sich erschrocken über mich. »Das ist ja der Kleine vom Stipan!«

»Ja, du bist Djoko, nicht wahr?«

Ich nickte stumm.

»Wir haben deinen Tate gekannt, Kleiner. Er war ein ganz großer Held.«

»Ja, er hat uns verteidigt und beschützt bis zu seinem letzten Atemzug.«

Mein wie verrückt schlagendes Herz beruhigte sich ein bisschen. Immerhin wollten sie mich nicht töten.

»Die Ustaschas haben alle Bewohner des Dorfes in den Wald getrieben und dort erschossen!«

Mit großer Betroffenheit erzählten die Männer der Tante, was sie gesehen hatten. »Manche mussten sich ihr eigenes Grab schaufeln, und die anderen Leichen haben sie einfach liegen lassen! Sie haben auch viele an Bäumen aufgehängt.«

Ich konnte das alles gar nicht fassen. Wie in Trance harrte ich in der Hütte der Alten aus.

»Was machen wir mit dem Kleinen? Der überlebt die Nacht nicht.«

Die beiden Männer besahen sich meine Verletzungen und befanden, dass mein Zustand höchst kritisch sei. »Der muss sofort in ein Krankenhaus.«

»Das ist zu weit, das schafft er nicht.«

»Aber wohin mit ihm? Hier kann er nicht bleiben, die Ustaschas kommen bestimmt noch einmal zurück!«

Die Tante hatte eine rettende Idee. »Die Eltern von Stipan sind zu Verwandten nach Sanski Most geflüchtet, so hat mir meine Nichte Marusha einmal erzählt. Das Haus der Verwandten ist nicht zu verfehlen, es hat grüne Fensterläden und steht neben drei großen Fichten …« Sie beschrieb den Männern, wie sie die Verwandten dort finden konnten.

»Das ist zu Fuß ungefähr drei Stunden von hier. Mit dem Pferd wäre es einfacher…«

»Weit und breit ist kein lebendes Pferd mehr zu finden.«

»Dann müssen wir den Jungen zu Fuß dort hinbringen.«

»Ja, tut das, in Gottes Namen. Er ist so ein tapferer kleiner Kerl, er hat es verdient, zu leben!«

»Du musst mit uns gehen«, forderten die Männer die alte Tante auf. »Komm, Alte, pack ein paar Sachen zusammen, wir bringen dich von hier fort.«

»Nein, ich bleibe hier.« Kopfschüttelnd ließ sie sich auf den einzigen Stuhl im Raum fallen.

»Meine Kinder und Enkel liegen dort tot im Wald, mein Mann hängt an einem Ast, und ich sterbe lieber in der Nähe meiner Familie, als euch zur Last zu fallen.«

Die beiden Männer redeten noch eine Zeit lang auf die alte Frau ein, doch sie ließ sich nicht umstimmen.

»Verliert keine Zeit! Nutzt die Dunkelheit der Nacht, um den Jungen hier fortzuschaffen!«

Sie riss sich ihr großes Umhängetuch von den Schultern und knotete eine Art Rucksack daraus.

Vorsichtig setzten mich die Männer dort hinein. Ich schrie vor Schmerzen, als sie an meinen Beinchen zogen, um sie durch die Löcher zu zwängen.

»Ruhig, Kleiner, ganz ruhig, bald bist du in Sicherheit!« Der eine der Männer schulterte mich, und der andere band mich ganz eng an seinem Rücken fest.

»Leb wohl, kleiner Djoko. Ich wünsche dir alles Glück der Welt, das wirst du brauchen können.« Die Tante presste mich unter Tränen an sich, und in diesem Moment überfiel mich ein Weinkrampf. Zu den unerträglichen Schmerzen kam der psychische Gemütszustand hinzu: Ich hatte heute Nacht erst meine Mame verloren, dann meinen Großvater, mein Zuhause, und nun musste ich auch noch diese gütige alte Tante verlassen! Die beiden Männer waren für mich Fremde!

»Gott segne dich, kleiner Djoko.« Die Tante machte mir ein Kreuzzeichen auf die Stirn und küsste mir die fiebrig glänzenden Wangen.

In der Schwärze der Winternacht stapften die beiden Männer los. Der Weg führte zunächst vom Dorf hinunter über sumpfige Wiesen, über den Bach zu den Häusern, die heute Nacht zerstört worden waren. Unheimlich und Furcht einflößend lagen die verlassenen Trümmer im Nebel. Hie und da flatterte etwas davon, vielleicht Fledermäuse oder Eulen, und von irgendwoher klagte ein Waldvogel. Keuchend stiefelten die Männer aus dem feuchten Tal wieder hinauf zum Arman und vorbei an den zerstörten Anwesen unserer Freunde und Verwandten.

»Leider müssen wir auch durch den Wald an den Leichen vorbei.«

»Schlaf einfach oder mach die Augen zu.«

Mühsam stapften die beiden weiter, und obwohl ich nicht sehr schwer war, mussten die beiden kräftigen Männer immer wieder kleine Pausen machen und sich mit dem Tragen meiner kleinen Gestalt abwechseln. Das Umschultern meines zerschundenen kleinen Körpers war jedes Mal eine solche Tortur, dass ich das Bewusstsein verlor.

So waren wir wohl die ganze Nacht unterwegs, und mehrfach sackte ich weg und sank in eine erlösende Ohnmacht. Aber die Schmerzen peitschten mich in den Wachzustand zurück, und jeder Schritt, jedes Ruckeln, die Kälte und die Gefahr, die hinter jedem Baum lauerte, wurden zur unerträglichen Qual. So wimmerte ich fiebernd vor mich hin.

Wie gern hätte ich gefragt, wie lange es noch dauert. Doch ich traute mich nicht.

Plötzlich kam mir die Gegend immer bekannter vor. Trotz der Dunkelheit konnte ich erkennen, dass wir uns auf die verlassenen Gehöfte meiner Familie und der Familie Jovanovic zubewegten! Die Männer stiefelten schweigend über den Bach, in dem ich mit Nada gespielt hatte! Als wir schließlich am zerstörten Haus meiner frühen Kindheit vorbeikamen, zerriss mir vor Schluchzen mein kleines Herz. Das Haus, in dem ich geboren worden war, ragte mit seinen Grundmauern stumm in den Nachthimmel. Der kleine Stall, aus dem wir die Kuh und die Schafe getrieben hatten, der Brotbackofen, die Feuerstelle waren noch da, und der Waschzuber lehnte noch an der Wand, als wären wir nie weg gewesen. Auch der Apfelbaum, in dem ich immer herumgeturnt hatte, wiegte sich im Nachtwind und schien mir vertraulich zuzuwinken. »Hallo, Djoko! Komm, wir spielen!«

»Tate«, wimmerte ich und streckte meine Ärmchen aus. »Tate, Mame! Ich will auch immer brav sein!«

Sogar der alte Karren, den meine Eltern und die Jovanovics abwechselnd benutzt hatten, um ihre bäuerlichen Waren in die Stadt zu transportieren, stand noch an der Weggabelung, die nach Sanski Most führte.

»Unser Wagen, unser Wagen!«

»Der arme kleine Kerl halluziniert wohl im Fieber.«

»Nein, hier hat der Junge früher gewohnt! Stipan hat es mal erwähnt.«

»Tut mir leid, Kleiner, es gab keinen anderen Weg.«

»Aber schau nur, aus dem Schornstein des Nachbarhauses dringt Rauch.«

»Ich denke, die sind alle tot?«

»Der Karren ist jedenfalls unversehrt. Da können wir den Kleinen drauflegen.«

»Mach du das, aber vorsichtig. Ich sehe inzwischen nach, ob es bei den Jovanovics noch ein Pferd gibt!«

Endlich wurde ich aus meiner misslichen Lage auf dem Rücken des einen Mannes befreit. Behutsam bettete er mich auf den Karren und versuchte, es mir so angenehm wie möglich zu machen. Ich wimmerte die ganze Zeit vor Schmerzen. Außerdem zog mich meine bekannte Umgebung derart magisch an, dass ich immer wieder hoffte, alles sei nur ein entsetzlicher Albtraum gewesen, aus dem ich nun endlich erwachen würde. Der vertraute Geruch unseres Hofes, das Plätschern des Baches und das Rascheln meines Apfelbaumes zerrissen mir das Herz. Jetzt fehlte nur noch Cuja, die hechelnd aus dem Wald gelaufen käme …

Kurz darauf näherte sich das Geräusch von Pferdehufen. Vorsichtig stakste das Tier durch den gluckernden Bach.

»Sieh dir das an, der Gaul stand tatsächlich unversehrt im Stall. Aber im Haus wohnt keine Familie Jovanovic mehr. Ein verwirrter alter Mann stammelte etwas von Ustaschas und dass die ganze Familie ermordet worden ist. Du willst nicht wissen, was sie mit der schwangeren Mutter und mit der fünfjährigen Tochter gemacht haben.«

Ich presste mir die Hände auf die Ohren.

»Nein, und der Kleine hier will das auch nicht wissen.«

»Oh, den hätte ich gerade fast vergessen. Ich schwöre diesen Ustascha-Schweinen blutige Rache.« Der Mann reckte die Faust in den Himmel und stieß ganz grauenvolle Flüche aus.

»Aber jetzt retten wir diesen Buben, so wahr ich mit Stipan Seite an Seite gekämpft habe!«

»Du weißt aber, dass auf der Straße nach Sanski Most die Ustaschas in den Wäldern lauern und jeden kontrollieren, der des Weges kommt?«

Die beiden deckten mich mit dem Tuch zu, in das ich eingewickelt gewesen war. Es roch noch schwach nach der alten Tante. Während die Männer Mengen von Laub und Ästen auf das Tuch legten, um mich darunter zu begraben, redeten sie weiter: »Um sicherzugehen, dass sich niemand unter dem Ladegut versteckt, stechen sie mit ihren Bajonetten hinein.«

»Hast du das gehört, Kleiner?«

Immer noch weinte und wimmerte ich wie von Sinnen und zitterte am ganzen Leib.

»Hör jetzt mit dem Jammern auf und sei unbedingt still!«

Als weitere Vorsichtsmaßnahme versteckten sie ihre Gewehre neben mir unter dem Laub.

»Rühr dich nicht und gib keinen Laut von dir. Wir sind zwei Waldarbeiter, die Holz geholt haben.« Dabei versteckten sie ihre Messer und Pistolen griffbereit unter ihren Jacken.

»Wenn die Schweine uns aufhalten oder angreifen, kämpfen wir bis zum letzten Atemzug.«

Wild entschlossen stapften sie los, in die Schwärze der Nacht. Ich verlor erneut das Bewusstsein und musste so das Rumpeln auf dem steilen, wurzelüberzogenen Waldweg nicht erleben. Als ich wieder zu mir kam, sah ich die ersten Häuser von Sanski Most. Hier war ich früher ein paarmal mit meinen Eltern gewesen, wenn es etwas zu besorgen gab oder wenn in der Stadt ein Fest war. Es erschien mir ein ganzes Menschenleben weit weg, dabei war das erst vor einem Jahr gewesen. Doch als Fünfjähriger hatte ich kein Zeitgefühl, weder für längere Zeitabschnitte noch für den Jetzt-Zustand. Ein kalter Wintermorgen dämmerte herauf. Alle Häuser standen dunkel da und wirkten verlassen, die Fenster verrammelt und die Türen verbarrikadiert.

Der Gaul ächzte und schleppte sich mit Schaum vor dem Maul über die holprige Dorfstraße.

»Da vorne muss es sein.« Der eine Mann, der vorne neben dem Pferd ging, zeigte auf ein Haus mit grünen Fensterläden, welches sich hinter drei mächtigen Bäumen duckte.

Der andere Mann, der von hinten den Karren schob und dabei ständig nach mir schaute, atmete erleichtert auf. »Hoffentlich sind die Verwandten von dem Jungen noch am Leben.«

Vor dem steinernen Häuschen angekommen, hämmerten die Männer mit ihren Gewehren an die Tür. Nichts rührte sich, alles war still.

»Aufmachen, sofort aufmachen, sonst schießen wir durch die Tür!«

Um seine Aufforderung zu unterstreichen, schoss einer der Männer in die Luft.

Daraufhin regte sich ängstliches Scharren und Treiben hinter der Tür, ein Balken wurde von innen weggeschoben, ein schweres Schloss knarrte, und schließlich steckte eine alte Frau ihre Nase durch den Türspalt.

»Geh zur Seite, altes Weib.« Der eine Mann schob die Tür weit auf, und von meiner Karre aus konnte ich sehen, dass noch viele andere Menschen in diesem Raum waren. Mit vor Angst weit aufgerissenen Augen starrten sie uns an.

»Wir bringen euch hier einen Verwandten.« Ohne das Gekreisch und die abwehrenden Gesten der Leute da drin zu beachten, nahmen die Männer mich mitsamt dem Tuch von der Karre und trugen mich in die Stube. Energisch schoben sie die alte Frau beiseite und legten mich vorsichtig auf den Fußboden. Entsetzt wichen die alten Leute zur Seite und stießen spitze Schreie aus. Einer hielt eine Fackel über mich.

»Das ist der kleine Djoko!«

»O Gott, der verblutet ja!«

»Dann kümmert euch um ihn, das sage ich im Namen von Stipan Stipanovic, unserem heldenhaften Anführer, der bis zum letzten Blutstropfen unser und euer Leben verteidigt hat! Das hier ist sein Sohn!«

Entsetztes Kreischen war die Antwort. Die alten Leute, die meine Verwandten sein sollten, schlugen die Hände über dem Kopf zusammen, heulten und jammerten.

»O mein Gott, die Ustaschas werden uns alle bei lebendigem Leibe häuten, wenn sie erfahren, dass wir den Sohn ihres ärgsten Feindes in unserem Hause haben!«

»Mit dem Kleinen ist das Unglück über uns hereingebrochen!«

»Aber er ist euer Verwandter!« Die beiden Männer rauften sich die Haare und warfen besorgte Blicke auf mich. »Ihr könnt ihn nicht der verfluchten Hölle überlassen!«

»Nehmt ihn um Himmels willen wieder mit, wenn euch sein Leben einen Pfifferling wert ist!«

»Auf keinen Fall nehmen wir ihn bei uns auf!«

»Das ist glatter Selbstmord, für ihn, für uns alle!«

Sie schrien derart hysterisch durcheinander, dass mir schon wieder die Sinne schwanden. Eine gnädige Ohnmacht umhüllte und erlöste mich aus dieser grauenvollen Situation.

Als ich zu mir kam, peinigte mich der Schmerz wie glühende Zangen. Ich lag wieder festgezurrt im hölzernen Wagen, der im

Schritttempo mühsam vorwärtsächzte. Es ging steil bergauf, über Wurzeln und Steine holperte das Gefährt, und ein unbekannter harziger Duft lag in der Luft. Riesige Nadelbäume säumten rechts und links den schmalen Hohlweg, und während sich rechts unterhalb eine steile Schlucht auftat, ragten links von mir steile Felswände in den milchigen Winterhimmel. Beide Männer zogen rechts und links am Halfter des Pferdes, das sich immer öfter wiehernd aufbäumte, und ich wurde so unerträglich durchgerüttelt, dass ich wie von Sinnen vor Schmerzen schrie. Die Männer unterhielten sich mit leiser Stimme weiter, und einige Wortfetzen drangen an mein Ohr, wie aus weiter Ferne: »Nur noch eine Chance … ein Ort, den keiner kennt … ein großes Wagnis … höchst gefährlich … mit der Karre nicht zu erreichen …«

Im Dämmerschlaf bekam ich mit, wie sie mich von der Karre hievten und auf das Pferd banden. Vor und hinter mir wurden noch andere Bündel, Säcke und Gegenstände auf das Pferd geladen und festgezurrt, und ich hing im Zustand des Fiebers zwischen Leben und Tod auf dem Pferderücken. Während der Perioden, in denen ich wach war, schrie ich vor Schmerzen und jammerte ohne Unterbrechung.

»Wir haben es bald geschafft, Kleiner.« Einer der Männer strich mir mit seinen groben Handschuhen die schweißnassen Haare aus der Stirn. »Du bist ein tapferer kleiner Kerl.«

»Ich will nicht tapfer sein, ich will tot sein!«

»Nur noch ein paar Kilometer!«

»Wo gehen wir denn hin?« Der Wald wurde immer dichter, die Luft immer würziger und kälter, die Bäume immer schwärzer. Dichte Tannen umsäumten den schmalen, steilen Pfad, und die Männer schwitzten ebenso wie das völlig erschöpfte Pferd.

»Es gibt da oben im Wald einen Mann, der lebt da völlig einsam und versteckt. Von diesem Mann wissen nur ganz wenige Eingeweihte.«

»Ich will nicht zu den Eingeweiden …«

»Dieser Mann ist sehr klug und sehr stark. Er hat deinem Tate geholfen, und er wird auch dir helfen, Djoko.«

»Au, au, das Pferd soll aufhören, mich zu treten!«

»Gleich, Djoko, nur noch eine halbe Stunde.«

»Das ist viel zu lang, bis dahin bin ich tot!«

»Der Mann wird dich in ein Krankenhaus bringen, und ein Arzt wird dich wieder gesund machen!«

»Nein, ich will nicht mehr und ich kann nicht mehr … ich will meine Mame und meinen Tate!«

»In dem Krankenhaus werden verletzte Partisanen gepflegt.«

»Was sind Partisanen …?«

Gab es noch andere, die solche Schmerzen hatten wie ich?

»Wir sind alle Partisanen, Djoko. Dein Vater war auch ein Partisan. Alle tapferen Männer der Umgebung, die gegen die Ustaschas gekämpft haben, sind mutige Partisanen.«

Sie stimmten ein kämpferisches Lied an, das ich tatsächlich schon von meinem Tate gehört hatte. Diese rauen Fetzen Musik in der eiskalten Einöde retteten mich wieder über ein paar Minuten.

»Geht ihr denn auch mit mir in das Partisanen-Krankenhaus?« Hoffnungsvoll hob ich ein wenig den Kopf.

»Nein, Djoko. Wir haben uns wegen dir bereits vierundzwanzig Stunden von unserer Einheit entfernt, das ist eigentlich ein Grund, uns zu erschießen.«

»Ja, sie werden uns für Deserteure halten, aber wir werden ihnen erklären, dass wir uns um den kleinen Sohn unseres ehemaligen Anführers Stipan gekümmert haben.«

»Hoffentlich glauben sie uns, da wir sonst den größten Ärger kriegen!«

»Leider kann der Kleine uns keine Bestätigung ausfüllen«, versuchte der eine Mann einen Scherz.

»Wir müssen eine Pause machen, der Gaul bricht uns jeden Moment zusammen.«

»Und der Kleine ist ständig im Delirium«, drang es wie aus weiter Ferne in mein Bewusstsein. Wieder sackte ich in eine erlösende Ohnmacht, und wieder glaubte ich, jetzt endlich tot zu sein. Tot sein war gar nicht so schlimm. Man fühlte keine Schmerzen mehr und musste nichts mehr tun. Nicht mal mehr atmen. Und kalt sein war auch gar nicht mehr schlimm.

Als ich das nächste Mal zu mir kam, sah ich zwischen den Bäumen in der Ferne ein kleines Licht flackern.

»Sind wir da?« Mühsam hob ich den Kopf.

»Fast, Djoko. Wir müssen aber ganz vorsichtig auf das Haus zugehen, denn wir wissen nicht, ob es unser Mann ist oder gar die Ustaschas, die ihn längst umgebracht haben. Man könnte uns in einen Hinterhalt locken … uns eine Falle stellen …« Vorsichtig pirschten sich die Männer näher, keuchend flüsterten sie miteinander. »Jetzt ist es dunkel genug, geh du vor, ich bleibe bei dem Jungen!«

»In Ordnung, bei Entwarnung pfeife ich, bei Gefahr mache ich den Wolf.«

Die Männer konnten pfeifen wie Nachtvögel, und sie beherrschten noch andere Geräusche, die täuschend echt wie die von Tieren klangen. Sie konnten sogar heulen wie Wölfe.

Das hatte mein Tate mir alles schon vorgemacht und erklärt, und es war mir vorgekommen wie ein spannendes Abenteuermärchen. Aber dies hier war die raue Wirklichkeit!

Kaum hatte der eine Mann sich umgedreht, knackte es hinter uns im Gebüsch. Es war ein leises Geräusch von zerberstenden Ästen, das sich langsam näherte. Jemand atmete in unmittelbarer Nähe!

Die Männer rissen sofort ihr Gewehr hoch, doch es war schon zu spät.

»Hände hoch! Oder ich schieße!« Eine tiefe, dunkle Stimme drang aus der völligen Finsternis.

»Und du da hinten auch! Umdrehen!«

Beide Männer nahmen sofort die Hände hoch, doch niemand war zu sehen oder zu hören.

Bis auf mein kleines Herz, das mir immer noch in der Brust schlug, ob ich wollte oder nicht. In völliger Stille und Dunkelheit verharrten wir minutenlang, bis endlich ein sehr großer, wild aussehender Mann hinter den Bäumen hervortrat, das Gewehr auf uns gerichtet.

Sein Gesicht war von einem schwarzen Bart komplett zugewuchert, und eine dicke Wollmütze war ihm tief in die Stirn gezogen. Man sah in der Dunkelheit nur das Weiße in einem Paar schwarzer Augen blitzen.

»Milo, bist du es?«

»Woher kennt ihr meinen Namen?«

»Wir sind es, die Freunde von Stipan.«

»Stipan Stipanovic, den die Ustaschas ermordet haben?«

»Ja, und hier ist sein Junge.«

Endlich löste sich die Anspannung, und die beiden konnten die Hände wieder herunternehmen. Der Riese beäugte mich klägliches Bündel auf dem Pferderücken. Angstvoll starrte ich ihn aus meinem Guckloch unter dem Tuch an. Er sah aus wie Rübezahl.

»Ach du Scheiße, das sieht böse aus. Wie lange seid ihr schon unterwegs?«

»Eine Nacht und einen Tag. Der Kleine wurde von einer Granate getroffen, wie wir aus seinen wirren Erzählungen erfahren haben. Seine Mutter und sein Großvater sind bei dem Angriff ums Leben gekommen. Die Bastarde haben einfach nachts auf schlafende Menschen geballert. Sie haben das gesamte Dorf ausgerottet, und die Leute mussten sich im Wald ihre eigenen Gräber schaufeln.«

In ihrer für mich ungewohnt groben Umgangssprache schilderten sie dem Riesen, in welchem Zustand sie mich vorgefunden hatten. »Unter den Röcken einer Alten, mit der Nase an ihrer …« Das Wort, das nun brüllendes Gelächter auslöste, hatte ich noch nie gehört.

Doch sofort wurden sie wieder ernst. »Milo, du musst den Kleinen in das Partisanen-Krankenhaus bringen, du bist seine letzte Rettung. Wir müssen zurück zu unserer Kampftruppe!« Der Riese führte uns nun die letzten steilen Schritte durch unwegsames Gelände zu seiner Waldhütte. Mit letzter Kraft schwankte das erschöpfte Pferd schnaubend bergauf.

Endlich banden sie mich von dem lebendigen Marterpfahl los. Alle meine Verletzungen waren durch das stundenlange Schaukeln und die unerwarteten heftigen Bewegungen des Gaules viel schlimmer geworden.

Gleichwohl erinnere ich mich genau an den Anblick des Inneren der Waldhütte, als sie mich hineintrugen. So etwas Pompöses hatte ich noch nie gesehen!

»Das ist ja ein richtiges Blockhaus, wie hast du das hier in der totalen Einsamkeit hingekriegt?« Die beiden Männer zeigten sich schwer beeindruckt und rüttelten anerkennend am Gebälk.

Der Riese öffnete einladend seine Tür, und nachdem sie mich in meinem Tuch über die Schwelle getragen hatten, staunte ich nicht schlecht: Ein Tisch mit Stühlen stand in der Mitte des Raumes, und in der hinteren linken Ecke gab es ein richtiges Bett, das mit Fellen überzogen war. Eine offene Feuerstelle vervollständigte den heimeligen Eindruck. Als Beleuchtung dienten lange und harzig duftende Kienspäne der Nadelbäume.

»Ich habe auch noch eine Petroleumlampe.« Der Riese machte sich an der Feuerstelle zu schaffen. »Die entzünde ich nur zu besonderen Anlässen.« Mit einem Blick auf meine klägliche Wenigkeit verstummte er. Und mir war klar: Wir waren so ein besonderer Anlass.

»*Živjeli!*« Die Männer stießen mit Sliwowitz an, während ich in meinem fiebrigen Dämmerzustand auf meinem Krankenlager aus Fellen am Boden lag. Der Riese hatte uns mit Brot und Fleisch gut versorgt. Auch meine Wunden hatte er mit Schnaps gereinigt und neu verbunden, während ich die ganze Zeit schrie, als würde ich gefoltert. Jetzt war ich wieder in einen erlösenden Zustand der Ohnmacht gefallen, und die Nacht war angebrochen, als ich vor Schmerzen erwachte. Ich hörte die drei Männer reden, die essend und trinkend am Tisch saßen und es sich gut gehen ließen.

»Dass du uns den Buben aber auch wirklich ins Partisanen-Krankenhaus bringst, Milo!«

»Wenn du den Kleinen sterben lässt, ist das dein sicherer Tod. Wir wissen, wo du wohnst!«

Die halb scherzhafte Drohung schien die Stimmung kurz ins Wanken zu bringen. Eine Weile war es nach dieser unverkennbaren Drohung still. Mein Herz raste vor Angst. Der Riese ballerte beleidigt mit der Faust auf den Tisch, dass die Gläser nur noch tanzten. »Was ich verspreche, das halte ich!«

»Na ja, du könntest den Kleinen ja auch sterben lassen und ihn einfach im Wald verscharren. Deshalb kommen wir eines Tages ins Krankenhaus und fragen nach ihm.«

»Vorher verscharre ich euch im Wald, ihr Idioten! Was beleidigt ihr meine Ehre!«

Der Schnaps hatte die Stimmung schon ganz schön aufgeheizt. Der Riese sprang so heftig auf, dass der Stuhl nach hinten kippte und über den Boden fegte. Beinahe hätte mich die Lehne am Kopf getroffen!

»Ist ja schon gut, Milo, beruhige dich.« Einer meiner Beschützer beeilte sich, den Stuhl wieder aufzuheben und ließ bei der Gelegenheit seine Hand über meine Stirn gleiten.

»Der Kleine ist wach!« Er flößte mir ein paar Schlucke Wasser ein, setzte sich auf die Bank am Ofen und kramte in seinem Ruck-

sack herum. »Wir kommen ja auch nicht mit leeren Händen, Milo.«
Er förderte einen Beutel mit Münzen zutage, dazu noch mehrere
Waffen und Munition. »Hier, das ist unser Gastgeschenk an dich.
Du wirst es brauchen können, wenn du den Kleinen über den Pass
bringst.«

»Na also, warum nicht gleich so.« Der Riese kippte einen weiteren Schnaps hinunter und nahm die Waffen an sich. »Unterstellt
mir nie wieder, ich würde ein Kind verrecken lassen!«

»Wann wirst du losgehen, Milo?«

Die drei Männer sahen sich verstohlen nach mir um. »Er macht
es nicht mehr lange!«

»Überlasst das mir, klar? Solange es nicht geschneit hat, ist es
völlig unmöglich, über den steilen Pass zu gehen. Überall treiben
sich in den Wäldern die unterschiedlichsten Kampfgruppen herum, die mich sofort finden und verfolgen würden. Mit dem Kleinen habe ich keine Chance zu fliehen. Außerdem wimmelt es von
Wölfen.«

»Du willst warten, bis es geschneit hat?« Ein Glas wurde auf den
Tisch geknallt. »Wir haben erst Mitte November! Weihnachten erlebt der Knabe nicht mehr!«

»Nach meiner Erfahrung schneit es hier oben bald. Immer mit
der Ruhe.«

Während dieser qualvollen Unterhaltung wimmerte ich ohne Un-
terlass und krümmte mich vor Schmerzen. Die Wunden in meinen
Beinen pochten, als würde jemand ununterbrochen mit einem Hammer darauf schlagen. Sicher hatten sie sich inzwischen entzündet.

»Am liebsten würde ich dem Kleinen Schnaps geben, damit er
aufhört zu jammern. Wir wurden als Babys früher auch auf diese
Weise beruhigt.«

»Das wirst du schön bleiben lassen, Milo. Das ist ein schlauer
Bursche, es wäre schade um seine Gehirnzellen! Aber seine Wunden eitern und stinken schon.«

»Tapferer kleiner Bursche. Wie alt mag er sein?«

Sie betrachteten mich wie ein seltsames Insekt.

»Fünf, sechs, schätze ich.«

Nachdem die drei eine Weile lautstark Karten gespielt und die Bude voll geraucht hatten, ohne mich weiter zu beachten, hörte ich sie irgendwann brummen: »Lasst uns jetzt schlafen gehen. Danke, Milo, für deine Gastfreundschaft.«

Der Riese legte noch weitere Felle auf den Fußboden und kramte aus irgendwelchen Verschlägen Decken hervor, bevor sich meine beiden Beschützer zu mir legten.

»Schlaft ihr ein paar Stunden, ich werde draußen Wache halten.« Der Riese stellte sich vor die Tür, die Waffen griffbereit neben sich. »Ihr müsst morgen früh raus, also dann.«

Als ich am nächsten Morgen wieder zu mir kam, waren die Männer gerade im Aufbruch. Der Riese hatte ihr Pferd in einem kleinen Stall hinter dem Haus untergebracht, wo er auch noch ein eigenes Pferd, drei Schafe und ein paar Hühner hielt. Das alles hatte ich bei meiner Ankunft nicht mitbekommen.

»Hals- und Beinbruch, Kleiner.« Die beiden Männer verabschiedeten sich rau, aber herzlich von mir. »Wir kommen dich im Krankenhaus besuchen, versprochen.«

Sie schlugen dem Riesen mehrfach krachend auf die Schulter und bedeuteten ihm mit drohenden Zeichen mit zwei Fingern, die sie auf seine Augen richteten, dass sie ihn immer im Blick hätten. Der Riese zielte spaßeshalber mit seiner Pistole auf ihre Schläfen. Offensichtlich verstanden die drei sich prächtig. Auf dem schmalen, steilen Pfad, auf dem wir am Abend vorher gekommen waren, stiegen sie vorsichtig mit ihrem Pferd wieder ins Tal hinunter.

Dann war ich mit dem Riesen allein. Durch sein wildes Aussehen, seine buschigen Augenbrauen, den langen schwarzen Bart und seine langen schwarzen Haare, die ihm verfilzt vom Kopf hingen, flößte er mir Furcht ein. Was würde er wohl mit mir anstellen, jetzt, da er das Geld und die Waffen hatte? Würde er mich sterben lassen und im Wald verscharren?

Schweigend hockte er an seinem Tisch und stopfte sich eingeweichtes Brot und harte Wurst in den Mund, die er mit einem Dolch auf seinem Holztisch in kleine Stücke schnitt.

Dazu trank er kochend heißen Matetee.

»Auch was, Kleiner?« Er starrte mich aus seinen pechschwarzen Augen an.

»Wann fahren wir endlich ins Krankenhaus?«, wimmerte ich.

»Das lass mal meine Sorge sein. Wir nehmen den Schlitten, sobald es geschneit hat.«

»Aber wie lange dauert das noch?«

»Ein paar Tage, vielleicht Wochen. Du musst Geduld haben, Djoko. Wenn ich dich auf den Schlitten binden kann, ist der Transport für dich außerdem angenehmer als auf dem Pferderücken.«

Das sah ich ein. Der schwankende Gang des Pferdes war für meine Schmerzen unerträglich gewesen, und ich schrie auf bei der Vorstellung, das noch einmal erleben zu müssen.

»So, jetzt musst du fest die Zähne zusammenbeißen.« Er löste vorsichtig meine Verbände und besah sich erneut meine Verletzungen. Ich schrie und weinte in den höchsten Tönen.

»Hier hört dich keiner, Djoko. Schrei, wenn du musst, aber halt still!« Er zuckte angewidert zurück und wischte sich über Augen und Nase. »Das eitert und stinkt wie die Pest!«

Wieder tränkte er einen Fetzen mit Sliwowitz und versuchte, mir beim Reinigen der Wunden nicht allzu wehzutun. »So, und hier habe ich eine Salbe aus Waldkräutern, die wirkt Wunder, du wirst schon sehen.« Er redete beruhigend mit seiner tiefen, rauen Stimme auf mich ein, und nachdem er die Wirkung seines selbst hergestellten Heilmittels in den höchsten Tönen angepriesen hatte, schien sie tatsächlich die Schmerzen zu lindern.

»Gut gemacht, kleiner Mann.« Der Riese wickelte am Ende der schmerzhaften Prozedur ein Tuch um die verwundeten Stellen. »Aus dir wird mal ein ganzer Kerl.«

Es dauerte noch einige Tage, in denen ich ständig von irrsinnigen Schmerzen gepeinigt abwechselnd schrie und dann wieder in einen fiebrigen Dämmerzustand verfiel.

Manchmal nahm mich der Riese auf seine Arme und trug mich vor die Tür der Hütte, um mir in der Kälte über den dichten schwarzen Tannen den wolkigen Himmel zu zeigen. »Schau, Djoko. Da kommt der Schnee. Frau Holle wird jetzt die Federbetten ausschütteln, und wenn es feste geschneit hat, können wir los.«

Der Riese wurde mir gegenüber zusehends freundlicher. In den Phasen meines Wachseins trug er mich, um mich abzulenken, auch zu seinem Stall hinüber, legte mich dort ab und ließ mich zuschauen, wie er seine Tiere versorgte.

»Siehst du, Djoko, ich streue den Schafen und Hühnern jetzt so viel Futter hin, dass sie in den nächsten Tagen ohne uns auskommen können. Denn heute Nacht wird es zufrieren und zu schneien beginnen, und spätestens übermorgen brechen wir auf.«

Er hatte sein Versprechen also gehalten und mich nicht sterben lassen. Allmählich fasste ich zu ihm Vertrauen, und da er der einzige Mensch auf der Welt war, den ich hatte, mochte ich ihn inzwischen richtig gern. Er fertigte ein eigenartiges Gestell aus zwei dünnen Holzstämmen, zwischen denen er ein dickes Fell befestigte. Mit großen Augen schaute ich ihm halb misstrauisch, halb zuversichtlich dabei zu.

»Schau, Djoko, das wird dein Schlitten.«

Er legte mich, in sämtliche Decken gewickelt, vorsichtig darauf. »Meinst du, du kannst das aushalten?«

Was blieb mir anderes übrig? Zwar wimmerte ich vor Schmerzen und Angst, aber gleichzeitig nickte ich unter Tränen. Der Riese spannte sein Pferd zwischen die Stämme ein, belud es mit Säcken und Waffen und band mich schließlich in meiner misslichen Lage auf dem provisorischen Schlitten mit mehreren Gurten fest. Er hatte mich so dick eingepackt, dass nur noch meine Nasenspitze und meinen Augen herausschauten.

»So können wir durch unwegsames Gelände gleiten, du wirst sehen, das geht wie geschmiert!« Sein Optimismus konnte mich nicht so recht überzeugen. Die pure Angst und das nackte Entsetzen überkamen mich, als er sich mit seinen schweren Stiefeln und seiner Kampfausrüstung auf das Pferd schwang und zu mitternächtlicher Zeit losritt. Der Schlitten wurde harsch angezogen und holperte über zugeschneite Wurzeln und Steine. »Au, au, au!«, brüllte ich, aber der Riese konnte mich schon gar nicht mehr hören. »Lass mich runter, das halte ich nicht aus!« Doch meine schrillen Schreie verhallten im Schnee. Es schneite unaufhörlich, die weißen Flocken wirbelten mir in die Augen und ließen meine Tränen gefrieren.

Irgendwann glitt der Schlitten dann auf sanfterem Weiß gleichmäßig vor sich hin, und der Schnee verschluckte das Trappeln der Pferdehufe. Der Mond schob sich milchig zwischen den gelblich schimmernden Wolken hervor, und ich beobachtete halb in Trance, halb wach die zwei weißen Atemwolken, die Pferd und Reiter hinterließen.

»Was habe ich mir da nur eingebrockt, gottverdammte Scheiße«, hörte ich den Riesen vor sich hin fluchen. »Ich gutmütiger Trottel, nur wegen dem armen Kleinen, den ich sowieso nie wiedersehen werde! Jetzt habe ich noch mein Herz an den Bengel verloren! Als ob das Leben nicht beschissen genug wäre! Gottverfluchte Räuberbande, wage sich keiner nur in meine Nähe, ich knalle alles ab, was sich bewegt!«

»Au, mach mich los, ich halte es nicht mehr aus!«, riss ich ihn aus seinen Selbstgesprächen. »Wie weit ist es noch? Wann sind wir endlich da?!«

Er ließ das Pferd langsamer gehen und wendete sich nach hinten um. »Djoko, wir müssen den ganzen schwarzen Berg da hinten noch rauf, siehst du den Punkt zwischen dem Himmel und dem Horizont? Mit seiner Peitsche zeigte er auf eine steile Schlucht. Weit und breit war kein Weg zu sehen, aber er kannte sich hier offensichtlich so gut aus, dass er das Pferd durch die Wildnis lenkte. »Erst wenn wir ganz oben auf dem Pass sind, geht es auf der anderen Seite wieder runter. Und dann ein paar Kilometer ins Tal, da steht irgendwo das Krankenhaus. Aber es ist noch weit.«

»Ich kann nicht mehr, ich will tot sein! Mach meine Beine ab«, jammerte ich unentwegt. Wieder holperte mein Schlitten über Felsbrocken, Wurzeln und Steine und schlingerte zwischen Bäumen und tief hängenden Ästen hindurch.

Ich wurde von irrsinnigen Schmerzen gepeinigt. Es war eine Gnade, wenn ich für einige Zeit das Bewusstsein verlor und in einen erlösenden Dämmerschlaf fiel. Das Fieber setzte mir so arg zu, dass ich fantasierte und wirres Zeug schrie. Überall sah ich Feen, Hexen und Ungeheuer, wilde Tiere und den lauernden Feind. »Ich will meine Mame!«, soll ich wohl an die hundert Mal hintereinander geschrien haben und: »Tate, hilf mir, trag mich nach Hause!«

Ich wachte auf, als das Pferd ruckartig stehen blieb, sich auf die Hinterbeine stellte und angstvoll wieherte. Bekanntlich spüren Tiere eine drohende Gefahr viel früher als der Mensch. Das wusste ich von meinem Tate, der mir oft von der Wolfsjagd erzählt hatte.

Mein Riese hatte schon das Gewehr schussbereit in der Hand. »Wölfe«, knurrte er. »Kein Laut, Djoko!«

Wenn ich nicht ohnehin steif gefroren wäre wie ein Brett, hätten sich gewiss alle meine Haare senkrecht gestellt. Aber ich konnte nichts tun, war festgeschnallt an Armen und Beinen, und wenn die Bestien mich nun fressen würden, würden sie hoffentlich zuerst mein Herz herausreißen. Mein Herz polterte harsch in meinem kleinen Brustkorb, der bei jedem Schlag an die harten Decken pochte. Ich lag da wie ein Lamm auf der Schlachtbank.

Der Riese saß stocksteif und lauschte. Und ganz plötzlich riss er sein Gewehr an die Brust und schoss. Der Schuss knallte ohrenbetäubend durch die Stille der Nacht, und gleichzeitig fiel jaulend und zappelnd etwas neben mir zu Boden. Blut spritzte auf! Einige nachfolgende Wölfe hielten kurz an, ich sah ihre gelben Augen in der Dunkelheit funkeln. Doch statt sich einschüchtern zu lassen, stürzten sie sich auf ihren toten Kameraden und begannen, diesen hechelnd aufzufressen. Mit widerlichen Keuch- und Kaugeräuschen zerkleinerten sie sein Fell, seine Knochen und seinen Kopf, und warmer, stinkender Dampf stieg auf. Ich starrte fasziniert darauf, als ich einen weiteren Schatten aus den Bäumen schleichen sah.

»Da! Auf der anderen Seite!« War das meine eigene Stimme, die da durch die Nacht gellte?

Blitzschnell fuhr der Riese herum und erschoss einen weiteren Wolf, der sich hinterlistig und heimtückisch von links genähert hatte. Peng! Auch diese Bestie brach blutend zusammen. Die anderen Wölfe stürzten sich jetzt auf ihn, bissen sich in seiner Brust fest und rissen ihm mit gierigen Schmatzgeräuschen die Gedärme aus dem dampfenden Leib. Sie waren so beschäftigt, dass wir für sie nicht mehr von Interesse waren.

Fluchend gab der Riese dem sich aufbäumenden Pferd die Sporen, und ruckartig fuhr der Schlitten wieder an. Ich war viel zu schockiert und bis ins Mark erschüttert, als noch weiter vor Schmerzen zu schreien. Ich biss mir auf die Lippen und kniff die Augen zusammen und versuchte zu verarbeiten, was sich da gerade unmittelbar neben meinem zugeschnürten kleinen Leib zugetragen hatte. Hätte mein Riese nicht so viel Erfahrung mit der Verhaltensweise wilder Tiere hier in der Abgeschiedenheit, wäre ich wohl ihr leichtestes Opfer gewesen. Er hatte mir mit Sicherheit das Leben gerettet. Wie schon der Mann, der mich im Stall verarztet, und auch jener, der die alte Tante nicht erschossen hatte. Drei fremde Männer, die mich kleinen Jungen verschonten, aus welchen Gründen auch immer.

»So, mein tapferer Kleiner, noch eine letzte Etappe und dann sind wir oben auf dem Pass.«

Erneut musste ich die Zähne zusammenbeißen, als der Schlitten ruckartig wieder angezogen wurde, und mein Riese zog und zerrte an dem armen verängstigten Gaul, schlug mit der Peitsche auf sein Hinterteil und verfluchte Himmel und Hölle, und noch einmal kam mir in den Sinn, dass er sich meiner doch hier ganz leicht entledigen könnte, denn zu beiden Seiten tat sich eine steil abfallende Felsenschlucht auf. Der immer steiler werdende schmale Pfad und der immer dichter werdende Schneesturm zwangen den Reiter dazu, abzusteigen und dem geschockten Pferd, das Schaum vor dem Maul hatte und wiehernd den Kopf hin und her warf, eine Pause zu gönnen.

»Djoko, du musst was trinken. Heb deinen Kopf, Kleiner, ich hab hier was Feines für dich.«

Mehr im Delirium als wach ließ ich mir heiße Honigmilch einflößen. Das süße warme Gefühl, das sich sofort in meinem Inneren ausbreitete, ließ mich wieder ein wenig Lebensmut schöpfen. Auch wenn der Riese grauslich aussah und nach Schnaps und Knoblauch stank, so war er doch ein Schutzengel, den meine Mame und mein Tate mir geschickt haben mussten. Und dann flog meine kleine Seele auch schon zu ihnen in den Himmel. Dass wir den Pass erreicht hatten, merkte ich nicht mehr.

»Er kommt zu sich. Wir haben ihn wieder! Gott sei Dank, was für ein Wunder!«

Aufgeregte Stimmen von Männern und Frauen sprachen durcheinander. Grelles Licht von einer riesigen Sonne, die direkt über meinem Gesicht an der Decke angebracht war, blendete mich.

»He, Kleiner, mach die Augen auf!«

Warme Frauenhände patschten mir aufmunternd gegen die Wangen.

»Dein Freund möchte sich von dir verabschieden!«

Noch einmal blinzelte ich verstört gegen das grelle Licht und erkannte verschwommen mehrere Gesichter mit weißen Hauben, die sich über mich beugten und wie blühende Baumkronen im Nebel hin und her schoben. Welcher Freund? Wieso verabschieden? Wohin? Wo war ich und wer waren diese Leute?

»He, Djoko, willkommen im Partisanen-Krankenhaus. Wir haben es geschafft! Du wirst operiert, von jetzt an wird alles gut!«

Der vertraute Knoblauch- und Schnapsgeruch vermischte sich mit dem fremden Geruch nach Äther und Sterilisationsmitteln. In meinem Kopf drehte sich alles, und völlig benommen von den Schmerzen und in meinem Fieberwahn versuchte ich, die Zusammenhänge zu begreifen. Grelles Licht, ein geschlossener Raum, viele fremde Menschen mit merkwürdigen Kopfbedeckungen, neue fremde Gerüche. Angst. Der Riese, vor dem ich mich die ganze Zeit gefürchtet hatte, ließ seine Barthaare über meine Wange kitzeln und drückte mir einen feuchten Kuss auf die Stirn. »Ich muss zurück, Djoko, leb wohl.«

»Bitte geh nicht«, jammerte ich verzweifelt los. »Bleib bei mir!« Mit beiden Armen griff ich beherzt nach ihm.

»Das geht nicht, Kleiner, meine Tiere verhungern sonst.« Er nahm meine kleinen Hände und drückte sie an seine Brust. »Erinnerst du dich? Die Hühner, die Schafe im Stall?«

»Bitte bleib bei mir!« Meine Hände krallten sich in den behaarten Arm meines Beschützers, doch dieser machte sich sanft von mir los.

»Junge, ich kann nicht. Aber du bist jetzt in den besten Händen.« Brüsk wischte er sich mit dem Zipfel seines Hemdsärmels über die Augen. »Hier, Kleiner. Deine beiden Begleiter haben mir

Geld gegeben. Ich brauche es nicht. Aber du wirst es brauchen können.«

Er ließ den Beutel mit den Münzen neben mich auf das Bett gleiten.

»Ich will es nicht! Ich will, dass du bei mir bleibst!« In meinem Ausnahmezustand warf ich den Beutel mit dem Geld auf den Boden und krallte mich erneut im Arm des Riesen fest.

»Schluss jetzt, Djoko, tu jetzt, was die Ärzte und Schwestern dir sagen.« Mit einer harschen Bewegung machte er sich los, bückte sich und legte den Geldbeutel auf einen Tisch. »Lasst ihm die beste Behandlung zukommen und kümmert euch um ihn!«

Damit preschte er aus dem Saal.

Währenddessen hatten die Frauen und Männer in den weißen Kitteln bereits mit den Vorbereitungen für meine Operation begonnen. Ohne viel Federlesens wurde ich mit routinierten Griffen in einer Schräglage festgebunden, und die Sonne, die an der Decke hing, wurde von einem Mann im weißen Kittel noch viel näher runtergezogen. Jetzt beschien sie meine Beine. Eine Frau mit einer umgekrempelten Haube, die aussah, als würde sie gleich wegfliegen wollen, stand neben mir und hielt meine Hand. »Du musst jetzt fest die Zähne zusammenbeißen, denn wir haben leider keine Narkosemittel mehr.«

Ich wusste nicht, wovon sie sprach, spürte aber, dass sie da unten die Verbände an den Beinen abzunehmen begannen.

»Oje … Schweinerei … die Drecksfetzen sind schon in das Wundfleisch eingewachsen … Pinzette … Schere …«

Ich schrie wie am Spieß und bäumte mich auf, aber die Frau mit den Flügeln auf dem Kopf drückte mich sanft zurück in das Kissen. Mir wurde schlecht von meinem eigenen Eitergeruch, der aus den blutigen, nassen Verbänden strömte.

»Wundbrandgefahr … Kaliumpermanganat … Spritze … schnell, worauf warten Sie noch?«

Mein Kreischen ging allen durch Mark und Bein, und die Wortfetzen, die im Raum standen, prallten in die Pausen, wenn ich Luft holte.

Jemand befeuchtete den fest haftenden Verband mit einer braunen Flüssigkeit, die mir warm an den Schenkeln hinunterrann.

»Nach einigem Zuwarten lässt sich der Verband leichter lösen.« Die Schwester mit den Flügeln auf dem Kopf zwinkerte mir mit Tränen in den Augen zu. »Soll ich dir in der Zwischenzeit vom Christkind erzählen? Auch Jesus hat für uns Menschen unsägliche Schmerzen ertragen, und nun sind wir erlöst …«

»NEEEEEIINNN«, gellte mein hohe Stimme wohl durch das ganze Krankenhaus.

Als sie den durchweichten Verband schließlich von meinen offenen Wunden abhoben, schrie ich wie am Spieß.

»Geschafft, Djoko, du bist so tapfer!« Die Schwester drückte meine Hand und streichelte mir die verschwitzten Haare aus der Stirn. »Schau nicht hin, Kleiner.«

Doch genau das tat ich. Mit letzter Kraft hob ich den Kopf. Fleischfetzen hingen am rechten Unterschenkel herunter, und ein Schienbeinknochen war sichtbar.

»Auch die freigelegte Wunde über der linken Kniescheibe sieht äußerst beunruhigend aus«, murmelte der ältere Arzt, der mit Pinzette und Schere und anderen Folterinstrumenten in meinem rohen Fleisch herumstocherte.

Ich schrie und brüllte und weinte, was meine Lungen hergaben, und die Schwester mit der Flügelhaube streichelte und beruhigte mich und legte mir kalte Lappen auf die Stirn und ließ mich auf einen stoffumwickelten Stock beißen.

»Es gibt noch eine weitere Verletzung über dem rechten Hüftgelenk.« Die Stimme des Arztes war nun näher gekommen, und die Sonne wurde höher gezogen. Er schaute durch eine Lupe, und sein

Auge wurde so entsetzlich groß und unheimlich, dass ich überzeugt war, in der Hölle zu sein.

Endlich übermannten mich die unsäglichen Schmerzen, sodass ich wieder in eine erlösende Ohnmacht glitt.

Geschäftiges Treiben und Gemurmel um mich herum waren das Erste, was ich wahrnahm. Ich lag in einem richtigen Eisenbett mit einer Wolldecke und weiß bezogenem Kopfpolster, genau wie die anderen verletzten, verwundeten und kranken Männer in diesem großen Saal. Viele hatten Kopfverbände, Arme oder Beine in Gips oder sogar blutige Verletzungen im Gesicht. Trotzdem machten sie einen zufriedenen Eindruck, und Flügelhaubenschwestern mit adretten Schürzen und blau-weißen Kleidern gingen mit Tabletts und Trinkflaschen zwischen den eng aneinanderstehenden Betten herum, tupften hier und zupften da, hoben Köpfe, um beim Trinken zu helfen, oder fütterten mit dem Löffel hungrig aufgerissene Münder.

Dezent entsorgten sie unschön riechende Hinterlassenschaften auf Bettpfannen und schwebten wie Engel zwischen den armen verwundeten Partisanenkämpfern hin und hier. Hier hingen sogar mehrere Sonnen von der Decke.

Ganz allmählich kroch der bestialische Schmerz in mein Bewusstsein zurück. Als Erstes versuchte ich, mich aufzurichten, um mit meinen Händen nach meinen Beinen zu greifen. Waren sie überhaupt noch dran? Aber der Schmerz schoss mir dermaßen heftig in meinen Rücken, dass ich mich kraftlos auf das Bett zurückfallen ließ. Frustriert und geschwächt brach ich in bittere Tränen aus. »Ich will meine Mame und meinen Tate!«

»Oje, der Kleine ist wach!«

»Ach Gott, der kann kreischen!«

»Schwester!«, kam es aus verschiedenen rauen Partisanenkehlen. Hier lagen die tapfersten Krieger der Region, aber bei meinem Anblick wurden sie von heftigem Mitleid gepackt.

Eine junge Schwester mit einem langen schwarzen Zopf stellte hastig ein Tablett zur Seite und kam angeflattert. »Sch, sch, sch, Kleiner, alles wird gut!« Sie legte die kühle, weiche Hand auf meine fiebrige Stirn und setzte sich sanft wie ein Schmetterling auf meine Bettkante.

»Weißt du, was du für ein Glück gehabt hast? Die Beine sind noch dran!«

»Aber sie tun so entsetzlich weh! Könnt ihr sie nicht absägen?«

»Aber nein, Dummerchen, du wirst sogar wie früher wieder auf ihnen herumlaufen können!«

»Aber warum habe ich solche fürchterlichen Schmerzen?«

»Die Wunden müssen erst heilen, und das wird leider dauern. Du darfst auf keinen Fall aufstehen, Djoko, du musst jetzt viel Geduld haben.«

Unter Tränen starrte ich die hübsche junge Frau an. »Wie lange geht Geduld?«

»Weißt du, jetzt kommt erst mal der Winter, siehst du, draußen schneit es in dicken Flocken. Über Weihnachten bleiben wir mal alle hier hübsch zusammen. Und wenn der Frühling kommt, versuchen wir es mit dem Laufen.«

Sie stupste mich liebevoll an die Wange. »Ich bin Schwester Ljubica, und wer bist du?«

»Djoko.«

»Und wie alt bist du, Djoko?«

»Ich weiß nicht. Fünf …?«

Sie lachte mit strahlend weißen Zähnen. »Und ich bin einundzwanzig.«

»So alt war meine Mame …«

»Dann passe ich ab jetzt auf dich auf. Schau, Djoko. Du musst jetzt geduldig viele Tage auf dem Rücken liegen, damit deine Beine in Ruhe heilen können. Ich komme jeden Tag ein paarmal und schaue, dass du dich nicht wund liegst. Ich weiß, das ist langweilig und tut weh, aber das ist die einzige Möglichkeit, wieder gesund zu werden. Versprichst du mir ganz viel Geduld?«

Unter Tränen nickte ich. Immerhin wollte sie mir nichts vom Jesuskind erzählen, das für die Sünden der Menschen noch viel schlimmer gelitten hatte. Sie war so schön und so freundlich und so liebevoll, dass ich alles tun wollte, nur damit sie mit mir zufrieden war.

Die anderen Männer lachten, als Ljubica gegangen war. »Der kleinste Hosenscheißer, aber die hübscheste Krankenschwester. Na, bei dem Blick unter den Wimpern …«

Obwohl ich immer wieder fürchterliche Schmerzen hatte und viel weinen musste, kümmerten sich die verletzten Partisanen und die freundlichen Schwestern sehr herzlich um mich. Ich war das einzige Kind auf der Station, und alle bemühten sich, mir die Zeit zu vertreiben. Nur der Verbandwechsel war jedes Mal ein Drama. Denn sosehr sich die Ärzte und Schwestern auch um Vorsicht bemühten, so wenig konnten sie verhindern, dass bereits verheilte Stellen wieder aufgerissen wurden und der blanke Knochen zum Vorschein kam.

»Aber auf diese Weise können wir den Heilungsprozess besser beobachten, Djoko.« Schwester Ljubica tröstete mich liebevoll und streichelte mir über den Kopf. »Auch wenn du es nicht glaubst: Du machst Fortschritte. Und du weißt ja, was du mir versprochen hast …?«

»Geduld!«, piepste ich unter Tränen.

»Du bist der Beste, Kleiner.« Hastig eilte sie weiter, denn es wurden stündlich neue schwer verletzte Partisanen eingeliefert, und sie musste Erste Hilfe leisten und dem Chirurgen assistieren. Die Schreie der armen Kerle aus dem Raum mit der einen grellen Sonne, in dem ich auch gelegen hatte, drangen in unseren Krankensaal hinüber, und ich hielt mir oft die Ohren zu. Denn welcher Art ihre Schmerzen waren, wusste ich genau.

»Die Ustaschas sind längst in der Nähe und deutlich in der Überzahl«, munkelten die Männer.

»Eines Tages stehen sie hier vor dem Krankenhaus, und dann gnade uns Gott. Die metzeln uns nieder, egal in welchem Zustand wir sind.«

»Ach lasst doch den Djoko in Ruhe mit euren düsteren Prophezeiungen!«

Meine geliebte Schwester Ljubica kam monatelang Stunde um Stunde an mein Bett. »So, Djoko. Um deine Beinchen zu stärken, fangen wir mal mit ein paar Übungen an.«

Sie fing an, meine Beine sanft kreisen zu lassen. »Au, au, au, das tut weh!«

»Das muss aber sein, mein Kleiner. Deine Muskeln haben sich total zurückgebildet, siehst du, wie ganz schlaffe Mäuschen.« Sie knetete und massierte vorsichtig darauf herum. Ihre Berührung tat mir unendlich weh und gleichzeitig unendlich gut. Wann hatte mich zuletzt meine Mame so liebevoll angefasst?

»Und dein Kreislauf muss auch wieder angekurbelt werden. Versuch mal: hoch den Kopf …«

Um mir die Übung zu erleichtern, schob sie mir ein Kopfpolster in den Rücken. Endlich konnte ich aufrecht sitzen und den ganzen Saal überblicken!

»Wird dir schlecht?«

»Nein …«

»Na bitte, das klappt doch schon ganz wunderbar. Und eines Tages wirst du wieder aufstehen …« Das Lächeln der Schwester machte mich zuversichtlich und glücklich.

»Schau, Djoko, magst du mir helfen?« Sie reichte mir frisch gewaschene Verbände und zeigte mir, wie man sie sorgfältig aufrollte. »Du kannst auch Kopfpolster überziehen, dann vergeht die Zeit schneller, und ich habe an dir eine große Hilfe! Danke schön, mein Herr!«

So vergingen Wochen und Monate, und der strenge Winter, der draußen ebenso unerbittlich tobte wie hinter den Bergen der Krieg, zog sich ganz allmählich zurück.

Eines Tages kam der Arzt, der mich operiert hatte, und versuchte erneut, mich auf die Beine zu stellen. »Schwester Ljubica, drehen Sie den Jungen so, dass er vorsichtig aus dem Bett steigen kann!«

Meine Lieblingsschwester eilte herbei und zwinkerte mir aufmunternd zu. »Jetzt aber, Djoko! Deine große Stunde hat geschlagen! Zeig uns, was du kannst!«

Mir schlug das Herz bis zum Halse, denn ein ganzer Pulk von Ärzten und Schwestern stand um mich herum, und der ganze Saal voller Partisanen reckte die Hälse.

»Djo-ko, Djo-ko, Djo-ko!«

»Ruhe da hinten auf den billigen Plätzen!« Der Arzt schimpfte zwar, aber gleichzeitig wischte er sich etwas aus dem Auge.

»Der Kleine steht auf! Konzentration!«

Eine Weile verharrte ich in dieser Position und versuchte, den Schwindel zu überwinden. Mein Kopf drohte zu zerplatzen, vor meinen Augen tanzten grelle Sterne, und kalter Schweiß stand mir auf der Stirn. Aber ich wollte es allen beweisen. Ich wollte es unbedingt.

»Komm, jetzt packen wir es. Eins … zwei …«

Bei »drei« stand ich auf den Beinen. Und im gleichen Moment schoss mir der Schmerz in den Rücken und strahlte von dort aus bis in die Füße, als hätte jemand mit der Axt mein Rückgrat gespalten. Ich schrie mir die Seele aus dem Hals.

»Legt ihn vorsichtig wieder hin, schnell, die Verbände ab, da ist was schiefgelaufen …«

»Auuu, auuu, auuu!«

»Verdammt. Die Haut über den Wunden ist erneut aufgerissen. Wir müssen zuwarten …«

Dankbar ließ ich mich wieder in das kühle Laken gleiten.

»Ach, Djoko, das mit der Geduld war immer noch nicht genug. Ja, weine nur, du warst so tapfer, und jetzt müssen wir noch einmal von vorn anfangen.« Schwester Ljubica hatte selbst dicke Tränen in den Augen, und manch harter Kriegskamerad in den Feldbetten um mich herum schniefte ebenfalls vor Mitleid. Waren es doch nicht nur meine Schmerzen, sondern auch die Erinnerung an die schrecklichen Kriegserlebnisse, die mich immer wieder bitterlich weinen ließen. Ich hatte meine Mame und meinen Tate verloren und hatte kein Zuhause mehr. Selbst der freundliche Riese war weg. Ich war ganz allein auf dieser Welt.

Frühling 1941

Draußen zirpten schon die ersten Vögel, als man mich das mit dem Aufstehen noch einmal versuchen ließ. Der ganze Saal hielt den Atem an, als ich mich erneut auf die Füße stellte. Und diesmal klappte es! Ich konnte stehen! Zwar leicht schwankend, aber Ljubica hielt mich fest, und mein stolzes Strahlen spiegelte sich in ihren dunklen Augen.

Plötzlich brandete Beifall auf. »Bravo, Kleiner! Du hast es geschafft!«

Mein Glücksgefühl war kaum zu beschreiben. Ich fühlte mich wie ein Held.

Von da an konnte ich erst auf Krücken, die man mir provisorisch aus zwei Holzstangen zugeschnitten hatte, später an einem Stock und schließlich ganz allein auf dem Krankenhausgelände herumhumpeln.

Endlich war der Schnee geschmolzen, die ersten zarten Krokusse und Schneeglöckchen streckten ihre Knospen der Sonne entgegen, und ich erkundete immer neugieriger und mutiger den Garten. Die Partisanen, die schon wieder gehen konnten, machten ihre Spaziergänge und debattierten über den Fortgang ihrer Schlachten. So schnell wie möglich wollten sie sich wieder in das Kampfgetümmel stürzen. »Wir lassen unsere Kameraden nicht im Stich, wir werden die Feinde bekämpfen bis zum letzten Atemzug!«

Jeder, an dem ich vorbeihumpelte, strich mir im Vorbeigehen über den Lockenschopf. »Der erinnert mich an meinen Jungen«, hörte ich oft, oder auch: »Mein Kleiner hat es nicht geschafft.«

»Die Kampfhandlungen zwischen den Partisanen und den Ustaschas nehmen Kriegsformen an.« Zwei Ärzte in wehenden Kitteln eilten rauchend an mir vorbei. »Das bestätigen alle frisch verwundeten Partisanen, die bei uns eingeliefert werden.«

Ohne dass sie mich wahrnahmen, blieben sie bei einem Aschenbecher im Hof stehen.

»Die Situation verschlimmert sich. Wir müssen mit dem Schlimmsten rechnen.«

Eine Zigarette wurde ausgetreten, die nächste im gleichen Moment angesteckt.

»Wie sollen wir nur eine Flucht mit den vielen Verwundeten bewerkstelligen?«

»Im Zweifelsfall müssen wir die Bettlägerigen zurücklassen.«

»Nein, das kann ich mit meinem ärztlichen Schwur nicht vereinbaren.«

»Es wird darauf hinauslaufen, dass alle, die halbwegs kriechen können, das Krankenhaus verlassen müssen. Auch der Kleine.« Plötzlich bemerkten sie mich.

»Na, Djoko, wie geht es dir? Das sieht ja schon ganz wacker aus!«

Sie tätschelten mir den Kopf und warfen mir aufmunternde Blicke zu. Aber ich spürte ganz genau, dass Gefahr im Verzug war.

Es war früher Morgen, und Schwester Ljubica verteilte gerade aus großen Blechkannen Kaffee, als eine kleine Partisanengruppe in das Krankenhaus stürmte.

»Die Ustaschas sind ganz in der Nähe! Ihr müsst weg hier!«

Schon rissen sie den Männern die Decken weg: »Alles, was laufen kann, vor dem Krankenhaus aufstellen! Schnell!«

»Halt! Was macht ihr da!« Die Ärzte und Schwestern eilten herbei, und Ljubica stellte sich schützend vor mein Bett. »Das geht nicht, das ist ganz unmöglich …«

»Ihr habt keine Wahl! Sie werden heute noch hier sein, sie werden das Krankenhaus stürmen und alles erschießen, was ihnen vor die Gewehre kommt, und den Rest werden sie erschlagen und tottreten, was sich noch krümmt!«

Ich sah diese Bilder genau vor Augen. Genauso hatten sie es mit den Bewohnern des Dorfes gemacht. Alle hatten sie totgeschlagen, bis auf die alte Tante und mich, der ich in ihren Augen den Schlag nicht mehr wert gewesen war.

Plötzlich brach panischer Tumult aus. Die Männer begannen schreiend, sich aus ihren Decken zu schälen, und suchten nach ihren Anziehsachen. Manche krochen unter ihre Betten, wo sie Stiefel und Waffen hervorzogen. Blechern fielen Kannen und Gerätschaften zu Boden, und in mir machte sich plötzlich wieder diese panische Angst breit, die ich nur zu gut kannte. Sollte meine ganze Qual in den letzten Monaten umsonst gewesen sein?

Allein die Vorstellung, dass sie meinen frisch verheilten Beinen wehtun könnten, ließ mir den heftigen Phantomschmerz in die Glieder fahren.

»Ich lasse meine Patienten nicht im Stich!« Der weißhaarige Chefarzt, der auch mich operiert hatte, blieb stoisch an seinem Schreibtisch stehen. »Und ich fordere das medizinische Personal auf, an seinem Platz zu bleiben.« Er hob die Hand. »Wir haben den hippokratischen Eid geschworen und behalten jetzt die Ruhe!«

Eine lautstarke Diskussion entspann sich, der ich, in meinem Bett sitzend, mit großen Augen folgte. Die Mehrheit der Männer wollte unbedingt sofort flüchten, die armen Kerle, die es einfach nicht schafften, aus ihren Betten zu kommen, ließen sich entkräftet in ihre rauen Decken zurückfallen. Schließlich hatten sie sich geeinigt: Zwei Schwestern und ein Arzt sollten den Flüchtlingszug begleiten, der Rest des Personals entschloss sich zu bleiben.

Die Partisanen, die zurückbleiben mussten, baten um ihre Waffen, damit sie sich und ihre Beschützer bis zum bitteren Ende verteidigen konnten. »Wenn wir schon sterben, dann als Kriegshelden und nicht als Feiglinge!«

So wurden in aller Eile die Waffen an die Bettlägerigen verteilt, während die anderen in ihre Kleider schlüpften und an sich rafften, was sie tragen konnten. In dem Durcheinander schien man mich vergessen zu haben! Hilflos stand ich vor meinem Bett, im Nachthemd und barfuß. »Schwester Ljubica!«, rief ich weinend.

»Djoko! Hier bin ich ja!« Wie ein Engel erschien sie aus dem Wirrwarr und hatte auch ein Bündel für mich dabei. »Beruhige dich, Kleiner, ich vergesse dich nicht!« Sie streifte mir in Windeseile einen Pullover über und steckte meine Füße in selbst gestrickte Socken. »Die habe ich schon lange für dich beiseitegelegt.«

Währenddessen wurde sie mehrmals von flüchtenden Männern umgerissen und landete unsanft auf dem Po. »Verflixt! Ich habe doch auch Opanken für dich. Wo sind sie nur hin? Ich kann sie nicht finden.« Sie krabbelte verzweifelt suchend unter mein Bett. »Du kannst nicht auf Socken mit, oben in den Bergen liegt noch Schnee!«

Ich heulte die ganze Zeit verzweifelt und presste mir die Fäuste vor die Augen. Halb nackt stand ich da und wusste nicht ein noch aus.

»Schwester! Kommen Sie nun mit oder wollen Sie hier verrecken?« Jemand auf Krücken zog sie hoch und riss sie mit sich. »Wir dürfen keine Zeit verlieren, der Trupp setzt sich geschlossen in Bewegung!«

»Komm, Djoko!« Sie nahm mich an die Hand. »Ich lasse dich nicht zurück, wir beide bleiben zusammen!« Mir blieb nichts anderes übrig, als ihr auf Socken zu folgen.

Wir rannten vor das Krankenhaus, wo schon eine ansehnlich gewachsene Truppe von Flüchtlingen sich in einer Reihe aufgestellt hatte. Es war ein jämmerliches Bild: Viele von den Patienten humpelten an Krücken, manche hatten nur noch ein Bein, und aus den anderen Krankensälen waren Schwangere und junge Frauen mit Babys und Kleinkindern dazugekommen. Auch Alte und

Schwache standen gebeugt und zitternd in der Reihe der langen Kolonne, die von berittenen Partisanen flankiert wurde.

»Macht schon, ihr seid die Letzten!«

Ein Reiter ließ seine Gerte knallen und der Flüchtlingszug setzte sich in Bewegung.

»Wo gehen wir denn hin?« Todmüde und erschöpft wankte ich an der Hand von Ljubica am Ende des vor sich hin trottenden Zuges auf inzwischen völlig durchnässten, eiskalten und schweren Socken durch den Wald.

Es war stundenlang stetig bergauf gegangen, und hier in den zugigen Höhen der unwegsamen Pfade im dichten Gehölz lag noch festgefrorener, harschiger Schnee.

»Die Männer kennen ihr Ziel, wir müssen ihnen nur vertrauen.«

»Ich kann nicht mehr, Ljubica. Kannst du mich nicht ein Stück tragen?«

»Aber nur bis zu der Weggabelung da hinten, siehst du die? Na komm, spring auf.«

Sie nahm mich huckepack und schleppte mich eine Zeit lang bergauf. Ich schmiegte mich an ihren schmalen Nacken, der so viel weicher und zarter war als der von meinem Tate. Doch ihr schmaler Leib vermochte mich nicht lange zu tragen, ihr lief der Schweiß trotz der Kälte in feinen Rinnsalen aus dem Haaransatz. Ich liebte sie in diesem Moment so heiß, wie ich nur meine Mame und meinen Tate je geliebt hatte, und klammerte mich wie ein Äffchen an sie.

An der besagten Stelle stießen noch viele Männer, Frauen und Kinder zu uns, die sich in den Wäldern versteckt hatten, und wollten auch mitgehen.

»Pause!«, brüllte einer der Berittenen und sprang ab. »Wer seid ihr und woher wisst ihr, dass wir hier sind?«

Sie debattierten lange herum, die Frauen und Kinder weinten, und die Männer beteuerten, dass sie ebenfalls Opfer der Ustaschas und anderer kriegerischer Gruppen geworden seien und ihre Dörfer bei Nacht und Nebel hatten verlassen müssen.

»Sie haben uns im Schlaf angegriffen und alles weggeschossen, was ihnen vor die Waffe kam.«

»Unsere Häuser sind zerbombt, viele Tote und Verletzte liegen in den Trümmern.«

»Lasst sie mitgehen.«

Wir bildeten einen weiteren Halbkreis, um die Neuen sich eingliedern zu lassen.

»Aber still und leise und gesittet. Wir müssen die ganze Nacht weitermarschieren, Zeit für Pausen haben wir nicht. Keiner spricht ein Wort. Jeder bleibt ganz dicht hinter seinem Vordermann. Wer zurückbleibt, dem können wir nicht mehr helfen.«

Der Zugführer gab seinem Pferd die Sporen und verschwand im dichten Geäst.

Ein Seufzen und Stöhnen ging durch die Reihen, und ein paar Alte blieben erschöpft auf Steinen und Baumstümpfen sitzen und ergaben sich ihrem Schicksal.

»Die Ustaschas sind uns dicht auf den Fersen«, meldete ein berittener Partisan, der immer wieder vor und zurück preschte, um die Lage zu peilen. »Wir müssen es unbedingt noch vor Morgengrauen bis an den Fluss Vrbas schaffen. Es gibt dort eine Hängebrücke. Wenn der Letzte von uns darübergerannt ist, zerstören wir sie und schneiden unseren Verfolgern so den Weg ab.«

»Komm, Djoko.« Ljubica nahm mich an die Hand und zog mich hinter sich her. Sie ging ganz dicht hinter einer anderen Frau, die wiederum ein Kind auf dem Arm trug. Der Schock und die Verzweiflung standen ihnen in den Augen. Ich wusste, was sie durchgemacht hatten, und hätte sie am liebsten getröstet.

»Keiner spricht ein Wort«, ermahnte uns noch einmal ein wild aussehender Reiter, bevor er wieder vorpreschte. »Jedes Geräusch kann uns verraten.«

Da es während der Nacht sehr kalt wurde, war ein Übernachten im Freien sowieso unmöglich. Wir hatten das Krankenhaus ja überstürzt verlassen, und viele von uns waren in Nachthemden oder nur notdürftig bekleidet unterwegs. Meine dicken Socken hatten sich längst voller Eiswasser gesogen und waren inzwischen zerlöchert, und der Pullover ging mir kaum über den Po. So stapften wir die ganze Nacht schweigend und schicksalsergeben dicht einer hinter dem anderen her. Manch eine Hand streckte sich helfend aus, wenn es galt, über einen Steinbrocken, einen Felsvorsprung oder einen umgefallenen Baumstamm zu klettern. Endlich kroch die Morgendämmerung durch das Geäst, und erste Vögel begannen vereinzelt zu zwitschern, als ginge sie unser Elend nichts an.

Wieder und wieder stießen andere verzweifelte, erschöpfte Flüchtlingsgruppen zu uns und schlossen sich schweigend unserer Kolonne an. Unser Flüchtlingsstrom von obdachlos gewordenen Menschen wand sich als kilometerlange Schlange durch den dichten Wald.

Einer der Berittenen kam von hinten angeprescht und trieb uns zur Eile an.

»Die Ustaschas haben das Krankenhaus zerstört und alle erschossen, die noch darin waren!«

Geschockt versuchte er, sein sich aufbäumendes Pferd im Zaum zu halten. »Wir haben Glück gehabt, in letzter Sekunde aufgebrochen zu sein. Jetzt folgen sie uns, aber ein Trupp von unseren Leuten hat ihnen den Weg abgeschnitten. Sie kämpfen etwa zwei Kilometer hinter uns. Falls unsere Leute sie nicht aufhalten können, dann gnade uns Gott! Wir können hier auf keinen Einzelnen mehr Rücksicht nehmen. Tempo, Tempo!«

Wir waren dermaßen erschöpft, durchgefroren und verzweifelt, dass uns fast alles egal war. Immer mehr junge Mütter mit Kindern, zudem Alte, Verletzte und Verzweifelte aus dem Flüchtlingszug ließen sich einfach am Rande des Weges auf den Boden fallen und gaben sich auf. Auch mir taten die Füße und Beine so weh, dass ich nahe daran war, mich auf den Boden zu legen und nicht mehr aufzustehen. Dicke blutige Blasen entstanden unter meinen Fußsohlen, die eiskalten kratzigen Strümpfe scheuerten immer über dieselben wunden Stellen, und meine vor Kurzem erst verheilten Wunden an den Beinen schienen wieder aufzubrechen. Ich konnte und wollte nicht mehr! Wofür denn, ging es mir ständig durch den Kopf. Es wartet doch niemand mehr auf mich.

»Komm, Djoko, gib nicht auf, ich ziehe dich!« Ljubica schleifte mich förmlich hinter sich her. »Aber nicht jammern, hörst du! Du musst still sein wie ein Wurm!«

Taub vor Müdigkeit, Hunger, Durst, Kälte und Schmerzen, taperte ich ergeben mit. So erreichten wir nach einer Nacht und einem halben Tag schließlich den reißenden Fluss Vrbas. Braungrau und zähflüssig wälzte er sich ungefähr zehn Meter breit dahin, eiskaltes Wasser gurgelte und rauschte in reißenden Wirbeln. Aufgrund der Schneeschmelze führte er sicher zehnmal so viel Wasser mit sich wie sonst, wie die Leute hinter uns angstvoll murmelten.

»Siehst du, Djoko, wir haben es geschafft!« Ljubica sank neben mir auf einen nassen Stein und versuchte, mir Mut zu machen. »Schau mal, da drüben am anderen Ufer, die vielen Leute!«

Tatsächlich. Bei genauem Hinschauen konnte man Hunderte, wahrscheinlich Tausende von Flüchtlingen ausmachen, die ebenfalls flussaufwärts marschierten, allerdings auf der richtigen Seite des Flusses. Dort, wo die Ustaschas noch nicht waren. Das alles waren nur Gerüchte, aber an die klammerten sich die Menschen.

»Wir müssen nur die Brücke finden, und dann gesellen wir uns zu ihnen.«

Die Leute von drüben schwenkten Tücher zur Begrüßung und machten wilde Handzeichen. »Da rauf! Uns nach! Da hinter der Biegung ist die Brücke!«

»Los, Beeilung, und kein Laut!« Wieder preschte ein berittener Partisan heran. »Wenn ihr rüberwollt, dann weiter. Wir schneiden hinter dem letzten die Hängebrücke ab!«

Wir schleppten uns noch etwa eine Stunde weiter bergauf am Flussufer entlang, der viel gepriesenen Brücke entgegen. Auf der anderen Seite schwoll der Strom der Flüchtlinge immer mehr an, genau wie dieser Fluss, dessen reißende Fluten kein Ende nehmen wollten.

»Da ist sie!« Der Flüchtlingstrupp kam zum Stehen.

»Das ist doch keine Brücke!«

»Ruhe, verdammt! Oder wollt ihr unsere Verfolger anlocken?«

»O Gott, nein!« Schrille Schreie, entsetztes Aufschreien, lautes Weinen.

»Da gehe ich nie und nimmer rüber!«

»Dann bleibt ihr eben da, aber leise, verdammt! Versteckt euch in den Wäldern!« Der Reiter scheuchte uns mit seiner Peitsche auseinander, trennte die Spreu vom Weizen.

Viele taumelten einfach nur noch an den Waldrand und ließen sich fallen.

Als Ljubica und ich endlich an dem besagten Objekt angekommen waren, trauten wir unseren Augen nicht. Die schmale Hängebrücke, bestehend aus etwa einen Meter breiten Holzbrettern, schwang etwa drei Meter über den tosenden Wogen im harschen Wind. Die Bretter waren notdürftig mit den Seilen verbunden, durch Schnüre, die jeden Moment reißen konnten. Sie waren nass und brüchig und gaben knarrende Geräusche von sich. Ein Geländer gab es nicht.

Und da sollten wir jetzt rüber? Zu Hunderten? Alte, Kranke, Verletzte, Mütter mit Kleinkindern und Babys? Ausgeschlossen.

Der Tumult, die Enttäuschung und die Frustration in unserer Gruppe wurden immer größer. Wieder ließen sich die Menschen ermattet in das nasse gelbe Gras fallen und weinten laut.

Ich klammerte mich an Ljubica fest und machte mir vor Angst ins Hemd. Wegen des tosenden Gewässers und des Gejammers der Leute und des aufgeregten Brüllens der uns anpeitschenden berittenen Führer konnte man seine eigene Stimme nicht hören.

»Da gehe ich nicht rüber«, jammerte ich und trippelte wie von Sinnen auf meinen nassen, kalten Füßen herum.

»Bleib ruhig, Djoko. Siehst du, die Partisanen reihen uns einzeln ein. Wenn wir an der Reihe sind, gehen wir ganz ruhig rüber. Wir schauen nicht runter, sondern nur geradeaus. Ich lasse deine Hand nicht los.« Weil wir wohl zu den Schwächsten zählten, wurden wir durch berittene Männer weiter hinten in der Reihe eingeteilt und standen wie die Schafe vor der Schlachtbank. Meine Beine zitterten vor Kälte und Angst, vor Erschöpfung und Schmerzen.

Die Partisanen mahnten uns zur Ruhe und warnten uns, dass wir kaum noch eine Stunde Zeit hätten, bis die Ustaschas uns erreicht hätten. »Einer nach dem anderen geht jetzt über diese verdammte Brücke, bevor wir sie zerstören! Los! Jetzt! Du bist der Erste!«

Auf der anderen Seite standen die Ströme der Flüchtlinge gespannt still und starrten zu uns herüber. Eine entsetzliche Todesahnung lag in der Luft. Selbst die Raben, die uns eine Weile zeternd verfolgt hatten, hatten aufgehört zu krächzen.

Die nun folgenden Szenen des Schreckens und der Angst sind in ihrer Dramatik kaum zu beschreiben. Die Überquerung des Vrbas wurde zum Albtraum. Dieses Geschehnis ist mir heute, als achtundachtzigjährigem Mann, noch so deutlich in Erinnerung, als wäre es gestern gewesen.

Ein Mann versuchte als Erster sein Glück, bestieg die Brücke und fing an zu rennen. Er wollte so rasch wie möglich drüben ankommen. Weil er zu schnell war, begann die Brücke stark zu schwingen, und der Mann kehrte sofort um und rannte zurück.

Die Leute schrien vor Angst und Schrecken und schlugen sich die Hände vor die Augen. Gerade noch rechtzeitig, bevor er unweigerlich abgerutscht wäre, landete er sicher wieder im Gras. Ein Aufseufzen ging durch die Menge. Der Mann stand langsam auf und machte ein Kreuzzeichen.

»Hört um Gottes willen auf zu schreien und zu kreischen! Jedes Geräusch kann uns verraten!« Mahnend ritt der Führer durch die Menge und ließ seine Peitsche schwingen. »Und du, versuch es langsamer!«

Der Erste ging es nun langsamer an. Schritt für Schritt setzte er bedächtig voreinander, doch als er etwa in der Mitte war, schwang die Brücke ganz fürchterlich. Er schien kurz zu überlegen, ob er wieder zurückrennen sollte, dann nahm er die Beine in die Hand und rannte, als wäre der Teufel hinter ihm her. Die letzten Meter stakste er durch hüfthohes Wasser, das ihn sprudelnd umtoste, doch er erreichte das rettende Ufer und wurde von den Leuten dort mit einem Aufschrei der Erleichterung begrüßt.

»Jetzt du, Frau. Langsam und bedächtig.«

Seine Frau schlug ein Kreuzzeichen, atmete tief durch und tastete sich auf die glitschige Hängebrücke. Schritt für Schritt setzte sie einen Fuß vor den anderen, mit ausgebreiteten Armen suchte sie das Gleichgewicht zu halten wie eine Trapezkünstlerin. Doch genau in der Mitte fing die Brücke wieder stark an zu schwingen, und die Frau konnte sich im Gegensatz zu ihrem Mann nicht fangen und stürzte kopfüber in das eiskalte Wasser. Die Leute hüben wie drüben kreischten und warfen die Hände in die Luft, manche liefen noch ein paar Meter mit und versuchten mit Stöcken, sie zu erreichen, aber es war aussichtslos. Ihr bunter langer Rock bauschte sich im Wasser auf, und es sah aus wie eine riesige Blume, die in schnellem Tempo flussabwärts trieb, bis sie hinter der Biegung verschwunden war.

Von diesem Vorfall geschockt, wagte zunächst niemand mehr

einen weiteren Versuch. Die Partisanen waren gezwungen, mit entsprechendem Nachdruck ihr Vorhaben durchzusetzen. Ohne Peitschenhieb ging es wohl nicht mehr.

»Los! Weiter! Jetzt bist du an der Reihe!« Einer nach dem anderen wurde auf den schmalen Steg gezwungen. Wenn jemand sich weigerte, wurde er oder sie zurückgestoßen. »Das war deine Chance. Nächster. Wer es wagt, hat eine Chance zu überleben!«

Manche hatten danach mehr Glück und kamen gut hinüber, andere klammerten sich in ihrer Ungeduld oder Angst an ihre Vordermänner, was unweigerlich zur Folge hatte, dass alle kopfüber in den Fluss stürzten. Für einen nach dem anderen wurde der Vrbas zum eiskalten Grab. In grauenvollem Tempo wurden sie wie eine schöne bunte Blume, gegen Felsen und herausragende Steine prallend, sich in Geäst und Baumstämmen verfangend, ihrem unweigerlichen Tod entgegen, abgetrieben.

Da die Menschen meistens aus abgelegenen ländlichen Gegenden stammten, konnten sie auch nicht schwimmen.

»So, jetzt ihr. Nicht zögern. Jetzt oder nie!« Die Peitsche schwang vor unsere Füße.

»Los, Djoko, jetzt sind wir dran.« Ljubica schob mich an den Rand der Brücke.

Noch völlig geschockt und versteinert von dem Anblick, den ich in der letzten Stunde hatte erleben müssen, weigerte ich mich zu gehen. Laut kreischend und weinend klammerte ich mich an Ljubica fest und trampelte mit den Beinen. »Nein, nein, neeeeeiiiiiin!«

»Du musst, Djoko!« Sie ging in die Hocke und redete beruhigend auf mich ein, aber ich ließ mich nicht überzeugen. Es war abzusehen, dass ich niemals lebend über diese Brücke kommen würde!

»Weiter«, brüllten die Partisanen und trieben die Nächsten zur Eile an. »Wir müssen die Brücke sprengen, jetzt sind es nur noch eine Handvoll Leute! Kleiner, du hältst den ganzen Laden auf!«

»Ich kann nicht!«, schrie ich wie von Sinnen und klammerte mich an Ljubicas Röcke.

»Bring ihn zum Schweigen oder ich muss schießen!«

»Ich nehme den Kleinen auf die Schultern«, bot sich ein Mann an, der ganz hinten stand.

Er sollte das Schlusslicht bilden.

»Bist du wahnsinnig?«, brüllten andere ihn an. »Dann wird die Brücke erst recht schwingen, und ihr werdet beide in den Fluss stürzen!«

»Na gut, dann gehe ich eben allein. Ich wollte nur helfen.« Der Mann sprach's und schritt über die Brücke. Bei ihm sah es auf einmal leicht aus. Heil kam er drüben an. Nun standen Ljubica und ich mit einigen wenigen noch alleine da.

»Mach endlich«, brüllten die anderen verzweifelt. »Wegen dir müssen wir sonst alle sterben!«

Einer nach dem anderen überholte uns, trat auf die Brücke und balancierte, vom Zuschauen nun um ein paar Erfahrungen reicher, hinüber.

»Entweder jetzt oder nie.« Ljubica kniete immer noch vor mir, der ich zitterte wie Espenlaub und weinte, dass mir die Zähne aufeinanderschlugen. »Sie sprengen sonst die Brücke.«

»Kleiner, Kleiner, du schaffst es …«, feuerten mich die Leute von der anderen Seite an.

»Aber meine Füße brennen wie auf Nägeln, ich gehe keinen Schritt mehr!«

»Pass auf, Djoko. Du musst dich auf den Bauch legen und Brett für Brett mit den Händen nach vorne ziehen. Du darfst auf keinen Fall aufstehen und rennen, hörst du. Wenn die Brücke zu schwingen beginnt, bleibst du flach liegen, machst die Augen zu und hältst dich ganz fest, bis sie nicht mehr schwingt. Erst dann kriechst du weiter.«

Ljubica sah mir so eindringlich und flehentlich in die Augen, dass ich mich schließlich in mein Schicksal ergab. »Bleibst du auch ganz dicht hinter mir?«

»Ich komme nach, sobald du drüben bist.«

»Wird das hier heute was?« Der letzte Partisan, der noch auf unserer Seite war, hatte schon die Handgranate in der Hand. »Wenn du jetzt nicht sofort in die Gänge kommst, bleibst du alleine hier! Und du, junge Frau, hältst großen Abstand zu dem Kind, sonst geht ihr beide hops!«

Ich musste kurz warten, bis die Brücke sich vom letzten Mann beruhigt hatte, dann gab es kein Zurück mehr.

»Knie dich nieder, knie dich nieder, du schaffst es und kommst rüber!«, riefen die Menschen drüben.

Heulend und zitternd vor Angst kniete ich mich nach geraumer Zeit auf meine unfassbar schmerzenden Knie, deren Wunden noch nicht fertig verheilt waren, und begann, unter rasenden Schmerzen und Todesangst, ein Brett nach dem anderen ergreifend, über die Brücke zu kriechen. Unter mir toste und schäumte das braungraue Wasser, in dem große Holzstücke, Äste und tote Tiere trieben. Ich kniff die Augen zusammen und zog mich zentimeterweise vorwärts. »Du schaffst das, du schaffst das«, feuerte mich die Menge an. Hinter mir hörte ich Ljubica rufen: »Du schaffst das, du schaffst das!«

Während ich mich wie ein Tier kriechend weiter bewegte, fühlte ich, wie mich meine Kräfte verließen, und ich musste mich, um die inzwischen stark blutenden Knie zu entlasten, auf den Bauch legen.

In meiner Verzweiflung und Hilflosigkeit war ich nahe daran, aufzugeben und mich fallen zu lassen.

»Wei-ter wei-ter wei-ter!«, feuerten die Leute mich an. »Du schaffst das, du schaffst das!«

Von hinter mir schallte die klare helle Stimme von Ljubica: »Djo-ko, Djo-ko, Djo-ko!«

Und dann wurde aus dem Sprechchor auf der anderen Seite ein eindeutiges: »Djo-ko, Djo-ko, Djo-ko!«

Diese Zurufe haben damals sicher sehr viel dazu beigetragen, dass ich mein körperliches und seelisches Tief rechtzeitig überwinden konnte.

Auch die klare Erkenntnis, dass ich meine Ljubica nicht enttäuschen durfte, die buchstäblich hinter mir stand, als einziger Mensch auf der Welt, ließ mich letzte Kräfte sammeln.

Für mich erschien es wie eine Ewigkeit, als ich, nach weiteren Verschnaufpausen, kriechend das andere Ufer erreichte und schließlich weinend vor Schmerzen und Erschöpfung im nassen braunen Gras liegen blieb. Wie betäubt nahm ich die Jubelrufe wahr, die mir galten.

»Djo-kooooo! Du tapferer kleiner Bengel!« Mein erster Gedanke, als ich mich endlich gefasst und aufgerichtet hatte, galt Ljubica, aber da stand sie bereits erleichtert lachend neben mir im Gras.

»Gott, Djoko, deine Verbände haben sich ja gelöst, und du blutest wieder!« Vor Stress und Kälte hatte ich gar nicht gemerkt, dass meine Beine nackt waren und meine Operationsnähte an der Oberfläche aufgeplatzt waren.

»Weg hier, alle in Sicherheit, die Brücke wird gesprengt! Wir haben wegen dem Kleinen genug Zeit verloren!«

Der letzte Partisan war hinübergeeilt und herrschte uns an, uns weiterzubewegen.

Die Pferde versuchten verzweifelt, durch die Fluten zu gelangen, und einige hatten es geschafft, während andere, wie auch das Pferd dieses letzten Mannes, elendiglich in den Fluten versank und abtrieb.

Ljubica packte mich und schleppte mich in den nahe gelegenen Wald, gerade noch rechtzeitig, bevor die Brücke mit einem lauten Knall zerbarst und in Fetzen in den reißenden Wellen abtrieb. Die

Bretter schwammen in rasender Geschwindigkeit davon. Es war, als wenn es nie eine Brücke gegeben hätte.

Nie hätte jemand, der nach uns kam, ahnen können, welche Szenen sich hier vor wenigen Minuten noch abgespielt hatten.

* * *

»Wir müssen weg vom Fluss!« Immer wieder preschten Boten auf ihren Pferden heran, und auch an unserem langen Flüchtlingstreck, der jetzt schon tagelang flussaufwärts geströmt war, ritten uniformierte Partisanen hin und her. »Rasch, in die Wälder, versteckt euch!«

»Warum? Ich denke, wir gehen am Fluss aufwärts entlang bis zum nächsten Dorf? Sind die Ustaschas denn immer noch hinter uns her?«

Ljubica zog und zerrte an mir, der ich halb ohnmächtig vor Kälte und Schmerzen stoisch einen nackten Fuß vor den anderen setzte.

»Es sind Germanskis gesichtet worden!« Der Berittene schaute halb mitleidig, halb beeindruckt auf uns beide herab. »Germanskis sind noch viel grausamer als die Ustaschas! Sie haben motorisierte Schlauchboote und fahren auf dem Fluss, um genau solche Flüchtlingsströme wie unseren mit ihren Maschinengewehren abzuballern!«

Ich verstand gar nichts mehr. Das Wort Germanski hatte ich noch nie gehört, und was motorisierte Schlauchboote oder Maschinengewehre sein sollten, entzog sich ebenso meiner Kenntnis.

»Sag mal, Herr Offizier, kannst du meinen kleinen Bruder nicht ein Stück auf dem Pferd mitnehmen?« Ljubica hatte wohl gemerkt, dass dieser fesche Kerl in der dunkelblauen Uniform des Öfteren schon an uns vorbeigeritten war. Und sie gab mich als ihren kleinen Bruder aus.

154

»Nein, das kann ich nicht. Seit die beiden Flüchtlingszüge zusammengelegt worden sind, gibt es hier mehr als tausend Kinder. Wieso sollte ich eines von ihnen auf mein Pferd nehmen und die anderen nicht?« Der Mann versuchte, sein tänzelndes Pferd im Zaum zu halten.

»Weil er mit nackten Beinen rumläuft und weil er verletzt ist?« Mit blitzenden Augen blickte Ljubica zu dem feschen Mann hinauf und warf ihren schwarzen Zopf auf den Rücken.

»Es gibt wohl kein Kind, dem es besser geht. Und jetzt verschwindet endlich vom Flussufer, bevor die Germanskis uns entdecken!« Er knallte mit der Peitsche, gab seinem Pferd die Sporen und verschwand in geduckter Haltung unter den eng stehenden Nadelbäumen.

»Arschloch«, kreischte die völlig frustrierte Ljubica hinter ihm her. »Hast du kein Herz in der Brust?!«

Aber dann zog sie mich doch vom Flussufer weg in den dichten Wald hinein.

Nachdem sich am Flussufer in den letzten Tagen der Frühling breitgemacht und die Sonne uns schon stundenweise gewärmt hatte, empfing uns hier wieder Dunkelheit und Kälte. Kein Weg und kein Pfad waren zu finden, nur Dickicht, Wurzeln und tief hängende Äste. Das Weiterkommen mit den vielen erschöpften, entkräfteten Menschen war nun umso schwieriger. Hunger, Durst, Fieber, offene Wunden, Durchfall und sonstige Krankheiten wurden den armen Menschen nun endgültig zum Verhängnis.

Viele Menschen konnten nicht mehr und blieben einfach sitzen oder liegen.

Auch Ljubica und ich waren am Ende unserer Kräfte. Als wir apathisch und kraftlos auf einem Baumstumpf mitten in der Wildnis saßen und ich meinen Kopf auf ihren Schoß gelegt hatte, kam plötzlich der Berittene wieder durch das Geäst geprescht.

»Was hast du da eben hinter mir hergerufen?« Er spielte mit der Peitsche, die neben seinem Oberschenkel im Halfter lag.

»Na, du hast es ja gehört.« Ljubica schaute ihm mutig in die Augen. »Schlag uns ruhig, wenn es dir dann besser geht. Uns kann es nicht mehr schlechter gehen.«

Der Mann griff unter sich, doch es war nicht die Peitsche, die er aus dem Halfter zog, sondern eine zusammengerollte Wolldecke. Wortlos warf er sie uns zu und ritt davon.

»Hast du das gesehen, Djoko?« Erleichtert wickelte Ljubica mich in die Decke und rubbelte meine nackten Beine und meinen armen verfrorenen Popo, bis meine Haut ganz rot und wieder gut durchblutet war. Danach stellte sie mich auf die Decke. Ich stand da wie ein Fliegenpilz.

Es war das erste Mal seit unserer Flucht aus dem Krankenhaus, dass ich nicht mehr barfuß im Schnee oder auf dem kalten Waldboden stehen musste.

»Pause«, ordnete unser berittener Retter an. Seit der Aktion mit der Wolldecke ritt er nun in immer kürzeren Abständen an uns beiden vorbei. »Wir übernachten hier! – Na, geht's deinem kleinen Bruder besser?«

Mit dem wohligen Gefühl von Wärme und einem trockenen Stück Stoff unter den Füßen lugte ich dankbar unter meinen dichten Wimpern empor.

»Gott, ist der herzig. Man kann sehen, dass ihr Geschwister seid. Ihr habt die gleichen braunen Augen und die gleichen langen Locken.«

Ljubica warf mir einen verschwörerischen Blick zu. »Wenn du meinst …«

Sogar ich kleiner Stöpsel im Elend konnte spüren, dass die beiden einander zugetan waren und flirteten.

»Du darfst mir nicht böse sein, dass ich den Kleinen nicht mit auf mein Pferd genommen habe«, fing er nun auch noch an, sein früheres Verhalten zu rechtfertigen. »Nachdem die beiden Flüchtlingstrecks jetzt zusammengelegt wurden, sind es mehr als fünftausend Leute, davon sicher zweitausend Kinder, denen es ähnlich geht wie deinem kleinen Bruder. Ich kann und darf keinen davon bevorzugen.«

»Schon gut.« Ljubica warf ihren langen schwarzen Zopf über die Schulter und kramte in ihrem Bündel, das sie aus einem Kopfkissenbezug geknüpft hatte. Doch statt des ersehnten Stückchens trockenes Brot konnte sie aus dem nassen verdreckten Fetzen nur Gräser und Wurzeln herausschütteln. Unser Anblick schien den Berittenen nun doch zu rühren.

Hilfsbereit kramte er in seiner Felltasche, die er vor seinem Sattel auf das Pferd geschnallt hatte, während das Tier nervös vor uns auf und ab tänzelte. »Hier. Könnt ihr das noch gebrauchen?«

Er warf uns zwei Fetzen herunter, die vielleicht einmal ein altes Handtuch gewesen waren.

»Danke, Kamerad.« Ljubica ließ sich neben mich auf die Decke gleiten und wickelte meine Füße darin ein. »Jetzt hast du uns aber reich beschenkt. Komm bald wieder, wir freuen uns immer, dich zu sehen. Nicht wahr, Djoko?«

Ich war viel zu erschöpft und schwach, um zu antworten.

»Ich schaue weiter auf euch.« Grüßend gab der Begleiter des Zugs seinem Pferd die Sporen und ritt mit eingezogenem Kopf durch das Unterholz in den schwarzen Wald davon.

»Leg dich zu mir, Djoko.« Ljubica bereitete unter einem Baum unser Nachtlager und stopfte mir fürsorglich ihr Bündel unter den Kopf. »So ein feines Bett hast du lange nicht mehr gehabt, was?« Sie breitete die Decke über uns beide und sang mir ganz leise ein Schlaflied, während sie eine Locke rhythmisch im Takt zu ihrem Gesang um den Finger wickelte.

»*Schlaf, mein Kindchen, schlaf, mein Kleiner, bajuschki, baju, Silbermond und Wolkenschäfchen seh'n von oben zu.*«

Ich genoss ihre Fürsorge unendlich, und trotz des nagenden Hungers schlief ich, dicht an sie gekuschelt, vor Erschöpfung sofort ein.

Am nächsten Morgen im Morgengrauen kam unser berittener Freund wieder. Er hatte ein paar Vögel auf seinem Bajonett aufgespießt und warf sie uns zu.

»Es gibt gute Nachrichten!«

Während wir bereits die Tiere rupften, um sie auf Stöcke gespießt über dem offenen Feuer zu braten, und uns das Wasser im Munde zusammenlief, berichtete er uns, dass er durch berittene Boten erfahren habe, dass man uns zu einem Dorf führen würde.

»Das ist höchstens noch zwei Tagesmärsche entfernt. Ihr habt es bald geschafft! Also stärkt euch, und bei Sonnenaufgang geht es weiter!«

Nach dem Genuss der gebratenen Wachteln und ausgerüstet mit zwei Handtuchfetzen um meine Füße schaffte ich die letzten beiden Etappen spielend. In dem Dorf wurden wir freundlich aufgenommen, und es gab etwas zu essen.

Eine alte Frau lud Ljubica und mich in ihre kleine Stube ein, in der ein Schwein mit mehreren quietschenden und sich balgenden Ferkeln in einem Verschlag in der Ecke stand, dazu mehrere Hühner. Die frischen Eier, die sie uns briet, waren das Unvergleichlichste, was ich jemals gegessen hatte. Ljubica durfte sich dann an ihrem Brunnen draußen im Hof frisch machen, und auch ich wurde von oben bis unten abgeschrubbt. Meine Dreckschicht war so fest verkrustet und zum Teil mit meinen Wunden im Bein verwachsen, dass die Alte und Ljubica alle Überredungskünste aufbringen mussten, damit ich stillhielt und nicht das ganze Dorf zusammenkreischte. Die vielen Menschen waren in Lagern untergebracht, zum Teil im Freien, weil es hier in dem Dorf nicht genügend Unterkünfte gab. Aber es war inzwischen

Frühling geworden, und die Bäume blühten in den herrlichsten Farben.

Wir durften bei der Alten in der Stube am Ofen auf der Erde schlafen, wobei unsere Decke unser kostbarstes Gut war. Wie viele Tage und Nächte wir bei dieser Frau verbrachten, weiß ich nicht mehr. Das Zeitgefühl war mir verloren gegangen. Ich schlief Tag und Nacht, und mein kleiner Körper nahm sich wohl auf diese Weise die verlorene Kraft zurück, die er brauchen würde. Außerdem aß ich wohl jeden Tag vier Eier, denn davon hatte die Frau genug, und ihr frisch gebackenes Brot schmeckte unvergleichlich, wenn sie es noch warm und kross aus dem Steinofen zog.

»Nicht so viel, Djoko. Dein Magen muss sich erst wieder daran gewöhnen!« Die mahnenden Worte Ljubicas prallten auf taube Ohren. Welcher Fünfjährige kann sich nach einem wochenlangen Hungermarsch zurückhalten, wenn eine liebe alte Frau ihm Eierspeisen mit Speck und mit Marmelade gefülltes Schmalzgebäck auftischt? Oft schlief ich aber schon beim Essen ein, und mein Kopf fiel auf den Tisch. Dann trugen mich die Frauen auf mein Lager am Ofen und bekamen mich die nächsten zwanzig Stunden nicht mehr wach.

Nach und nach kam ich wieder etwas zu Kräften und wollte an nichts anderes mehr denken, als für immer mit Ljubica bei dieser lieben alten Großmutter zu bleiben. Fast so wie früher.

»Djoko, aufwachen!« Ljubica rüttelte mich sanft an der Schulter. Sie war gestern Abend noch zu einer Versammlung gegangen, wo über den weiteren Verbleib der Flüchtlinge beraten worden war. Denn in diesem Dorf, das hatte ich verstanden, konnten mehrere Tausend Obdachlose nicht bleiben. Ich setzte mich auf und rieb mir die Augen.

»Ich habe eine gute und eine schlechte Nachricht.«

»Wir müssen wieder weg.«

»Ja. Aber die gute ist …« Sie zog geheimnisvoll die Augenbrauen hoch: »Djoko, bist du schon einmal mit einem Bus gefahren?« Mit einem Blitzen in den Augen hockte sich Ljubica zu mir und strich mir die Haare aus dem Gesicht. »Wir werden in eine größere Stadt gefahren. Wir müssen nicht mehr laufen, Djoko!«

»Was ist ein Bus?« Ich hatte keine Ahnung, wovon sie sprach.

»Ein Bus ist ein großes Auto, da passen ganz viele Menschen rein.«

Ich hatte damals noch nie etwas von einem Auto gehört, erst recht nicht von einem Bus, und konnte mir nicht vorstellen, wie so ein riesiges Ding wohl aussehen mochte.

»Und wie viele Pferde müssen das dann ziehen?«

Ljubica ließ ein perlendes Lachen vernehmen. »Ist er nicht süß?«, wendete sie sich an die alte Frau, die bereits einen herrlichen Duft mit ihrer Pfanne auf der Feuerstelle verbreitete, etwas aus Eiern und Mehl. »Ein Bus fährt mit einem Motor! Der knattert und dampft und hat vier große schwarze Räder!«

»Was ist ein Motor?«

»Lauf und schau, ob er schon da ist!« Die Alte rührte mit ihrem langen Holzlöffel in der heißen Pfanne herum. Aber das unheimliche Ding mit dem Motor wollte ich viel weniger sehen als den herrlichen Eierkuchen, der da vor meinen Augen entstand.

»Du solltest nicht so viel essen, Djoko, nicht dass dir nachher im Autobus schlecht wird.«

Besorgt packte Ljubica unser Bündel zusammen, das nach einer Wäsche am Brunnen und dem Flattern an der Wäscheleine der Alten wieder fast blütenweiß aussah.

»Hier, nimm etwas zu essen mit!« Die Alte steckte mir ein Päckchen von dem köstlichen Essen zu und verabschiedete uns dann mit einem lachenden und einem weinenden Auge.

Wir hatten uns aneinander gewöhnt, und von mir aus wäre ich gern für den Rest meines Lebens mit Ljubica bei ihr geblieben. Ljubica hatte sich bei der Frau nützlich gemacht und war ihr fleißig zur Hand gegangen, hatte sich auch um die Gesundheit der Dorfbewohner gekümmert und Verbände gewechselt und gute Ratschläge gegeben. Sie hatte sogar bei mehreren Geburten geholfen.

Es kamen aber bereits wieder neue Flüchtlinge aus dem Wald, die verdreckt und hungrig waren, und wir sollten nun in die nächste größere Stadt verfrachtet werden.

»Schau, Djoko, da kommt der Bus!«

Ljubica nahm mich an die Hand und rannte mit mir im Eilschritt die sandige Straße hinauf.

Hatte ich zuerst noch erfreut mit ihr Schritt gehalten, erstarrte ich, als ich das riesige Ungetüm um die Ecke biegen sah. Es machte einen entsetzlichen Krach und stank fürchterlich! Hinter sich her zog es eine giftig riechende Qualmspur, und die Augen vorne waren so schwarz und riesig, dass ich auf der Stelle stehen blieb und Ljubica an der Hand zog.

»Ich will zurück zu der lieben Oma!«

»Das geht nicht, Djoko. Das habe ich dir doch erklärt! Da sitzen schon wieder neue Flüchtlinge!«

Vor meinen Augen rannten inzwischen die Leute zu dem wilden Tier und ließen sich freiwillig von ihm verschlucken. Immer mehr arme Menschen fielen dem Ungetüm zum Opfer. Sogar ihre Bündel und ihre Habseligkeiten fraß das Riesenvieh und spuckte nichts und niemanden wieder aus!

»Nein, da geh ich nicht rein!«

»Aber Djoko, der Bus bringt uns in die Stadt!«

Panisch umklammerte ich die Röcke von Ljubica und rührte mich nicht von der Stelle.

»Jetzt komm, Junge!« Sie zerrte an mir, ich bockte wie ein junges Fohlen und warf mich in den Staub.

Und dann stöhnte das Ungeheuer entsetzlich laut! Ein nervenzerfetzendes Heulen oder Wiehern oder Jaulen, ich hatte so etwas noch nie gehört, ließ uns beide erschrocken zusammenzucken. Es klang, als hätte es Wehen und würde gleich ein weiteres Ungeheuer gebären.

»Ich will nicht …«, brüllte ich aus Leibeskräften. »Es macht mir Angst!«

»Djoko, er hat nur gehupt!«

Plötzlich spuckte das Ungeheuer einen Mann wieder aus, der eine blaue Uniform trug.

»Junge Frau, wollen Sie auch mit?« Er trat einen Zigarettenstummel vor dem offenen Bauch des Ungetüms aus, und bei dieser Gelegenheit konnte ich einen Blick in sein Inneres erhaschen. Da saßen Leute drin, die alle noch lebten und irgendwie einen zufriedenen, gemütlichen Eindruck machten.

»Ja, warten Sie einen Moment, bitte!«

Sie bückte sich zu mir runter: »Djoko, ich fahre jetzt mit diesem Bus mit, und wenn du bei mir bleiben willst, steigst du jetzt mit mir da rein. Das Ding tut dir nichts, du wirst sehen, es wird dir sogar gefallen!«

»Ist es nicht so schlimm wie die Brücke?«

»Versprochen. Es ist sogar bequem, und du kannst von drinnen durch die Fenster nach draußen blicken. Die Landschaft fliegt an dir vorbei, und du musst keinen einzigen Schritt selbst gehen.«

Schließlich ließ ich mich überreden. Der Gedanke, jetzt Ljubica zu verlieren, war so unerträglich, dass ich tapfer meinen Fuß auf das Trittbrett setzte und mich von ihr hineinhieven ließ.

»Entschuldigung für die Verspätung«, murmelte Ljubica und zog mich mit gesenktem Blick hinter sich her. Alle Augen starrten kopfschüttelnd auf mich, der ich da so ein Theater gemacht hatte.

Der Bus war bis auf den letzten Platz besetzt, und Ljubica musste mich auf den Schoß nehmen, was ich mir aber allzu gern gefallen ließ.

Mit angehaltenem Atem starrte ich aus dem Fenster, meine Hand fest in Ljubicas gepresst.

Das Ding setzte sich in Bewegung! Es rollte und brummte, und es drehte sich, und dann wurde es immer schneller und schneller! Die Häuser flogen nur so an mir vorbei, und dann kamen freie Felder, Bäume und Landschaft, wohin man blickte. So schnell konnte man gar nicht hinterherschauen, da waren schon wieder neue Bäume und Pferde und Häuser und Wiesen zu sehen!

»Fliegen wir?«

»Nein, wir fahren!«

Stundenlang klebte ich mit meinem Gesicht am Fenster und konnte es nicht begreifen. Die ganze Zeit hatte ich ein merkwürdiges Kribbeln im Bauch, was natürlich an der Aufregung liegen konnte. Aber wohl auch an den vielen Eiern und dem Speckpfannkuchen. Immer wieder fielen mir die Augen zu, aber das konnte ich nicht zulassen, denn ich musste ja aufpassen, wohin das Ungeheuer mit uns raste, und außerdem war mir ziemlich schlecht.

Gegen späten Nachmittag kurbelte der Mann vorne immer fester an seinem Lenkrad, und unser Ungetüm schnaufte und drehte sich Serpentinen um Serpentinen hoch, bis es draußen gar nicht mehr schön blühte, sondern wieder scheußlicher Schnee sich zu beiden Seiten der engen Straße türmte. Außerdem tappte das Ungetüm in jedes Schlagloch, wackelte und schlingerte, und die Landschaft draußen begann sich zu drehen, so öde und grau und kalt sie auch war.

»Mir ist schlecht …«

Ljubica legte ihre Hand auf meine Stirn. »Ach Kleiner, ich hab dir doch gesagt du sollst nicht so viel von den Pfannkuchen essen …«

Sie hatte noch nicht fertig gesprochen, als sich aus mir ein Schwall säuerlicher Suppe auf sie ergoss.

»Ach herrje, Djoko, warte, das haben wir gleich …« Meine umsichtige Krankenschwester und Ersatz-Mame beseitigte mithilfe meiner Fußfetzen das Gröbste, hilfreiche Hände streckten sich entgegen, aber meine Hoffnung, dass ich kurz aus dem Ungetüm aussteigen und frische Luft schnappen könnte, erfüllte sich nicht. Der Bus schraubte sich Kurve um Kurve weiter in die angebrochene Nacht hinein, und nachdem ich meinen Mageninhalt endlich los war, überfiel mich eine tiefe Müdigkeit. Längst sprach niemand mehr im Bus, nur das Ungetüm selbst brummte und stöhnte, und der Fahrer fluchte, weil die Straße immer enger wurde und die Abgründe immer steiler. An Ljubica gelehnt, versank ich in einen erlösenden Traum.

*   *   *

Kreischen, Schreien, Getöse und Gerumpel riss uns aus dem Schlaf. Wir wurden von unseren Sitzen geschleudert und hingen schief zwischen den Lehnen. Das Ungeheuer war von der Straße gefallen! Mit unfassbarem Krachen und Splittern von Glas fiel es erst auf den Kopf, dann wieder auf die Räder, dann landete es krachend auf der Seite. Die Leute fielen wie die Fliegen auf die eine Seite, ihr Gepäck polterte durcheinander, alle klammerten sich irgendwo fest und schrien und kreischten und stöhnten vor Schmerzen. Ljubica hatte mich irgendwie zu packen gekriegt, aber auch wir waren von einer Sitzreihe in eine andere geschleudert worden und lagen jetzt mit den Gesichtern auf der Scheibe. Mit schreckgeweiteten Augen starrte ich in den tiefen dunklen Abgrund und stellte fest, dass ein Teil des Busses auf einem Schneebrett festgehalten wurde.

Die Leute schrien und kreischten in Panik, als auch sie das festgestellt hatten.

Sie rappelten sich auf und wollten sofort ins Freie, und als etwa die Hälfte der Leute nach vorne zum Fahrer gedrängelt hatte, rutschte der Bus weiter über das Schneebrett und hing jetzt schon mit der Hälfte über dem Abgrund.

»Sofort zurück nach hinten!« Der Fahrer sprach in ein kleines schwarzes Kästchen an einer Schnur, sodass seine Stimme noch viel lauter und bedrohlicher klang. »Ruhe bewahren! Niemand darf sich bewegen oder aufstehen!«

Ein Ruck ging durch den Bus, und tatsächlich richtete er sich vorn an der Schnauze wieder auf, während hinten ein Ächzen und Krachen von harschem Schnee zu hören war. Wir sackten noch tiefer, blieben aber auf dem Schneebrett stecken.

»Ist jemand ernsthaft verletzt?«, knarrte es durch den Lautsprecher.

Niemand meldete sich. Beulen und Prellungen waren wir gewohnt, sie gehörten zum Alltag und mussten nicht erwähnt werden. Die Leute waren genauso hart im Nehmen wie ich, und keiner weinte oder jammerte, nachdem man den Ernst der Lage begriffen hatte.

»Ruhe bewahren. Nicht bewegen. Ich peile jetzt die Lage. Keiner folgt mir.«

Die Leute blieben wie hypnotisiert im hinteren Teil des Busses liegen, und der Fahrer kletterte mit einiger Mühe zu der nach oben in den schwarzen Nachthimmel sich öffnenden Tür hinaus. Er stemmte sie mit aller Kraft hoch und schaute sich um.

Als er kurz darauf wieder hereinglitt, hatte er Folgendes zu vermelden: »Der Bus ist aufgrund der glatten Straßenverhältnisse ins Schleudern gekommen und etliche Meter mit der Schnauze voran einen steilen Hang abgestürzt. Zum Glück hat ein festes Schneebrett und ein Schneeloch dahinter ein weiteres Abstürzen verhindert. Ihr könnt also jetzt aussteigen, aber ganz vorsichtig, immer einer nach dem anderen! Wenn ihr drängelt, wird der Bus erneut umkippen, wir hängen auf der Längsachse wie am seidenen Faden!«

Brav und folgsam, wie es die Leute damals gewohnt waren, befolgten sie die Befehle des Busfahrers, ohne zu murren. Es dauerte eine ganze Zeit, bis wir schließlich alle ausgestiegen waren und zitternd bei Minusgraden im Schnee standen. Leider hatte Ljubica meine Fußfetzen dazu gebraucht, mein Erbrochenes wegzuwischen, sodass ich jetzt wieder barfuß im Schnee stand und vor Schock und Kälte bibberte. Ich hatte es ja gewusst, dass diesem brummenden Ungeheuer nicht zu trauen war! Und Ljubica hatte behauptet, es sei harmlos und würde mir sogar Spaß machen!

Dennoch wagte ich nicht, ihr oder irgendjemandem einen Vorwurf zu machen. Gott bewahre. Sie kümmerte sich seit Wochen so aufopfernd um mich, dass ich ihr nicht mal einen finsteren Blick zuwarf. Blau gefroren und mit den Zähnen klappernd stand ich vor ihr.

»Um diese Zeit kommt wohl kein weiteres Auto mehr.« Der Fahrer hatte einige Zigaretten geraucht, um nachzudenken, und ließ gerade die letzte zischend im Schnee verglühen. »Bevor wir hier erfrieren, sollten wir also wieder einsteigen.«

Auch das taten die Leute, ohne seine Entscheidung infrage zu stellen. Wenn ein Mann in Uniform etwas befahl, dann machten sie das.

»Ganz vorsichtig, einer nach dem anderen, zügig in den hinteren Teil des Wagens gehen, hinsetzen und still verhalten!«

Als wir endlich wieder alle im Bauch des Ungeheuers hockten, sprach der Fahrer die tröstenden Worte in seinen kleinen schwarzen Kasten: »Morgen ist die Wahrscheinlichkeit, dass ein Lastwagen über den Pass kommen könnte, größer. Der wird uns dann zurück auf die Straße ziehen.«

So hockten wir für den Rest der Nacht in unserer unbequemen Position am Boden oder auf den umgekippten Lehnen und gaben uns unserem Schicksal hin.

Als der Morgen graute, hörte man tatsächlich ein sich langsam näherndes Motorengeräusch.

Alle hielten den Atem an und lauschten.

»Nicht, dass es vorbeifährt«, hörte ich einen Mann murmeln. »Wir sind hier in der Schlucht doch gar nicht zu sehen!«

Daraufhin kletterten der Fahrer und der besagte Bedenkenträger wiederum aus dem Bus und arbeiteten sich durch den hüfthohen Schnee zur Straße hinauf, gerade noch rechtzeitig, wie uns später versichert wurde. Der Lastwagen war schon vorbeigefahren, und hätte der Fahrer nicht in seinen Rückspiegel geschaut, wären wir wohl unbemerkt geblieben.

»Alle aussteigen, und zwar genauso vorsichtig und einzeln wie heute Nacht!«

Es dauerte sehr lange, bis das letzte alte Mütterchen wieder durch die senkrecht nach oben stehende Tür gekrabbelt war, und erneut standen wir mit klappernden Zähnen im Schnee. Es tobte ein eiskalter Wind, der an unseren dünnen Kleidern zerrte.

»Euch wird gleich warm werden!« Der Fahrer klatschte in die Hände. »Alle Männer und alle Frauen stellen sich jetzt hinter den Bus und helfen ihn hinaufschieben Richtung Straße! Kinder aus dem Weg!«

»Stell dich da hinten hin, Djoko. Nein warte, das ist zu gefährlich, wenn der Bus abrutscht, reißt er dich noch mit … klettere da hinauf und steh nicht im Weg.«

Gehorsam kämpfte ich mich durch für mich schulterhohe Schneeverwehungen, gemeinsam mit anderen Kindern, die dem Geschehen mit großer Spannung zusahen.

Unter lautem »Hauruck! Hauruck!« bewegten sie mit vereinten Kräften das auf der Seite liegende Ungetüm tatsächlich zentimeterweise aufwärts in Richtung Straße. Dort stand das andere Ungetüm, in dem übrigens keine Leute waren, sondern Waffen, wie ein größerer Junge fachmännisch feststellte. Die Männer, die im Fahrerhäuschen dieses Ungetüms gesessen und glücklicherweise in den Rückspiegel geschaut hatten – sie hätten unsere Männer ja auch für Ustaschas halten und erst recht Gas geben können –, banden unter viel Geschrei, Fluchen, Rauchen, Sliwowitz-Trinken und Hin-und-her-Diskutieren mehrere dicke Stricke an den hinteren

Teil der Ladefläche, während die Bus-Insassen von hinten zentimeterweise das Ungetüm durch den meterhohen Schnee schoben. Es
war später Nachmittag, bis der auf der Seite liegende Bus schließlich in Reichweite der Seile unterhalb der Straße lag. Er hatte eine
breite, tiefe Schneespur hinterlassen, auf der einige Kinder sogar
unter Geschrei und Gelächter auf ihrem Hosenboden hinunter-
rutschten.

Ich selbst hatte kein Interesse, auf meinem nackten Hintern
durch die eisige Landschaft zu rutschen, und starrte nur fasziniert
auf das weitere Geschehen.

Sobald die beiden Ungeheuer mit dem Seil aneinandergebunden
waren, fing das auf der Straße stehende Waffen-Fahrzeug ruckartig
an, den auf der Seite liegenden Bus zentimeterweise hinaufzuzie-
hen, und die Männer und Frauen, die ihn bis hierher bergauf bug-
siert hatten, stießen weiter unter lauten »Hauruck«-Kommandos
hinten an. Irgendwann lag das Bus-Ungetüm auf der Straße, und
nach stundenlanger Mühe, zahlreichen Flüchen und ebenso vielen
Schlucken aus der kreisenden Sliwowitz-Flasche stand das riesige
Gefährt schließlich wieder auf seinen vier Rädern.

Es hatte keinen Schwanz, mit dem es hätte wedeln können, nur
einen stinkenden Auspuff, aus dem nach unzähligen lauten Versuchen, den Motor in Gang zu bringen, stinkender Qualm ent-
wich.

Inzwischen hatte mir Ljubica mehrmals mit Schnee meine erfro-
renen Beine und Hände abgerieben, bis sie wieder rot durchblutet
waren.

Als wir einsteigen durften, war es bereits dunkel. Sehr geheuer
war es uns nicht, die Fahrt fortzusetzen, aber der Fahrer teilte uns
über sein schwarzes Kästchen ungerührt mit, dass außer den kaputten Scheinwerfern und den zerschlagenen Fensterscheiben
eigentlich kein Grund bestehe, nicht weiterzufahren. Und so holperte und knatterte das Ungetüm ohne seine hellen Augen durch

die Nacht. Wenn ein anderes Ungetüm entgegenkommen würde, würde man schon sehen, was passierte. Ich jedenfalls klinkte mich für heute aus. Und war unendlich dankbar, in Ljubicas Armen schlafen zu dürfen.

* * *

Wiederum fanden wir für einige Wochen ein Zuhause in dem Dorf, in das der Bus uns schließlich gebracht hatte. Ich war überaus glücklich, dass ich bei Ljubica bleiben durfte.

Während unseres längeren Aufenthaltes in diesem Ort, an dessen Namen ich mich leider nicht mehr erinnern kann, wurden wir öfter zu Vorträgen eingeladen, die von einer Frau gehalten wurden. Sie sprach sehr leidenschaftlich und war begeistert von einem heldenhaften Mann namens Tito, der den Kampf der Partisanen inzwischen anführte.

Die Feinde waren nicht mehr nur die Ustaschas, sondern auch eine ebenso gefährliche und dreiste Gruppe namens Tschetniks. Sie vertraten eine unabhängige Bewegung, und man wusste nie, auf welche Seite sie sich schlagen würden. Inzwischen waren nämlich nicht nur die bis an die Zähne ausgerüsteten und Panzer fahrenden Germanskis in unser Land eingedrungen, sondern auch die Briten. Und das Nachbarland Italien führte ebenfalls Krieg gegen uns Jugoslawen. Es war so verwirrend, dass selbst Ljubica mir die Zusammenhänge nicht erklären konnte. Wir saßen quasi alle in einem Wespennest, das von außen von Hornissen, Schlangen, Wölfen und Löwen angegriffen wurde.

Als wir uns gerade an unser festes Zuhause gewöhnt hatten, stürmten Partisanen unsere Häuser und brüllten uns zu, dass wir sofort und auf der Stelle in die Wälder fliehen müssten. Berichte von unsagbar grausamen Massakern von Tschetnik-Einheiten an Unterstützern der Partisanen hatten uns erreicht. Wir wussten, dass auch die Ustaschas wie im Blutrausch waren. Von beiden Verbänden wurden unvorstellbare Folter, Überfälle und Brandschatzung berichtet.

»Renn, Djoko, renn um dein Leben!«

Ljubica zerrte mich hinter sich her, und wir erreichten gerade noch das Ende einer panisch aufgebrochenen Flüchtlingsgruppe, die von den umsichtigen Partisanen in die Wälder gescheucht wurde.

Viele der Frauen und Kinder hatten die Flucht aus dem Dorf nicht mehr geschafft, auch Alte und Kranke hatten sich aufgegeben und waren zurückgeblieben. Nach einigen Nächten im Wald, in dem es jetzt wenigstens keinen Schnee mehr gab, litten wir massiv an Hunger.

Nur selten kamen wir an abgelegenen Bauernhäusern vorbei. Die uns begleitenden Partisanen hämmerten dann mit ihren Gewehren gegen die Türen.

»Aufmachen! Gebt den Flüchtlingen zu essen und zu trinken! Sie sind dem Tode nahe und können nicht mehr!«

Manche Bauern rückten, ohne zu überlegen, alle Vorräte heraus, die sie hatten, als sie unser Elend sahen. Das Mitgefühl stand ihnen in den Augen. Hier durften wir auch unser Nachtlager aufschlagen, obwohl das für die Bauern selbst höchst gefährlich war.

Andere schlugen den Eindringlingen die Tür vor der Nase zu. Das kam sie aber teuer zu stehen.

Ein Bauer schüttete vor unseren Augen seine Milchvorräte in den Ausguss vor seinem Stall. Es war ihm völlig egal, wie ausgehungert und verdurstet wir waren. »Schert euch weg, ihr stinkendes Zigeunerpack, hier wird nicht gebettelt!«

Mit einem höhnischen Lachen wollte er gerade wieder in seinem Stall verschwinden. Doch da hatte er die Rechnung ohne unsere Anführer gemacht. Sie stürzten hinter ihm her, zerrten ihn heraus und erschossen ihn vor unseren Augen. Danach machten wir uns ausgehungert über die Reste her, die er vom Käsemachen in seinem Stall hatte.

Es gab auch Bauern, die behaupteten, selbst arm zu sein und nichts abgeben zu können.

»Tür auf, das werden wir überprüfen!« Unsere Partisanen stürmten hinein und rissen alles aus den Vorratskammern, Truhen und Schränken, was sie finden konnten. Und wenn diese Bauern gelogen hatten, zerrten sie sie ebenfalls kurzerhand heraus, stellten sie an die Wand und knallten sie ab.

Ihre Frauen und Kinder standen dann schreiend und fassungslos dabei, und auch mit ihnen wurde durch die Hand unserer Beschützer kurzer Prozess gemacht. So löste eine Brutalität und bestialische Grausamkeit die nächste aus. Und ich stand als sechsjähriger Knirps dabei.

»So, weiter geht's, wir müssen zurück in die Wälder! Los, auf mit euch!«

Die Partisanenführer schossen ein paarmal in die Luft und ritten wieder voran.

Nur kurz war unsere letzte Pause gewesen, und abgestumpft von dem eben Erlebten reihte ich mich in unseren Flüchtlingstreck ein, immer dicht hinter Ljubica, die wie durch ein Wunder noch immer bei mir war.

»Wir müssen jetzt über diese große Wiese, um den sicheren Wald zu erreichen.«

»Vorsicht. Stehen bleiben.« Einer der Berittenen kam auf uns zurück und wies uns mit der Hand an, nicht weiterzugehen.

»Da könnten Minen versteckt sein.« Ergeben blieben wir stehen.

»Es dürfte unseren Feinden nicht entgangen sein, dass hier in diesem Gebiet große Flüchtlingsgruppen unterwegs sind, und sie sähen uns sicher allzu gern in die Luft fliegen.«

In Erinnerung an die Eiergranate, die ein Junge vor meinen Augen im Wald entschärft hatte, blieb ich eingeschüchtert hinter Ljubica stehen und klammerte mich an ihren Röcken fest.

»Es hilft nichts, wir müssen so schnell wie möglich diese Wiese überqueren!« Einer der Männer war vom Pferd gesprungen und band es an einen Zaun. »Wir gehen jetzt einer nach dem anderen in einer Reihe rasch hinüber bis zum Waldrand. Haltet dabei großen Abstand voneinander! Wenn eine Mine hochgeht, sofort auf der Stelle stehen bleiben und auf weitere Anweisungen warten!«

Ängstlich klammerte ich mich an Ljubica fest. Mein Herz raste, und mein Mund war wie ausgedörrt. Dieselbe Panik wie damals vor der Hängebrücke kroch über mich wie zähe, glühende Lava.

»Djoko, du hast doch gehört, was dieser Mann gesagt hat!«

»Ich will mit dir gehen!«

»Djoko! Willst du, dass wir beide in die Luft fliegen? Es reicht, wenn ich es tue, nicht wahr?«

»Du *darfst* nicht in die Luft fliegen«, heulte ich jämmerlich und spürte im selben Moment etwas Warmes an meinen Beinen hinunterfließen.

»Ich gehe vor«, bot sich ein Mann an, der wohl seinen Mut vor Ljubica beweisen wollte.

»Ich kenne mich mit Minen aus.«

»Lassen Sie den Quatsch und befolgen Sie unsere Anweisungen!« Der Partisanenführer kam ärgerlich zurückgestapft. »Hier spielt niemand den Helden!«

»Aber du, oder was?« Der Mann, ein junger Zivilist, warf sich in die Brust. »Ich gehe vor dieser Frau und ihrem kleinen Sohn, keine Sorge, ich kenne mich wie gesagt mit Minen aus!«

Die Partisanen berieten sich hektisch und ärgerlich, aber da war der Mann schon losgegangen. Schritt für Schritt stapfte er über die Wiese, die bereits im schräg stehenden Sonnenlicht lag. Das kräftige Grün zeichnete sich vom dahinterliegenden schwarzen Wald ab.

Es sah wunderschön aus; überall standen unschuldig wie ahnungslose Bräute blühende Bäume, die mit ihren weißen und rosafarbenen Kerzen in den dunkelblauen Himmel leuchteten. Die Schmetterlinge und Bienen surrten emsig von Blüte zu Blüte und vermittelten das Gefühl, dass nichts und niemand diese ländliche Idylle trüben könnte.

»Na also!«, rief der Mann und drehte sich zu uns um. »Ich habe es doch gesagt, keine Sorge, hier sind keine Mi–«

Der Rest ging in einem ohrenbetäubenden Knall unter. Eine schreckliche Explosion schnitt ihm das Wort ab. Der Mann wurde vor unseren Augen regelrecht zerfetzt und regnete kurz darauf in winzigen Einzelteilen von einer stinkenden, schwarzen Rauchsäule herab.

Schockerstarrt standen wir lange da und wagten keinen Schritt vor und keinen zurück. Wieder pieselte ich vor Angst, ohne dass ich es kontrollieren konnte, und der warme Strahl rann mir an den Beinen herunter. Auch Ljubica zitterte und war ganz weiß im Gesicht.

Endlich brach sich der Hass Bahn und die Wut auf diese hinterhältigen Bestien, wie unsere Partisanen die Tschetniks nannten, und sie brüllten ihre Verwünschungen und Flüche in den einbrechenden Abend hinaus. Sie wünschten den verfluchten Ausgeburten der Hölle einen grausamen Tod und schworen Rache.

Schließlich gewannen die Männer ihre Fassung wieder. Einer der Partisanen, der vorher den Mann zurückhalten wollte, schlich nun in gebückter Haltung wie ein Tier auf der Lauer den gleichen Weg, Schritt für Schritt, bis zu der Stelle, wo der Mann in die Luft geflogen war.

Er bückte sich, hob einen schweren Stein auf und warf ihn vor sich. Meter für Meter arbeitete er sich auf diese Weise vor, und plötzlich löste er eine zweite Explosion aus und später noch eine dritte und eine vierte, aber es war immer nur der Stein, der krachend in die Luft flog, und nicht der Mensch.

»So, jetzt kommt ihr mir einzeln genau auf diesem runtergetre-tenen Gras nach!«

Die ersten Leute gingen los, und ich presste die Fäuste auf mei-nen Mund und starrte mit aufgerissenen Augen auf sie.

»Siehst du, Djoko, sie halten sich genau an die Spielregeln der Partisanen, und das hätte der Mann auch tun sollen!« Ljubica gab mir einen aufmunternden Klaps. »Bist du so weit?«

Ich nickte. »Dann gehe ich jetzt vor, du hörst auf, an mir zu klammern, und wenn ich da bin, wo der Mann …« Sie schluckte. »Du folgst mir erst, wenn der Anführer dich ruft, verstanden?«

Folgsam und tapfer schaffte ich auch dieses Hindernis, und kurz darauf verschwanden wir vollzählig und ohne ein weiteres To-desopfer im schützenden Wald.

»Was ist da denn los, auf der Lichtung?«

»Mein Gott, da sind ja ganz viele Leute!«

Unter einem Felsvorsprung auf einer weiten Fläche hatten sich Hunderte von Flüchtlingen versammelt und bereits für die Über-nachtung dort ausgebreitet. Eine kaum überschaubare Menschen-menge lagerte dort, als wir endlich ankamen. Es waren provisorisch Zelte aufgebaut worden, und wenn nicht Krieg geherrscht hätte, wäre es mir vielleicht wie ein riesiger Abenteuerspielplatz vorgekommen.

»In diesem Lager können wir sicher eine Zeit lang bleiben!« Hoffnungsvoll sog ich den Duft nach gebratenem Fleisch ein.

»Schau, Djoko, da hinten teilen die Frauen etwas zu essen aus! Nichts wie hin!«

Wir rannten, so schnell wir konnten, an die provisorisch aufge-stellten Holztische, wo aus einem großen Fass für Frauen und Kin-der Suppe und Wasser ausgeteilt wurden. Das Fleisch war unseren Anführern vorbehalten.

Wir richteten uns, so gut es ging, in diesem provisorischen Lager ein. Da inzwischen der Frühling seine warmen, sanften Nächte un-ter Tausenden verheißungsvoll funkelnden Sternen ausbreitete, von denen Mame und Tate mir aufmunternd zuzwinkerten, machte es mir nichts mehr aus, dass wir im Freien übernachten mussten. Um ein Lagerfeuer herum hatten sich viele Menschen versammelt, und es wurden Lieder zur Gitarre gesungen und wieder große Reden auf die ruhmreichen Taten von Tito gehalten. Als ich Seite an Seite mit meiner geliebten Ljubica vor dem Feuer saß und ihrer hellen, klaren Stimme beim Singen zuhörte, fehlte mir nichts mehr zu meinem Glück.

*　*　*

»Hilf mir mal mit dem Auswringen, Djoko.« Ljubica stand in Unterwäsche am Bach, der unser Lager durchfloss, und hatte gerade ihre und meine Kleider durch das murmelnde Wasser gezogen, während der Kopfkissenbezug bereits über einen Busch gebreitet in der Sonne trocknete, als ein scharfes, schneidendes Geräusch am Himmel immer lauter wurde und schließlich zu einem hysterischen Heulen und Kreischen anwuchs.

»Lauft unter den Felsvorsprung!« Panisch ließen Frauen und Kinder die Wäsche fallen und rasten unter den schützenden Stein. Geduckt und mit den Händen auf die Ohren gepresst, spähten wir in den sich verdunkelnden Himmel. Ein Dutzend Flugzeuge schoss wie Raubvögel auf uns zu.

»Stukas! Es sind Stukas! Germanski!«

Heulend stürzten sie sich fast senkrecht in unsere Richtung, die wir wie Mäuse in ihrem Mauseloch saßen.

»Sie bohren sich in die Erde!« Panisch hockte ich da und schrie.

Ljubica warf sich über mich und drückte mein Gesicht in den Boden.

Erst knapp über uns wurden die eisernen Raubvögel von ihren unsichtbaren Kampfpiloten wieder hochgerissen und ließen dabei ihre tödliche Fracht auf das Lager fallen.

Bomben explodierten und zerrissen wehrlose Frauen und Kinder in Fetzen. Zelte und Wagen zerbarsten, Menschen rannten brennend in Richtung Bach, andere brachen blutüberströmt an Ort und Stelle zusammen.

»Schau nicht hin, Djoko!« Ljubica presste mein Gesicht weiterhin auf den steinernen Grund der Felsen, unter denen wir in letzter Sekunde Zuflucht gefunden hatten.

Kaum waren die bleiernen Raubvögel unter grässlichem Geheul weggeflogen, kehrten sie um und starteten einen neuen Angriff. Immer und immer wieder schossen sie im Senkrechtflug zu uns herab, öffneten ihre Klappen und ließen Bomben auf uns herunterfallen. Immer und immer wieder wiederholten sie mit brutaler Lust dieses Tötungsmanöver, wie ein Kind, das Ameisen in einem Ameisenhaufen zertritt und sich an der anschließenden Panik der Krabbeltiere weidet.

Das kreischend böse Geräusch, das sie während des Senkrechtsturzes machten, ließ mir das Herz stehen bleiben und mich alles unter mir zurücklassen, was noch in meinem Körper war.

Nach mehreren Angriffen zogen die eisernen Raubvögel schließlich unter kreischendem Höllenlärm ab.

»Die Deutschen haben unser Lager entdeckt!« Die Partisanenführer kamen aus ihren Verstecken gekrochen und schwangen ihre Fäuste in Richtung Himmel, der von den Kondensstreifen der tödlichen Kampfflieger übersät war. Der ehemals blaue Himmel sah aus, als hätte ein bockiges Kleinkind mit einem schwarzen Kohlestück darauf herumgewütet.

»Sie wollten uns auf ihre höhnische Weise zeigen, dass sie unser Versteck gefunden haben.«

Immer wieder fiel das Wort »Stukas« und dass es sich um die bestens ausgerüsteten und für alle nicht erdenkbaren Grausamkeiten bekannten Deutschen handelte.

»Die kommen zurück, verlasst euch drauf!«

»Wo sollen wir hin?« Wieder breitete sich Panik und Verzweiflung aus, wieder rannten die Menschen zerstört wie in einem Ameisenhaufen blindlings herum. Wieder galt es, Tausende Flüchtlinge zu organisieren und ein neues Ziel zu finden.

Während wir zu unseren nassen Habseligkeiten am Bach rannten und sie in den Kopfkissenbezug stopften, erscholl schon der Befehl des Partisanenführers: »In Kleingruppen aufteilen! In verschiedene Richtungen in die Wälder verschwinden! Sofort!«

»Komm, Djoko!« Ljubica riss mich hinter sich her und rannte mit einigen anderen Menschen in den Wald.

»Hier geht's nicht weiter! Tschetniks wurden in der Nähe gesichtet! Wir laufen dem Feind hier direkt in die Arme!«

Wieder wurden wir von Partisanen zurückgetrieben, und von wilder Panik ergriffen, liefen die Menschen, ohne weitere Anweisungen abzuwarten, in alle Richtungen davon.

Ljubica zerrte mich hinter einer größeren Gruppe Menschen her, an dessen Spitze vertrauenerweckende Partisanen pirschten. Diese Besonnenheit dürfte uns das Leben gerettet haben. Andere rannten einfach blindlings in die Wildnis hinein und wurden von den hier lauernden Tschetniks auf das Brutalste ermordet.

* * *

»Ljubica, ich kann nicht mehr!« Tagelang waren wir schon wieder zu Fuß unterwegs, kreuz und quer durch die Wälder, mal in flachen Ebenen, wo wir befürchteten, auf Minen zu treten, dann in gebirgigen Wäldern, wo hinter jedem Baum der Feind stehen konnte.

Mit glasigem Blick und ohne meine Seele zu spüren, taumelte ich wie in Trance hinter meiner Beschützerin her.

»Schau, Djoko, da hinten auf dem Hügel steht eine Kirche! Da wird ein Dorf sein! Da bekommst du sicher was zu essen!« Ljubica blieb stehen und wischte mir mit ihrem Rockzipfel einmal durch das völlig verdreckte und von Rotz verklebte Gesicht. Wie viel ich geweint hatte nach all den entsetzlichen, schockierenden Erlebnissen, weiß nur der Wind.

»Pssst! Ruhe in den hinteren Reihen! Wir pirschen uns an!« Einer der Partisanen machte uns Zeichen, still zu sein. »Das Dorf scheint verlassen zu sein, aber man kann nie wissen, wer sich da verbirgt! Es könnte eine Falle sein!«

In geduckter Haltung schlichen wir uns den bewaldeten Hügel hinauf. Jeder Ast, der knackte, jagte uns Schauer des Schreckens ein, und jedes noch so kleine Tier, das wegsprang oder zischelnd in den Blättern verschwand, versetzte uns in Todesangst.

»Die Kirche scheint den italienischen Einheiten als Stützpunkt gedient zu haben.« Ljubica sank erschöpft auf einen Mauerrest, und ich ließ mich gleich neben sie fallen. »Schau, den Partisanen muss es gelungen sein, die Italiener zu vertreiben und deren Waffen und Munition zu erbeuten.«

»Was sind das für Fahrzeuge?« Ich zeigte verstört auf etwas, das im wahren Leben wie seltsames Kinderspielzeug ausgesehen hätte. Meine nackten Füße waren so voller blutiger Blasen, dass ich keinen Schritt mehr weiterkonnte.

»Ach, Djoko, das sind Einmannpanzer, auch fahrende Särge genannt, aber alle zerstört, siehst du? Unsere Männer werden die Panzerfahrer überlistet und getötet haben.«

»Und wo sind die Dorfbewohner?« Verschüchtert sah ich mich zwischen den Trümmern und Mauerresten um. »Ich habe solch einen Hunger und Durst!«

»Wenn du hier sitzen bleibst, gehe ich nachschauen und versuche, etwas für dich aufzutreiben.«

»Nein, geh nicht weg von mir, bleib bei mir!« Die Vorstellung, der nächsten hereinbrechenden Katastrophe ganz allein ausgesetzt zu sein, ließ mir das Blut in den Adern gefrieren. Früher, als ich noch bei Mame und Tate wohnte, hätte ich bestimmt nichts anderes im Kopf gehabt, als diese rollenden Särge zu erklettern und allerlei Dummheiten damit anzustellen, aber jetzt saß ich nur da, den Kopf in die Hände vergraben, und weinte.

»Ist ja gut, Kleiner, ich bleibe bei dir.« Ljubica spähte hinter dem Kirchturm hervor: »Sie durchstöbern schon die Häuser. Bestimmt gibt es gleich für uns beide eine Unterkunft.«

Tatsächlich pirschten unsere Männer mit vorgehaltenen Waffen von Haus zu Haus, schlugen gegen die Türen und traten sie kurz darauf ein, weil sie keine Antwort erhielten. Doch die Häuser und Ställe waren leer; welches Schicksal die Dorfbewohner ereilt hatte, blieb unklar. »Tut mir leid für dich, Kleiner.« Einer der Partisanen kam über den Friedhof zu uns heraufgestapft und schob sich seine Mütze in den Nacken. »Nicht ein Krümel ist zu finden. Das bedeutet, dass die Dorfbewohner nicht überstürzt aufgebrochen sind. Sie sind rechtzeitig gewarnt worden und haben alles Essbare mitgenommen.«

»Dann also weiter!«

Nach einer kurzen Pause brachen wir wieder auf, die sengende Sonne im Nacken. So schleppten wir uns weiter, Kilometer für Kilometer, ohne eine bestimmte Richtung, einfach immer nur auf der Suche nach einem geeigneten Platz, um ein paar Tage zu rasten, frisches Wasser und etwas Essbares zu finden und einige Nächte ohne unmittelbare Todesangst zu schlafen.

Nach endlosen Tagen des Herumirrens, in denen wir uns nur von Blättern und Beeren ernährten und an jeder Wasserquelle erschöpft liegen blieben, erreichten wir eine riesige Wiese, ähnlich einem Fußballplatz, die von aufgestellten Zelten umrahmt wurde und in deren Mitte ein Flugzeug stand.

»Alle stehen bleiben! Verbergt euch am Rande des Kornfeldes, bewegt euch nicht!«

Die Partisanen, die uns führten, pirschten sich ohne uns dort hinunter. Wir kauerten reglos hinter den hohen Halmen und spähten hindurch.

»Was siehst du, Ljubica?«

»Unsere Männer verhandeln mit Männern in fremden Uniformen!«

»Was verhandeln sie? Kriegen wir was zu essen?«

»Pst, Djoko, ich weiß es nicht, wir müssen Geduld haben …«

Geduld! Geduld war mein zweiter Vorname!

Schließlich kamen zwei der Partisanen wieder zu uns gestapft.

»Ihr könnt mitkommen. Sie sind zwar nicht erfreut, uns zu sehen, aber sie erlauben uns, für einige Tage zu rasten. Es sind britische Offiziere, die hier ihre Zelte aufgeschlagen haben.«

»Britische Offiziere?« Ljubica raffte ihre Röcke und schulterte unser Bündel.

»Sie wurden als Berater in dieses Krisengebiet gesandt, um zwischen den feindlichen Gruppen zu vermitteln. Von daher sind sie *not amused,* aber auch keine Unmenschen. Sie tun euch nichts.«

So schnell mich meine Füße trugen, trappelte ich über das stachelige Kornfeld und rannte Hand in Hand mit Ljubica dem militärischen Lager entgegen.

Dort durften wir in einem der großen olivgrünen Zelte auf zwei Feldbetten schlafen, und morgens bekamen wir warmen Brei, der sich »Porridge« nannte. Es war himmlisch, und ich wünschte mir nichts anderes, als für immer hierzubleiben.

Doch das war nicht vorgesehen. Einer der freundlichen britischen Offiziere, der sich wohl sehr an Ljubicas lieblichem Anblick erfreute, machte uns mit Händen und Füßen klar, dass sich hier in Kürze schreckliche Kriegsszenen abspielen würden und dass wir uns schnellstens vom Acker machen sollten. Er steckte uns kalte, glitschige, aber ungeheuer köstliche *saussages* zu und geleitete uns mit den anderen Flüchtlingen zum Ausgang des Lagers, und dann waren wir wieder auf uns selbst gestellt.

Wir führten ein Nomadenleben, das zunehmend gefährlicher und entbehrungsreicher wurde. Die Tschetniks griffen aus dem Hinterhalt die Flüchtlingszüge an und mordeten derart bestialisch und wahllos, dass uns die Nackenhaare zu Berge standen, sooft wir von ihren Gräueltaten hörten. Immer wieder stiegen wir über zerfetzte Leichen, übel zugerichtete Frauen und Kinder, sahen aufgeknüpfte Menschen an Bäumen hängen. Ljubica hielt mir zwar die Augen zu und zerrte mich weg, aber ich sah doch genug, dass sich diese grauenhaften Bilder in meine Erinnerung einbrannten. Auch von den Deutschen war nun immer öfter die Rede. Die Germanskis schlichen selten durch die Wälder oder pirschten sich aus dem Hinterhalt heran, dafür rasten sie mit ihren Stukas über den Himmel und ließen trichterweise Bomben fallen wie sonst nur Gott den Regen.

So irrten wir wieder tagelang umher, und längst waren unsere Vorräte, die wir von den Engländern bekommen hatten, verbraucht.

»Achtung, da liegt was!« Wir kamen gerade aus einem Waldstück heraus und betraten freies Feld, als ich einen noch dampfenden Leib im Grase liegen sah. »Ein totes Pferd!«

Die Partisanen nahmen es in Augenschein. »Das ist noch nicht lange tot, das kann man gut essen!«

Fliegen umsurrten die Einschussstelle auf seiner Brust. »Der Gaul musste erschossen werden, weil er sich den Fuß gebrochen hatte«, stellte einer der Männer fachmännisch fest. Er warf sein Gewehr beiseite und zündete ein Feuer an. »Los, Kleiner, lauf und bring Feuerholz. Das wird ein Festmahl!« Er zückte sein Messer und schnitt große Fleischstücke aus dem Leib des Pferdes heraus.

Nach kurzer Zeit grillten und schmorten die Pferdefleischstücke über dem offenen Feuer und verbreiteten einen köstlichen Duft.

»Seid ihr des Wahnsinns? Das Feuer ist bis über drei Meilen zu riechen und das Fleisch auch!« Ein anderer Partisan kam in wildem Tempo über das Feld geritten und fluchte. »Hier wimmelt es von Tschetniks, und ihr macht hier ein Picknick?! Da müssen die Feinde ja nur den Aasgeiern am Himmel folgen!«

So schnell wie möglich wurde das Feuer gelöscht und das Fleisch vergraben. Ich hatte jedoch bereits einige Bissen verschlungen und meinen nagenden Hunger fürs Erste gestillt.

»Ach das war so lecker«, jammerte ich nach ein paar Stunden. »Wann gibt es das nächste Essen? Ich habe schon wieder Hunger! Mein Tate hat immer Hasen und Fasanen geschossen, warum tun das unsere Männer nicht?« Regelmäßig sahen wir aufgescheuchte Kleintiere davonrennen oder auffliegen.

»Leider dürfen unsere Partisanen auch keinen Hasen oder einen Fasan schießen, Djoko.« Ljubica wartete geduldig, bis ich mein kleines Verdauungsgeschäft hinter einem Strauch verrichtet hatte. »Die Feinde würden den Schuss hören und sofort auf uns aufmerksam werden!«

»Wir müssen aber doch irgendwas essen!«

»Warte nur, unsere Beschützer haben einen neuen Plan.« Sie zog mich hoch und versuchte, mich abzulenken. »Schau, dort hinten am Horizont, da soll ein großer Platz sein, da haben sich schon ganz viele Flüchtlinge versammelt, und da gibt es heute Abend ein großes Lagerfeuer.«

»Mit was zu essen?«

»Ganz bestimmt, Djoko. Und weißt du, wer zu uns sprechen wird?«

»Wer ...?« Es war mir völlig egal, wer sprechen würde, solange es dabei etwas zu essen gab!

»Tito! Unser heldenhafter Partisanen-Anführer!«

Von Tito war inzwischen wirklich oft die Rede gewesen. Man träumte unter Titos Führung auf ein besseres Leben in Frieden und Gerechtigkeit.

»Los, beeil dich, Djoko, hier am Lagerfeuer sind noch zwei Plätze!«

Mit letzter Kraft erreichten wir das Lager, in dem der viel gepriesene Tito heute Abend sprechen sollte. Riesige Mengen von

Flüchtlingen und Partisanen hatten sich auf dem freien Gelände versammelt und warteten auf den charismatischen Volkshelden. Um ihn gebührend zu empfangen, stimmten die Massen kriegerische Lieder an.

»Wo bleibt denn das Essen, das du mir versprochen hast?« Die Lieder gingen zwar zu Herzen, aber mein Magen füllte sich davon nicht. Wir hatten in den letzten Tagen ausschließlich Bärlauch-Blätter zu uns genommen, was zwar anfänglich ganz erfrischend geschmeckt, letztlich aber zu Durchfall und brennendem Durst geführt hatte.

»Warte, Djoko, ich versuche, etwas zu organisieren.« Schon wollte Ljubica aufstehen und deckte ihren mühsam ergatterten Platz auf einem Baumstamm mit unserem Kopfkissenbezug zu, der inzwischen eine moosgrüne Farbe angenommen hatte. Doch ich klammerte mich wieder angstvoll an sie: »Geh nicht weg, Ljubica, hier kenne ich keinen! Ich habe Angst ohne dich!«

»Dann können wir leider auch nichts essen.« Resigniert ließ sie sich wieder neben mich auf den Baumstamm fallen. »Denn gebratene Tauben fliegen uns hier wohl nicht in den Mund.«

»Junge Frau, hier wimmelt es doch von Schnecken«, mischte sich ein Mann ein, der schräg vor uns saß. »Sie müssen sie nur aufsammeln und an einem Stecken ins Feuer halten. Die schmecken gar nicht so übel.«

»Schnecken?«

»In anderen Ländern gelten sie als Köstlichkeit!« Der Mann grinste und wischte sich mit seinem schmuddeligen Taschentuch den Schweiß von der Stirn. »Wenn Sie gestatten, helfe ich Ihnen gern beim Suchen.«

»Ljubica, bleib bei mir …«

»Du siehst sie, Junge, sie bleibt in Sichtweite!« Offensichtlich fand der Mann Gefallen an Ljubica – wer nicht! –, und die beiden machten sich auf Schneckensuche. Ich fixierte meinen einzigen

Fixstern auf dieser Welt und ließ sie nicht aus den Augen. Inzwischen hatte der viele Bärlauch in meinem vor Hunger aufgeblähten Bauch bereits üble Gase entwickelt, aber ich traute mich nicht, meinen Baumstamm zu verlassen.

»Hier, Djoko.« Ljubica kam zurück und hielt mir einen Stecken mit fünf schleimigen Nacktschnecken entgegen, die der eifrige Verehrer für sie gefangen und aufgespießt hatte.

»Jetzt nur noch ins Feuer halten, siehst du, Junge, so …« Der Mann beugte sich über mich und drehte die Ausbeute in der Flamme. Mir war so übel von dem Bärlauch, dass der Anblick der ekligen Schnecken mich nicht gerade begeisterte. Es roch widerlich, aber ich wusste nicht genau, war es der Mann, der mir so nahe gekommen war, oder die Schnecken oder meine eigenen Flatulenzen.

»Hier, siehst du, ich esse eine.« Der Mann wollte wohl Ljubica imponieren, als er seine Zähne in die erste Schnecke schlug und sie samt Schleim und Schmier verschlang.

»Hm«, rieb er sich angeberisch den Bauch. »Das ist doch eine Delikatesse!«

Auffordernd hielt er mir den Stock hin. »Hunger ist der beste Koch!«

So versuchten Ljubica und ich notgedrungen auch unser Glück. Doch kaum hatte ich von der Schnecke abgebissen, spuckte ich das Stück aus, und mir war zum Erbrechen schlecht. Meine Magennerven versagten, und ich wälzte mich in Würgekrämpfen am Boden.

»Ach Junge, stell dich nicht so an!«

»Lassen Sie ihn, gehen Sie weg!«

Ljubica hielt mir die Stirn und wiegte mich in ihren Armen. »Ich kann auch keinen Bissen davon herunterkriegen, der Mann ist genauso eklig wie die Schnecken!«, flüsterte sie mir ins Ohr.

»Sag nicht das Wort Schnecken!« Ich kotzte mir die Seele aus dem Leib.

»Nein, natürlich nicht. Schau, die Leute laufen zusammen, jetzt kommt bestimmt Tito!«

»Das Wort Tito sollst du auch nicht sagen!«

»Was soll ich denn sagen?!«

»Nichts, nur dass du mich lieb hast.«

»Das habe ich, Djoko, und ich lasse dich nie wieder los.«

In diesem Moment ahnte ich nicht, dass das ihre letzten Worte sein würden, die sie jemals an mich richtete.

Während die Menschen weiter auf Tito warteten, der einfach nicht erscheinen wollte, sangen sie weiter ihre Partisanenlieder, bis tief in die Nacht hinein. Die verschiedenen kleinen Lagerfeuer zuckten noch schwach hier und da, bis sie gänzlich verloschen.

Müde, hungrig und im Dämmerschlaf verharrten wir dicht aneinandergekuschelt bis in die Morgenstunden, als plötzlich eine laute Männerstimme uns aufrüttelte: »Ruhe! Alle Ruhe bewahren! Alle herhören! Tito ist mit seinen Gefolgsleuten auf dem Weg zur Versammlung in einen Hinterhalt geraten! Noch ist nicht klar, um welche feindliche Einheit es sich handelt, aber er kämpft hart um sein Leben. Unser Treffen hier muss verraten worden sein, wir sind alle in höchster Gefahr!«

Allgemeines Entsetzen machte sich breit, Rufe, Weinen und Schreien zerrissen die Stille.

»Ruhe, unbedingt Ruhe bewahren!«, schrie die männliche Stimme, und in meiner Benommenheit konnte ich nicht ausmachen, wer uns da zusammenbrüllte.

»Sofort in größter Eile in die umliegenden Wälder fliehen! Keine großen Gruppen bilden! Jeder ist jetzt für sich selbst verantwortlich! Jeder renne, so schnell er kann!«

In dem Moment wurde ich bereits von den ersten Füßen niedergetrampelt. Die Leute, die vor uns gesessen hatten, auch der Schnecken-Mann, versuchten, über uns zu springen, und rissen mit sich, was sie zu fassen bekommen konnten. Ich sah noch eine

Männerhand, die unsere Wolldecke und unseren Kopfkissenbezug an sich raffte, und Ljubicas nackte Beine, die hinter diesem Übeltäter her hechteten. Dann lag ich mit dem Gesicht nach unten zwischen den Baumstämmen und suchte Deckung, um nicht totgetrampelt zu werden. Wie eine Horde aufgescheuchter Tiere rannten die Menschen in alle Himmelsrichtungen davon, und nach wenigen Augenblicken war der Platz leer.

Benommen und verstört tauchte ich schließlich wieder aus meinem Versteck auf.

Weit und breit war niemand. Auch keine Ljubica. Hier und da lagen vereinzelte Fetzen auf den Baumstämmen oder auf dem Waldboden, ein Kinderspielzeug, ein kaputter Rucksack, eine zerschlissene Decke, ein zerbeulter Trinkbecher. Feuchte Nebel stiegen aus den Wäldern, es roch würzig nach Tau und Kräutern, aber auch nach kalter Angst.

»Ljubica«, wisperte ich erst kläglich, dann rief ich ihren Namen lauter.

»Ljubica!« Nichts. Stille. Die Wipfel der Bäume rauschten im Morgengrauen, und in meiner Angst sah ich hinter jedem Baum und hinter jedem Stein ein grässliches Ungeheuer lauern.

»Ljubica!«

Aber keine Ljubica. Inzwischen waren sicher zehn Minuten vergangen, und mir liefen kalte Schauer über den Rücken.

»Sie holt dich, sie kommt zurück, sie hat dich immer geholt, sie hat dich noch nie vergessen«, beschwor ich mich selbst und biss mir auf die Fäuste, während mir der Durchfall an den Beinen herunterlief. »Sie kommt, sie kommt gleich, sie hat gesagt, sie wird mich nie verlassen …«

Plötzlich knackte es in den Bäumen, und ich hörte flüsternde Stimmen. Zwei Männer und eine Frau.

»Da ist noch wer!«

»Ein Kind!«

»Verdammt, da steht ein einsamer Bengel und flennt!«

»Ljubica!«, brüllte ich aus Leibeskräften.

»He, Kleiner. Beruhige dich. Hier ist keine Ljubica.«

»Wir waren gerade in der Nähe und hörten dich rufen …« Die Frau beugte sich zu mir herunter und presste mir ihre schmutzige Hand auf den Mund. »Du verrätst uns noch alle! Sei still!«

»Ljubica!«

»Hör auf zu schreien, Junge!« Einer der Männer schüttelte mich. Ich sah in sein besorgtes, aber auch gehetztes Gesicht. »Wir sind selbst auf der Flucht, hier wimmelt es von Tschetniks, und wenn du hier rumschreist, sind wir gleich alle tot!«

»Ich will meine Ljubica«, wimmerte ich, aber da hatte er mir schon seine schmutzige Hand auf den Mund gepresst.

Die Frau riss mich am Arm und zerrte mich mit sich fort. Ich wehrte mich nach Leibeskräften und wollte zurück auf den Platz, denn ich war mir ganz sicher, dass Ljubica mich dort über kurz oder lang suchen würde, doch die Frau krallte ihre harte Hand in meinen Arm und zerrte mich weiter. »Still, Kleiner. Jetzt ist sich jeder selbst der Nächste. Wenn du weiter schreist, lassen wir dich einfach stehen!«

»Ja, lass den Bengel stehen, er hält uns nur auf!« Einer der beiden Männer zog die Frau weiter, doch diese ließ mich nicht los.

»Schäm dich, Janosch. Er könnte unser Sohn sein.«

Und so ließ ich mich von diesen drei Partisanen mitziehen und hatte nicht mehr die Kraft, nach Ljubica zu weinen.

Ich sollte sie niemals wiedersehen.

*   *   *

Tagelang irrten wir ziellos, erschöpft und hungrig durch die Wälder, und die Stimmung der drei Partisanen näherte sich dem Nullpunkt. Die rothaarige Frau zerrte mich widerwillig hinter sich her, die Männer beachteten mich nicht. Unter einem Baum hockend, stopften sie Bärlauch in sich hinein und klammerten sich schon halluzinierend an ihren Gewehren fest.

»Wir haben es nicht geschafft, unsere Landsleute zu beschützen.«

»Wir sind genauso feige abgehauen wie alle anderen.«

»Und jetzt haben wir auch noch einen Klotz am Bein.«

»Es hat ja doch keinen Zweck mehr, die Schweine werden uns finden und dann gnade uns Gott.«

»Es gibt keinen Gott, wie Marx schon sagt.«

»Religion ist Opium für das Volk.«

»Sie häuten die Männer und pfählen die Frauen, nachdem sie sie vergewaltigt haben.«

»Hört doch auf, vor dem Kleinen so zu sprechen.«

»Der wird nicht mehr lange leben. Vielleicht kommt er ja in den Himmel, er hat ja noch nichts Böses getan.«

»Es gibt keinen Himmel, wir stecken nämlich mitten in der Hölle, und aus der gibt es kein Entrinnen mehr.«

»Wir sollten uns selbst töten, damit wir den Tschetniks nicht lebend in die Hände fallen.«

»Wie viel Schuss haben wir übrig?«

»Drei.«

»Das ist einer zu wenig.«

»Wieso?«

»Wer erschießt den Jungen?«

Plötzlich musste ich mich wieder übergeben. In Krämpfen würgte ich grünen Schleim heraus, während mir schwarzes Wasser an den Beinen herunterrann.

»Den muss man nicht mehr erschießen, der schafft keine Nacht mehr.«

»Still! Da blitzt etwas durch die Büsche!«

Der eine der beiden duckte sich und kroch vorsichtig robbend aus der Deckung.

»Da vorne ist ein Tümpel!«

»Wasser?«

»Nichts wie hin, ich sterbe vor Durst! Komm, Kleiner!«

Wir krochen auf allen vieren aus dem dichten Unterholz und hörten bald darauf schon einen sprudelnden Quell plätschern, der sich lieblich in den Tümpel ergoss, als wäre die Welt ein friedlicher Ort. »Frisches Wasser!«

Wie auf Kommando warfen die drei ihre Waffen ins Gras und ließen sich auf den Bauch fallen, um gierig das Wasser zu trinken. Ich selbst lag, von Krämpfen gekrümmt, neben der rothaarigen Frau und trank das kühle Nass in mich hinein, bis ich glaubte, dass mir der Bauch platzen würde.

Vom vielen Trinken erschöpft, blieben wir noch eine Weile, mit dem Gesicht zur Erde, liegen. Vielleicht waren wir ja auch schon tot. Es fühlte sich gut und friedlich an: Erde zu Erde, Staub zu Staub.

Plötzlich knackte es im Unterholz, und wir spürten, dass wir nicht mehr allein waren.

»Auf die Knie!«

»Hände über den Kopf!«

Am Rand des Tümpels kniend, hoben wir die Hände. Eine rothaarige Frau, zwei Partisanenmänner und ich, ein sechsjähriger Knirps.

Gleich vier Männer in braunen Uniformen und mit Maschinenpistolen, die sie auf uns richteten, brüllten auf uns ein: »Dreckiges Pack, ihr seid es nicht wert zu leben.«

»Germanskis«, entfuhr es der Frau.

»Schnauze halten!« Einer der Männer in brauner Uniform hieb ihr ihr eigenes Gewehr in den Rücken, das er von der Wiese aufgehoben hatte. Einen Moment lang hatten die drei dem Durst mehr Aufmerksamkeit geschenkt als ihren Waffen.

Was wir zu dem Zeitpunkt noch nicht wussten, war, dass die Soldaten Angehörige der gefürchteten deutschen Waffen-SS waren. In der SS dienten während des Zweiten Weltkriegs im damaligen Jugoslawien vorzugsweise Männer aus mehrsprachigen Gebieten, wie zum Beispiel dem Banat. Deshalb hatten sie uns auf Serbokroatisch angesprochen.

»Los, Hände auf den Rücken!«

Den drei jungen Erwachsenen wurden die Hände auf dem Rücken zusammengebunden, während einer der SS-Leute mich mit seiner Maschinenpistole in Schach hielt.

»Los, aufstehen!«

Die drei richteten sich taumelnd auf, den Blick zu Boden gerichtet. Ich hockte immer noch auf den Knien und hielt meine Hände willig auf den Rücken.

»Gib her, Kleiner.« Der Mann, der mich bewachte, band mir die Hände vorn zusammen, zum Glück nicht zu fest. Die anderen drei wurden mit einem Seil aneinandergebunden.

»Los, mitkommen!«

Die drei trotteten völlig apathisch los, wie Schlachtvieh.

Um mich besser im Auge behalten zu können, musste ich vor den drei Partisanen gehen, und weil wir so erschöpft waren, fielen wir immer wieder hin. Das fassten die Soldaten als Provokation auf und hieben mit den Gewehren auf sie ein. »Los! Auf! Keine Müdigkeit vorschützen! Wird's bald! Ich werde euch Beine machen!« Ich wurde am Schlafittchen hochgerissen uns unsanft auf die Beine gestellt.

Der Weg zum Lager der Germanskis war weit und mühsam, und an Flucht war sowieso nicht zu denken, dazu waren wir viel zu geschwächt. Die Männer unterhielten sich unterdessen auf Deutsch, was niemand von uns verstehen konnte. Jedoch sah ich ihre mitleidigen Blicke, was mich anbetraf. Bestimmt hielten sie mich für das Kind von dem Paar, das jetzt mit versteinerten, trotzigen Blicken hinter mir herstolperte. Die verfilzten Haare der Rothaarigen fielen ihr mit jedem taumelnden Schritt ins Gesicht, und ihr schmutziges

Gesicht wurde wie von einem rötlichen Vorhang verdeckt. Die Männer starrten aus schwarzen versteinerten Gesichtern vor sich hin. Meine vorsichtigen Blicke wurden ignoriert.

Schließlich gelangten wir auf dem schmalen, zugewucherten Pfad zu einer großen Lichtung, auf der militärische Zelte, Wagen und Kriegsgeräte standen. Viele Soldaten in braunen Uniformen und mit einem Hakenkreuz auf einer Armbinde marschierten dort geschäftig herum, jemand brüllte Befehle, die anderen rannten und waren mit ihren kriegerischen Übungen beschäftigt.

Ein Offizier, begleitet von einem Schäferhund, trat aus einem der Zelte und kam unserem Trupp mit strammen Schritten entgegen. Sein Arm schnellte in die Höhe, und er stieß einen knappen Gruß aus, den die vier Männer, die uns gebracht hatten, mit der gleichen strammen Haltung und dem gleichen knappen Gruß erwiderten.

Der Offizier trat zu uns und musterte uns lange und schweigend, die Hände auf dem Rücken verschränkt. Der Schäferhund beschnupperte uns, und als er an meinen nackten Beinen schnüffelte, musste ich schon wieder alles unter mich lassen vor Angst.

»Hasso. Sitz!«

Der Offizier schnippte mit den Fingern, und winselnd kroch der Hund neben ihn, legte die Ohren an und duckte sich.

Mit finsterer Miene starrte der Offizier jeden von uns lange und ausgiebig an. Als er bei der rothaarigen Frau angelangt war, spuckte sie auf den Boden, was ihr einen Hieb mit dem Gewehrkolben einbrachte. Ich zitterte vor Angst und klapperte mit den Zähnen.

Als der Offizier bei mir angelangt war, schüttelte er mitleidig den Kopf, sagte aber nichts.

»So, rein mit euch, aber schnell!«

Das Verhör, das nicht stattgefunden hatte, war beendet. Wir mussten mit eingezogenem Kopf in eines der Zelte kriechen, und als meine Augen sich an die Dunkelheit gewöhnt hatten, bemerkte ich darin Holzpflöcke, die aus der Erde ragten.

»Jeder mit dem Rücken an einen Holzpflock!«

Die Soldaten fesselten uns je an einen Holzpflock, und als wir in dieser Position auf der Erde saßen, auch noch unsere Beine.

So saßen wir einige Stunden und starrten wortlos vor uns hin. Draußen patrouillierten die Soldaten vor dem Zelt und passten auf, dass wir nicht wegliefen. Dabei war das schier unmöglich. Wie lange wir da halb hingen, halb lagen, weiß ich nicht mehr, weil mir todschlecht war und ich immer wieder Galle auf den Boden neben mich würgen musste.

Ich hatte das Gefühl, mich in meine eigenen Körperflüssigkeiten aufzulösen.

»He, Kleiner! Mitkommen!«

Einer der Soldaten band mich los und zerrte mich vor das Zelt. »Läufst du auch nicht weg?«

Stumm schüttelte ich den Kopf.

»Versprochen?«

Stumm nickte ich heftig.

»Dann darfst du jetzt deinen Eltern was zu essen bringen.«

Ganz kurz setzte mein kleines verwirrtes Herz aus: meine Eltern? Waren die denn hier? Die waren schließlich tot! Doch dann begriff ich, dass sie die Rothaarige und einen der schwarzbärtigen Männer meinten. Ich ersparte mir und ihnen jede überflüssige Erklärung.

Der Soldat legte mir gar nicht so unfreundlich die Hand in den Nacken und führte mich zu etwas, das sie Gulaschkanone nannten: eine Art riesiger Blechtopf, in dem ein Brei vor sich hin blubberte. Ein dicker Koch rührte mit einem riesigen Kochlöffel darin herum und lachte.

»Na Kleiner? Lange nichts zwischen die Zähne gekriegt, was?«

»Wie alt bist du denn, Junge?« Er schüttelte mich im Nacken wie ein Jagdhund ein Kaninchen.

Ich zuckte die Schultern.

»Ach, lass den Kleinen, der kriegt jetzt seine Henkersmahlzeit, und dann war es das mit ihm.«

Der Soldat nahm vier Schüsseln, die der Koch mit einer Kelle füllte, und brachte sie ins Zelt zurück. »So Kleiner, du darfst deinen Eltern jetzt beim Essen helfen, also schön füttern, klar?«

Und zu den drei Partisanen gewandt, die ihnen mit wilden Blicken und wirren Haaren trotzig entgegenstarrten: »Nur nicht zu gierig essen, Partisani! Nach dem vielen Hungern kriegt ihr sonst Magen-Darm-Probleme! Wir haben schon Pferde vor der Apotheke kotzen sehen.«

Er meinte es wohl gar nicht höhnisch oder böse, er hatte wahrscheinlich sogar Mitleid mit ihnen. Abwechselnd kroch ich von einem zum anderen und steckte ihnen den Holzlöffel mit dem Brei in den Mund. Als ihre Näpfe leer waren, stürzte ich mich auf meinen und löffelte heißhungrig alles auf. Es war ein kräftiger Eintopf mit Kartoffeln, Gemüse und Rindfleisch, aber sofort wurde mir wieder todschlecht, und ich musste mich entleeren.

»Hier entlang, Kleiner!« Der Soldat am Zelteingang pfiff durch die Zähne und scheuchte mich vor sich her. »Wer wird denn sein eigenes Zelt versauen. Da ist der Donnerbalken!«

Er hob mich auf einen Schacht zwischen zwei Holzbrettern über einer grässlich stinkenden Grube, und reflexartig schrie und strampelte ich um mein Leben. Dabei schlang ich meine Arme aus Versehen um den Hals des Soldaten, weil ich mich schon in der Latrine ertrinken sah.

Der gutmütige Soldat lachte. »Immer mit der Ruhe, mein Kleiner. Diesen Tod wirst du jedenfalls nicht sterben, wir sind doch keine Unmenschen.«

Auch die anderen durften schließlich mit auf dem Rücken gefesselten Händen zu dem Donnerbalken schlurfen, bewacht von zwei bewaffneten Soldaten, und dort ihre Notdurft verrichten.

Jeden Tag kam der Offizier mit dem Schäferhund und einem

Dolmetscher und ließ die drei Partisanen ausfragen, während ich inzwischen schon frei herumlaufen durfte. Alle drei jedoch schwiegen verstockt, und die Stimme des Offiziers wurde erst lauter, schärfer und schließlich immer leiser. »Komm, Hasso. Dann eben nicht. Jeder ist seines Glückes Schmied.«

Eines Morgens noch vor Sonnenaufgang kamen vier Soldaten zum Zelt, knallten die Hacken zusammen und brüllten wieder ihren üblichen Gruß, bevor sie hereinkamen und die drei von den Pflöcken losbanden. Der Hund umhechelte uns eifrig, als wir zum Wald geführt wurden.

Er schien sich auf einen Spaziergang zu freuen, der ihm schon bekannt war. Auf diesem Weg waren wir vor etwa eine Woche auch gekommen, und letztlich waren die Deutschen recht freundlich zu mir gewesen. Ich hatte das Gefühl, dass sie auch zu den drei Partisanen freundlicher gewesen wären, wenn die mit ihnen geredet hätten. Nachdem wir nun einige Wochen zusammen verbracht hatten, hatte ich die Hoffnung, bei ihnen bleiben zu können. Besonders die rothaarige Frau hatte sich doch für mich starkgemacht. Sie hätten mich ja im Wald liegen lassen können.

Mit erhobenen Händen schritten wir vor den Soldaten her, bis wir zu dem Platz kamen, wo sie uns gefunden hatten. Der grünliche Tümpel schimmerte in der Morgensonne, umsurrt von Maikäfern und Bienen, und die Quelle sprudelte und plätscherte. Die Vögel sangen, und die Bäume standen im satten Grün. Hasso, der Hund, stromerte lebensfroh und mit der Nase an den feuchten Boden gedrückt, um unsere traurige Gruppe herum. Der Hund schien das gewohnt zu sein, und ich begann zu ahnen, was gleich passieren würde.

Jetzt wurden dem ersten Partisanen die Fesseln abgenommen, und einer der Soldaten drückte ihm eine Schaufel in die Hand.

»Los. Graben.« Der Mann wusste genau, was von ihm erwartet wurde. Er grub ungefähr eine Stunde lang sein eigenes Grab. Dann wurde er wieder gefesselt, und die Schaufel wurde dem nächsten Mann gegeben. Währenddessen stand der andere eine Stunde lang vor seiner Grube. Schließlich war die rothaarige Frau dran. Keiner von ihnen klagte oder weinte, mit zusammengebissenen Lippen taten sie, was von ihnen erwartet wurde, und schlossen mit ihrem Leben ab. Der Hass auf die Germanskis war ihnen ins Gesicht geschrieben, und ich bewunderte ihre Tapferkeit. Bevor sie eine Träne weinten oder um Gnade winselten, ließen sie sich schweigend erschießen.

Als auch sie fertig war und gefesselt vor ihrer Grube stand, war ich an der Reihe.

Doch ich konnte die Schaufel kaum heben, geschweige denn damit graben.

»Ich kann das für ihn machen«, erbot sich einer der Partisanen. »Dann hat das Elend ein Ende.«

»Na meinetwegen.« Noch einmal wurde er losgebunden und grub für mich ein Grab. Es war kleiner, etwa halb so groß wie das der anderen. Ich stand dabei, und warme Flüssigkeit lief mir an den Beinen herunter.

Wie würde es sich anfühlen, da unten drinnen in dem feuchten nassen Grab, und wer würde hinter uns die Erde zuschütten? Das waren die Gedanken, die mir durch den Kopf jagten wie grelle Blitze. Mein Herz polterte in dumpfen Sätzen, und plötzlich fühlte ich eine Leichtigkeit, die nur von meiner Mame und meinem Tate kommen konnte: Bald würde ich wieder bei ihnen sein! Sie warteten doch schon so lange im Himmel auf mich! Ein letztes Mal sog ich meine kleinen Lungenflügel voll mit frischer, würziger Waldluft.

»Für heute reicht es. Hasso, bei Fuß!« Die Soldaten banden die Partisanen wieder fest und führten uns zurück in das Lager. »Morgen ist auch noch ein Tag, und gleich gibt es Essen.«

Mit diesen schrecklichen Aussichten kehrten wir wortlos und

entmutigt gegen Abend zurück in das Lager. Es war ein dreistündiger Marsch, von dem wir wussten, dass wir ihn morgen wieder, dann aber ein letztes Mal, gehen würden.

Die Nacht im Zelt war fürchterlich; die drei Erwachsenen weinten und stöhnten und versuchten, sich gegenseitig zu trösten, und sangen noch einmal ihre Partisanenlieder, bis sie schließlich ermattet in den Dreck sanken und an ihren Pflöcken halb im Sitzen einschliefen. Die Frau hatte erneut ihren rötlichen Haarvorhang vor ihr Gesicht fallen lassen, die Männer verbargen ihre Züge hinter den schwarzen Bärten. Immer wieder stöhnten sie, von Albträumen gepeinigt, auf.

Am nächsten Tag geschah bis zum Abend gar nichts. Die Soldaten hatten wohl Wichtigeres zu tun, als uns zu unseren Gräbern zu begleiten.

Doch dann war die Stimme des Lagerkommandanten zu hören: »Hasso, komm! Zeit für deinen Abendspaziergang!« Der Hund hechelte am Zelteingang herum, und wir wurden abgeholt.

Es war so weit. Von den vier Soldaten begleitet, machten wir uns auf unseren letzten Weg.

Ich versuchte noch einmal ganz bewusst, den Duft des Waldes in meine kleinen Lungen einzusaugen, lauschte auf jeden Vogelruf und jedes Geräusch der Natur, in der ich doch mein ganzes Leben verbracht hatte, und ließ den warmen Sommerwind noch einmal durch meine langen, verfilzten Haare streichen. Mame, Tate, ich komme. Wartet auf mich.

Wieder mussten wir uns alle vor unserer eigenen Grube aufstellen. Die Abendsonne stand schräg und beleuchtete auf grotesk farbenfrohe Weise unsere letzte Bühne. Gleich würde der Vorhang für immer fallen.

»Soldaten – leeeegt – – – – an!«

Die vier Soldaten, die uns gegenüberstanden, hoben die Gewehre an die Backe.

Plötzlich begann Hasso, der im Gestrüpp herumgehechelt hatte, zu bellen. In Erwartung der Gewehrschüsse zuckten wir heftig zusammen.

Der Schäferhund rannte schwanzwedelnd auf eine Gruppe Offiziere zu, die in Begleitung des Lagerkommandanten des Weges kamen.

»Hasso, ist ja gut!« Der Lagerkommandant tätschelte dem Hund den Kopf. Plötzlich blieb er stehen: »Welcher Wahnsinnige hat den Befehl gegeben, das Kind vor die Grube zu stellen?«

Mein Herz raste heftig. Der Offizier, der zu seinem Hund so nett war, wurde richtig wütend.

Mit unglaublicher Lautstärke brüllte er die Soldaten an, die bereits schussbereit einige Meter gegenüber dem Tümpel standen: »DEUTSCHE SOLDATEN ERSCHIESSEN KEINE KINDER!«

Wir vier hatten schon mit hinter dem Kopf gefalteten Händen auf unseren Tod gewartet und die letzten Sekunden gezählt. Ich hatte die Luft angehalten.

»Bringt den Kleinen her, aber schnell!«

Als zwei Soldaten herbeieilten und mich hochhoben, wehrte ich mich mit Händen und Füßen. Ich wollte lieber mit den Partisanen sterben, als allein den Germanskis ausgeliefert zu sein.

»Kleiner, beruhige dich! Wir tun dir nichts!«

»Ich will nicht, ich will bei meinen Freunden bleiben, ich will zu ihnen!« Ich sträubte mich und weinte und schämte mich, dass ich nun am Leben bleiben sollte und sie sterben mussten.

»Djoko, hör zu, wir können doch nichts mehr für dich tun!« Die rothaarige Frau sah mich unter Tränen an. »Geh mit ihnen, du hast dein ganzes Leben noch vor dir!«

Sogar der Hund stupste mich winselnd mit der Schnauze an und wedelte schwach mit dem Schwanz.

Widerwillig ließ ich mich mitziehen zu dem Kommandanten hin, der mir die Hand auf die Schulter legte. Daraufhin legte auch

Hasso mir eine Pfote auf die Schulter, und so stand ich da und schämte mich und fühlte mich wie ein elender Verräter.

Der Kommandant warf dem Soldaten einen Blick zu, und dieser bückte sich und verband mir die Augen. Zu zweit hielten sie mich fest, denn in meinem kindlichen Wunschdenken hatte ich bis zur letzten Sekunde gehofft, dass sie auch die anderen drei verschonen würden.

Unmittelbar danach wurde es bedrohlich ruhig. Wann kamen denn die Kommandos? Sie schrien sonst immer so zackig ihre Befehle in die Welt!

Doch es kamen keine Befehle mehr.

Nur drei Schüsse. Sie knallten weit in die Landschaft hinein und hallten als Echo wieder zurück.

Zitternd stand ich da, immer noch mit der Augenbinde, und hörte geschäftiges Treiben.

Erst als sie mir die Binde abgenommen hatten, konnte ich drei flache Erdhügel sehen, dort, wo ich eben mit meinen drei Partisanenfreunden in Reih und Glied gestanden hatte.

Und einen Soldaten mit einer Schaufel in der Hand.

*   *   *

»Na Kleiner, da bist du noch mal mit dem Leben davongekommen, was? Dann waschen wir dich erst mal, du stinkst ja wie ein kranker Iltis!«

Der gutmütige Soldat, der mich schon auf den Donnerbalken gehoben hatte, steckte mich in einen hölzernen Waschzuber und schrubbte mich mit einer harten Bürste von oben bis unten ab.

»Gott, bist du dünn, an dir ist ja gar nichts mehr dran!«

Völlig apathisch, traumatisiert und in Trance ließ ich diese Prozedur über mich ergehen.

»Ich bin Franz Bauer!« Der Soldat zeigte auf seine Brust. »Franz! Bauer! Ich komme aus dem Banat.« Er sprach serbokroatisch mit mir, sodass ich ihn verstehen konnte.

»Wie heißt du, Kleiner?«

»Djoko.«

In meinem todkranken Zustand war ich weit davon entfernt, Konversation zu betreiben. Das Waschen meiner verkrusteten Wunden an den Beinen hatte so wehgetan, dass ich nur noch wimmerte. Nach dem entsetzlichen Erlebnis vor meinem eigenen offenen Grab konnte ich nicht davon ausgehen, dass das Leben je etwas Schönes für mich bereithalten würde.

Nachdem Franz Bauer mich gewaschen hatte, wickelte er mich in ein grobes Handtuch und trug mich zu einem anderen Zelt, wo ein Soldat mit einer Schere auf mich wartete. In Erwartung weiterer Folterqualen weinte und schrie ich wie von Sinnen.

»He, Kleiner, beruhige dich, hier tut dir keiner was!«

Das wagte ich zu bezweifeln. Bis jetzt hatte ich nur mit ansehen müssen, was man mit gefangenen Partisanen tat, die nicht reden wollten. Und ich *konnte* nicht reden! Nur weinen, schreien und wimmern.

Franz Bauer, ein Mann mittleren Alters und mittlerer Größe mit einem kleinen schwarzen Schnauzbärtchen über der Oberlippe, zeigte jedoch Mitgefühl.

»Das tut nicht weh, schau, wir befreien dich nur von deinen Läusen!«

Er hielt mich fest, als der andere Soldat mir die langen, verfilzten Haare abschnitt und mir schließlich mit einem Handgerät eine Glatze schor.

Ich war von Ungeziefer gepeinigt und übersät von Stichen, Bissen und offenen Wunden.

»Was ziehen wir dir an, Djoko? Deine zerlöcherten Lumpen können wir nur noch wegschmeißen.«

Ich zuckte beschämt mit den Schultern. Nackt und geschoren wie ein Lamm stand ich vor ihnen.

»Der überlebt sowieso nicht, wenn wir ihn nicht dem Militärarzt vorführen!« Da waren sich die Soldaten einig.

So trugen sie mich kleines glatzköpfiges Skelett in das Zelt mit dem roten Kreuz darauf.

Wehrlos und entkräftet ließ ich alles geschehen, eingewickelt in eine kratzige graue Decke.

Der Militärarzt untersuchte mich lange und gründlich. Dabei bemühte er sich sehr, mir nicht wehzutun. »Junge, was ist denn mit deinen Beinen passiert?« Kopfschüttelnd starrte er auf meine Wunden, die immer noch nicht verheilt waren. Durch die vielen Stürze, die mangelnden hygienischen Verhältnisse und schließlich durch fehlende medizinische Behandlung hatte ich keine Chance auf Besserung gehabt.

»Sag mal, Kleiner, wer hat dir das denn zugefügt? Das ist ja bestialisch!«

Franz Bauer musste übersetzen. Ich weinte und wimmerte und stotterte, weil ich so überfordert und in Panik war. Die Erinnerungen an den Angriff und seine Folgen brachten mich schier um den Verstand.

»Die Ustascha haben das Dorf meines Großvaters angegriffen«, brachte ich schließlich heraus.

»Die bösen Männer haben sein Haus in der Nacht kaputt geschossen, und meine Mame und mein Großvater waren unter dem Schutt begraben. Meine Mame lag in ihrem Blut und hat sich nicht mehr bewegt, aber mein Großvater hat mir befohlen, zum Dorfbrunnen zu laufen, damit mich jemand findet ...« Unter Schluchzen und Stottern brachte ich heraus, was damals passiert war. »Und dann brachte mich eine alte Frau in einen Stall ...«

Erschüttert standen die Männer in der braunen Uniform an meiner Lazarettliege und schüttelten die Köpfe. Nachdem ich mit dem Erzählen fertig war, wandte der Arzt sich ab und machte sich fahrig an seinen medizinischen Geräten zu schaffen. Brüsk wischte er sich über die Augen und schrie plötzlich laut: »So ein Irrsinn!«

Als er sich wieder gefangen hatte, wandte er sich an Franz Bauer, der ebenfalls mit tränenfeuchten Augen dabeistand und alles übersetzt hatte, was ich stammelnd von mir gegeben hatte: »Der Kleine ist durch die wochenlangen Entbehrungen da draußen fast verhungert. Deutlich untergewichtig, Hungerödem, übersät von eiternden Wunden, offene Beine. Ganz zu schweigen von seinen psychischen Traumata.« Er schüttelte den Kopf und wischte sich mit dem Ärmel seines Kittels über die Augen. »Unglaublich, dass er das bis jetzt überleben konnte. Das nenne ich zähen Überlebenswillen. – Bauer, ich vertraue Ihnen den Jungen an. Anfangs kleine Mengen an püriertem Essen verabreichen, später das Quantum langsam steigern. Vitaminreiche Kost, viel Eiweiß, wenig Kohlehydrate.«

Bauer schlug die Hacken zusammen, ließ seinen Arm wie gewohnt in die Höhe schnellen und trug mich in eines der Feldbetten, die den verletzten Soldaten vorbehalten waren.

In der weiteren Folge wurde ich gut behandelt, und man ließ mir Zeit, um mich an die neue Lebenssituation zu gewöhnen. Nachts verfolgten mich entsetzliche Albträume, und ich wachte schweißgebadet und schreiend auf, aber Franz Bauer war in meiner Nähe, sprach beruhigend auf mich ein und strich mir über die Stoppelglatze, bis ich wieder in erlösenden Tiefschlaf fiel.

Es vergingen einige Wochen, vielleicht sogar Monate, bis meine Wunden erneut so weit verheilt waren, dass ich wieder ansprechbar war.

Langsam gewöhnte ich mich an die neue Umgebung und begann, zu Franz Bauer Vertrauen zu fassen. Er war ein gutmütiger Geselle, der offensichtlich genauso wenig freiwillig hier war wie die meisten. Er versuchte, das Beste aus seiner und meiner Situation zu machen, und redete oft beruhigend und besänftigend auf mich ein. Dabei fasste er meine kleine Hand und ließ sie in seiner warmen Hand ruhen, bis ich mich gefangen hatte.

* * *

Das bekannte Hecheln von Hasso ließ mich hochschrecken. Panisch verkroch ich mich in die hinterste Ecke meines Feldbettes im Lazarettzelt, als ich die bekannte Stimme des Offiziers draußen hörte: »Hasso, sitz. Du kannst hier nicht mit rein.« Würde er jetzt sagen: »Zeit für deinen Abendspaziergang, Hasso«?

»Heil Hitler«, wurde er zackig gegrüßt, und Hacken wurden zusammengeschlagen.

»Na, wo ist denn unser kleiner Patient?«

»Hier hinter dem Vorhang, Herr Offizier!«

Ich robbte bis ganz an die Wand und zog mir die Decke über das Gesicht. Das letzte Mal hatten sie uns abgeholt!

Doch der Offizier, der nach Hund roch, näherte sich vorsichtig und rücksichtsvoll. Franz Bauer übersetzte.

»He, kleiner Mann. Wie geht es dir?«

»Gut!«, piepste ich.

»Erzähl mir mal, wo du herkommst, wer du bist und warum du mit den Partisanen unterwegs warst. Denn das waren ja gar nicht deine Eltern, wie wir inzwischen wissen.«

So gut ich aufgrund meines Alters und meines mangelnden Wortschatzes dazu in der Lage war, berichtete ich mit kindlichem Gestammel, was mir in den letzten Monaten – oder waren es inzwischen sogar Jahre? – widerfahren war. Immer wieder schüttelten die hartgesottenen Männer in den Uniformen die Köpfe, und Franz Bauer schluckte hart an einem Kloß im Hals.

»Was machen wir denn nun mit dir?«

Schüchtern zuckte ich die Schultern.

»Wir brechen nämlich hier die Zelte ab und müssen für dich eine Entscheidung treffen.« Der Offizier kratzte sich an der Stirn. »Bauer! Wir nehmen ihn mit. Kümmern Sie sich in weiterer Folge um den kleinen Mann. Lassen Sie ihm eine Uniform schneidern, damit er einer von uns ist!«

»Zu Befehl, Herr Offizier!«

Und zu mir gewandt, beteuerte der mächtige Mann, dessen Schäferhund draußen vor dem Eingang lag und winselnd auf seinen Herrn wartete: »Du musst vor den Germanskis keine Angst haben! Wir sind doch keine Unmenschen.«

Es war die 13. Kompanie einer Infanterieeinheit der Waffen-SS, in deren Gefangenschaft meine Partisanenfreunde und ich geraten waren.

»Aufbruch!«, tönte der Befehl, als ich aus dem Lazarettzelt getragen wurde. »Der Kleine kommt auf den Wagen von Franz Bauer!«

Mit staunenden Augen nahm ich wahr, dass das ganze Lager in ein fahrbares Unternehmen verwandelt worden war: Lebensmittel, Bekleidung, Waffen, Schneider, Schuster, das Lazarett, die fahrbare Küche, alles wurde auf Planwagen verstaut und von Pferden gezogen.

»Na komm, Kleiner!« Franz Bauer hob mich neben sich auf den Kutschbock.

»Hat der Koch dir heute Morgen ein gutes Frühstück gegeben?« Ich nickte begeistert.

»Und der Schneider hat dir eine fesche Uniform genäht!«

Stolz blickte ich auf meine kurzen Hosen aus demselben braunen Stoff, den hier alle trugen, und das grünbraune Hemd.

»Nur das mit den Schuhen hat wohl nicht geklappt?« Franz Bauer grinste gutmütig.

Es war eine von vielen dramatischen Szenen gewesen, als der Schuster meine Füße in enge, sperrige Lederdinger zwängte und diese dann fest zuschnüren wollte! Ich hatte geschrien wie am Spieß, hatte ich doch im Leben noch keine festen Schuhe getragen und fühlte mich gefangen und eingeengt wie ein Vogel, dem man die Flügel stutzt. Ich hatte mit den Beinen gestrampelt und war weggelaufen, und unter dem gutmütigen Gelächter der Soldaten hatte man schließlich davon abgesehen, mich in diese Schnürstiefel einzwängen zu wollen. Opanken hatten es dann auch getan.

»Na, also los.«

Franz Bauer gab mir die Zügel in die Hand und schnalzte mit der Zunge. Die beiden Gäule, die unseren Planwagen zogen, setzten sich ruckelnd in Bewegung.

»Gut machst du das, kleiner Franz!« Obwohl er mich anfangs mit meinem richtigen Namen Djoko angesprochen hatte, nannten mich die Soldaten immer öfter »Franz«. Wahrscheinlich weil ich das Maskottchen von Franz Bauer war, aber auch, wie der große Franz mir unterwegs erklärte: »Hör mal, Kleiner, es ist nicht alltäglich, dass Soldaten im Krieg ein kleines Kind mit sich führen. Wir könnten dadurch erhebliche Probleme kriegen, verstehst du das?«

Ich nickte, stolz, noch immer die Zügel führen zu dürfen.

»Wenn man dich fragt, wer du bist, sagst du, du bist ein Deutscher, dessen Eltern von den Partisanen umgebracht wurden, klar?«

Ich nickte wieder.

»Ab sofort werden wir beiden deutsch miteinander sprechen, denn du bist jetzt ein deutscher Junge und gehörst zum Großdeutschen Reich.« Er tätschelte mir den kurz geschorenen Kopf, auf dem langsam wieder ein schwarzer Flaum spross.

»Ist gut.«

»Unser Führer liebt solche Jungen wie dich: zäh wie Leder, hart wie Kruppstahl, wendig und schnell.«

»Hm, hm.«

»Nix hm, hm. Ein anständiger deutscher Junge grüßt mit Heil Hitler, und es heißt, Jawoll Herr Unteroffizier!«

»– – – –???«

»Sprich mir auf Deutsch nach: Heil Hitler!«

»Chail Chittla.«

»Na bitte. Das wird doch.«

»Ja. Wird doch.« Ich dachte, ich sollte ihm nachsprechen.

»Du musst fleißig üben, Djo… Franz. Es besteht nämlich die Gefahr, dass man dich von der Einheit trennen könnte. Und dann stehst du da ganz allein, Franz. Und was wird dann aus dir?«

»Ja. Chail Chittla. Wird doch.« Ich gähnte und wäre fast vom Kutschbock gefallen vor lauter Müdigkeit. Das überforderte mich alles mächtig. Die Angst, wieder allein und ohne eine Menschenseele dazustehen und den fürchterlichen Kriegswirren ausgeliefert zu sein, ließ mich in eine Art Schockstarre fallen. Das gleichmäßige Klappern der Hufe und durchgerüttelt zu werden, taten ihr Übriges. Mein Kopf fiel nach vorn, und die Zügel glitten mir aus den Händen. Franz Bauer lachte.

»Na, kriech schon nach hinten in den Planwagen und hau dich zwischen die Decken. Das ist ja auch viel für dein armes kleines Spatzenhirn.«

So zog unsere Kompanie dahin, je nach den kriegerischen Gegebenheiten, und war gezwungen, ihre Zelte einmal hier, einmal dort im freien Gelände aufzuschlagen. Mein Deutsch wurde besser, meine Gesundheit stabilisierte sich, und immer mehr gewöhnte ich mich daran, jetzt ein deutscher Junge zu sein.

Sommer 1942

N a, Franz? Wie gefällt dir diese Stadt?«
Unsere Einheit hatte die Stadt Travnik erobert. Es war heißer
Sommer, und ich war nun schon ein gutes Jahr mit der 13. Kompanie der SS-Infanterie unterwegs. Oft hatten wir unsere Zelte im
Freien aufgeschlagen, aber anscheinend war es üblich, in Kriegszei-
ten die Häuser und Wohnungen der einheimischen Bevölkerung
für den Eigengebrauch in Beschlag zu nehmen.

»Es ist wirklich schön hier.«

»Du darfst in meinem Zimmer schlafen, guck dir das an, du
kriegst eine eigene Ottomane.«

»Und wo sind die Leute, die hier gewohnt haben?«

»Die sind vorübergehend ausgezogen. Das ist doch sehr freundlich von ihnen, nicht wahr?«

Ich lief begeistert in der hübschen Wohnung herum und bestaunte Tische, Stühle, Schränke und behagliche Sofas. Kissen,
Decken, Vorhänge und Porzellan: So etwas hatte ich noch nie in
meinem Leben gesehen. Insofern kümmerte es mich nicht weiter,
unter welchen Umständen die Bewohner vorübergehend ausgezogen waren. Sie konnten ruhig auch mal in den Wäldern übernachten. Fand ich. Es war ja heißer Sommer.

»Komm, Franz, wir gehen in die Stadt hinunter. Da gibt es viele
schöne Geschäfte.«

Travnik erfreute sich, nicht nur aufgrund seiner romantischen
Lage, großer Beliebtheit.

Die Soldaten spazierten zwischen den herrlich bunten Markt-
ständen herum und warfen das eine oder andere Auge auf eine
hübsche Maid. Ich selbst hatte allerdings nur Augen für die bunten

prallen Früchte, die herrlich schmeckenden Nascherein aus den Bäckereien und das Eis!

Es war eine Geschmacksexplosion an meinem entwöhnten Gaumen, als meine Zunge zum ersten Mal an diesem kalten, süßen Etwas schleckte, das Franz mir lachend unter die Nase hielt.

»Das kennst du nicht, was, Kleiner? Na leck schon, sonst tropft's!«

Nach meinem Schneckenerlebnis hatte ich doch wohl erst skeptisch geblickt, aber als ich den ersten schmelzenden Tropfen der vanilligen Köstlichkeit auf der Zunge spürte, zog sich mein ganzer Gaumen hingerissen zusammen, und ich war augenblicklich im Himmel der Seligkeit.

Franz Bauer wischte mir das Kinn ab: »Du bist wirklich ein drolliger kleiner Kerl!«

So verbrachten wir einen fast sorglosen herrlichen Sommer in der Stadt Travnik, und ich rannte in meinen kurzen Hosen und der erkennbar deutschen Kleidung begeistert spielend mit den anderen Kindern umher. Die Beziehung zwischen der Bevölkerung und der deutschen Besatzungsmacht war scheinbar gut, bis etwas Unvorhersehbares passierte und unserem paradiesischen Leben ein jähes Ende machte.

Einer der deutschen Soldaten war allein vormittags in die Stadt gegangen, um einzukaufen.

Ein junger serbischer Mann erschoss hinterrücks den deutschen Soldaten, der angeblich seiner Freundin schöne Augen gemacht hatte.

Eine Tat mit schlimmen Folgen! Der junge Mann wurde als abschreckendes Beispiel an einem Telegrafenmast aufgehängt. Leider wurde auch mir der grausige Anblick nicht erspart.

»Komm, Franz, wir gehen in die Kneipe!« Franz Bauer war sichtlich schockiert von dem Vorfall, und weil er mich nicht allein lassen wollte, nahm er mich mit.

In dem schäbigen Wirtshaus floss der Schnaps in Strömen, die Soldaten waren aufgewühlt und wütend. Jemand von der SS winkte uns gebieterisch, herzukommen, und Franz gehorchte.

»Komm, wir setzen uns zu Oberscharführer Fritz.«

In der verrauchten Kneipe hockten Soldaten der SS und die der Wehrmacht dicht gedrängt auf den Holzbänken, rauchten, soffen und grölten ihren Frust und ihre Wut heraus.

Ob die Sonne uns lacht,
Der Tag glühend heiß
Oder eiskalt die Nacht.
Bestaubt sind die Gesichter,
Doch froh ist unser Sinn,
Ist unser Sinn;
Es braust unser Panzer
Im Sturmwind dahin.

Mit donnernden Motoren,
Geschwind wie der Blitz,
Dem Feinde entgegen,
Im Panzer geschützt.
Voraus den Kameraden,
Im Kampf steh'n wir allein,
Steh'n wir allein,
So stoßen wir tief
In die feindlichen Reihn.

Wenn vor uns ein feindliches
Heer dann erscheint,
Wird Vollgas gegeben
Und ran an den Feind!
Was gilt denn unser Leben

Für unsres Reiches Heer?
Ja Reiches Heer?
Für Deutschland zu sterben
Ist uns höchste Ehr.

Mit Sperren und Minen
Hält der Gegner uns auf,
Wir lachen darüber
Und fahren nicht drauf.
Und droh'n vor uns Geschütze,
Versteckt im gelben Sand,
Im gelben Sand,
Wir suchen uns Wege,
Die keiner sonst fand.

Und lässt uns im Stich
Einst das treulose Glück,
Und kehren wir nicht mehr
Zur Heimat zurück,
Trifft uns die Todeskugel,
Ruft uns das Schicksal ab,
Ja Schicksal ab,
Dann wird uns der Panzer
Ein ehernes Grab.

»He, Kleiner, wenn du ein echter Deutscher sein willst: Maul auf, du musst auch saufen!«

Der Oberscharführer Fritz flößte mir mit Gewalt Schnaps ein. »Wer ein richtiger Mann werden will, muss früh mit dem Trinken beginnen!«

»Mensch, Fritz, lass meinen Kleinen in Ruhe!« Auch Franz lallte schon und konnte sich kaum noch auf den Beinen halten.

»Schnauze, Mann! Was erlaubst du dir, so mit mir zu reden! Ab mit dir, schlaf deinen verdammten Rausch aus, der Kleine bleibt bei mir!«

Franz Bauer stand nicht hoch genug im militärischen Rang, um sich den Befehlen des Scharführers zu widersetzen. Er hätte mich nie mitnehmen dürfen in die Kneipe, aber jetzt war ich dem widerlichen Kerl ausgeliefert, der mich schließlich mit in seine Unterkunft nahm. Er war von eher kleiner Statur, hatte spärliches Blondhaar, den üblichen schmalen Schnauzbart und einen schiefen zynischen Zug um den Mund.

»Du wirst mir zu Hause die Stiefel ausziehen, und dann werden die gründlich geputzt!«

Von schrecklichen Kopfschmerzen, Übelkeit und Schwindel geplagt, taumelte ich neben dem Mann her, der sturzbetrunken auf sein Sofa fiel. Eigentlich wollte auch ich nur noch schlafen, vor meinen Augen tanzten grelle Sterne, und ein Schraubstock hatte sich zwischen meine Schläfen gebohrt. Zwischen meinen Ohren rauschte das Blut, und mir war ganz schwindelig.

»Los, Stiefel aus, aber zack, zack. Wird Zeit, dass aus dir ein Mann wird!«

Mit einem Stiefel trat er mich in den Rücken, und ich versuchte, während sich vor meinen Augen alles drehte, ihm mit aller Kraft den anderen Stiefel auszuziehen, während er mich immer stärker trat. Vor lauter Wucht flog ich schließlich in die hinterste Ecke.

»Mit Spucke werden die gewichst! Bis du dich drin spiegeln kannst!«

Der widerlich stinkende Kerl fiel in seinem Rausch um und schnarchte, und ich hockte zu seinen Füßen und polierte mit letzter Kraft seine verdammten Stiefel, bis ich selbst umfiel.

Zum Glück pochte Franz Bauer am nächsten Tag verstohlen an die Fensterscheibe, und unter pochenden Kopfschmerzen rappelte ich mich auf und rannte mit ihm nach Hause. Dort stellte Franz mich in den Vorgarten unter die Regenrinne und kippte einen Kübel kaltes Wasser auf mir aus.

»Dass mir das nicht noch mal passiert, Franz! So, jetzt ist deine schöne Uniform auch hin! Was ist denn das hier für eine Schweinerei?« Missmutig klopfte er auf mir herum.

»Schuhwichse!« Wie ein begossener Pudel versprach ich ihm, keine Dummheiten mehr zu machen.

»Außerdem bist du aus deiner Uniform längst rausgewachsen. Es wird Herbst, und du brauchst vernünftige Hosen.«

Franz schleifte mich zu dem Schneider, und dieser fertigte mir eine Uniform aus dickerem Stoff mit langen Hosen an.

»Und das Nasewischen mit dem Ärmel lässt du in Zukunft auch sein!« Franz forderte den Schneider auf, mir auf die besagte Stelle fünf goldene Knöpfe zu nähen.

»Und wenn du mit den Kindern Krieg spielst, lass dich nicht wieder mit Steinen bewerfen!«

Ich versprach, in Zukunft ein guter deutscher Junge zu sein.

* * *

Die deutsche Einheit blieb über den Winter und bis zum Frühlingsbeginn 1943 in der Stadt Travnik stationiert und rückte, je nach Bedarf, zu Kampfeinsätzen aus.

Zu Beginn des Frühjahrs stand den Truppen ein großes Ereignis bevor.

»Franz, du weißt, was wir demnächst hier in der Stadt feiern werden?!«

»Jawohl. Hitlers Geburtstag. Am 20. April.«

»Sehr gut, Franz. Und zwar womit?«

»Mit einer Kundgebung und einer Parade.«

»Und dazu werde ich dich in berufenere Hände abgeben. Du

bekommst eine neue Uniform, denn wir haben dich für etwas Großes ausersehen.«

Franz Bauer, unter dessen Obhut ich nun an die zwei Jahre gestanden hatte, führte mich zu einem Offizier namens Karl Weber, der ebenfalls aus dem Banat stammte. Er war ein sehr großer, freundlicher und überaus attraktiver junger Mann, der mich mit seinen schwarzen Locken an meinen Tate erinnerte.

»Hallo, Franz, ich bin Karl.«

»Heil Hitler!«, grüßte ich, ließ den rechten Arm in die Höhe schnellen, wie man es mir eingebläut hatte, und schlug die Hacken zusammen.

»Du darfst dich rühren.«

Verlegen steckte ich die Hände in die Hosentaschen.

»Nein, so auch wieder nicht!« Er riss mir die Hände aus den Taschen und konnte sich ein Grinsen nicht verkneifen. »Hör mal, Kleiner, ein hoher General wird die Parade abnehmen, und ich habe mir etwas Besonderes für dich ausgedacht. Zu Ehren von Führers Geburtstag wird ein feierliches Bankett stattfinden, und du wirst dem General ein kleines Lamm überreichen und dabei eine SS-Uniform tragen.«

»Jawohl, Herr Offizier.«

»So gefällst du mir. Na, dann los. Der Schneider kennt dich ja schon. Und diesmal ziehst du Schnürstiefel an und heulst nicht rum wie ein Mädchen, ist das klar?«

»Jawohl, Herr Offizier.«

»Du kannst Karl zu mir sagen.«

Während Schneider und Schuster ans Werk gingen, machte sich Karl auf die Suche nach einem lebenden kleinen Lamm, das nicht zu schwer für mich sein durfte.

Dann war es endlich so weit, der große Tag, Führers Geburtstag war gekommen, und ich marschierte in meiner nagelneuen SS-Uniform mit Schnürstiefeln, die bis zu den Knien gingen, mit Karl, der das kleine Lamm trug, zum Quartier des Generals. Mein kleines Herz klopfte vor Aufregung.

»Kannst du deinen Begrüßungsspruch auswendig?«

»Ich glaube ja.«

»Sag ihn mir noch mal vor!«

»Dem großen Führer zu Ehren,
dem bösen Feinde zu wehren,
für das siegreiche Vaterland,
so reiche ich aus deutscher Hand
ein kleines Lämmlein dir heut dar
als jüngster der treuen Soldatenschar.«

»Das geht besser! Man hört deinen Akzent noch heraus!«

Karl zog mich auf eine Mauer und übte mit mir den einstudierten Spruch so lange, bis er mit mir zufrieden war.

»So, und jetzt los.« Er versetzte mir einen aufmunternden Klaps.

Vor dem Quartier des Generals standen furchterregend aussehende Männer von der Wehrmacht, mit ihren Pluderhosen über Stiefeln, mit Mützen, Hakenkreuz auf dem Ärmel und Maschinengewehren.

»Auweia. Wir müssen an den Kettenhunden vorbei.«

Diese vertraten uns dann auch gleich den Weg.

»Wohin mit dem Kind und dem Tier?«

Karl erklärte den keineswegs milde gestimmten Wachoffizieren, welche Überraschung er sich für den General ausgedacht hatte. Diese trauten dem Braten jedoch nicht und witterten wohl einen hinterhältigen Anschlag. Sie riefen erst noch andere Offiziere hinzu, bis ich schließlich – ohne Karl – die Erlaubnis bekam vorzusprechen.

Das schwere Lämmchen auf den ausgestreckten Armen, taperte ich in meinen ungewohnt engen Stiefeln die herrschaftliche Treppe hinauf hinter dem Soldaten her, der mir den Weg wies.

»Aber fass dich kurz und benimm dich!« Er schlug die Hacken zusammen und ließ seinen rechten Arm in die Höhe sausen. »Herr General – Besuch für Sie!«

Ein wichtig aussehender alter Mann mit kurz geschorenem grauen Haar und dem üblichen Hitlerbärtchen saß essend an einem reich gedeckten Tisch und zog seine buschigen Augenbrauen hoch, als er mich eintreten sah. Hinter ihm standen mehrere Lakaien und bedienten ihn aus silbernen Schüsseln. Ich starrte mit offenem Mund auf die Kristallgläser, die in der hereinfallenden Sonne schimmerten, und das viele Silberbesteck.

»Was soll das? Wer hat den Bengel hier reingelassen?«

Ich schnarrte meinen Hitlergruß und riss den Arm hoch, wobei ich kurzfristig das Lämmchen absetzen musste, das die Chance zur Flucht unter den Tisch nutzte, aber ich zog es kurzerhand am Schwanz wieder heraus und stemmte es auf die reich gedeckte Tafel.

»Dem großen Führer zu Ehren,
dem bösen Feinde zu wehren …«

Ich drückte das sperrige wollige Vieh auf seine Hinterbeine, denn es hatte begonnen, seine Nase in das Essen des Generals zu stecken.

»für das siegreiche Vaterland,
so reiche ich aus deutscher Hand …«

Das Lamm fraß den Blumenkohl und die Verzierung! Ich riss das Vieh von der Tischplatte und klemmte es mir unter den Arm, wobei es gierig weiterkaute und schließlich den Blumenkohl auf das Parkett spuckte.

»… ein kleines Lämmlein dir heut dar,
als jüngster der treuen Soldatenschar.«

Das Lämmlein strampelte mit den Beinen und blökte ganz jämmerlich, und so schrie ich gegen den Lärm an, was Karl noch für ein genialer Abschluss eingefallen war:

»Es mag da kommen, was da will
heut ist der 20. April.«

Der General brach in schallendes Gelächter aus.

»Ja sag mal, Kleiner, wer bist denn du?« Er zog mich an sich heran und klemmte mich großväterlich zwischen seine Beine. »Du siehst ja aus wie ein SS-Mann in Miniaturausgabe!«

»Jawohl, Herr General! Ich heiße Franz!«

»Und wie weiter?«

»Das weiß ich nicht, Herr General!«

Der Graue lachte so laut, dass seine Lakaien sich irritierte Blicke zuwarfen. Einer von ihnen hatte das blökende Lamm eingefangen und hielt es fest.

»Und wer hat sich den ganzen Spaß ausgedacht?«

»Der Karl, Herr General!«

»Dann sollen der Karl und du heute Abend zum Festbankett kommen. Ihr seid meine Ehrengäste!«

Vor Stolz fast platzend, schritt ich an der Seite von Karl in unser Quartier. Unter großem Hallo mussten wir vom Verlauf unseres Besuches erzählen. Über das Gedicht lachten sich die Soldaten kaputt und wollten es immer wieder hören, besonders den genialen Schluss.

Am Abend marschierten Karl und ich zu einem großen Gebäude, das festlich beleuchtet war. Vor dem Portal fuhren elegante Limousinen vor, aus denen schnittige Offiziere stiegen, die wunderschön gekleideten Damen den Schlag öffneten und aus dem Wagen halfen. Arm in Arm und pelzbehangen schritten sie die elegante Freitreppe hinauf, wo sich die Flügeltüren öffneten und den Blick in den hell erleuchteten Saal freigaben. Mir fielen fast die Augen aus dem Kopf, als Karl mich in den festlich dekorierten Raum schob: An langen Tischen tafelten die elegant gekleideten Herrschaften, während Soldaten in Festuniform mit Silbertabletts herumgingen und den Herumstehenden Häppchen und Champagner reichten. In einer Ecke des barocken Saales spielte ein Tanzorchester, und einige Paare glitten eng aneinandergeschmiegt über das Parkett. Es waren hauptsächlich Militärangehörige zugegen, jedoch waren auch Zivilisten unter ihnen. Die Offiziere waren in Begleitung schöner Frauen, und neben dem General saß eine ganz besonders elegante Dame, deren Perlenkette ihr fast in die Suppe hing. Ich hatte noch nie so schöne Musik gehört und noch nie so schöne Damen gesehen und fühlte mich wie nicht mehr auf dieser Welt. Es roch ganz unbeschreiblich wunderbar nach aufregendem Parfum und gleichzeitig nach Essen. Das musste der Himmel sein!

»Ah, da sind sie ja, meine neuen Freunde!« Der General winkte uns herbei und ließ uns an seiner freien Seite Platz nehmen. Es waren tatsächlich zwei Plätze am Ehrentisch für uns reserviert! Zu meiner Begeisterung wurden uns die köstlichsten Speisen aufgetischt, die von einem Silbertablett genommen wurden. Immer wieder musste ich mich ins Bein zwicken, um sicherzugehen, dass ich das hier nicht träumte. Karl blinzelte mir schelmisch zu: »Nicht mit den Fingern essen, Burschi, und nicht so hastig! Ich habe dir das mit Messer und Gabel gezeigt!«

Nach dem Dessert, das aus Vanille-Eiscreme mit einem Hakenkreuz aus Himbeersoße bestand, gab der General dem Orchester ein Zeichen, und sofort hörte die Musik auf zu spielen. Er nahm seinen kleinen Löffel und klopfte an sein Glas, was ein wunderschön klingendes Geräusch erzeugte. Das musste ich mir merken!

»Meine Herrschaften, ich möchte Ihnen meinen heutigen Ehrengast vorstellen …«

Ich blickte neugierig in die Menge und baumelte satt-schläfrig mit den Beinen. War dieser Heil-Hitler auch hier? Von dem war ja die ganze Zeit die Rede, und wenn er schon Geburtstag hatte, dann kam er jetzt sicher zur Tür herein.

»Unser neuer kleiner Rottenführer der SS. Er hat mir heute einen ganz reizenden Begrüßungsspruch aufgesagt …« Von welchem Rottenführer war die Rede? Noch immer glotzte ich mit offenem Mund in die Menge, bis Karl mich mit dem Ellbogen anstieß:

»Franz! Von dir ist die Rede! Steh auf!«

Und ehe ich es mich versah, hatten vier starke Männerarme mich auf meinen Stuhl gestellt.

Verblüfftes Gemurmel und vereinzeltes Gelächter war zu hören.

»Gott, ist der süß!«

»Nein, wie entzückend!«

»Was für eine reizende Idee!«

»Franz, sag deinen Spruch auf!«

Mit heller Stimme rezitierte ich noch einmal das großartige karlsche Werk, dem ich unseren eigenen Schluss hinzufügte. Als ich geendet hatte, brach der ganze Saal in jubelndes Gelächter und Beifall aus.

»Das ist doch ein wunderbares Beispiel für gelebte Hitlerjugend!« Der General bat noch einmal um Ruhe. »Hiermit ernenne ich dich, Franz, zum Rottenführer der SS mit fixem Gehalt …« Er überreichte mir einen versiegelten Umschlag mit Hakenkreuz-Stempel. »… und deinem militärischen Ausbilder Karl Weber erteile ich einige Tage Sonder-Heimaturlaub, für außergewöhnliche Verdienste und vorbildliches Verhalten.«

Karl riss staunend die Augen auf: »Ich darf nach Hause?« Hätte er eine Mütze aufgehabt, hätte er sie wohl vor Freude in die Luft geworfen. Dann straffte er sich und nahm Haltung an: »Herr General, darf ich Sie um die Erlaubnis bitten, meinen kleinen Zögling

Franz mitzunehmen? Ich möchte ihm so gerne meine Familie vorstellen! Er hat keine Eltern mehr.«

»Ausnahmsweise – gestattet!«

Der ganze Saal applaudierte und freute sich, und als das Tanzorchester wieder einsetzte, war es eine wilde, rhythmische Musik, zu der die Leute ganz verrückte Verrenkungen machten.

Am nächsten Tag fand dann die Parade statt, und die Kompanien mussten grüßend an dem General vorbeimarschieren. Nachdem ich ja nun aufgrund höchster Ernennung Rottenführer war, durfte ich die Parade anführen. Das Marschieren in den engen, hohen Stiefeln hatten Karl und ich wochenlang geübt, und jetzt funktionierte es aus dem Effeff, wie alle immer sagten.

Ich war ein kleiner Hitler-Hampelmann geworden, ihre Marionette, ihr Maskottchen. Aus den Augenwinkeln konnte ich sehen, dass der General, der ganz wächsern und steif dastand, mir mit den Fingern seiner zum Hitlergruß erhobenen Hand zuwinkte.

* * *

»Ach Kleiner, dir verdanke ich meinen Heimaturlaub in das letzte Paradies Deutschlands!«

Karl und ich saßen im Zug über Belgrad und fuhren seinem geliebten Banat entgegen. Er schwärmte ununterbrochen von seiner Heimat, von seiner Frau Amalie und seiner kleinen Tochter Anni, die er nun schon seit langer Zeit nicht mehr gesehen hatte.

Auf einer harten Holzbank der dritten Klasse hatten wir es uns gemütlich gemacht. Für mich war das ein unvorstellbarer Luxus, und ich wurde nicht müde, meine Stirn an die Fensterscheibe zu pressen, wo die ungewohnte Landschaft an mir vorüberflog.

»Das flache Land des Banats sieht im Sommer aus wie ein Gemälde von van Gogh«, schwärmte Karl, während er in seinem Rucksack nach Proviant kramte. »Willst du einen Apfel?«

Begeistert griff ich nach der knackigen Frucht und biss hinein, dass mir der Saft das Kinn hinunterlief. Karl erging sich in seligen Betrachtungen. »Schau nur, ein endloser Himmel voller Wattewolken, blau wie das Weltall, da unten ein Meer aus gelben Sonnenblumen, grünen Maisfeldern und goldenem Weizen. Im Winter ähnelt das flache Land einer weißen Wüste, über die Karpatenwinde fegen.«

Ich bestaunte mit offenem Mund die schmucken Reihen von Häusern in der Landschaft, umsäumt von Linden und Kastanien. Noch war keines der Häuser zerstört, das war für mich ganz unfassbar. So rechteckig und bunt erinnerten sie mich an die Bauklötze, die damals meine kleine Freundin Nada besaß. Die Außenwände waren mit Stuck verziert und meistens ockergelb.

»Maria-Theresia-Gelb« nannte Karl die Farbe, »weil Kaiserin Maria Theresia ihren Untertanen sie damals verordnet hat. Lange Zeit gehörte das Banat zum Herrschaftsgebiet der Habsburger Monarchie. Vor vielen Generationen sind die Deutschen auf Befehl der Kaiserin nämlich dorthin ausgewandert, und weil sie auf Holzbooten auf der Donau hinabtrieben, werden wir auch die Donauschwaben genannt.«

Ich staunte und schaute und versuchte, das alles zu begreifen, während ich den Apfel mit Stiel und Stumpf vertilgte. Der weitere Weg über die Schienen führte nach etwa sechzig Kilometern durch die Banater Sandwüste. Sie war jedoch ziemlich grün, wie ich fand. Es ging ja auch auf den Sommer zu, und die Farben leuchteten intensiv. »Im vergangenen Jahrhundert hat man auf dem sandigen Grund alle möglichen Bäume, etwa Akazien und Fichten, und zudem Wacholdersträucher gepflanzt, um die starken Karpatenwinde ein wenig abzufangen. In manchen Bereichen finden sich sogar Wüstenameisen und Steppenspringmäuse. Nahe der Donau kann man Ibisse und Kormorane beobachten. Und Hirsche, Luchse, Wölfe und Wildschweine streifen durch die Wälder ...« Karl sprach

sicher noch lange weiter, aber aus lauter Erschöpfung und Über-
wältigung und weil so viele neue Eindrücke auf mich einprasselten,
schlief ich bei dem gleichmäßigen Wackeln des Zuges auf der harten Holzbank ein.

»Wir sind da, Franz, aufwachen!« Karl rüttelte mich begeistert
an der Schulter, während der Zug schon quietschend und mit zi-
schender schwarzer Lok in einen wiederum gelb gestrichenen
Bahnhof einfuhr. »Lazarfeld! Mein geliebtes Lazarfeld!«

Meinem väterlichen Begleiter entfuhr ein regelrechtes Jauchzen:
»Und das verdanke ich dir, Kleiner!«, und weil er es nicht erwarten
konnte, packte er mich noch halb schlafendes Bündel am Schlafittchen und trug mich, ähnlich wie ich vor Kurzem das Lamm, auf
seinen Armen aus dem Zug, wo er mich auf die Beine stellte.

»Wo sind sie denn alle?« Suchend sah ich mich in der Menschenmenge um.

Karl hatte doch so von seiner schönen Frau und seiner kleinen
Tochter geschwärmt!

»Natürlich erwartet uns niemand, wir müssen noch ein wenig
laufen. Das wird eine Überraschung sein!«

»Ach so. Na dann.«

Erwartungsvoll stiefelte ich neben ihm her. Hier herrschte gar
kein Krieg, wie es schien. Alles wirkte friedlich und schön, die
pastellfarbenen Häuser standen in Reih und Glied, die Leute trugen schöne Kleider und Hüte. Auf den Feldern wurde gearbeitet,
Pferdewagen fuhren herum, Menschen mit Harken und Mistga-
beln waren emsig dabei, die Ernte einzufahren. Riesige Sonnenblumen streckten uns ihre strahlenden Gesichter entgegen.

»Ich habe es dir ja gesagt: das letzte Paradies Deutschlands!«
Karl hatte seine Hand in meinen Nacken gelegt und dirigierte mich
zielstrebig um ein paar Häuserecken.

»So. Wir sind da. Mütze ab und einen zackigen Diener gemacht.«
Seine Finger zitterten, als er auf die Klingel drückte. Seine Augen

strahlten, und er wischte sich mit dem Handrücken eilig eine Träne von den Bartstoppeln. Trippelnde Schritte im Treppenhaus waren zu hören.

Ein kleines blondes Mädchen, das etwa vier Jahre alt war, öffnete die Tür, wozu es sich auf die Zehenspitzen stellen musste.

»Der Vatiiiii!«, gellte ihre Stimme ins Haus. »Mutti, der Vati ist da!«

»Anni! Was bist du groß geworden.« Gerührt umarmte Karl das kleine blonde Mädchen, und in dem Moment eilte eine junge Frau mit Kopftuch herbei und fiel ihm jubelnd um den Hals.

»Wie hast du das geschafft, mitten im Jahr Urlaub zu kriegen?«

»Das verdanke ich diesem kleinen Soldaten hier!« Er drückte mir anerkennend die Schulter.

»Ist das wahr?« Sie beugte sich zu mir herunter und umarmte mich gleich mit. »Ich bin die Amalie, und wir betreiben hier mit den Schwiegereltern das Wirtshaus!«

»Ich bin der Franz.« Überwältigt ließ ich mich auch von der kleinen Anni umarmen. Ich war zu diesem Zeitpunkt noch keine acht Jahre alt, aber solch eine Herzlichkeit hatte ich nie erlebt! Sie behandelten mich, als gehörte ich schon immer zur Familie.

»Kommt doch herein, wir sitzen alle im Garten, na, da werden die Großeltern Augen machen …«

Mit tellergroßen Augen vor Staunen ließ ich mich in das gutbürgerliche Haus führen, in dem wunderschöne Möbel standen und überhaupt nichts zerstört war.

Im hinteren Teil des Hauses lag die Wirtschaft, die Karls Schwiegereltern betrieben. Sie war ziemlich gut besucht, sowohl von vielen einheimischen Bauern und Arbeitern als auch von deutschen Soldaten in Uniform, die sich Köstlichkeiten wie Schweine- und Gänsebraten schmecken ließen.

Auch die Großeltern umarmten mich, als sie hörten, dass Karl den Sonderurlaub mir verdankte, und verwöhnten mich mit heißer Schokolade und köstlichen Mehlspeisen.

Die kleine Anni saß Beine baumelnd neben mir auf der Gastgartenbank und schaute mich bewundernd von der Seite an. In meiner Uniform machte ich natürlich Eindruck.

»Was ist denn das …?« Ich reckte den Hals, während ich mit vollem Munde kaute, und starrte auf ein enormes Nest auf dem Nachbardach, aus dem klappernde Geräusche kamen. Riesige weiße Vögel mit langen Hälsen landeten dort und fütterten ihren Nachwuchs.

»Das sind Störche, Franz. Kennst du keine Störche?« Die Großmutter schob mir einen Löffel Sahne auf den Kuchen, und ich musste aufpassen, nicht zu platzen.

»Sie bringen die Kinder«, zirpte die blonde stupsnasige Anni.

»Wirklich?« Davon hatte ich noch nie gehört. Mit der kleinen Gabel stocherte ich mir die Rosinen aus dem Kuchen heraus und ließ sie genüsslich auf der Zunge zerplatzen.

»Ja, ganz bestimmt, du musst nur Zucker auf die Fensterbank legen, und dann kriegt deine Mame ein Baby.«

»Nachdem ich keine Mame habe, kommt dieses Spiel für mich leider nicht infrage.«

»Du hast keine Mame?«

»Nein. Und auch keinen Papa.« Sehnsüchtig blickte ich auf Karl.

Schnell wechselten die Erwachsenen das Thema: »Magst du ab morgen mit Anni in den Kindergarten gehen?«

»Wir sind doch schon im Garten.«

»Nein, ein *Kinder*garten! Da gehen alle Kinder des Ortes hin und spielen miteinander!«

Ich kannte so vieles nicht! Überwältigt ließ ich mich von der kleinen Anni mitziehen in das scheinbar sorglose bunte Leben dieser sonnigen Stadt, und nachdem ich ja immer diese SS-Uniform trug, erregte ich erst mal mächtiges Aufsehen.

Ich konnte gar nicht verstehen, warum sich diese herzliche Familie und ihre Gäste in der Wirtschaft bei meinem Anblick vor Lachen bogen!

In voller Montur nahmen sie mich dann am nächsten Sonntag mit in die Kirche.

»Die Kinder sitzen ganz vorn«, wisperte Anni und schob mich in eine Bank rechts vom Mittelgang, während sie sich links zu den Mädchen setzte. Sie trugen die Landestracht und hatten Zöpfe, während die Buben in weißen Hemden und schwarzen Hosen steckten. Verschüchtert und beeindruckt von dem riesigen Bauwerk hockte ich bei den Jungen, die sich kichernd in die Rippen stießen. »Guck dir mal den Hitlerjungen an!«

Ich hatte ja schon Schlimmes gesehen, aber da vorne hing ein riesiger Leichnam, und wenn ich genau hinschaute, hatte er Nägel in den Händen und Füßen. Meine Güte, den hatten sie ja zugerichtet! Der hing an einem Holzbalken, und das Blut lief ihm aus der Brust. Und alle saßen davor und taten nichts? Nein, sie blätterten in einem Buch. Ja, erschreckte denn dieser Anblick die Leute hier nicht zu Tode? Ich legte den Kopf schief, um zu prüfen, ob der fast nackte Mann auch echt war, denn irgendwie wirkte er größer und hölzerner als alle toten Menschen, die ich schon gesehen hatte …

Um dann ganz fürchterlich zusammenzuzucken! Von irgendwo oben hinter mir ertönte plötzlich ein schauerliches Brausen und Scheppern, das mit jedem Ton anschwoll wie sich nahende Jagdflugzeuge, und in Erwartung bösartiger Kriegsangriffe aus dem Hinterhalt flüchtete ich mich reflexartig zu Anni auf die Mädchenseite und ergriff ihre Hand. Das Mörderding dröhnte so mächtig und furchterregend, dass ich sicher war, die Kirche würde gleich explodieren und dem Erdboden gleichgemacht!

»Keine Sorge, Franz, das ist nur die Orgel! Dir kann nichts Schlimmes geschehen!« Anni schaute mich mit ihren hellblauen Augen zuversichtlich an und hielt meine Hand ganz fest.

»Aber da hängt ein grässlich zugerichteter Toter!« Aufgeregt zeigte ich auf das Kreuz und fing an zu zittern. »Ist es verboten, den abzuhängen?«

»Ach, das ist doch der Herr Jesus! Der hängt da schon immer. Der ist aus Holz.«

Die Kinder kicherten, aber ich wagte es nicht, mich zu dieser Orgel, diesem Was-auch-immer-das-war-Ding, das so grauenvollen Lärm machte, umzudrehen. Und dann begannen die Leute zu singen! Aber keine gegrölten Wehrmachtslieder, wie ich sie kannte. Das hatte überhaupt keinen Marschrhythmus, sondern klang eher feierlich und nicht von dieser Welt: »Großer Gott, wir loben dich, Herr, wir preisen deine Stärke! Vor dir neigt die Erde sich und bewundert deine Werke …« Das klang schön! Die Leute sangen alle ganz ernsthaft und gefasst, und sie konnten alle fünf Strophen.

Schließlich setzten sich alle, und der Priester vorne, der ein gelbweiß besticktes, bodenlanges Gewand trug, fing ewig lang an zu sprechen, dann sang er wieder, wobei er mehrfach die Arme ausbreitete und, wie alle anderen, auf die Knie sank. Am Ende stellten sich alle in eine Reihe und bekamen ein kleines Stück Brot, das sie sehr andächtig und auf Knien verspeisten. »Wir nicht«, zischte Anni, als ich gerade losmarschieren wollte.

»Wir waren noch nicht bei der Ersten Heiligen Kommunion!«

»Nein? Waren wir nicht?«

»Nein. Und jetzt sei still!«

Das *dauerte!* Es war ein endloses Prozedere, dessen Sinn ich nicht erfassen konnte.

Als am Schluss wieder dieses grauenvolle Dröhnen einsetzte, hielt ich mir die Ohren zu und verließ fluchtartig das furchterregende Gebäude.

Herbst 1943

Leider gingen die herrlichen, sorgenfreien Tage bei Karls Familie und den neu gewonnenen Spielkameraden im Kindergarten viel zu schnell vorbei. Der wunderschöne Traum vom gefahrlosen und friedlichen Leben fand ein viel zu rasches Ende, als verkündet wurde, dass Titos Volksbefreiungsarmee täglich an Kampfkraft zunahm und die deutschen Truppen in immer größere Schwierigkeiten brachte.

Im Wirtshaus ging es hoch her; die deutschen Soldaten diskutierten aufgeregt mit den Bauern und Bürgern, immer neue Befehle und Verordnungen ergingen, und die letzten noch jungen Burschen bekamen den Einberufungsbefehl. Auch Karl musste sofort wieder an die Front. Die Familie brachte uns geschlossen zum Bahnhof, nicht ohne uns vorher mit Lebensmitteln und Geschenken die Rucksäcke vollgestopft zu haben.

»Junge, wir würden dich ja bei uns lassen, aber es ist völlig ungewiss, was aus uns werden wird!« Mit Tränen in den Augen drückten die lieben Großeltern mich an sich. »Die Partisanen überfallen die Häuser und Höfe und enteignen die Bauern! Die Menschen werden aus ihrem Zuhause vertrieben, und wer sich dagegen wehrt, wird kurzerhand erschossen oder erschlagen!«

»Die Partisanen sind aber doch die Guten«, wollte ich einwenden, aber da wurde ich schon von Karl in den Zug gehoben.

»Bis hoffentlich bald, behüte dich Gott, kleine Anni!«

Das blonde Mädchen stand an der Hand ihrer Mutter winkend da und drückte ihren Teddy an sich. Karl und ich hingen aus dem Zugfenster und winkten, bis sie immer kleiner und kleiner wurden und schließlich ganz verschwunden waren.

»Du wirst wieder bei Franz Bauer unterkommen, Franz, denn ich muss sofort an die Front.«

Karl konnte mich gerade noch in der SS-Einheit abgeben, zu der unsere Kompanie gehörte, bevor er auf einen der bereitstehenden Lastwagen sprang. »Mach's gut, Kleiner, bis bald!«

Das deutsche Lager war inzwischen nach Mostar verlegt worden. Der Faszination dieser Stadt mit orientalischem Flair und der weltberühmten Brücke über den Fluss Neretva konnte man sich, selbst während des erbarmungslosen Krieges, nicht entziehen.

Franz Bauer jedoch lag krank im Bett, als ich in seiner Behausung eintraf.

»Hallo, Kleiner, mir geht's gar nicht gut …« Mit fiebrig glänzendem Blick fischte er nach meiner Hand.

»Was hast du denn?« Verstört ließ ich meinen Rucksack von der Schulter gleiten und kniete mich neben sein Lager.

»Malaria, sagen die Feldärzte. Schön, dass du wieder da bist, Kleiner, ich habe dich schon sehr vermisst.« Er streichelte mir mit zitternden Fingern über den Kopf. Ich hob das Gesicht und bemerkte, dass Franz Bauer kalkweiß im Gesicht war.

»Was passiert, wenn man Malaria hat?«

»Kopfschmerzen, Durchfall, Schwindel und Fieberschübe …«

»Oh, das tut mir aber leid, Franz!« Schutz suchend kroch ich zu meinem ersten Beschützer, der sich am Anfang so lieb um mich gekümmert hatte, auf das Feldbett. Während er vor Schüttelfrost zitterte, legte ich meinen Arm um ihn. Und schlief in der ersten Nacht der neuen Umgebung eng angekuschelt an einen Todkranken ein.

Als ich aufwachte, hatte man ihn bereits weggebracht.

»Was ist mit Franz Bauer?«

»Er ist leider heute Nacht gestorben.«

Wieder war ein mir nahestehender Mensch ganz plötzlich von mir gegangen.

Wieder fühlte ich mich schier unerträglich allein.

Bitterlich weinend nahm ich Abschied von meinem treuen Freund. Der einzige Mensch, den ich nun noch hatte, war Karl! Aber Karl war in kriegerische Handlungen verstrickt, an irgendeinem Ort, von dem er vielleicht auch nicht mehr lebend zurückkommen würde.

Ich war so elendiglich allein mit meinen acht Jahren!

Ein fremder Leutnant fischte mich aus dem Totenlager und nahm mich mit in sein Quartier.

»Ich bin Heinz Peters. Genannt der schöne Heinzi.« Er sah mich scherzhaft an, aber das Lächeln fiel ihm sogleich aus dem hübschen Gesicht. »Du siehst mir aber nicht gesund aus, Kleiner. Ist dir nicht gut?«

Der Leutnant war wirklich sehr fesch, aber das interessierte mich nicht. Mir war hundeelend.

Natürlich weinte ich bitterlich, denn ich hatte Franz Bauer sehr lieb gehabt. Wie viele Menschen sollte ich denn noch verlieren? Ich hatte schon wieder niemanden mehr auf dieser Welt! Wie sehr sehnte ich mich nach der Familie von Karl in Lazarfeld! Diese warmherzigen Menschen hatten mir so viel Liebe und Zuneigung gegeben! Ich hatte mir so sehr gewünscht, dass ich bei ihnen bleiben durfte, für immer! Und Franz Bauer! Warum musste er sterben, kaum dass ich ihn wiedergesehen hatte!

In meinem Elend und meiner Trauer um die neu gewonnenen lieben Menschen merkte ich gar nicht, dass ich selbst fieberte und fantasierte. Mir wurde plötzlich furchtbar kalt, und mein ganzer Körper verfiel in ein krampfartiges Zittern, da halfen auch die warmen Decken, die der schöne Heinzi über mich breitete, nichts. Ein schrecklicher Zustand hatte sich meiner bemächtigt, und mir ging es immer schlechter. Plötzlich glaubte ich, selbst sterben zu müssen. Schreckliche Krämpfe zerrten an mir wie wilde Tiere.

Der schöne Heinzi trug mich ins Feldlazarett, und der Sanitäter musste mich nur kurz ansehen, um festzustellen, dass ich selbst einen Malaria-Anfall hatte.

»Doktor, kommen Sie schnell, der Kleine stirbt uns!«

Obwohl der Arzt gerade dabei war, frisch Verwundete zu versorgen, kam er mit blutverschmiertem Kittel angerannt und riss mir die Augenlider hoch, um mit einer Taschenlampe hineinzuleuchten.

»Chinin. Schnell.«

Ich musste ein Pulver schlucken, und nach einiger Zeit ließen die Krämpfe nach, und mein Körper begann sich zu entspannen. Erschöpft schlief ich ein.

Als ich wieder zu mir kam, war es zu meinem Entsetzen Scharführer Fritz, der sich über mich beugte. Er stank nach Schnaps und fixierte mich mit seinen eng stehenden, gelblichen Augen.

»Na endlich, Schlafmütze. Wird's bald. Meine Stiefel gehören geputzt, und du machst mir ab sofort den Haushalt! Los, auf mit dir!«

Er hatte mich in sein Quartier gebracht!

Schon streifte er meinen geschwächten Körper mit seiner Stiefelspitze und spielte beiläufig mit einer Reitgerte. »Oder muss ich dir erst Beine machen? Hier wird nicht im Bett rumgelungert! Ein echter Hitlerjunge springt und bedient seinen Herrn!«

Mit schreckgeweiteten Augen starrte ich den fiesen Zwerg mit dem schiefen Mund an.

Mühsam versuchte ich, aus dem Bett zu krabbeln, fiel aber erschöpft und kraftlos auf das Laken zurück. Sofort überfielen mich wieder Schüttelfrost und krampfartige Angstzustände. Wo war ich hier und warum beschützte mich keiner?

»Meinst du, ich falle auf dein Theater rein?« Scharführer Fritz stieß ein widerliches höhnisches Lachen aus. »Wir sind hier im Krieg und nicht im Kindergarten. Ich weiß, wie sehr sie dich verwöhnt haben, aber jetzt werden andere Seiten aufgezogen! Du wirst mir für meine Erziehung noch dankbar sein!«

Schon hob er die Reitgerte, um sie auf meinen wehrlosen Körper niedersausen zu lassen, als die Tür von außen aufgestoßen wurde. Schwere Schritte in Stiefeln donnerten über den Holzfußboden von Fritzens Behausung, und jemand kam forschen Schrittes in den hinteren Teil der Wohnung.

»Ich habe gehört, dass Sie das Kind geholt haben?«

Fritz ließ die Gerte sinken und knallte die Hacken zusammen.

»Jawohl, Herr Leutnant!«

»Wer hat sie dazu befugt, Oberscharführer?«

»Niemand, Herr Leutnant!«

»Was hatten Sie mit der Gerte vor?«

»Nichts, Herr Leutnant!«

»Verlassen Sie den Raum. – Wegtreten!«

Fritz schlug die Hacken zusammen und warf mir einen warnenden Blick aus schmalen Augen zu. »Wehe, du sagst ein falsches Wort«, las ich darin.

Der Leutnant zog sich einen Stuhl heran und betrachtete mich eine Weile. Und ich betrachtete ihn. Er sah wirklich sehr gut aus mit seinen kurzen blonden Haaren, seinem braun gebrannten Gesicht und seinen strahlend blauen Augen.

»Wie geht es dir, Franz?«

»Gugugugut«, stammelte ich verstört.

»Dir geht es nicht gut.« Er legte seine Hand auf meine schweißnasse Stirn und redete beruhigend auf mich ein. »Du musst nicht bei Fritz bleiben. Weißt du, ich habe zu Hause einen Sohn in deinem Alter. Er heißt Klaus und wünscht sich so sehr einen Bruder.«

»Da musst du den Storch fragen …« Was war das noch für ein Trick gewesen mit dem Zucker und der Fensterbank?

Der schöne Leutnant lachte. »Nein, er wünscht sich einen Bruder, mit dem er spielen kann. Wer weiß, wann und ob der Storch jemals zu uns kommt.« Er strich mir die verschwitzten Haare aus der Stirn. »Junge, ich möchte, dass du mit mir gehst und weiterhin bei mir wohnst. Und wenn dieser irrsinnige Krieg vorbei ist, dann nehme ich dich mit nach Hause. Während du geschlafen hast, habe ich meiner Frau ein Telegramm geschickt, und sie ist einverstanden. Klaus würde sich wahnsinnig freuen. Ich wohne in Hamburg, am großen weiten Meer. Aber natürlich nur, wenn du das auch willst.«

Mein Herz schlug dumpf vor Freude in meiner zugeschnürten Brust.

Sein Vorschlag kam so überraschend, dass es eine Weile dauerte, bis ich mein Glück fassen konnte.

»Aber ich bin doch gar nicht Ihr Sohn, Herr Leutnant?«

»Erstens kannst du Heinz zu mir sagen, und zweitens werde ich dich adoptieren.«

»Tut das weh …?«

Ein warmherziges Lachen entfuhr ihm. »Nein, mein Kleiner. Das merkst du überhaupt nicht. Dir hat das Leben schon genug wehgetan.«

Sommer 1944

Möchtest du mit mir in ein Café gehen und Kakao trinken? Ich hätte Lust, unser neues Familienleben mit einem Sliwowitz zu feiern!«

Wie unglaublich stolz ich war, an der Hand meines schmucken Vaters durch Mostar zu marschieren! Die Adoption war zügig und unkompliziert vonstattengegangen, und Heinz, wie ich ihn jetzt nannte, hatte seiner Frau und seinem Sohn Klaus bereits telegrafiert: »Wir haben ein neues Familienmitglied namens Franz! Auf ein glückliches Wiedersehen im Frieden!«

Glücklich strahlend saß ich auf einem altrosafarbenen, samtbezogenen Stuhl im besten Café am Platz und schaute dem munteren Treiben zu, das draußen an der Brücke von Mostar stattfand: Mutige Jungs, aber auch Soldaten, die gerade gesund von Kampfeinsätzen zurückgekehrt waren, sprangen von der Brücke in den Fluss!

»Na Franzmann, wäre das nicht was für dich?«

»Aber ich kann gar nicht schwimmen!«

Vertraulich lehnte ich mich an seine Seite und erzählte ihm von dem entsetzlichen Erlebnis mit der Hängebrücke. Heinz schüttelte immer wieder den Kopf: »Armer Junge, du armer tapferer Junge du! Was hast du alles durchgemacht!«

Umso wohler und sicherer fühlte ich mich jetzt, da ich ganz offiziell den Namen Franz Peters tragen durfte!

Und dann ließ ich mir alles über meinen neuen Bruder Klaus erzählen. Der konnte natürlich schon schwimmen und war auch schon in der Schule gewesen, bevor Hamburg ebenfalls unter schlimmen Beschuss geriet.

Heinz zog ein Foto aus der Tasche

»Das ist dein neuer Bruder Klaus.«

Zischend zog ich die Luft ein und schlug mir die Hand vor den Mund.

»Ist das Hamburg?«

»Ja. Vorher war Hamburg eine prächtige blühende Hansestadt.«

»Wann ist das passiert?«

»Letzten Sommer, da warst du mit Karl im Banat.«

Jetzt wurde mir klar, warum Karl seine Heimat als »letztes Paradies« bezeichnet hatte!

»Und …?« Ich schluckte. »Was ist da geschehen?«

»Operation Gomorrha.« Mein neuer Vater Heinz trank einen großen Schluck Sliwowitz und erklärte mir geduldig: »Unter diesem Codenamen starteten die Briten und die Amerikaner in der Nacht vom 24. auf den 25. Juli 1943 eine Reihe von schweren Luftangriffen auf Hamburg.«

Ich vergaß ganz, meinen Kakao weiter zu trinken, so sehr faszinierte mich das Bild von dem blonden Jungen in den Trümmern, der nun mein Bruder sein sollte.

»Zunächst traf es die westlichen Stadtteile Altona, Eimsbüttel und Hoheluft, die durch Flächenbrände verwüstet wurden. Du musst wissen, Hamburg ist so groß, dass es verschiedene Stadtteile hat. – Du hast da einen Schnurrbart, kleiner Rottenführer.«

Fürsorglich wischte Heinz mir mit der Serviette den Kakao von der Oberlippe.

»Am 27. Juli 1943 um 23.40 Uhr ertönte dann erneut Fliegeralarm.«

Ich hielt den Atem an und rutschte automatisch von meiner Stuhlkante.

»Die Einwohner der riesigen Stadt reagierten sofort und suchten die vermeintlich schützenden Keller und Bunker auf. Doch was die Menschen in der Nacht zum 28. Juli erlebten, übertraf alles bislang Vorstellbare. Das Inferno des Feuersturms zerstörte weite Teile im

Osten der Elbmetropole. Meine Frau und Klaus haben nur knapp überlebt.«

»Da möchtest du sicher gern bei deiner Frau und deinem Sohn sein!« Entsetzt starrte ich Heinz an.

»Ja, das möchte ich, Franzmann. Aber das geht im Moment nicht. Ich habe den Befehl, mich hier zu Kampfeinsätzen bereitzuhalten und gegen die Partisanen zu kämpfen. Ich bin eben an die Ostfront abkommandiert worden. Aber der Klaus passt zu Hause auf die Mutti auf, und sie hilft als Trümmerfrau, die Stadt wieder aufzubauen. Ich bin sehr stolz auf meine Familie. Und dazu gehörst du ja jetzt ebenfalls. Auf dich bin ich auch sehr stolz. Du passt wirklich sehr gut zu uns, Junge.«

Konnte ein Jungenherz glücklicher schlagen?

Der Zauber des Augenblicks wurde unterbrochen, als ein Soldat hereinstürmte und meinem neuen Vater eine Depesche überreichte, den zackigen Hitlergruß und das Hackenzusammenschlagen inklusive.

Heinz las, und seine Augenbrauen zogen sich unwillig zusammen.

»Franzmann, ich muss dich der Lagerwache anvertrauen. Zum Fritz willst du ja sicher nicht?«

»Nein!«, gellte meine Stimme vor Entsetzen. »Bitte bleib bei mir, ich bin doch jetzt dein Sohn!«

Aber mein Vater musste so schnell wie möglich eine Sondereinheit übernehmen, und noch am selben Abend verließ er mich.

Ich verbrachte wieder Tage und Wochen auf mich allein gestellt und fragte jeden Abend nach meinem Vater. Gab es schon eine Nachricht? Je länger er wegblieb, desto größer wurde meine Angst! Die Lagerwachen, die mich längst kannten, schüttelten bedauernd den Kopf, wenn ich nur auf sie zugesprungen kam.

»Im Osten nichts Neues!«

In meiner Einsamkeit, aber auch um mich abzulenken, trieb ich mich nun immer öfter allein in der Stadt Mostar herum. Niemand hatte die Zeit, auf einen kaum Neunjährigen aufzupassen.

So interessierte ich mich glühend für einen Strommast, der frei neben ein paar abgerissenen Häusern stand. Die Drähte hingen lose in der Luft und baumelten im Wind. Die Erwachsenen zogen die Köpfe ein, um nicht mit ihnen in Berührung zu kommen, und ich war ohnehin noch zu klein. Obwohl mich mein neuer Vater davor gewarnt hatte, jemals einen dieser Drähte zu berühren, da man sofort tot sein könnte, zog mich dieser Strommast magisch an.

»Eh, Rottenführer, du stehst im Weg! Was glotzt du denn so?«

Eine Bande größerer Jungen kam gerade mit einem Eisenreifen um die Ecke gerannt, den sie mit einem Stock antrieben. Sie machten das sehr geschickt, und ich wollte so gerne mitspielen!

»Darf ich ihn auch mal haben?«

»Den Reifen?«

»Ja?«

Die Jungen wechselten vielsagende Blicke. »Wenn du zu uns gehören willst, musst du erst eine Mutprobe bestehen!«

»Luka, lass den Quatsch. Der kann ja noch nicht mal bis drei zählen.«

»Kann ich wohl: eins, zwei, drei!«, trumpfte ich wütend auf. »Mein Vater ist ein Leutnant, und ihr kriegt Ärger mit ihm, wenn ihr mich nicht mitspielen lasst!«

»Dann beweise deinen deutschen Siegermut und berühre mit dem Reifen den Strommasten!«

»Luka, wir kriegen Ärger!«

»Der kommt ja gar nicht dran, das ist doch nur ein Spaß!«

Um mich vor der Jungenbande nicht zu blamieren und auch aus verletztem Stolz, nahm ich entschlossen den Reifen in beide Hände und stellte mich auf die Zehenspitzen. Denen würde ich es beweisen! Ich reckte und streckte mich konzentriert und eifrig und erreichte mit Mühe den Draht. In dieser Sekunde traf mich der

Schlag. Der Stromschlag riss mich mit Wucht zu Boden, meine Knie- und Handgelenke knickten ein, der Reifen flog klirrend in die nächste kaputte Fensterscheibe und mir entfuhr ein gellender Schrei. Die Jungenbande trappelte hastig um die Ecke davon und ließ mich einfach liegen.

Ich verlor das Bewusstsein, aber als ich wieder zu mir kam, beugten sich mehrere Sanitäter über mich. »Du hast großes Glück gehabt, Junge, der Reifen war nämlich nicht ganz geschlossen, und der Stromkreis wurde auf diese Weise unterbrochen.«

»Das darf dein Vater nie erfahren, Franz. Der steckt uns für Wochen in Einzelarrest!«, sagten die Jungs, als sie zögerlich zurückkamen.

Unter treuherzigen Augenaufschlägen versprachen wir uns gegenseitig, diese Dummheit niemals meinem Vater zu beichten. Denn auch ich wollte ihn nie und nimmer enttäuschen. Er war schließlich so stolz auf mich!

Doch die Tage seiner Abwesenheit zogen sich schmerzlich dahin, und ich hatte fürchterliche Angst um ihn. So trieb ich mich einige Zeit später schon wieder auf der Suche nach Zerstreuung auf der Straße herum. Kriegsspiele und Mutproben aller Art waren angesagt.

Ein großer Spaß bestand darin, sich an der rückwärtigen Planke eines Lastwagens festzuhalten und heimlich eine Strecke mitzufahren. Das Fahrzeug war meist hoch beladen, und deshalb konnte der Fahrer nicht sehen, was sich hinter seinem Rücken abspielte.

»Traut der Deutsche sich nicht, traut er sich nicht«, hänselten die schmutzigen Straßenkinder mich. Meine Strommast-Affäre hatte sich bereits herumgesprochen.

»Trau ich mich wohl!« Trotzig und verletzt nahm ich Anlauf, rannte hinter dem Laster her und sprang mit aller Kraft so weit hinauf, dass ich mich an der Planke festhalten konnte. Ich wollte unglaublich gerne einer von ihnen sein und mitspielen! Außerdem war ich doch tatsächlich einer von ihnen und überhaupt kein Deutscher! Das durfte ich aber nie, niemals sagen, hatten die SS-Männer mir von Anfang an eingetrichtert. Die Kinder wunderten sich allerdings gar nicht, dass ich ihre Sprache sprach. Hauptsache, ich machte ihren Quatsch mit.

Der Lastwagen nahm Tempo auf und rollte einen Hügel hinunter. Er nahm immer mehr Fahrt auf, und ich konnte mich nicht mehr halten! Mit aller Kraft klammerten sich meine Finger an die eiserne Planke, aber sie rutschten millimeterweise ab. Als er sich in die Kurve legte, ließen meine Kräfte endgültig nach, und ich landete erst auf den nackten Knien und schließlich bäuchlings auf der sandigen Straße, wo ich noch einige Meter weit entlangschlitterte. Viele kleine Steinchen bohrten sich in die Haut, und zu allem Unglück rissen dabei die Narben der ohnehin schlecht verheilten Wunden wieder auf. Die Schmerzen waren unbeschreiblich!

Aber ich hatte auch diese Mutprobe bestanden.

»He, Deutscher, du gehörst ab sofort zu uns und darfst mitspielen!« Die großen Buben kamen angerannt und zeigten sich angesichts meiner blutenden Beine und Arme sichtlich beeindruckt. »Du bist echt mutig, wir wollen dich als Freund!«

Und so geleiteten sie mich, der ich humpelnd und mit zerfetzter schmutziger Uniform in ihren helfenden Armen hing, zum Tor des Lagers. Unterwegs versuchte ich, meinen Schmerz wegzulachen, und erzählte ihnen unter Tränen von meinem mutigen Vater, der gerade als Leutnant an der Ostfront gegen die Partisanen kämpfte. »Wobei die Partisanen eigentlich voll in Ordnung sind«, gab ich noch zum Besten. »Ich hatte mal ein paar Freunde unter ihnen!«

»Ach, deshalb sprichst du unsere Sprache!« Luka, der Anführer, spuckte anerkennend auf die Erde.

Diesmal schüttelten die Wachposten nicht die Köpfe. Weder über mein Aussehen noch über meine Frage, ob es Nachrichten von meinem Vater gebe. Sie nahmen mich von den großen Jungen mit betroffenen Gesichtern entgegen und teilten mir mit, dass mein Vater Heinz Peters als Held für das deutsche Vaterland in den Wäldern von Přeštice gefallen war.

*   *   *

In meinem Elend und meiner Trauer weinte ich tagelang und ließ mich von den freundlichen Soldaten kaum beruhigen. Immer wieder beteuerten sie mir, was für ein feiner Kerl der Leutnant Heinz Peters gewesen sei, dass er mich trotz des Elends seiner eigenen Familie adoptiert hatte, um mir in Hamburg eine Zukunft und ein Zuhause zu geben.

Was wäre wohl aus mir geworden, wenn ich in Hamburg als Franz Peters gelandet wäre? Ich hatte schon davon geträumt, eines Tages zur See zu gehen und Kapitän zu werden!

Während ich untröstlich war und mein Feldbett im Lager gar nicht verlassen wollte, wurde mein persönliches Unglück wieder zur Nebensache:

»Achtung! Meldungen zufolge marschieren Partisaneneinheiten in großer Stärke in Richtung Mostar, um die Stadt zu belagern und vom Feind zu befreien. Sie gehen mit grausamer Brutalität vor und schießen aus dem Hinterhalt, legen Minen und werfen Granaten!«

Ich presste mir die Hände auf die Ohren. Wann war jemals in meiner Erinnerung kein Krieg gewesen?

Einmal. Ein einziges Mal. In den Wochen mit Karl im Banat, letzten Sommer. Aber Karl war auch nicht von der Front zurückgekommen!

Franz Bauer war tot, Karl war tot, Heinz Peters war tot! Mein Tate war tot! Meine Mame war tot! Ljubica bestimmt auch! Meine drei Partisanenfreunde waren tot! Wie sollte ich diesen unsäglichen Schmerz aushalten? An wen sollte ich mich jemals wieder neu binden, voller Vertrauen, dass er oder sie mir erhalten bleiben würde?

Innerlich verstockte ich zunehmend und war zu keiner Regung mehr fähig.

»Kleiner, mach Platz, wir müssen sofort unsere Zelte abbauen!« Über mir wurden Planen abgerissen, und Eisenstangen flogen mir um die Ohren. »Die machen uns platt, also heb deinen Hintern und schwing dich auf einen Planwagen! Willst du mit oder willst du alleine hierbleiben?«

Jemand trug mich kurzerhand auf einen Kutschbock, und ein mir fremder Soldat gab den Pferden die Sporen. Ich konnte mich nur noch an den Planken des Wagens festkrallen.

Und als wir kurz darauf durch die Stadt rumpelten, sah ich zu meinem Entsetzen, wie die Einwohner und Einwohnerinnen mehreren Frauen, die sich mit deutschen Soldaten eingelassen hatten, in aller Öffentlichkeit die Köpfe kahl schoren. Damit wurden sie für alle sichtbar als Schandfleck gebrandmarkt und als Verräterin hingestellt.

»Schau nicht hin, Franz. Ich bin übrigens Konrad. Wir fahren jetzt zu einem neuen Stützpunkt, da gibt es allerdings fast keine Menschen. Siehst du da hinten die Karstberge und Hügel? Dahinter liegt ein Flugplatz, den wir für unsere Kampfmaschinen benutzen. Den Partisanen werden wir Feuer unter dem Arsch machen!«

Wie weh mir das tat! Die Partisanen verteidigten doch nur ihr Land, ihre Heimat und ihre Familien! Aber nachdem ich nun über zwei Jahre bei den Deutschen lebte und auch ihre Sicht der Dinge in Form menschenverachtender Schimpfworte und rassistischer Äußerungen oft genug zu hören bekommen hatte, schwieg ich verstört. Ich wusste nur eines: Es gab gute und böse Menschen, und zwar in jedem Volk, egal ob mächtig, einfach, bewaffnet oder ungebildet. Es gab wunderbare, weichherzige Menschen, die hochrangige Militärabzeichen trugen, und es gab genauso tapfere und großherzige Menschen, die einsam in dichten Wäldern lebten. Und dann gab es hochrangige Militärbonzen wie Fritz, die einfach nur Arschlöcher waren. Von denen hatte ich nun auch einige Exemplare kennengelernt. Und wie verächtlich sie mit den Frauen hier umgingen, die sie »noch nicht mal im Dunkel ficken würden«. Leider herrschte im Lager der SS-Soldaten ein solcher Ton, und diese Unterhaltungen hatten sich in mein Hirn eingebrannt. Es gab aber auch Soldaten, die diese Frauen schön fanden und sich in sie verliebt hatten.

Und nun wurden einige Frauen von ihren eigenen Landsleuten kahl geschoren und auf der Straße angespuckt. Was war denn nun gut, was war böse? Und wer bestimmte das und was ermächtigte ihn dazu?

Nie im Leben hätte ich gewagt, mit einem Erwachsenen eine Diskussion über diesen Krieg anzufangen. Ich war kaum neun Jahre alt und wollte nur eines: leben. Und einen einzigen Menschen, der zu mir gehörte und mich nicht wieder verlassen würde.

So rumpelten wir über Stunden durch zerstörte Straßen und verlassene Gebiete, bis Konrad mich aus meinen verzweifelten Gedanken riss: »Franz, wir nehmen das kleine Gebäude neben dem einsamen Gehöft da am Rande des Flugplatzes. Von dort aus können wir den hektischen Flugbetrieb beobachten.«

Konrad sprang vom Kutschbock, schlug die Hacken zusammen und klopfte an die Tür des Hauptgebäudes. Eine verhärmte Frau und ein hübsches, aber sehr schüchternes Mädchen mit einer Hasenscharte öffneten verschämt. Konrad erklärte ihnen, dass wir ihnen nichts tun würden, aber hiermit das Nebengebäude beschlagnahmt sei.

Das Anwesen hatte einen Gemüsegarten, einige Obstbäume, Hühner, Schafe und Katzen.

Ein gutmütiger Hund, der die Spielregeln des Krieges offensichtlich auch nicht durchschaute, kam schwanzwedelnd angelaufen und stupste mich mit der Schnauze an. Hallo, Junge, ich Hund, du Kind. Was spielen wir?

Das junge Mädchen hingegen verhielt sich verängstigt und reserviert, und erst nach längerer Zeit, als sie mich wohl aus ihrem Fensterchen unter dem Dach lange genug beobachtet hatte, wie ich mit ihrem Hund spielte, kam sie scheu hervor und sprach mich an.

»Ich heiße Moiza, und du?«

»Franz. Na eigentlich Djoko.«

Ich konnte ja ihre Sprache, sodass wir uns kurz darauf auf den nahe liegenden steilen Hügel zu einem Aussichtspunkt verzogen und ich ihr meine ganze Geschichte erzählte. Sie war vielleicht vierzehn, so genau wusste sie das nicht.

Ihr Vater war als Partisan im Krieg, ob er noch lebte, wusste sie nicht, sie selbst hauste mit ihrer Mutter hier an diesem schrecklichen Flugplatz, wo die Deutschen ihre Jagdflieger und Stukas geparkt hatten, um jeden Morgen um fünf laut kreischend und brummend für den Kampfeinsatz loszufliegen. Wenn sie Glück hatten, kamen sie abends unter ebensolchem Lärm zurück. Die Mutter hatte den Fliegern Kaffee und Brote zu servieren.

Nun hatte ich also wieder ein vorübergehendes Zuhause und eine Art Familienanschluss.

So verbrachten wir den Spätherbst. Die Jagdpiloten, die hier landeten, veranstalteten zwischen ihren Bombenabwürfen wilde Feste.

Moiza und ich kletterten, sooft es möglich war, zu unserem geheimen Aussichtspunkt. Von hier aus konnte man die Flieger noch viel besser beobachten, und wir lagen oft bäuchlings in einer Mulde, in der wir ein kleines Feuer machten, um uns aufzuwärmen.

Heimlich verehrte ich Moiza schon lange, obwohl sie so viele Jahre älter war als ich.

Und nachdem Konrad auch im Fliegereinsatz war, traute ich mich eines Abends, sie zu fragen: »Schläfst du heute Nacht bei mir?«

»Da muss ich meine Mame fragen.« Sie raffte ihre Röcke und rannte vor mir her, den dunklen Pfad wieder hinunter zu dem Gehöft am Rande des Flugfeldes.

»Hereinkommen darfst du leider nicht!« Moiza kam mit einer Kerze aus dem Haus. »Denn du bist der Feind. Frauen, die sich mit Feinden einlassen, wird der Kopf kahl geschoren. Aber weil du ein kleiner Junge bist und keine Eltern hast und außerdem unsere Sprache sprichst, erlaubt die Mame, dass ich bei dir schlafe.«

Sie schulterte ihr Bündel mit Decken und Polstern und kam tatsächlich zu mir in das Nebengebäude herüber. Ich war ihr so dankbar, sie war wirklich ein feiner Mensch!

Wie sehr hätte ich mich ohne sie gefürchtet! Konrad rückte immer nachts aus zu Kampfeinsätzen, ich hörte die Flieger ohrenbetäubend über den Nachthimmel jagen und Bomben abwerfen, oft war der Himmel blutrot und dann wieder von Leuchtraketen taghell.

Auch der Hund, Boja, beschützte uns und wir uns gegenseitig. Eng an Moiza gekuschelt, den Hund dicht an uns herangezogen, lagen wir auf dem Nachtlager, das ich sonst mit Konrad teilte. Wie nett von Moizas Mutter, das zu erlauben. Sie war an erster Stelle Mame und dann erst meine Feindin. So viel hatte ich begriffen.

Am nächsten Tag lag ich dösend auf der Terrasse des kleinen Nebengebäudes, während Moiza ihrer Mame bei der Hausarbeit half. Ich fühlte mich in Sicherheit und streichelte Boja, den anschmiegsamen Hund.

Plötzlich erblickte ich am Frühlingshimmel einen silberglänzenden Punkt. Das war kein Flugzeug unserer Kampfeinheit. Das war etwas Fremdes, Erhabenes, Furchteinflößendes!

Noch reagierte Boja nicht, aber dann regnete es plötzlich Silberstreifen vom Himmel. Sie segelten lautlos, wie es schien ungefährlich, über den Bäumen und dem angrenzenden Flugfeld herab. Sogar auf unseren Vorplatz segelte so ein Zettel vom Himmel und fiel mir vor die Füße. Lange starrte ich ihn an, aber er explodierte nicht.

»Da steht was drauf, aber ich kann nicht lesen!«

Boja konnte auch nicht lesen.

Einem inneren Instinkt folgend, schließlich war ich ja ein SS-Rottenführer und kein Weichei, zeigte ich den in Silberfolie eingewickelten Zettel nicht Moiza und ihrer Mame, die in Sichtweite Wäsche aufhängten. Sondern den Soldaten, die neben dem Flugfeld ihr Lager aufgeschlagen hatten. An der Feldküche vorbei rannte ich zu einem Soldaten, der Konrad kannte.

»Was steht da drauf?«

Auch die Soldaten hoben zahlreiche Zettel in Silberfolie vom Boden auf und steckten besorgt die Köpfe zusammen. »Es sind die Amis! Sie fordern uns zur Kapitulation auf! Verdammte Scheiße!«

»Die Schweine fliegen von Italien aus über unser Terrain! Das heißt, die Itaker haben sich mit den Amis verbündet! Verfluchter Mist!«

»Was für Verräter! Jetzt sind wir eingekesselt!«

»Jetzt erst recht, für Führer und Vaterland!« Die Soldaten bewaffneten sich bis an die Zähne, sprangen in sämtliche Flugzeuge, die verfügbar waren. »Franz, du bleibst bei deiner Freundin!« Sie starteten ihre Propeller und rasten über die Startbahn. »Denen werden wir es zeigen, den Verräterschweinen!«

So hockte ich verängstigt mit Moiza an unserem bekannten Aussichtspunkt auf dem Hügel und sah dem wutentbrannten Spektakel am Himmel zu.

»Die Deutschen fliegen jetzt nach Italien, um die Amerikaner anzugreifen?« Moiza starrte mich mit schreckgeweiteten Augen an. »Und wenn die zurückschlagen?«

»Dann sind wir platt.«

Doch die amerikanischen Flugzeuge, die in den nächsten Tagen über unser Gebiet flogen, warfen nur immer wieder Propagandamaterial ab. Die Deutschen sollten die Kämpfe einstellen und sich von jugoslawischem Territorium zurückziehen. Und das fand ich ausgesprochen nett. Statt uns zu beschießen, machten sie uns einen vernünftigen Vorschlag. So könnten wir alle wieder friedlich nach Hause gehen!

Das Gegenteil war jedoch der Fall: Die deutschen Flieger starteten unermüdlich zum Abwehrkampf. Pausenlos gingen Kampfflieger hoch, die Luftkämpfe wurden beinhart geführt, und es gab viele Verluste auf unserer Seite.

Der Anblick der Toten, die auf Bahren nebeneinander gestapelt am Flugplatzrand lagen, war für mich nichts Besonderes mehr. Alle Soldaten, die ich mit Namen gekannt hatte, waren ausgelöscht wie Spielfiguren. Nur Konrad war noch am Leben und startete jeden Tag neu in Richtung Italien, um das dortige amerikanische Lager zu beschießen. Was für ein Größenwahn! Konrad gestand mir allerdings in einem schwachen Moment, als wir beide vor der Latrine warteten, dass er das gar nicht gerne und nicht freiwillig machte. Es war ein Befehl, und dem musste er gehorchen.

»Sei froh, dass du erst neun bist, Franz. Erwachsen sein ist richtig scheiße.«

»Na, Kind sein ist auch nicht immer lustig …«

»Na ja, in deinem Fall wirklich nicht, das muss ich zugeben.«

Es war um die Mittagszeit, als Moiza, ich und der Hund Boja auf dem Weg zu unserem Aussichtspunkt waren.

»Da kommen wieder Flugzeuge!« Angstvoll starrte ich in den Himmel.

Boja stellte die Ohren steif und fing an zu knurren, und eine Ahnung packte mich, dass es diesmal ernst wurde. »So viele waren es noch nie!« Instinktiv duckte ich mich und presste mir die Hände auf die Ohren.

Moiza wirbelte herum, riss den Hund am Halsband und mich am Schlafittchen. »Das sind die Amerikaner! Und diesmal werfen sie keine Zettel ab!«

Hunderte kreischend lärmende Flugzeuge, nichts Gutes verheißend, verdunkelten den Himmel.

»Schnell, da hinunter, na mach schon, Franz!«

Moiza stieß mich unter einen schützenden Felsvorsprung. Keine Sekunde zu früh!

Ein Bombenhagel donnerte auf die Erde nieder, und ein ohrenbetäubendes Kreischen und Krachen lähmte uns die Sinne. Zersplitternde Steine wirbelten durch die Luft, zerberstende Flugzeugteile, die halbe Feldküche mitsamt ihren Kesseln, Töpfen und schweren eisernen Pfannen zerschellte an dem Felsen, unter dem wir hockten, und plötzlich wurde es durch den entstandenen Staubwirbel nachtdunkel. Wir husteten und klammerten uns aneinander und hielten den jaulenden Hund ganz fest, damit er in seiner Panik nicht davonlaufen konnte.

Der entsetzliche Bombenbeschuss wollte gar nicht mehr aufhören! Flugzeug um Flugzeug nahte aggressiv kreischend und warf pfeifend die Bomben ab, genau auf unseren Flugplatz, an dessen Rand das deutsche Lager aufgebaut war. Selbst die dort aufgebahrten Leichen flogen in Einzelteile zerfetzt in die Luft und verkohlten an Ort und Stelle. Es stank widerlich nach verbranntem Fleisch, nach glühendem Eisen und nach versengten Zelten. Brennende Zeltplanen, Holzteile und das ganze Latrinenhäuschen samt Donnerbalken klatschten von Druckwellen geschleudert an unsere Felsenhöhle, zerrissene Planen und Kleinteile prasselten brennend herein. Diesmal war ich ganz sicher, dass mein letztes Stündlein geschlagen hatte. Eng aneinandergepresst, verharrten Moiza und ich mit der wimmernden Boja, bis die Beschüsse weniger wurden und schließlich ganz aufhörten.

»Das Motorengeräusch entfernt sich!« Hustend und röchelnd krochen wir aus unserem Versteck. Wir waren beide pechschwarz vor Ruß, auch Boja sah aus, als hätte sie sich in schwarzer Lava gewälzt. Nur die verängstigten Augen blickten noch unter dem Pechschwarz hervor.

Dichter Staub nahm uns die Luft zum Atmen und obendrein die Sicht. Wir würgten und husteten minutenlang in Todesangst vor der Höhle.

Als sich der Staub halbwegs gelegt hatte, rannten wir panisch den Hügel wieder hinunter, um nach Moizas Mutter zu sehen. Röchelnd und weiterhin hustend stolperten wir über Trümmer und Scherben, Steine und Flugzeugteile, die Augen blind vor Tränen.

»Das Haus steht noch! Vielleicht lebt sie noch!«

»Oh, Kinder! Gott hat meine Gebete erhört!«

Schluchzend klammerte sich das schwarze Bündel Mensch, das da hinter den zerborstenen Fensterscheiben im Ruß und Dreck saß und von dem nur die rot unterlaufenen Augen herausschauten, an Moiza und mich. Wir saßen als Knäuel Mensch und Hund geschockt auf dem Fußboden, wiegten uns in den Armen, jaulten, winselten, jammerten und schluchzten. Wieder war es eine Mame, an die ich mich Schutz suchend schmiegte, und wieder hatte ich das Gefühl, sie sei der letzte Mensch auf Erden für mich selbst.

Schließlich rappelten wir uns auf. Der Blick auf den zerstörten Flugplatz, den wir von der Terrasse des Hauses hatten, verschlug uns die Sprache.

Die Start- und Landebahn glich einem verwüsteten Acker. Die Zelte waren zerfetzt, die Gebäude zerstört, die Flugzeuge kaputt, überall lagen Leichen und tote Tiere.

Der für die Deutschen sehr günstig gelegene Stützpunkt war nur noch ein rauchendes Trümmerfeld.

»Sie haben die Abwehrgeschütze nicht mehr rechtzeitig in Stellung bringen können«, murmelte ich fachmännisch. Denn als Soldatenkind wusste ich über die kriegerischen Notwendigkeiten bestens Bescheid. »Dem Feind ist es mit einem Schlag gelungen, nicht nur das Flugfeld zu zerstören, sondern den Einsatz ihrer Kampfflugzeuge unmöglich zu machen.«

Moiza und ihre Mutter starrten mich unter ihren verrußten Wimpern sprachlos an.

Und plötzlich kroch jemand aus den Trümmern, er schien nur leicht verletzt zu sein! Es war ...

»Konrad!« Erleichtert rannte ich auf ihn zu. »Dass du hier bist!« Ich umarmte ihn stürmisch.

»Ich wollte gerade losfliegen, als die hinterhältigen Verräterschweine ohne Vorwarnung losgeballert haben!« Konrad klopfte sich den Staub von der Uniform und stapfte dann zu Moizas Haus, das fast nicht zerstört war, als einziges Gebäude weit und breit.

»Mach mir Wasser warm! Und schau, was du Essbares auftreiben kannst, die Feldküche ist in die Luft geflogen!«

Moizas Mame lief verschämt hinter ihm her. Moiza selbst kämpfte mit sich, ob sie ihrer Mame zur Hand gehen sollte.

»Ich will sie nicht mit dem Soldaten alleine lassen, das schickt sich nicht ...«

»Aber Moiza, ich kann ohne dich nicht schlafen!« Flehend blickte ich sie an. »Nach dem Schock fürchte ich mich ohne dich! Du musst mir eine Geschichte erzählen!« Das konnte sie nämlich ganz wundervoll mit ihrer leisen, melodischen Stimme. Wenn sie bei mir war, fühlte ich mich geborgen. Wir waren inzwischen wie große Schwester und kleiner Bruder.

Gutmütig, wie sie war, kroch Moiza mit mir in das Nebengebäude, das Konrad bei unserer Ankunft für uns beschlagnahmt hatte.

So lagen wir, dicht aneinandergeschmiegt mit Boja, auf unserem Lager, und sie sang mich in den Schlaf. Plötzlich wurde ich von einem furchtbaren Schrei hochgerissen, und auch Boja bellte um ihr Leben.

»Was ist ...?«

Meine Moiza schrie um ihr Leben! »Lassen Sie mich, bitte gehen Sie von mir runter, lassen Sie mich, ich flehe Sie an …«

Meine Augen mussten sich erst an die Dunkelheit gewöhnen, aber was ich wahrnahm, ließ mich vor Schreck erstarren: Konrad lag auf der armen Moiza und hatte seine Hosen heruntergezogen. Während sie unter seinem Klammergriff strampelte und schrie, hatte er irgendwas in sie reingeschoben und schob es immer wieder rein!

Ich schrie ebenfalls, so laut ich konnte. »Lass sie in Ruhe, du tust ihr weh!«

Ich hieb mit meinen kleinen Fäustchen auf seinen Rücken ein, doch Konrad schien mich gar nicht wahrzunehmen. Er stöhnte und ächzte und keuchte, bis er schließlich in sich zusammensackte, von Moiza abließ, sich aufrappelte und seine Hosen hochzog.

Während Moiza wimmerte und sich hastig wieder bekleidete, zog Konrad mich aus der Behausung und verpasste mir eine Ohrfeige, dass ich rückwärts gegen die Böschung taumelte.

»Du hast nichts gesehen, ist das klar?!«

Die Nacht war mondhell, und man konnte gut sehen.

»Wehe, wenn du über den Vorfall jemandem etwas erzählst!«

Doch bevor Konrad mir eine zweite Ohrfeige verpassen konnte, raste ich, so schnell mich meine nackten Füße tragen konnten, hinunter in das Lager der wenigen überlebenden Soldaten und schlüpfte in eines der Zelte. Die schlafenden Soldaten schreckten hoch.

»Kleiner, was machst du denn hier?«

»Schon wieder Bombenangriff?«

»Der Konrad …«, keuchte ich. »Der Konrad hat der Moiza Gewalt angetan!«

Sollte Konrad mich doch totschlagen, aber das konnte ich auf meiner einzigen Freundin nicht sitzenlassen.

Sofort sprangen mehrere Soldaten auf, rannten in der hellen Mondnacht in Richtung des kleinen Nebengebäudes, ich konnte sehen, wie Konrad versuchte zu fliehen. Doch sie packten ihn, und er wurde von der Feldgendarmerie in Handschellen abgeführt. Sie sperrten ihn in einen kleinen Verschlag und schoben mehrere Riegel vor. Die Worte, mit denen sie ihn beschimpften, kann ich gar nicht wiedergeben.

Ich habe Konrad nie wiedergesehen und nie wieder etwas von ihm gehört.

In der folgenden Zeit war Moiza still und niedergeschlagen. Meine kindlichen Versuche, sie aufzuheitern, waren meist vergeblich. Sie saß auf dem Vorplatz auf der Erde und starrte vor sich hin, als hätte es mich nie gegeben. Und zwar seit Wochen.

»Moiza, bitte rede doch mit mir, was hast du denn?« Ich hampelte vor ihr herum und machte den Kasper für sie. »Bist du böse auf mich, weil ich damals Konrad verraten habe? Vermisst du ihn?«

»Nein, Franz, im Gegenteil.« Sie tippte mit der flachen Hand neben sich auf die staubige Erde, und dankbar ließ ich mich neben sie gleiten. »Das war sehr anständig und mutig von dir.«

»Aber was ist denn los?«

»Ich bin schwanger, Franz.«

»Ja ist denn der Storch gekommen?« Ungläubig blickte ich sie von der Seite an.

»Ach Franz!« Sie griff mir in die Haare und zauste darin herum. »Vergiss das Märchen vom Storch. Eine Frau bekommt ein Kind, wenn ein Mann auf ihrem Bauch liegt.«

»Das hat der Konrad mit dir getan.«

»Ja, und deshalb bekomme ich jetzt ein Kind von ihm.«

Ich senkte den Blick und versuchte, die Zusammenhänge zu verstehen. »Und ist das jetzt gut oder schlecht? Freust du dich?«

»Nein, Franz, ich freue mich nicht. Du weißt, was sie mit Frauen machen, die sich mit einem Deutschen eingelassen haben?«

Und plötzlich kam mir das Bild vor Augen, das ich bei der Ausfahrt aus der Stadt mit angesehen hatte, als ich neben Franz Bauer auf dem Kutschbock saß. Sie hatten den Frauen die Köpfe kahl geschoren und sie mit Steinen beworfen. Arme Moiza.

Bei unserem Abschied kurz darauf weinten wir beide bitterlich, so sehr hatten wir uns aneinander gewöhnt. »Pass auf dich auf, mein kleiner Bruder!« Sie drückte meine beiden Hände und sah mich liebevoll an. »Wenn es ein Junge wird, werde ich ihn Franz nennen!«

* * *

»Das ist unglaublich! Ich habe noch nie das Meer gesehen!« Mit weit aufgerissenen Augen saß ich auf einem der Lastwagen, die fluchtartig das Gebiet von Metkovic verlassen hatten.

»So blau und so riesig! Wo hört das denn wieder auf!«

»Das ist die Adria, Kleiner. Und wir sind jetzt in der Bucht von Kotor! Komm, spring runter von der Ladefläche, ich fang dich auf.«

Die Straße mündete vor einem grottenähnlichen Felsen, an dessen Steilschlucht man auf einem von Seilen gesicherten Steg durch Geröll und Wurzelwerk weitergehen konnte. Unterhalb tosten die Wellen und brachen sich in spritzender Gischt an den Steinen.

Panisch blieb ich davor stehen. »Nein, da gehe ich nicht weiter!«

»Jetzt sei kein Mädchen! Da drinnen sind wir vor Fliegerangriffen sicher!« Der Soldat schulterte schon sein Gewehr und seinen Feldrucksack und drängte mich zur Eile.

»Ich gehe vor dir her, und du folgst mir. Halte dich an der Schlaufe meines Rucksacks fest!«

Tatsächlich hatte ich keine andere Wahl, wenn ich hier in Montenegro nicht ganz allein bleiben wollte. Wir hatten uns auf Feindesland begeben, um nun auch noch die kämpferischen Fußtruppen anzugreifen.

Zitternd vor Angst setzte ich einen Fuß vor den anderen und zwang mich, nicht in den Abgrund zu sehen. Das aufgewühlte türkisblaue Wasser peitschte ununterbrochen gegen die schwarzen Felsen und hinterließ weiße Gischt, die sich zischend unter meinen Füßen ausbreitete. Die Kieselsteine klackerten im Takt mit jeder Welle, die sie erst zum Ufer trieb und dann wieder in die Fluten hineinsog. Fasziniert starrte ich auf dieses unheimliche Schauspiel.

»Los, Kleiner, wir haben es gleich geschafft!«

Endlich hatten wir eine Grotte erreicht, in der zu meinem großen Erstaunen ein Strandrestaurant war, das man nur mit Booten erreichen konnte.

Als wären wir auf einem anderen Stern, saßen die Leute dort leicht bekleidet und lachten und tranken und feierten.

»Ist hier kein Krieg?« Mit offenem Mund starrte ich auf diese scheinbar außerirdische Szene.

Doch kaum waren mir diese Worte aus dem Mund gepurzelt, näherte sich schon bedrohlich brummend ein amerikanisches Flugzeug und warf seine Bomben ab! Sie explodierten im Meer und ließen unglaubliche Fontänen aufspritzen.

»Scheiße, Rückzug!« Die Leute kreischten auf, die Frauen quietschten, sie versuchten, ihre Boote zur erreichen, doch einige davon flogen schon in die Luft. Von irgendwoher aus den rückwärtigen Felsen feuerten nun Kanonen in die Gegenrichtung, und manche Flugzeuge explodierten in der Luft. Wir waren mitten in die Front geraten!

An den Felsen gepresst, hielt ich die Luft an und starrte auf das nun noch viel faszinierendere Schauspiel.

Aus den amerikanischen Flugzeugen segelten nun Fallschirme, an denen Menschen hingen! Sie fielen ins tiefe blaue Meer und wurden von ihm verschluckt.

»Komm weg hier, Kleiner!«

Jemand riss mich mit sich und zerrte mich hinter sich her in das felsige Gebirgsland. Tagelang hockten deutsche Abwehrkämpfer hier in einer Grotte, über uns tobte der Luftkrieg, und die Kanonenschüsse donnerten und krachten, sodass ich sicher war, in der Hölle zu sein. Ich hockte verstört in einer tropfenden Felsenschlucht und hielt mir die Ohren zu, bis mich die Kräfte verließen und ich in eine erlösende Ohnmacht glitt.

Als ich wieder zu mir kam, lag ich in einem Zug, der gleichmäßig vor sich hin ratterte. Da ich ja schon mit Karl in einem Zug gewesen war, konnte ich die Situation einordnen. Doch die Personen, die um mich herum lagen, waren mir alle fremd. Kein einziges bekanntes Gesicht … und kein einziges noch heiles Gesicht! Schwerst verletzte Soldaten mit blutigen Verbänden um den Kopf, zertrümmerten Kiefern, schwarzen Löchern, wo sonst Augen waren, blauen Lippen, versengten Haaren. Schwarzes Blut sickerte überall durch schmutzige Verbände und tropfte auf den dreckigen Fußboden des ratternden Zuges.

Verstört blickte ich um mich, doch überall der gleiche Anblick. Es stank fürchterlich in diesem Abteil, und als ich den Kopf hob, konnte ich jämmerliche Gestalten sehen, die sich von einem Kübel erhoben, bevor sie sich wieder zu ihrem Lager am Boden schleppten.

»Der Kleine ist aufgewacht!« Ein Schaffner mit roter Kappe beugte sich über mich. »Hallo, wie heißt du denn?«

»Franz Peters. – Wo fahren wir hin?«

»Nach Sarajevo. Du bist dem Zugpersonal anvertraut worden, gemeinsam mit diesem Schwerverletzten-Transport ins nächste Militärkrankenhaus.«

»Bin ich von meiner Einheit getrennt worden?«

»Sieht so aus, Kleiner.« Der Bahnbeamte ging schon weiter, nachdem er meinen Namen auf ein Klemmbrett notiert hatte.

Verstört fiel ich wieder in einen fiebrigen Dämmerschlaf.

Als ich das nächste Mal zu mir kam, stach mir gerade jemand in den Finger.

»Au! Was machst du da?«

»Du hast Malaria, Franz. Wir müssen dir täglich Blut abnehmen, und du musst Chinin schlucken.«

»Bin ich nicht mehr im Zug?«

»Nein, du bist im Militärkrankenhaus in Sarajevo.«

Gehorsam schluckte ich die Tablette. Während eine nette Krankenschwester mich stützte und mir ein Glas Wasser reichte, gewahrte ich meinen Nebenmann im Zweibettzimmer, der mir fröhlich zuzwinkerte. Irgendwas an seinem Anblick war ungewohnt, aber was?

»Hallo, Franz!«, grüßte mein Zimmergenosse freundlich. »Willkommen in der Welt der Überlebenden!«

Ich hob grüßend den Arm, erst gewohnt zackig, zum Hitlergruß, dann ließ ich ihn automatisch sinken und schämte mich dafür. Dieser Hitler war doch an allem schuld.

Der Mann grüßte auch kein bisschen zurück. Ich starrte ihn an. Er hatte doch freundlich gelächelt!

Und plötzlich begriff ich, was an dem Mann nicht stimmte. Er hatte gar keine Arme!

Und keine Beine! Er war einfach … ein Rumpf mit Kopf!

Vor Entsetzen vergaß ich, die Tablette zu schlucken.

Das hatte zur Folge, dass sich die scheußlich schmeckende Tablette in meinem Mund auflöste und zu brennen begann, als hätte ich auf eine Feuerqualle gebissen!

»Herr Doktor, sein Gesicht verfärbt sich gelb!« Die Krankenschwester stellte das Wasserglas auf den Nachttisch, der zwischen dem Bett des *Körpers* und meinem Bett stand – ich begriff, dass mein Nachbar *niemals* mehr danach würde greifen können! –, und rannte zur Tür, um nach dem Chefarzt zu rufen.

Während sich ätzend und brennend der Schaum in meiner

Mundhöhle und meinem Rachen ausbreitete, fühlte ich, wie mein Gesicht anschwoll und meine Kopfhaut brannte!

»Ich brenne!«, schrie ich in Panik. »Helfen Sie mir!«

»Das geht leider nicht, Franz, aber ich kann dir versichern, du brennst nicht.«

Der Kopf auf dem Rumpf lächelte mich beruhigend an. »Du hast nur das Chinin nicht schnell genug geschluckt, weil du dich vor mir erschrocken hast, nicht wahr?«

»Hilfe!« Mein gellender Schrei erstickte in dem grünen Schaum, der aus meinem Mund quoll.

»Halb so schlimm, halb so schlimm, Kleiner!«

Der Chefarzt wehte mit fliegendem Kittel herein, und bei meinem Anblick musste er lachen.

»He, Kleiner, beruhige dich! Trink das hier!« Er flößte mir etwas ein, das süß und beruhigend schmeckte.

»Das ist Himbeersaft mit Honig, damit werden wir dich fürs Erste ernähren, und damit kannst du deine tägliche Tablette schlucken!«

Dann wandte er sich meinem Bettnachbarn zu: »Wie geht es Ihnen heute, Kamerad?«

»Oh, blendend! Wenn ich Sie und Ihre charmante Krankenschwester sehen darf, was sollte mir noch zu meinem Glück fehlen?«

Na, das konnte ich ihm aber sagen! Natürlich hütete ich mich, aber ich kam nicht umhin, ihn unentwegt anzustarren.

Aber der Mann war so dankbar und glücklich, dem Bombenhagel entgangen zu sein, dass er gute Laune verbreitete.

Tagelang waren mein Gaumen und Rachen geschwollen und brannten widerlich, aber der Mann ohne Arme und Beine tröstete mich: »Du bist schon gar nicht mehr so gelb wie am ersten Tag. Der Chefarzt ist übrigens ein ganz Netter. Wir alle hier lieben ihn.«

Und als ich nach ein paar Tagen aufstehen konnte, forderte er mich auf, ganz nah an sein Bett zu kommen.

Es dauerte eine Weile, und ich musste mich sehr überwinden, so nahe an ihn heranzutreten. Doch als ich in seine strahlenden blauen Augen blickte, wich die Angst einem guten Gefühl.

»Na siehst du, es geht, Franz.« Er zwinkerte mir zu. »Junge, du musst mich ganz fest anschauen und du wirst merken, dass alles nicht so schlimm ist. Ich lebe ja noch, und ich kann schon wieder lachen.« Was für ein liebenswürdiger und fröhlicher Mann!

»Hast du denn jemanden, der auf dich wartet?« Diese Frage ergab sich nach einem längeren Gespräch, bei dem ich ihm anvertraut hatte, dass ich keinen einzigen Menschen auf dieser Welt mehr hatte.

»Deswegen bin ich ja so fröhlich. Ich bin verheiratet, ich habe die liebste und schönste Ehefrau der Welt. Willst du sie sehen?«

Verschüchtert nickte ich. »Greif mal unter mein Kopfkissen!«

Eingeschüchtert tat ich es. Das Foto zeigte eine strahlende junge Frau mit blitzenden Augen, einer Stupsnase und weißen Zähnen. Ihr weißer Blusenkragen saß adrett über ihrem dunklen Kostüm. Sie hatte blonde Locken und trug einen Strauß Nelken im Arm. Ich zuckte zurück: An ihrer Seite strahlte der Rumpfkopf, damals noch mit Armen und Beinen, mit Krawatte und schwarzem Anzug, und hatte seinen Arm um seine Braut gelegt.

»Habe ich nicht ein Glück? Sie heißt Herta. Und ich bin Roland.«

»Schön, dich kennenzulernen, Roland.« Nur nicht die Hand zum Schütteln ausstrecken, beschwor ich mich im Stillen. Das darf dir nie, niemals passieren. Fasziniert betrachtete ich das Hochzeitsfoto.

»Nachdem ich jetzt ganz bestimmt nicht mehr zur Front zurückgeschickt werde, freue ich mich wahnsinnig darauf, mit meiner Herta ein friedliches und schönes Leben zu führen.« Roland Rumpfkopf lächelte mich an, und zwei Grübchen erschienen auf seinen Wangen. »Wir haben inzwischen auch einen kleinen Sohn, der ist ungefähr so alt wie du.«

Fassungslos starrte ich den Mann an und zwang mich immer noch, ganz dicht an seinem Bettrand zu stehen. »Und weißt du, was das Beste ist, Franz? Ich werde nie in Versuchung kommen, ihm eine Ohrfeige zu geben. Egal was der Bursche anstellt. – Und denk dran, was ich dir gesagt habe: Wenn du jemanden hast, der dich liebt, ist alles halb so schlimm.«

Als ich das nächste Mal an sein Bett trat, hatte er sich zur Seite gedreht und ich konnte nur seinen Rücken sehen. Vorsichtig legte ich meine Hand in seinen Nacken, um ihn zu begrüßen. Er war kalt und wächsern. Ich schrie. Und dann legte man auch schon ein Laken über ihn und trug ihn weg.

* * *

»Guten Tag, Franz, na, willst du mich auf der Visite begleiten?«

Der freundliche, gut aussehende Chefarzt klopfte mir freundschaftlich die Wange. »Du kannst jetzt schon aufstehen und solltest nicht so viel Trübsal blasen. Na, was ist? Du würdest vielen Patienten mit deinem Anblick eine Freude machen!«

Also stapfte ich halb verzagt, halb stolz neben meinem neuen Beschützer her und durfte sogar das Klemmbrett mit seinen wichtigen Notizen tragen.

Mancher Anblick war schrecklich und ekelerregend, und in den Zimmern stank es, dass mir richtig übel wurde. Es gab so viel Elend in dem Krankenhaus zu sehen, doch alle Gesichter hellten sich auf, als sie mich sahen, den kleinen schwarzlockigen Knirps im grau-weiß gestreiften Schlafanzug, der des Doktors Gehilfe war!

Ein Mann hatte feuerrote Brandmale im schneeweißen Gesicht und blaue Lippen. Andere hatten starke Brandwunden, vernarbte Stellen, wo sonst die Augen waren, schwarze faulende Eiterstellen am Bauch und Stümpfe, wo Arme oder Beine gewesen waren. Bald war dieser Anblick nichts Außergewöhnliches mehr für mich. Ich hatte wieder einen Menschen, dem ich folgen konnte wie ein junger Hund, und eine Aufgabe.

»Schau, Franz, da kommt ein neuer Transport.« Der Chefarzt wies auf eines der Fenster, und ich konnte einen Lastwagen mit einem roten Kreuz darauf sehen, der vollgestopft mit Schwerverletzten auf das Militärlazarett zu rumpelte.

»Los, es gibt einiges zu tun!« Mit langen Schritten eilte mein neuer väterlicher Freund in die Halle, wo schon Pfleger und Schwestern für die Ankunft der Neuen mit Rollbetten und Bahren bereitstanden, und ich rannte wie ein junger Hund hinter ihm her. »Kannst du mir helfen, die Leute zu begrüßen?« Trotz aller Hektik hatte der Chefarzt immer ein Auge auf mich und gab mir das Gefühl, gebraucht zu werden. »Sag ihnen herzlich willkommen, Franz.«

Das tat ich. Ich sprang zu dem Lastwagen, von dem die armen Kerle unter Ächzen und Stöhnen heruntergehoben wurden, und krähte mein herzliches Grüß Gott. Das war nämlich der Gruß, den der Chefarzt hier benutzte. Und gar nicht Heil Hitler.

»Grüß Gott, Franz! Ja sag mal, du … bist hier, mein Junge?«

Auf einer der Bahren hob sich ein Kopf, und dann kam ein zerschundener Arm unter der Militärdecke hervor, und eine blutige Hand hielt meine Hand fest.

Meine Augen glitten von dem Arm zu dem dazugehörigen Gesicht. Ich traute meinen Augen nicht!

»Karl!« Unter Tränen und Küssen begrüßte ich meinen geliebten alten Freund, Karl aus Lazarfeld! »Was machst du denn hier?«

»Na dasselbe, was du hier machst, nehme ich an? Oder bist du schon Arzt geworden?«

»Nein, ich helfe nur dem Herrn Doktor!«

»Das sieht dir ähnlich, kleiner Hosenscheißer!« Gerührt küsste er mich ab, und wir beide heulten Freudentränen.

»Weißt du noch, wie wir zusammen im Banat in Urlaub waren? Hast du was von Anni gehört und wie geht es Amalie und den Großeltern?«

Wie aufgezogen rannte ich neben der Bahre her, die von zwei Sanitätern in das Innere des Krankenhauses getragen wurde, und ließ die Hand von Karl nicht los. In meinem Inneren breitete sich eine unsagbare Freude aus, und vor Glück und Heimatgefühl fast übersprudelnd, marschierte ich an der Bahre mit. Ich hatte einen Menschen, ich hatte einen Menschen, ich hatte einen Menschen, der mich liebte! Alles würde gut!

Der Chefarzt stutzte, als er mich so ungewohnt aufgekratzt und glücklich sah, und verlegte Karl sogleich in mein Zimmer.

Da, wo vor einigen Tagen Roland Rumpfkopf verstorben war, leistete mir nun Karl Weber aus Lazarfeld Gesellschaft! Er war zum Glück nicht schwer verletzt, hatte nur beide Beine gebrochen und einen Schulterdurchschuss. »Alles nicht so tragisch, Franz.« Er winkte mich zu sich und flüsterte heimlich hinter vorgehaltener Hand: »Der Krieg wird bald zu Ende sein, aber das darfst du nicht laut sagen. Und dann nehme ich dich mit in den Banat zur kleinen Anni!«

Mein Herz wollte schier zerfließen vor Glück und Dankbarkeit. Wie oft ich an das blonde herzige Mädchen und ihre Mutter gedacht hatte, samt dem herrlichen Wirtshausgarten unter reifen Obstbäumen …

»Adoptierst du mich dann?«

»Was bist du für ein schlauer Bursche!« Halb im Bett aufgestützt, lehnte Karl mit seiner Armschlaufe und zwei Gipsbeinen am Kopfpolster, das ich ihm frisch aufgeschüttelt hatte.

»Woher weißt du von solchen Dingen?«

»Ich war schon mal adoptiert. Daher kenne ich das Wort.«

Gerade als ich Karl die Geschichte von Heinz Peters erzählen wollte, klopfte es an der Tür, und der Chefarzt steckte seinen Kopf herein: »Franz, hast du einen Moment Zeit für mich? Ohne dich traue ich mich nicht zu den Patienten! Sie fragen nach dir!«

»Ja natürlich! Bis später, Karl!« Voller Begeisterung und Glück hüpfte ich dem Chefarzt entgegen, der mir gleich sein Klemmbrett aushändigte, und wir erledigten unsere tägliche Visite. In den Krankenzimmern und auf den überbelegten Fluren war die Stimmung gedrückter als sonst. Irgendwo lief leise ein Radio, und ich hörte Wortfetzen wie: »Die deutschen Truppen werden von den feindlichen Einheiten immer stärker zurückgedrängt ...«, »Große Verluste zu beklagen ...«, »Der Führer ruft auf zu letzten Reserven an Mann und Munition ...«, »Es wird gekämpft bis zum letzten Atemzug ...«, »Jetzt werden schon die Dreizehn- und Vierzehnjährigen zu einer Grundausbildung abkommandiert, und Großväter sind auch dabei ...«, »Nicht drüber sprechen ... Wehrkraftzersetzung ...«

»Komm, Franz. Ich möchte etwas mit dir besprechen.« Der Chefarzt nahm mich an die Hand und geleitete mich in sein Arbeitszimmer. »Nimm Platz.«

Das hatte er bis jetzt noch nie gemacht! Beeindruckt kletterte ich auf den Stuhl gegenüber seinem am mächtigen Schreibtisch und ließ die Beine baumeln. Mein Blick glitt über verschlossene Arzneischränke, Aktenberge, medizinische Geräte und ein gruseliges Skelett, das an der Wand stand. Es war natürlich gar nicht echt, sondern nur aus Holz. Echte Skelette sahen anders aus.

Plötzlich überkam mich ein eigenartiges Gefühl. Verlegen blickte ich zu Boden und wartete, was mir der Doktor sagen würde.

»So, Franz. Die gute Nachricht zuerst: Du hast deine Malaria gut überstanden und bist wieder kerngesund.«

Mit blanken Augen schaute ich ihn an. Jetzt konnte ja nur noch die schlechte Nachricht kommen.

»Dieser Umstand bedeutet aber auch, dass du den Vorschriften entsprechend nicht länger bei uns im Krankenhaus bleiben kannst.« Mit ernstem Blick betrachtete er mich.

Plötzlich durchzuckte es mich heiß und kalt. Schon wieder war ich allein und auf mich gestellt? Ich durfte nicht bei Karl bleiben, nicht beim Doktor, nicht bei der Krankenschwester? Wo sollte ich denn hin? In meiner Angst und meinem Schock fing ich bitterlich an zu weinen. In meiner kindlichen Einfalt war mir nie der Gedanke gekommen, dass ich das Krankenhaus eines Tages würde verlassen müssen! Ich gehörte doch zum Inventar!

»Franz, hör mal, ich möchte dir eine Frage stellen.« Der Doktor spielte nervös mit einem Kugelschreiber, den er auf und zu klackern ließ.

»Was denn?« Erstmalig hob ich den Kopf. Tränen rollten mir über die Wangen, und ich zog die Nase hoch und wischte mir mit dem Ärmel über die Augen.

»Magst du mich eigentlich?«

Stumm nickte ich. Das hatte mich noch keiner gefragt!

»Weißt du, wenn ich ehrlich bin, habe ich mich daran gewöhnt, dich in meiner Nähe zu haben. Du bist ein netter kleiner Junge und klug dazu, das habe ich schon gemerkt. Da habe ich mir gedacht, dich zu fragen, ob du dir vorstellen könntest, nach dem Krieg, der nicht mehr lange dauern kann, mit mir nach Köln zu gehen. Dort habe ich eine liebe Frau, weißt du, und da wir keine eigenen Kinder kriegen können, dachte ich, es wäre nett, dich zu adoptieren.«

Mein Herz machte einen dumpfen Satz. Diesen Antrag hatte mir erst vor ein paar Stunden Karl Weber gemacht, und ich hatte begeistert zugestimmt! Ich sehnte mich nach dem Banat, den ich unzerstört und voller reifer Früchte samt dem Wirtshaus und der kleinen Anni in Erinnerung hatte. Die Großeltern, die Mutter Amalia, die intakten Felder und die fleißigen Menschen, die bunt gestrichenen gepflegten Häuser, die aussahen wie Bauklötze! Keine verstörte schwarze Trümmer-Großstadt, die in Schutt und Asche lag! Denn ich wusste bereits, dass es auch Köln grauenvoll hart getroffen hatte, und das Bild vom zerstörten Hamburg mit dem Fast-Bruder Klaus hatte ich noch voll vor Augen.

»Freust du dich denn gar nicht?« Der Arzt sah mich erstaunt und ein wenig enttäuscht an.

In meiner großen Verlegenheit zuckte ich nur stumm mit den Schultern.

»Kannst du dir denn gar nicht vorstellen, mein Sohn zu sein …?«

Wieder zuckte ich stumm mit den Schultern. Es war mir einfach nicht möglich, ihm zu gestehen, dass ich bereits Karl meine Zustimmung gegeben hatte! Und ein Chefarzt war doch auch ein viel höheres Tier als so ein verletzter Soldat ohne Rang und Abzeichen!

»Weißt du, Franz, du könntest nämlich sofort mit einem unserer Flugzeuge dorthin mitfliegen, sie fordern letzte Reserven an und holen die Jungen, die kaum älter sind als du, an die Front.« Verlegen spielte er mit seinem Stethoskop, das ihm um den Hals hing. »Selbst wenn ich den Krieg nicht überleben würde, so hättest du doch meine Frau, Barbara. Die würde sich sehr freuen, sie steht bereit und holt dich ab, wenn du willst schon morgen …«

Erst jetzt merkte ich, wie seine Finger zitterten, als er ein Schwarz-Weiß-Foto von einer Dame aus der Kitteltasche zog und vor mich auf den Schreibtisch legte.

Eine mittelalte gepflegte Dame mit schwarzem Dutt und Pelzmantelkragen lächelte mit braunen sanften Augen knapp an der Kamera vorbei.

Innerlich zitternd und mit einem riesigen Kloß im Hals betrachtete ich dieses Bild.

»Ich habe ihr nämlich auch schon ein Foto von dir geschickt, und sie ist ganz verliebt in dich, sie kann es gar nicht mehr erwarten …«

Plötzlich legte ich den Kopf auf die Schreibtischkante und fing bitterlich an zu weinen.

»Aber Junge! Wer wird denn so herzergreifend schluchzen!« Der Arzt kam um den Schreibtisch herum und legte mir die Hand auf den Kopf. »Franz! So sag doch, was dich an mir stört!«

»Gagagagar nichts«, stammelte ich verzweifelt. »Aber ich habe es dem Karl schon versprochen …« Dann brach es aus mir heraus, dass ich den Karl seit Langem kannte und sogar mit ihm im Banat war, wo die Welt noch in Ordnung war und ich mit der kleinen Anni im Kindergarten spielen durfte und wo die Eltern eine Wirtschaft hatten, in denen es Gänsebraten und Mehlspeisen gab. Dort würden auch die Störche die Kinder bringen, ob er das schon einmal in Erwägung gezogen hätte?

»Aber Junge, das konnte ich doch nicht wissen …« Er tupfte sich die Augen und verzog sich wieder hinter seinen Schreibtisch. Seine Mundwinkel zuckten, und schließlich lächelte er. »Ja, wenn das so ist … was man versprochen hat, muss man auch halten.«

»Sind Sie mir denn nicht böse? Sie haben so viel für mich getan und mich gesund gemacht, und ich durfte Ihr Assistent sein …«

»Hör zu, Franz, ich werde es veranlassen, dass du noch so lange im Krankenhaus bleiben darfst, bis Karl als gesund entlassen wird. Und dann …« Er wühlte in seiner Schreibtischschublade und zog ein Blatt Papier heraus. »… stelle ich Karl ein Schreiben aus, das ihm einen Genesungsurlaub im Banat ermöglicht.«

»Karl und ich, wir dürfen in den Banat?« Meine Tränen waren noch nicht ganz trocken, da strahlte ich den Arzt hoffnungsvoll an.

»Dafür brauchst du auch ein Schreiben, welches dich als Kriegswaisen deutscher Herkunft ausweist, und dass Karl beabsichtigt, dich an Kindes statt anzunehmen …«

Er krakelte unleserliches Zeug auf das Papier. »Du wurdest mit schlecht verheilenden Narben und schwerer Malaria eingeliefert und brauchst ebenso wie Karl einen Genesungsurlaub, und deshalb musst du noch so lange im Krankenhaus verweilen, bis dieser gesund entlassen wird …«

Ich hätte ihm um den Hals fallen können, diesem großartigen Mann, traute mich aber nicht.

Der Großmut des Doktors ließ meine Entscheidung kurzfristig ins Wanken geraten: Wäre es nicht doch besser gewesen, mich von ihm adoptieren zu lassen und schon morgen nach Köln zu fliegen?

So war ich in meinem Zweifel hin- und hergerissen und konnte Karl natürlich nichts davon sagen. Er hätte es fertiggebracht und hätte mich wie ein Geschenk großzügig an den Doktor übergeben. Und dann hätte ich gewusst, dass auch Karl mich nicht lieb hatte.

Als Karl und ich einige Wochen später endgültig das Krankenhaus verlassen mussten, überkam mich das Gefühl, dem Doktor gegenüber undankbar gehandelt zu haben.

*   *   *

»Belgrad! Alles aussteigen! Der Zug fährt nicht weiter!«, knarrte es durch den Lautsprecher.

Schlaftrunken rieb ich mir die Augen, während Karl nervös und voller Vorfreude auf seine Familie im Gang auf und ab tigerte.

»Wieso fährt der Zug nicht weiter?« Karl riss das Abteilfenster auf und schaute über den Bahnsteig, auf dem sich Massen von orientierungslosen Menschen drängten.

»Aussteigen, Mann! Haben Sie Bohnen in den Ohren?« Der Schaffner knallte das Fenster wieder zu und scheuchte uns aus dem Zug.

»Heute geht ab Belgrad gar nichts mehr.«

Karl schulterte sein Marschgepäck und schüttelte den Kopf. »Komm, Franz.«

Mit hüpfendem Rucksack rannte ich hinter ihm her und ergriff seine ausgestreckte Hand.

»Nicht, dass du mir in dem Getümmel hier verloren gehst.«

»Aber hier ist doch noch nicht der Banat?«

»Nein, aber lass uns schnell eine Herberge suchen, bevor alle anderen auf dieselbe Idee kommen.« Der stets praktisch denkende und immer gut aufgelegte Karl fand in Bahnhofsnähe ein altes Gasthaus, das noch genau ein Zimmer frei hatte.

»Schlaf einfach weiter, Kleiner. Morgen sind wir zu Hause, und dann wird alles gut.«

Er knallte seinen Rucksack auf eines der wackeligen alten Betten, was eine Staubwolke auslöste, aus der so einiges Ungeziefer aufstob, und ich ließ mich auf die andere knarrende Schlafstatt sinken. Mir war egal, welches Getier darin herumkrabbelte. Ein Bett war alles, was ich brauchte. Ich mochte schon eine Weile geschlafen haben, als ich durch einen lauten Fluch Karls geweckt wurde.

»Scheiße! Verfluchte Biester!« Er drehte den Lichtschalter auf, und da sah ich sie: Tausende von Wanzen, die in schwarzen Scharen aus allen möglichen Ritzen krochen.

Entsetzt sprang ich auf und versuchte, mir die widerlichen Viecher vom Körper zu wischen.

»Verdammt! Sie sind schon im Rucksack und krabbeln durch unsere Fresspakete und die Wäsche!« Voller Wut schüttete Karl den Inhalt des Rucksacks auf den Fußboden, aber selbst aus den Ritzen der Holzbohlen quollen in Scharen die Biester und stürzten sich darauf.

»Das Essen können wir vergessen, und die Wäsche ebenso.« Karl schlug um sich und wirbelte im Kreis herum und trat und fluchte und schimpfte. »Wir sind in eine richtige Wanzenburg geraten! Deshalb war die beschissene Spelunke noch frei!«

An Weiterschlafen war kein Gedanke mehr.

»Komm, Franz, wir hauen ab von hier!« Schleunigst verließen wir die grausige Stätte.

Den Rest der Nacht verbrachten wir im Freien auf einer Bank.

Als der Morgen graute, hielt uns nichts mehr. »Los, wir wollen die Ersten an der Brücke sein, die von Belgrad aus in den Banat führt!« Karl schulterte, was von dem Rucksack übrig war, und nahm mich wieder an die Hand. »Wenn der Zug schon nicht mehr drüberfährt, versuchen wir, zu Fuß rüberzukommen. Und drüben gibt es sicher eine Bahnverbindung! Komm, wir laufen über die Donau, das wird toll!«

Wir trabten durch die Morgendämmerung, und über Belgrad stahl sich erstes fahles Licht.

»Natürlich alles voller Kontrollen«, fluchte Karl, als wir die Menschenmassen sahen, die sich bereits am Fuß der Brücke versammelt hatten. »Fünf Uhr früh und schon so ein Chaos.«

»Wo waren die alle heute Nacht?«

»Die haben gar nicht den Umweg über eine Wanzenpension gemacht!« Fluchend zog Karl mich durch das Gewühl an den Rand der Brücke. »Wir haben gültige Papiere und die Sondergenehmigung, hier, bitte schön!«

Er hielt den wachhabenden Soldaten die abgestempelten Schreiben des Doktors unter die Nase. Ich spürte, wie ungeduldig er war, endlich seine Frau und seine kleine Tochter wiederzusehen. Auch mein Herz schlug voller Vorfreude. Wir waren so kurz vor dem Ziel!

Der Kontrolleur knallte ihm die Papiere vor die Brust.

»Sagen Sie mal, leben Sie auf dem Mond?« Er drängte ihn mit einem Knüppel zurück.

»Wieso, nein, ich war nur lange im Spital …«

»Dann wollen Sie also gar nicht mitgekriegt haben, dass die Donaubrücke für den zivilen Verkehr gesperrt ist?«

Ich fühlte, wie meine Hand feucht wurde und mir das Herz in die Hose rutschte.

»Nein …? Und wann wird sie wieder freigegeben?« Karl knirschte mit den Zähnen.

»Gar nicht, Sie Idiot! Hier kommt nur noch Militär durch!«

»Aber ich muss zu meiner Familie!«

»Sie ahnungsloser Trottel, Sie! Welche Familie denn? Der Banat ist bereits von Russen und Serben besetzt, und die dortige deutsche Bevölkerung wurde restlos vertrieben oder gleich abgemurkst!«

Er machte eine eindeutige Bewegung vor der Kehle, die mich erstarren ließ.

Karl stand reglos da und war unfähig, auch nur ein Wort zu sagen. In diesem Augenblick stürzte für ihn eine Welt ein, das konnte ich an seinem aschfahlen Gesicht und seinen leeren Augen sehen. Da die Kontrollposten ihn weiterhin mit dem Knüppel von sich wegdrängen wollten, griff ich nach seiner Hand und hielt diese ganz fest. Er konnte seiner Familie nicht mehr zur Seite stehen! Welch furchtbare Gedanken zerbrachen gerade sein Herz?

Aber wir beide hatten uns. Wir waren zusammen. Wir mussten jetzt zusammenhalten!

»Na, nun machen Sie schon die Brücke frei! Halten Sie hier nicht Maulaffen feil!«

Karl stand reglos da und war unfähig, ein einziges Wort zu sagen. Er war kalkweiß im Gesicht, und Tränen liefen ihm über die Wangen.

»Aber meine Frau kann nicht weg sein … wohin sollte sie denn gehen? Und mein kleines Mädchen Anni ist doch erst fünf!«

Der Ton der Kontrollposten wurde etwas milder, als sie die tragische Szene begriffen. »Gehen Sie zur Bahnhofsmission, da wird man Ihnen weiterhelfen!«

Wortlos trotteten wir zurück zum Bahnhof, dem Strom der vielen Menschen entgegen, die alle über die Donau wollten. Ich hielt seine große Hand ganz fest, um ihn in dem Gedränge nicht zu verlieren. Er war mein einziger Mensch auf dieser Welt!

In der Bahnhofsmission drängelten sich die Massen, es herrschte

Panik und Chaos, aber als wir endlich an der Reihe waren, kam der knappe Kommandoton einer Frau mit weißer Haube: »Papiere!«

Eine Hand streckte sich uns entgegen. Eifrig schob ich die Papiere über den Tisch. Karl war nicht mehr in der Lage, zu sprechen oder zu reagieren.

»Wohin?«

»Banat«, piepste ich verstört.

»Wieso ist der Mann nicht an der Front?«

»Genesungsurlaub!«

»Steigen Sie in den Zug, der auf Gleis eins bereitsteht. Aber schnell. Das ist ein Lazarettzug und fährt über Ungarn nach Österreich.«

Karl reagierte nicht. Reglos und weiß wie die Wand stand er da und starrte ins Leere.

»Ich würde hier keine Wurzeln schlagen, der Zug nach Westen fährt jeden Moment los!«

Die Frau stellte mir zwei Fahrkarten aus und knallte den Stempel drauf.

Ich zerrte an Karls Hand, und wie in Trance setzte er sich in Bewegung. In letzter Sekunde erreichten wir den Zug, auf dessen Dach ein rotes Kreuz gemalt war.

Helfende Hände streckten sich mir entgegen, ich ließ mich hineinziehen, während der Zug schon anfuhr.

»Kaaaaaarl!«

Endlich erwachte er aus seiner Trance, fing an zu rennen und sprang in letzter Sekunde auf das Trittbrett. »Hier drin sind Stockbetten, Karl! Zwei sind noch frei!«

Der Zug bestand aus Waggons, die normalerweise zum Transport von Gütern dienten, aber dann zur Beförderung von Kranken umgebaut worden waren.

Keuchend landete Karl mit seinem Rucksack auf dem Fußboden und hielt sich den Kopf.

»Na, das ging ja noch mal glatt!« Einer der Soldaten, der uns hereingezogen hatte, half Karl, sich aufzurappeln und sein unteres Bett zu beziehen. Mich hievten sie in das obere, nicht ohne mich darin anzuschnallen. »Wer ist denn die halbe Portion?«

Karl war nicht in der Lage zu sprechen. Noch immer hatte er nicht begriffen, dass es seine Frau und Tochter und seine Eltern in Lazarfeld nicht mehr gab.

Erst nach einer durchfahrenen Nacht und nach einem längeren Stopp des Zuges irgendwo auf freiem Feld kamen die Männer ins Gespräch. Sie waren nur leicht verletzt und hatten ihre Fahrkarte im Lazarettzug wohl auch durch Glück und ein wenig Schwindeln ergattert.

»Du findest sie bestimmt wieder«, versuchten die beiden anderen, den völlig niedergeschlagenen Karl zu trösten. »Die sind gewiss in Sicherheit gebracht worden!« Und wenn der Krieg erst mal vorbei sei, würde das Rote Kreuz sich bemühen, Karls Familie zu finden. »Bestimmt! Uns geht es doch genauso!«

Auch sie hatten ihre Familien in den Kriegswirren verloren. »Es hilft nichts, jetzt zu jammern und in Selbstmitleid zu versinken. Komm, Kamerad, lass uns die Zeit nutzen. Wenn Gott will, landen wir heil in Österreich.«

Und so spielten die drei Männer kurz darauf Karten auf einem umgedrehten Kübel, und ich lugte aus meinem oberen Stockbett und war fürs Erste erleichtert, dass Karl überhaupt wieder ansprechbar war. Seit Tagen waren wir bereits unterwegs.

»Der Zug ist brechend voll mit Kranken und Verwundeten«, wusste einer zu berichten.

»Neben dem normalen Zugpersonal sind aber auch Ärzte, Krankenschwestern und eine Anzahl von bewaffneten Soldaten an Bord. – Wir spielen Pik.«

»Ich passe. – Ja, aber viel zu wenige!«

»Wenn Luftangriffe kommen, können wir doch sowieso nichts machen! So Hosen runter, raus mit den Trümpfen!«

»Auf einem offenen Waggon ist ein Maschinengewehr montiert, das haben sie ganz clever unter einer Zeltplane versteckt. Falls ein Fliegerangriff kommt. Pikass. Hast du etwa den zweiten Buben? Verdammt, der sticht!«

»Tja, dachtest wohl, der steckt im Talon! Das gibt elf fette Punkte! *Ein* Maschinengewehr, sagst du? *Eins?* Für den ganzen proppenvollen Lazarettzug.« Der Mann zog an einer selbst gedrehten Zigarette und blies zwischen gelblichen Zähnen den Rauch aus. »So, her mit der blanken Zehn.«

Die Männer klatschten mit solcher Wucht die Karten auf den Eimer, dass ich ihren Frust und Zorn spürte. Gelangweilt schielte ich aus einem Guckloch unseres Güterwaggons.

»Der Zug ruckelt ja im Schritttempo vor sich hin!«

»Ja, weißt du, Junge, die Schienen könnten ja auch vermint sein!« Einer der Männer blickte rauchend zu mir herauf und raffte sämtliche Karten an sich. »Hauptsache, er bewegt sich überhaupt noch! So, der Satz geht an mich. Wer mischt?«

»Ich habe Angst!« Erinnerungen an die schrecklichen Minenexplosionen auf den Wiesen bei meiner Flucht stiegen wieder in mir auf. »Ich will raus aus diesem Zug! Ich will nicht explodieren!« Panisch klammerte ich mich an das Eisengestell und verbarg mein Gesicht in der stinkenden Strohmatte, die voller Blutflecken war.

»Geben, hören, sagen. Keine Angst, Franz. Die Minen auf den Gleisen werden vorher genau aufgespürt.«

»Aber die Flugzeuge am Himmel, die über uns sausen! Die werfen bestimmt Bomben auf uns! Ich weiß das von dem Flugplatz, wo ich mit Konrad war!«

Ganz hysterisch fing ich an zu schreien. Waren die denn alle abgestumpft? Spielten seelenruhig Karten, während wir unserem sicheren Tod entgegenrollten!

»Junge, hör auf zu quieken, sonst schmeißen wir dich raus.«

»Kommt, Jungs, lasst ihn, der hat wirklich schon eine Menge Scheiße erlebt.« Karl ruckelte an meinem Bein. »Die feindlichen Flieger dürfen einen Rot-Kreuz-Zug nicht angreifen. Die dürfen erst angreifen, wenn sie vom Zug aus beschossen werden.«

»Und das wird der eine Typ mit dem einen Maschinengewehr wohl kaum riskieren. So, Leute, eine Runde noch, dann wird geschlafen! Wir spielen Kreuz!«

Ein wenig ließ ich mich beruhigen. Die drei Männer waren in ihr Skatspiel vertieft, und ich schlief bald, auf mein oberes Stockbett festgeschnallt, ein.

Es war eine finstere Nacht, und vom einschläfernden Rollgeräusch der Waggonräder waren wohl auch die drei Skatspieler in tiefen Schlaf gefallen, als plötzlich der Zug quietschend eine Vollbremsung hinlegte, während gleichzeitig weiter vorn eine Explosion Teile des Zuges zum Krachen und Bersten brachte.

»Scheiße! Sofort raus hier!« Karl band mich geistesgegenwärtig los und sprang mit mir aus dem hohen Güterwaggon. Es gab kein Trittbrett oder eine Haltestange.

Draußen in der Nacht rannten schreiend und kreischend Menschen herum, Schwerverletzte wurden schnellstens von Sanitätern auf die Erde gelegt, alles rannte panisch durcheinander, viele hielten sich ihre Wunden, weil sie durch die Vollbremsung gegen Wände oder Gegenstände geknallt waren. Wir waren irgendwo im Niemandsland, weit und breit kein Bahnhof, kein Licht, kein Haus, nur Dunkelheit. Irgendwo flatterten Vögel davon.

»Karl! Lauf nicht weg, lass mich nicht allein!« Mein einziger Mensch auf dieser Welt ließ mich hier einfach stehen!

»Warte hier, Franz, ich komme ja wieder. Ich schaue nach, was da vorne los ist.«

»Kaaaaaaarl!«, gellte meine hohe Stimme panisch durch das Chaos, aber niemand schenkte mir Beachtung. Zitternd und frierend stand ich in meinen zerschlissenen Sachen neben dem Zug, aus dessen vorderem Teil Flammen schlugen. Meine Beine fühlten hohes, nasses Gras, Gestrüpp und Wurzelwerk.

Endlich kam Karl zurückgerannt. »Genau was ich befürchtet hatte. Die Lokomotive ist auf eine Mine aufgefahren. Die Lok und der erste Waggon sind total beschädigt, es gibt Tote und viele Verletzte!« Er riss seine Mütze ab und raufte sich die Haare. »Die Gleise sind natürlich auch im Arsch. Wir kommen mit diesem Zug nicht weiter! Gottverdammte Scheiße!«

»Was sollen wir jetzt machen, Karl?«

Über uns sausten bereits wieder Tiefflieger, und wir standen ungeschützt neben dem Zug in der Wildnis, irgendwo im Nirgendwo!

»Schnellstens wieder rein!« Karl packte mich und wuchtete mich zurück in den Waggon, in dem schon die anderen beiden Kameraden warteten.

»Wir können gar nichts machen, Kleiner. Zuerst müssen die Verletzten versorgt und die Toten begraben werden. Freiwillige Helfer nach vorn!«

Die beiden Männer sprangen aus dem Zug und boten sich an, bei den Aufräumarbeiten zu helfen. Ich flehte Karl an, mich nicht in diesem düsteren Waggon alleine zu lassen.

»Franz, du musst jetzt ganz tapfer sein. Unsere Freunde und ich, wir sind ja nur leicht verletzt und können und müssen mit anpacken. Du bleibst hier oben auf deinem Bett und wartest. Je mehr Leute mithelfen, desto schneller geht es weiter. Das verstehst du doch, oder?«

»Aber wenn wieder etwas passiert? Dann bin ich ganz alleine!« In Panik streckte ich die Hände nach ihm aus.

»Hier, nimm solange die Karten und schau sie dir genau an. Die Regeln für Skat kennst du jetzt. Wenn wir wiederkommen, darfst du mitspielen! Anschnallen werde ich dich jetzt nicht, damit du im Notfall rausspringen kannst.« Er klopfte mir aufmunternd auf die Wange und verschwand.

Voller Angst kroch ich in die letzte Ecke meiner Koje, klammerte mich an die Karten und fing an, mit den Königen, Buben und Damen zu sprechen. Ich blendete mein Elend und meine Angst aus, so gut ich konnte, denn das bunte Blatt war ansprechend und hatte Gesichter.

Und die sprachen jetzt mit mir. »Djoko«, sprachen sie beruhigend auf mich ein. »Alles wird gut werden. Du musst jetzt tapfer sein. Wir sind jetzt bei dir, wir sind jetzt deine Familie. Schau: Ich bin eine schöne Dame, und dies hier ist mein König. Wir haben auch einen Buben. Durch das rote Herz sind wir verbunden. Die anderen Familien heißen Kreuz, Pik, Karo. Ordne uns. Na los. Du wirst sehen, wir bleiben bei dir und verlassen dich nicht. Wir sind Familien, und Familien halten zusammen. Siehst du, wir lassen keinen zurück …

So etwas Schönes hatte ich noch nie besessen! Das Kartenspiel gab mir Kraft und Mut und Zuversicht, und es gelang mir, mich stundenlang mit diesen Gesichtern zu unterhalten.

Irgendwann wurde die Waggontür aufgerissen, und Karl schaute nach mir. »Wir haben die Toten beerdigt und die Verletzten wurden von Lastwagen weggebracht. Gar nicht weit von hier ist eine Landstraße, und fünf Kilometer weiter ein Ort, in dem es ein Krankenhaus gibt. Jetzt sind die Männer dabei, einen Schienenersatz zu organisieren. Wie geht's dir, Kleiner?« Er reichte mir einen heißen Becher mit Tee.

»Ich spiele Skat und bin tapfer.«

»So gehört sich das auch für einen Rottenführer der 13. Kompanie. Deine Kameraden wären stolz auf dich.«

Wieder verschwand Karl, um nach Stunden mit einer weiteren Blechtasse Tee und folgender Nachricht zurückzukommen: »Mit den vorhandenen Mitteln haben wir es nicht geschafft, die Schienen wieder instand zu setzen.« Er schob sich die Mütze in den Nacken und wischte sich den Schweiß von der Stirn. »Wir müssen jetzt auf fremde Hilfe warten.«

»Heißt das, du bleibst bei mir?« Mit klammen Fingern umfasste ich die Blechtasse und pustete hinein.

»Das heißt es, mein Junge.« Er hob mich aus dem Bett. »Wie sieht's mit Pieseln aus?«

Meine nasse Matratze war Antwort genug.

Es dauerte etliche Tage, bis die Fahrt mit einer Ersatzlokomotive fortgesetzt werden konnte.

Inzwischen konnte ich Skat wie ein Großer und durfte nicht nur kibitzen, wie sie das nannten, sondern richtig mitspielen. Zwischendurch gelangen mir sogar einige Spiele im Alleingang. »So ein helles Köpfchen. Von dir hat er es aber nicht, was, Karl?« Die Männer schlugen Karl freundschaftlich auf die Schulter. Sie wussten ja inzwischen, dass ich nicht Karls Sohn war. Jedenfalls noch nicht! Denn egal, wo wir landen würden, er würde mich adoptieren! Dafür hatte ich schließlich den Kölner Chefarzt als Vater ausgeschlagen! An diesen gütigen älteren Mann dachte ich oft. Ob er wohl noch lebte? Er war ja als ärztlicher Begleiter mit dem Flugzeug nach Köln mitgeflogen, und ich hätte in diesem Flieger sitzen können, wenn ich mich nicht für Karl und den Banat entschieden hätte. Aber würde *ich* dann noch leben?

»He Franz, ich habe achtzehn gesagt! Scheiße, da kommt schon wieder ein Tiefflieger.« Sorgenvoll blickten die Männer an die Waggondecke, über der sich donnerndes Motorengeräusch näherte, bis es aus Dutzenden von Tieffliegern kreischend krachte.

Automatisch zog ich den Kopf ein und hielt meine Hände schützend darüber.

»Sie greifen uns nicht an! Keine Sorge, Franz!«

»Aber warum fliegen sie dann so dicht über uns?«

»Sie wollen uns nur Angst machen!«

»Aber ich *habe schon lange Angst!*«

»Hörst du, sie drehen wieder ab. – Also. Achtzehn.«

»Passe.« Mein Herz raste und polterte, und ich legte meinen Kopf an Karls Schulter.

»Lasst ihn eine Runde aussetzen. Das ist auch alles furchtbar viel für den Kleinen.«

»Wie alt ist er eigentlich?«

»Das weiß keiner so genau. Der Chefarzt hat ihn auf acht, neun geschätzt.«

»Er sieht kleiner aus.«

»Welches Kind wächst und gedeiht schon im Krieg? Der hat doch nichts anderes erlebt als Hunger und Angst und Flucht.« Karl tätschelte mir den Kopf. »Geht's wieder, Franz?«

Der Zug bremste unter den erneut herandonnernden Fliegern und hielt schließlich ganz.

»Keine Sorge, die schießen nicht. Die wollen uns nur Angst machen.«

»Die habe ich auch ohne deren Bemühungen!«

Die Männer lachten harsch. »Auf den Kopf gefallen ist der jedenfalls nicht!«

Karl schob die Waggontür auf und steckte seinen Kopf hinaus. »Was ist, Franz? Pinkelpause?«

»Nein, ich geh da nicht raus!«

»Wollen die jetzt einen Angriff starten oder nicht?«

»Ich denke, die wollen uns nur provozieren.«

»Wer provoziert denn einen Lazarettzug mit Schwerverletzten?«

»Die Arschlöcher eben!«

So ging das Spiel nervenzerreißend oft hin und her. Mal düsten die feindlichen Flieger in Formationen von einem Dutzend schwarzen Raketen tief über unseren Zug hinweg, mal kamen sie zurück und versetzten die Insassen erneut in Angst und Schrecken. Jedes Mal ließ mir das ohrenbetäubende Kreischen und Jaulen der Düsenjäger das Blut in den Adern gefrieren. Meine Pinkelpause hatte sich wieder mal erledigt.

»Was soll die Scheiße!«, brüllte einer der Männer. »Hier sind nur arme schwer verletzte Teufel drin! Die scheißen sich doch eh schon alle an!«

»Und unschuldige Kinder!« Karl reckte drohend die Faust zum Himmel.

»Hoffentlich verliert der eine Wachsoldat am Maschinengewehr nicht die Nerven. Denn genau das wollen die erreichen!« Einer der Männer schaute sorgenvoll nach draußen.

Ein Schuss zerriss die Schwärze der Nacht.

Und in dem Moment flog auch schon eines der Flugzeuge brennend wie ein Feuerball vom Himmel. Die restliche Staffel schwenkte sofort ab und verschwand außer Sichtweite. Mit angstgeweiteten Augen starrte ich auf das getroffene Flugzeug, das weiter hinten am Horizont zerschellte und lichterloh weiterbrannte.

»Wenn das unser Mann war, sind wir des Todes.«

»Warum fahren wir denn nicht endlich weiter? Da! Sie kommen wieder!« Nervös trippelte ich von einem Fuß auf den anderen. Das Angstpipi lief mir an den Beinen herunter.

»Franz, das sieht böse aus …« Das sich unheimlich schnell nähernde Heulen und Kreischen der Kampfflieger versetzte mich vollends in Panik. »Sie kommen zurück!« Ich presste beide Hände auf die Ohren und fing gellend an zu schreien.

Karl packte mich, riss mich aus dem Waggon die zwei Meter in die Tiefe und kroch mit mir unter den Zug. Keine Sekunde zu früh, denn mehrere Geschosse krachten auf die vorderen Wagen, durchdrangen Dach und Boden der Waggons, um sich dann in den Gleisunterbau zu bohren.

Karl lag auf mir und presste meinen kleinen Körper auf die spitzen Steine zwischen den Schienen. So war es mit meiner Mame gewesen, damals, im Wald, als all das Grauen seinen Anfang nahm! Karls starkes Herz pochte laut und heftig auf meinem Rücken. Ich spürte nichts mehr, nur die Gewissheit, jetzt sterben zu müssen.

Gemeinsam mit Karl. Und den Hunderten anderen, die hier im Zug waren. Wie durch Nebel nahm ich wahr, dass der eine dumme Wachsoldat das Maschinengewehr bis zum Anschlag malträtierte und im Alleingang auf die Dutzend Flieger schoss, bis sein Magazin vollkommen leer war. Oder, was naheliegender war, er selbst getroffen wurde. Warum hatte er das riskiert, der Idiot?

Eine Ewigkeit schien zu vergehen, bis kein Schuss mehr fiel.

»Franz? Lebst du noch?« Keuchend zog Karl mich unter dem Zug hervor und stellte mich auf die Beine. Hilflos weinend klopfte er sich und mir den Dreck vom Leib. »Ist alles drangeblieben an dir?«

»Ich glaube schon …« Auch ich heulte wie ein Schlosshund.

Um uns herum ein Höllenmeer von Toten, von zerfetzten Leibern, von schwerstverletzten, blutenden und sterbenden Menschen, die stöhnten, ächzten und nach ihrer Mame riefen.

Karl lehnte mich gegen einen Waggon und stiefelte wieder davon, um zu sehen, welchen Schaden die Fliegerangriffe angerichtet hatten.

»Der Junge mit dem Maschinengewehr ist als wahrer Held für das deutsche Vaterland gefallen.« Neben mir humpelten einige Männer in zerschlissenen Uniformen zwischen den Leichenbergen hindurch und suchten offensichtlich nach brauchbaren Gegenständen. Einer hatte ein paar Zigaretten gefunden und nahm sie aus dem blutdurchtränkten Mantel eines Toten. Klickend ging ein Feuerzeug an, und die zwei Alten fingen an zu paffen. Wie ein Sack Mehl lehnte ich daneben und hörte ihre Worte, ohne dass sie mich bemerkten.

»Der Feind hat unsere Wache so lange provoziert, bis dem Jungen die Nerven durchgegangen sind. Aber das hat er brav gemacht. Sehr brav. Der wird zu Hause als Kriegsheld gefeiert werden.«

»Da! Wieder Flieger! Das war noch nicht alles! Verdammte Tat!«

Alles, was halbwegs laufen konnte, verkroch sich erneut unter den Zug, die restlichen Verletzten blieben einfach liegen und sahen ihrem nahen Ende offenen Auges entgegen.

In Windeseile krabbelte ich selbst unter den Waggon, an den Karl mich gelehnt hatte, warf mich auf die Schienen und presste mir die Hände auf die Ohren. Jetzt würde ich wirklich sterben müssen. Und diesmal allein. Wieder näherten sich die schrecklichen Geräusche, wieder wurde der Zug mehrmals überflogen, doch der erwartete Bombenregen blieb aus.

»Es sind Deutsche!«, brüllte jemand, und dann brach unbändiger Jubel aus. »Deutsche Jäger, deutsche Kameraden, wir bekommen Hilfe!«

Statt der Bomben warfen sie kleine Behälter ab, in denen Instruktionen standen, wie wir uns weiter verhalten sollten. Ich konnte ja nicht lesen, aber ich hörte alles, was die Leute einander zuriefen.

»Sie geben uns jetzt Geleitschutz! Alle wieder einsteigen!«

Ich krabbelte aus meinem Versteck hervor und suchte unseren Waggon, aber ich konnte ihn nicht finden. Die Leute drängelten sich erneut in die Wagen, aber für mich war der Einstieg viel zu hoch! Über meinem Kopf! Jemand, der laut heulte, riss mich von hinten hoch und stemmte mich hinein. Ich strampelte mit den Beinen und wirbelte herum, um zu sehen, wer da Hand an mich gelegt hatte:

»Karl!« Ich schlang meine Arme um seinen schmutzigen Hals, und ich konnte nicht umhin, seine schwarze kratzige Wange mit Küssen zu bedecken. In seinem dreckverkrusteten Gesicht waren nur seine rot unterlaufenen Augen zu sehen.

»Ach mein Kleiner, ich hatte solche Angst um dich, ich dachte, ich finde dich nicht mehr … ich habe doch nur noch dich auf dieser Welt!«

Unter Tränen küssten wir uns beide ab und wollten uns gar nicht mehr loslassen.

»Du wirst sehen, Franz, jetzt haben wir Geleitschutz, jetzt schaffen wir es nach Budapest!«

Eng aneinandergekuschelt ließen wir das weitere Rattern des Güterzuges samt dem Kommen und Gehen der Flieger über unseren Köpfen geschehen, und so schlief ich endlich nach all der Aufregung völlig erschöpft mit dem Kopf an seiner Schulter ein.

Weiterhin versuchten feindliche Flugzeuge, den Zug anzugreifen, aber den deutschen Jägern gelang es zum Glück, diese abzuwehren.

Einige Tage später polterten die Sanitätssoldaten durch den Zug und rissen alle Türen auf:

»Die Lebensmittel werden knapp, der Proviant geht zu Ende. Der Zug wird in weiterer Folge auf freier Strecke anhalten und alle, die in der Lage sind zu laufen, haben bei umliegenden Bauernhäusern nach Essen zu fragen.«

Natürlich war Karl wieder mit von der Partie, sosehr ich ihn anflehte, bei mir zu bleiben.

»Franz, ich wäre doch ein Feigling, wenn ich hier nicht mithelfen würde, oder?«

Unter Tränen nickte ich und kaute auf dem zerschlissenen Stoff meiner ehemaligen Uniform herum. Der Hunger hatte mich schon ganz schwach gemacht, denn seit Tagen gab es nichts als schwarzen Tee, der widerlich und bitter schmeckte und das Magenknurren sogar noch antrieb. Trinkwasser war nicht mehr zu bekommen, also schluckte ich die bittere schwarze widerliche Brühe, von der mir schlecht und schwindlig wurde.

»Ich verspreche dir, ich komme wieder.« Karl strich mir über das verfilzte Haar und kniff mich aufmunternd in die Wange. »Du hast Läuse in den Augenbrauen, Kleiner. Sie krabbeln dir sogar am Flaum auf deinen Wangen herum.« Inzwischen hatte eine der viel beschäftigten Krankenschwestern mich unter ihre Fittiche genommen, sodass ich nicht allein vor mich hin wimmernd irgendwo in einer Ecke hocken musste. Auch dieser jungen Schwester durfte ich wieder helfen, Verbände zu waschen, auszubreiten und aufzurollen, jedoch im Schwesternabteil, wo ich artig auf dem Boden saß. Einen Rundgang durch die Waggons der Schwerstverletzten ersparte sie mir taktvollerweise.

Als Karl schließlich mit anderen Männern zurückkam, packte er Eier, Speck, Brot und sogar ein paar Hühner aus seinem Rucksack. Eines davon flatterte ohne Kopf im Zug herum, um dann gegen eine Wand zu fliegen und zuckend liegen zu bleiben. Ich beeilte mich, es schnellstens zu holen. Karl klatschte unsere Beute auf den Boden. »Den Hühnern habe ich eben selbst kurzerhand den Kopf umgedreht.«

Während wir mit geübten Griffen die Hühner rupften, erzählte er mir, was er erlebt hatte.

»Am Anfang haben wir ja noch ganz höflich bei den ungarischen Bauern angeklopft und ihnen sogar Geld geboten für ein paar Lebensmittel. Doch die meisten meinten, sie hätten selber nichts und haben uns die Tür vor der Nase zugeschlagen.«

Mit großen Augen staunte ich ihn an, während ich ein rohes Ei verschlang.

»Da haben wir dann Nachschau gehalten, und bei einigen stellte sich heraus, dass sie sehr wohl essbare Vorräte hatten! Bei denen mussten wir halt etwas nachhelfen.« Er deutete auf das Gewehr, das er neben sich gelegt hatte. »Sie mögen uns Deutsche nicht besonders, das ist ja verständlich. Aber wer uns angelogen hat, der sammelt jetzt seine Knochen einzeln auf.«

Obwohl Karl ein sehr gutmütiger, feiner und humorvoller Mann war, blieb auch ihm nichts anderes übrig, um uns am Leben zu erhalten. Der Krieg hatte auch ihn hart gemacht.

Bei weiteren Futtersuche-Stopps, wie Karl sie nannte, fragte man

Bauern erst gar nicht mehr. Man überfiel sie in bewaffneten Gruppen und nahm ihnen einfach alles weg.

* * *

»Budapest, hier Budapest! Das Endziel dieses Zuges ist Wien! Begeben Sie sich für einen kurzen Zwischenaufenthalt zur Entlausungsstation!«

Karl schulterte sein Bündel, hob mich aus dem Zug und ließ sich von sehr resolut aussehenden »Flintenweibern«, wie er sie nannte, in das entsprechende Gebäude weisen.

»Das war hier früher mal eine Brauerei«, hieß es von anderen, die mit uns in der Schlange standen. Die Leute, die diese wochenlange Zugfahrt überlebt hatten, sahen abgerissen, ausgemergelt, verdreckt und verwahrlost aus.

»Die stinken alle wie die Schweine!« Eine der Aufseherinnen dirigierte uns energisch mit einem Schlagstock weiter. »Hier, alle auf der unreinen Seite aufstellen!«

Die Passagiere durchliefen die ehemalige Brauerei von der »unreinen Seite« kommend und verließen sie nach einer langen, peinlichen Prozedur auf der »reinen Seite« wieder.

»So, rein mit euch, macht schon, das muss schneller gehen!«

»Männer links, Frauen rechts, zu wem gehörst du ...« Kalte Hände scheuchten uns weiter.

»Er gehört zu mir.«

»Dann links rein mit dir, alle Sachen ausziehen ...«

In einem riesigen kahlen Raum, in dem es grässlich nach Hefe, Schweiß und Desinfektionsmitteln stank und noch riesige Bierfässer aus den Wänden ragten, verbunden mit rostigen Rohren, aus denen braune Flüssigkeit tropfte, mussten wir uns so schnell wie möglich nackt ausziehen. »Alle Sachen und die gesamte Kleidung abgeben, aber schnell ...«

Splitternackt standen wir da, alte Männer, junge Männer, Knaben wie ich, und hielten uns die Hände vor das Geschlechtsteil. Denn das hier war entwürdigend, wir fühlten uns wie Schlachtvieh.

»Was steht da über der Tür?« Frierend trippelte ich von einem nackten Fuß auf den anderen, in diesem kalt gekachelten hässlichen Raum.

»Sachentwesung.«

»Was bedeutet das?«

»Dass jetzt in der Entwesungskammer alle Wesen von den Sachen gespritzt werden. Mit Heißluft, Wasserdampf oder sogar Giftgas. Die Viecher sind zäh.«

»Hallo, hier wird nicht geplaudert! Arme hoch!«

Ein Mann mit weißem Kittel, wie ihn sonst Metzger trugen, zielte mit einem harten Wasserstrahl aus einem Schlauch auf uns. »Umdrehen! Kopf runter! Arschbacken auseinander!«

Ich presste die Augen zu, denn das Desinfektionsmittel brannte und schmerzte auf der nackten Haut. Mit den Händen versuchte ich, die immer noch deutlich sichtbaren Narben und Wunden auf meinen Beinen zu verdecken.

»Hände weg, du Dreckspatz. Gerade *da* treiben sich die Läuse herum, die lieben Blut und Eiter!«

Währenddessen musste Karl die Hände hinter dem Kopf gefaltet halten, weil man ihm kurzerhand die Schamhaare rasierte, bevor sie ihm eine Glatze schoren.

Auch ich wurde auf einen Stuhl gedrückt, und jemand riss mein Kinn nach oben. »Halt still!« Ein Rasiergerät fuhr mir über den Kopf, und meine langen, verfilzten Strähnen fielen zu Boden.

In einem weiteren Raum wurden uns unsere Sachen zugeschoben. Sie stanken scharf nach Desinfektionsmitteln und fühlten sich kratzig und modrig an. Doch was blieb uns anderes übrig, als die klammfeuchten Sachen wieder anzuziehen? Das Blut lief mir von den aufgeplatzten Wunden an den Beinen. Der Strahl war aus nächster Nähe darauf gehalten worden, sosehr ich auch schrie und um Gnade bat.

»So, schnell zum Zug, bevor er ohne uns losfährt!«

Karl schulterte sein Bündel, das nun noch viel stärker geschrumpft war als vorher, und zog mich wieder durch die Unterführung des überfüllten Bahnhofs.

Völlig kahlköpfig und fremd aussehend saßen wir schließlich wieder im Waggon, der ebenfalls mit kaltem Wasser ausgespritzt worden war, und traten unsere letzte Etappe der Reise an. Plötzlich hörte ich die Stimme meines Tate in meinem inneren Ohr: »Der sieht ja aus wie ein gerupfter Vogel!«

Ja, so sahen wir wohl aus. Bei Karl traten nun die schwarzen Augenhöhlen und die scharfen Schläfenknochen noch viel mehr hervor. Ich fürchtete mich fast ein bisschen vor ihm.

Während der Fahrt von Budapest nach Österreich wurden wir nur sehr selten von Tieffliegern angegriffen. Schon am späten Nachmittag desselben Tages erreichten wir die österreichische Grenze. »Wir sind da, Junge, wir haben es geschafft!«

Aufgeregt presste ich meine Nase gegen das Guckloch in der Stahlwand unseres Waggons.

»Man kann nichts sehen!«

Jemand in Uniform und Stiefeln polterte durch die Waggons und teilte uns mit, dass wir hier jetzt stehen würden, weil wir die Grenze erst morgen passieren würden.

»Franz, diese letzte Nacht stehen wir noch durch.«

Karl breitete seine Militärdecke über meinem Stockbett aus – denn auch hier war alles abgezogen und abgerissen worden, sodass ich auf den nackten Holzlatten hätte schlafen müssen. »Schlaf gut, Kleiner. Morgen sind wir in Österreich, und dann fängt ein neues Leben für uns an.«

Doch an Schlaf war nicht zu denken. Kaum waren wir eingeschlafen, wurden die Waggontüren aufgerissen, und Kontrollorgane in ziviler Kleidung verlangten in barschem Ton Ausweise und stellten dabei unangenehme Fragen.

»Woher?«

»Sarajevo Jugoslawien, 13. Kompanie der Waffen-SS …« Karl klaubte hastig seine kostbaren Papiere zusammen, die im Rucksack in einem Seitenfach gesteckt hatten.

»Warum sind Sie nicht an der Front?« Schon wurden Taschenlampen auf ihn gerichtet.

»Genesungsurlaub, bitte, hier steht alles …«

»Was soll das hier, wollen Sie sich über mich lustig machen?«

»Entschuldigung, die Tinte ist verlaufen, der Rucksack wurde samt Inhalt desinfiziert.«

»Das kann ja kein Mensch mehr lesen, Mann!«

»Bitte bemühen Sie sich …«

»Das lassen Sie gefälligst meine Sorge sein! Ich bemühe mich gleich! Aber um eine Sicherheitsverwahrung! Deserteure werden auch gerne gleich an die Wand gestellt!«

Zitternd hockte ich auf dem Bett und wagte nicht zu atmen.

Karl kämpfte mit allen verbalen Mitteln um sein Leben. »Der Stempel und die Unterschrift des Chefarztes vom Lazarett sind noch deutlich zu lesen!«

»Halten Sie gefälligst den Mund!« Meine Decke wurde weggerissen. »Zu wem gehört das Kind? Setz dich gefälligst auf.« Eine Taschenlampe blendete mir in die Augen, und jemand riss mich am Arm hoch.

»Zu mir. Das steht ebenfalls hier in den Papieren …« Karls Stimme zitterte und wurde immer dünner, während die Kontrolleure immer lauter brüllten, und ich hielt die Luft an.

»Wieso kommt der Kleine von der Front?«

Das zu erklären, war keine leichte Sache für Karl. Inzwischen besaß ich keine schmucke Uniform mehr, und meine ganze Lebensgeschichte dauerte sicher länger als diese restliche Nacht an der Grenze zu Österreich.

»Aussteigen, aber ein bisschen plötzlich!«

Von Hunden flankiert, wurde Karl aus dem Waggon geführt und musste am Zug entlanggehen, um anderen Männern mit Taschenlampen wiederum alles zu erzählen. Erneut ließ er mich allein, und ich umklammerte die Skatkarten, das Einzige, was ich besaß, und redete in meiner Not mit der Herz-Dame, die ich für mich auserkoren hatte.

Während der restlichen Nacht hatte ich panische Angst, der Zug würde gleich über die Grenze rollen, ohne dass Karl darin war.

Doch schließlich kam Karl ohne die Männer zurück und ließ sich aufseufzend auf seine Pritsche fallen. »Sie hatten nichts zu beanstanden! Das verdanken wir deinem Freund, dem Chefarzt, Kleiner! Er hat wirklich an alles gedacht.«

Während der Nacht wiederholte sich das Ganze noch einmal, diesmal rissen die Männer der gefürchteten Feldgendarmerie die Waggontür auf, und das verhieß meist nichts Gutes.

Aber wie durch ein Wunder leuchteten sie nur kurz mit einer Taschenlampe zu Karl in seine Koje und mir hinauf. »Ach, das ist der Soldat mit dem Kind. Fall ist bekannt.«

»Na, dann noch gute Nacht.«

Damit knallten sie die Tür wieder zu.

»Haben die ›Gute Nacht‹ gesagt?«, fragte Karl.

»Ich glaube ja«, sagte ich.

Und dann setzte der Zug sich in Bewegung.

WIEN,
September 1944, Militärspital Währing

N a, Franz? Geht es wieder in den Prater?«
Meine Lieblingskrankenschwester Karola, die erstens jung
und hübsch und zweitens immer zu Späßen aufgelegt war, stand
augenzwinkernd mit einem Tablett in der Tür des Krankenzim-
mers. Sowohl Karl als auch ich, der ja nach wie vor zur SS-Einheit
der 13. Kompanie gehörte und inzwischen wieder eine dem-
entsprechende Uniform trug, waren laut der ausgestellten Papiere
des Chefarztes in Sarajevo hier nach nochmaliger Entlausung aufgenommen worden. Längst gehörten der humorvolle hilfsbereite
Karl und ich zum Inventar, und wie ich mit meinen kindlichen An-
tennen bereits erspürt hatte, verstanden sich Karl und Karola
prächtig.

Schon sah ich meinen neuen Papa und meine neue Mame mit
mir durch den Prater schlendern, in einer neuen, heilen Welt.

»Ja, und heute darf ich sogar mit dem Riesenrad fahren!«

»Geh, das ist ja großartig! Aber, bevor du dir den Bauch wieder
mit Powidltascherln vollschlägst, wird erst anständig gegessen.«

Lächelnd stellte Karola das Tablett auf dem Tisch ab, und meine
Augen weiteten sich vor Begeisterung: »Ist das ganze Wiener
Schnitzel für mich? Mitsamt den Preiselbeeren?«

»Freilich, Franz, du willst doch groß und stark werden!«

»Und hat das wieder deine Mutter für mich gekocht?«

Sie lachte. »Wiener Schnitzel kocht man nicht, das paniert man,
indem man es in Semmelbröseln und Ei wälzt, bevor man es in
die zischend heiße Butter legt, aber ja, Franz, meine Mame (sie be-
tonte auf wienerische Art die zweite Silbe) lässt dich ganz herzlich

grüßen und fragt an, wann du uns denn mal wieder besuchen kommst!«

Für eine Antwort hatte ich keine Zeit, so heißhungrig begann ich, mithilfe des viel zu großen Krankenhausbesteckes das tellergroße Schnitzel zu zerlegen und in mich hineinzustopfen.

Karola hatte Karl und mich bereits mehrmals am Wochenende mit zu sich nach Hause genommen, wo sie mit ihrer Mutter in einer hübschen Villa wohnte.

Während die Erwachsenen sich nach dem Mittagessen unterhalten hatten, war ich im Garten herumgestromert und hatte davon geträumt, dass dies hier endlich mein perfektes Zuhause sein würde. Wir wären doch eine wunderbare Familie.

Alle zusammen in dieser Villa. Karl würde mich adoptieren, wie er es mir versprochen hatte.

Und eines Tages hatte ich Mut gefasst und beim Abschied zu der netten Mutter gesagt, als diese mich umarmt und gefragt hatte, wann ich sie denn wieder mal besuchen käme: »Eigentlich muss ich euch doch gar nicht mehr besuchen. Ich meine, Karl und Karola könnten meine Eltern sein und du meine Großmutter, dann wohnen wir alle hier, das wäre doch sehr praktisch!«

Daraufhin waren alle Erwachsenen plötzlich versteinert.

»Das geht nicht, Franz!« Karola hatte sich vor mich gekniet und an meinen Hosenbeinen herumgezupft. »Der Karl hat eine Frau im Banat, die kennst du. Und ich habe einen Mann. Der ist noch im Krieg, aber wir hoffen, dass er gesund und heile wiederkommt.«

Das hatte mich zurückgeworfen, als hätte mir jemand ein Brett vor den Kopf geschlagen. Wieder war ein Traum zerplatzt, und wieder waren die Menschen, an die ich mich gewöhnt hatte, letztlich für mich nicht zu haben.

Von da an waren Karl und ich nicht mehr zu Karolas Mutter nach Hause gefahren, und die Frage von Karola, wann ich sie denn ein nächstes Mal besuchen käme, erübrigte sich.

»Karl nimmt mich heute mit in den Prater!«

»Habt ihr denn genügend Schillinge dabei?«

Während ich kaute und schluckte, schüttelte ich den Kopf. »Wir sind doch von der SS, wir brauchen nicht zu bezahlen!«

»Ach ja, natürlich. Soldaten des Großdeutschen Reiches haben ja freien Eintritt auf alle Vergnügungen.« Sie strich mir über die kurzen schwarzen Locken. »Dann wünsche ich euch viel Spaß. Pass auf dich auf, Franz, ja? Und auf den Karl auch.«

Täuschte ich mich oder huschte ein Schatten über ihr Gesicht? Hastig wandte sie sich ab.

So verbrachten Karl und ich einen halbwegs vergnüglichen Nachmittag im Prater, und immer wenn andere Soldaten uns begegneten, wurde ich bestaunt, und Karl musste meine Geschichte erzählen. »Der jüngste Rottenführer Hitlers!« Das war einfach beeindruckend.

»Und der Kleine lebt jetzt mit dir im Währinger Militärspital? Das wird aber nicht mehr lange so weitergehen, Kamerad. Warte mal, wenn der nächste Transport der Schwerverletzten aus dem Osten kommt. Dann brauchen die jedes Bett!«

Und so war es auch. Einige Tage später wurde ich zum dortigen Chefarzt zitiert.

»Heil Hitler, Franz. Wie ich sehe, machen deine Beine große Fortschritte.«

»Ja, sie tun mir nur noch weh, wenn ich drauf falle oder einer dagegentritt.«

»Na siehst du. Und deshalb musst du auch nicht mehr im Krankenhaus sein.«

Mir krampfte sich der Magen zusammen. »Und Karl …?«

»Karl ist erwachsen und wird demnächst wieder zu einem Einsatz an die Ostfront geschickt.«

»Da geh ich mit!«

Der Chefarzt schüttelte lächelnd den Kopf. »Bei aller Tapferkeit, kleiner Mann. Du gehörst in ein Kinderheim.« Er griff bereits zum Hörer seines Telefons: »Ist da die Kinderübernahmestelle Gonzaga? Ich hätte hier einen etwa acht-, neunjährigen Buben.«

* * *

»Herrje, Bub. Wieso läufst du in einer Uniform herum?« Im Eingangsbereich des Kinderheims wurde ich von zwei derben Frauen mit Kittelschürze in Empfang genommen und kritisch beäugt.

Weinend zuckte ich mit den Schultern. »Ich will zu Karl und Karola!« Ich hatte mich noch nicht mal von ihnen verabschieden können! Schon äugte ich zur Tür, um vielleicht Reißaus zu nehmen, musste aber feststellen, dass das massive Tor zu dieser Anstalt vergittert war.

»Jetzt heul mal nicht, du bist hier nicht der Einzige, der seine Eltern sucht. Zieh das scheußliche Ding aus, wir haben hier Zivilkleidung für dich, aber zuerst steigst du mal in den Badezuber im Keller!«

Wieder musste ich mich einer demütigenden Prozedur unterziehen, und die beiden Derben sparten nicht mit spöttischen Bemerkungen über meine dunkle Haut, meine Magerkeit und meine schlecht verheilten Narben an den Beinen.

»Was haben wir denn da für ein Zigeunerkind! – Hier, zieh das Leiberl an, und diese Hose wird für dich reichen!«

Sie packten mich in ein grob gewebtes Hemd, kurze Hosen und Strickstrümpfe.

»So, und jetzt marschierst du hübsch artig auf die Abteilung für Buben, und damit du gleich merkst, was mit Kindern passiert, die nicht artig sind …« Sie zerrten mich hinter sich her und öffneten die Tür zu einem muffigen Nebenraum, in dem zwei etwa Vierzehnjährige im Dunkeln auf der Erde hockten: »Diese beiden haben versucht wegzulaufen. Wir haben sie natürlich wieder eingefangen, und weil sie dieses Kinderheim nicht zu schätzen wissen, kommen sie jetzt in ein Heim für Schwererziehbare. Da werden ihnen die Flötentöne schon beigebracht!« Die eine der beiden derben Frauen machte eine Handbewegung, als wollte sie mich ins Gesicht schlagen. »Nur falls du noch mal zur Tür schielst, Kleiner.«

Sie knallte die Tür wieder zu und ließ die beiden Halbwüchsigen »bei Wasser und Brot« angekettet an die Heizung, die aber nicht angedreht war, im Dunkeln sitzen.

Die Abteilung für Buben bestand aus einem riesigen Saal, in dem etwa vierzig Betten dicht beieinanderstanden. Abgetrennt war der Raum mit einer Glaswand zum Flur hin, sodass die Aufseher jederzeit hineinschauen konnten. Die Jungen, die zum größten Teil älter waren als ich, wurden gerade unter Aufsicht dazu angewiesen, ihre Betten auf Kante zu richten, und mehrere Personen kontrollierten mit dem Zentimetermaß, ob die grauen militärischen Wolldecken auch den Knick an der richtigen Stelle hatten.

»Hier, du kannst gleich mitmachen!« Eine von ihnen warf mir eine Decke auf ein Bett: »Das übst du jetzt so lange, bis nichts mehr zu beanstanden ist!«

Die größeren Buben warfen mir verächtliche, feindselige Blicke zu, und so biss ich die Zähne zusammen und unterwarf mich den strengen Regeln hier. Da ich in den letzten Jahren ausschließlich mit Erwachsenen zusammengelebt hatte, war es mir ungewohnt, mit einer »Bande« von vierzig Jugendlichen einen Raum teilen zu müssen. Wir wurden Tag und Nacht beobachtet. In den Nachtstunden wurde das Licht unverhofft auf- und abgedreht und unser Schlaf dadurch sehr gestört. Die Überwachung diente zur Einschüchterung, aber auch zur Beurteilung der Kinder und ihres möglicherweise schlechten Verhaltens.

Tagsüber wurden wir militärischem Drill unterzogen, mussten unter dem Kommando einer schrillen Trillerpfeife im Hof Turnübungen machen und ansonsten die Gänge schrubben, »wenn nötig mit der eigenen Zahnbürste«, wie die Oberkommandeurin uns androhte.

Vielleicht sollten die älteren Jungen tatsächlich noch auf einen Einsatz im Krieg vorbereitet werden! Immer öfter lugte ich verstohlen auf alle vergitterten Türen und Fenster, um vielleicht doch eine Fluchtmöglichkeit zu entdecken.

»Franz Peters, raustreten, ins Büro der Heimleiterin, aber sofort!« Einer der größeren Jungen steckte seinen Kopf zur Tür herein: »Geh, Zigeunerjunge, das sieht nach Ärger aus.«

Mit schlotternden Knien rannte ich über die dunklen Flure und langen Gänge, die nach Scheuerpulver und Angstschweiß rochen, und klopfte schüchtern an die Tür der Leiterin. Mein Herz raste wie ein Tiefflieger in meiner Brust.

Sie war nicht allein, ein Mann in Uniform saß ihr gegenüber, seine Mütze lag auf ihrem Schreibtisch. In der Erwartung, jetzt in das Heim für Schwererziehbare zu müssen, blieb ich angstvoll auf der Schwelle stehen.

»Na, was ist? Willst du da Wurzeln schlagen? Komm her und steh gerade.«

Die Heimleiterin winkte mich zu sich, und der Mann stand auf und drehte sich zu mir um.

»Karl!«

Mit einem Satz war ich in seinen Armen.

»Franz! Mensch, Kleiner, ich hatte dich verloren, und kein Mensch wollte mir sagen, wo du bist!«

»Sie haben zehn Minuten.«

Die Heimleiterin verließ den Raum. »Aber benimm dich, Franz. Kein Geraunze, sonst gibt es Besuchsverbot.«

»O Gott, das ist ja eine Griesgrämige!« Karl schob mich auf Armeslänge von sich ab und ließ seinen Blick an mir heruntergleiten. »Mein Bub in Lederhosen und Flanellhemd!« Amüsiert strich er mir über die kurze Stoppelfrisur, die man mir hier verpasst hatte. »Wie fühlst du dich?«

»Grauenvoll!« Schon stürzten mir die Tränen aus den Augen. »Sie sind so streng und so gemein zu uns, und die Buben im Schlafsaal sind alle viel älter als ich und nennen mich Zigeunerkind!«

»Ach, Franz, mein Junge …«

»Bitte nimm mich mit!« Flehentlich sah ich meinen Wunsch-Vater an. »Ich muss hier raus!«

»Franz, ich muss wieder an die Front, ich wollte mich nur noch von dir verabschieden.« Mit Tränen in den Augen drückte Karl mich an sich. Seine Uniformknöpfe drückten sich in mein Gesicht.

»Bitte nicht, ich sterbe ohne dich …« Ich flehte und weinte und presste mein Gesicht an seine Brust und warf meine Hände um seinen Hals. »Bitte verlass mich nicht, du hast es mir versprochen!« Unsere kostbaren Minuten verrannen, und jeden Moment konnte die Heimleiterin wieder reinplatzen. Wenn sie sah, dass ich weinte, würde ich in die dunkle Kammer kommen, bei Wasser und Brot.

»Pass auf, Kleiner.« Mit einem Ruck stellte Karl mich energisch auf die Füße. »Ich versuche, dich wieder in das Militärspital zu schleusen. Ich rede mit Karola. Ich kann dir nichts versprechen, aber ich lasse dich nicht im Stich.«

Schon knallten die harten Absätze der Aufseherin draußen über den Linoleumfußboden, und das Klirren ihres Schlüsselbundes am Kittelbund wurde lauter.

Karl flüsterte mir ins Ohr: »Heute Abend um acht! Draußen bei der Litfaßsäule!«

In diesem Moment flog die Tür auf. »Die Besuchszeit ist zu Ende! Sie haben das Gebäude zu verlassen! – Franz? Hast du etwa geheult? Jungen des Großdeutschen Reiches heulen nicht!«

»Nein, ich bin nur ein bisschen erkältet.«

»Marsch, ab auf dein Zimmer. Wir sprechen uns noch!«

Mit einem letzten verzweifelten Blick auf Karl, der mir unauffällig zunickte, verließ ich im Laufschritt den Raum und warf mich im Schlafsaal für Buben schluchzend auf mein Bett.

»Eh, Zigeunerjunge, flennst du? Das lass mal nicht die anderen sehen!« Ein größerer Junge mit Namen Dieter näherte sich mir und ließ sich auf meinen Bettrand fallen. »War die Alte gemein zu dir?«

»Ich will hier weg«, stammelte ich unter Tränen, das Kopfkissen über mein Gesicht gepresst.

»Du bist viel zu klein für eine Flucht.« Dieter klopfte mir gutmütig auf den Rücken. »Du hast doch gesehen, was sie mit Kindern machen, die abhauen wollen.«

»Ich muss es unbedingt versuchen.« Hoffnungsvoll lugte ich unter meinem Polster hervor, geradewegs in das Gesicht des gutmütigen Dieter. »Karl wartet an der Litfaßsäule auf mich!«

»Du findest aus diesem riesigen Gebäude überhaupt nicht alleine raus!«

»Aber ich habe schon alle Fenster und Türen auf eventuelle Fluchtmöglichkeiten hin überprüft!«

»Du redest, als wärst du jahrelang beim Militär gewesen.« Dieter konnte sich ein mitfühlendes Grinsen nicht verkneifen.

»War ich ja!«

»Hör zu, Kleiner. Ich habe auch schon alles versucht. Die einzige Möglichkeit, aus diesem Kasten rauszukommen, ist der Keller.«

»Da, wo der Waschzuber steht?«

»Genau. Hinter dem Zuber gibt es eine Tür, die führt zum Trockenraum. Weißt, wo immer die Laken hängen. Und da drin sind Kellerfensterschächte. Wenn du es schaffst, das Gitter hochzuheben, kannst du dich rausstemmen. Aber du musst warten, bis niemand mehr im Wäschekeller ist. Ich weiß, wo der Schlüssel hängt!«

»Du musst mir helfen, Dieter, bitte!« Hoffnungsvoll schleuderte ich das Kissen von meinem Gesicht. »Bitte, ohne dich schaffe ich es nicht!«

»Und wenn ich erwischt werde?« Dieter verschränkte die Arme vor der Brust. »Dann komme ich in das Heim für Schwererziehbare. Nein danke.«

»Dieter, ich verspreche dir, dass ich dich nicht verrate!« Flehentlich rüttelte ich ihn am Arm. »Du kannst sagen, du hättest mich gesucht, und ich werde sagen, ich hätte mich im großen Haus verlaufen. Ich bin doch neu und kenne mich nicht aus.«

»Hm.« Dieter wiegte den kurz geschorenen blonden Kopf. »Du gefällst mir, weil du so mutig bist.«

»Bitte, Dieter, bitte! Karl wartet, und wenn ich nicht komme, geht er an die Ostfront, und wir sehen uns nie wieder! Ich habe doch nur noch Karl!«

Eine Weile musste ich den gutmütigen Dieter bearbeiten, aber dann hatte ich ihn so weit.

»Alles klar, komm mit!«

Auf Zehenspitzen schlüpften wir aus dem Schlafsaal. »Die Luft ist rein!«

Geduckt schlichen wir an der Wand entlang und umrundeten eine Schar Jungen, die auf Knien den Boden schrubbten.

»Wohin?« Eine Aufseherin spähte um die Ecke, wurde aber von dem klingelnden Telefon abgelenkt und rannte in ihr Büro.

Dieter schnappte sich einen Eimer und tat so, als wolle er neues Wasser holen. Wie ein Kaninchen hoppelte ich, Ahnungslosigkeit vortäuschend, hinter ihm her.

»Hier entlang!« Dieter stellte den Eimer in eine dunkle Ecke, zog eine knarrende Tür auf und schob mich weiter, die Kellertreppe hinunter, durch dunkle feuchte Verliese, in denen das Wasser von den Wänden tropfte.

»Hier ist der Schlüssel!« Zielbewusst angelte er einen Schlüsselbund vom Haken und schloss mir den Waschraum auf. Ich erkannte im Dunkeln den Zuber und die Wäschekammer wieder.

»Ab hier bist du auf dich gestellt! Viel Glück!«

Ich schlüpfte in den Trockenraum, kämpfte mich durch meterlange Laken, die zum Trocknen von der Leine baumelten und streng nach Kernseife rochen, bis zum Fenster, das sich leicht öffnen ließ. Jetzt musste ich nur noch das Gitter hochstemmen, um ins Freie zu gelangen.

Hinter mir hörte ich Dieter die Tür wieder von außen abschließen.

Ich kroch in den Schacht, in dem feuchte Herbstblätter und allerlei Ungeziefer am Boden lagen, kämpfte mich durch Spinnweben und stemmte meinen Rücken von unten gegen das Gitter. Nach einigen Mühen ließ es sich bewegen! Immer und immer wieder musste ich Pause machen und Luft holen, bis es mir schließlich unter größter Anstrengung gelang, das Gitter mit den Schultern ein Stück zur Seite zu schieben. Ich stemmte mich hoch und kroch durch den kleinen Spalt, den ich geschaffen hatte, ins Freie. Unter den Eisenstreben quetschte ich mich bäuchlings zentimeterweise hindurch, bis ich im Freien stand.

So lautlos wie möglich schob ich das Gitter wieder über den Schacht.

Ich war draußen! Häuserschluchten umgaben mich, viele davon zerstört, und ragten auf wie furchterregende Riesen.

So. Wohin jetzt?

Es war stockdunkel, es roch modrig nach Herbst und Rauch.

Da vorn war eine Straßenlaterne, in deren nebligem Schein winzige Regentropfen sprühten.

Geduckt und mit rasendem Herzklopfen schlich ich an einer Mauer entlang auf die Lichtquelle zu, die vor dem vergitterten Eingangstor des Kinderheimes stand. So, das wäre geschafft. Hastig streifte ich mir die Blätter und den Moder von den nackten Beinen und sah mich um. Da vorne war die Litfaßsäule! Ich rannte los. Bestimmt stand Karl bereits wartend dahinter, und ich könnte mich erleichtert in seine Arme werfen!

Aber sosehr ich die Litfaßsäule auch umrundete: kein Karl. Wie spät mochte es sein? Er hatte etwas von acht Uhr gesagt, aber ich hatte keinerlei Zeitgefühl.

Zunächst sank ich tief enttäuscht an der Litfaßsäule herunter und ließ mich auf den Boden fallen. Doch sofort sprang ich wieder auf: Ich hatte mich in einen dicken Hundehaufen gesetzt! Es stank widerlich! Mit feuchten Blättern versuchte ich mir notdürftig den Hintern und die Hände abzuwischen und fluchte leise vor mich hin. Das Fluchen hatte ich inzwischen gelernt! Wo blieb der denn nur? Verdammt! Warum konnte mir denn gar nichts gelingen in diesem verfluchten Scheißleben!

Enttäuscht und wütend über Karls Fernbleiben lief ich los.

In das Heim zurück konnte ich nicht, also würde ich eben zu Fuß in das Militärspital nach Währing gehen! Ich hatte zwar keine Ahnung, wo das war, aber ich hatte schon andere verfluchte Märsche hinter mich gebracht! Mein Weg führte mich den Wiener Ring entlang Richtung Börse und Universität. Am Stadtpark angelangt, verließen mich die Kräfte, und angezogen von einer goldenen Statue, die einen geigenden Mann zeigte, ließ ich mich dort auf eine Bank sinken. So eine schöne Skulptur! Irgendwo auf der Welt ist ein kleines bisschen Glück … Eine Weile bestaunte ich noch das imposante Kunstwerk, dann legte ich mich auf die Bank und schlief ein.

»Rex, komm her, Rex, böser Hund, du sollst nicht im Dreck schnüffeln …«

»Ja schau doch nur, da liegt ein Kind!«

»O Gott, das stinkt ja erbärmlich.«

»Ist denn hier weit und breit niemand?« Sanft rüttelten mich fremde Hände. »Wo sind denn deine Eltern, Kleiner?«

Verschlafen rieb ich mir die Augen und setzte mich auf. Rex, der Schäferhund, schnüffelte weiter interessiert an mir herum. Ich roch ja auch stark nach einem Kollegen von ihm.

»Was machst du denn hier, ganz alleine?« Ein Mann und eine Frau mittleren Alters sahen mich halb tadelnd, halb mitfühlend an.

»Ich wollte ins Militärspital nach Währing, aber das war mir für heute Nacht zu weit.« Schon kamen mir wieder die Tränen. »Ich habe nämlich auf jemanden gewartet, und der ist nicht gekommen.«

Die beiden wechselten vielsagende Blicke. »Und wo kommst du her?«

Ich presste die Lippen aufeinander. Auf keinen Fall wollte ich dem netten Ehepaar das verraten, denn nichts wäre schlimmer, als wieder in dieses grauenvolle Übergangsheim zu müssen.

»Nun sag schon, Kleiner, du kannst doch nicht hier alleine im Freien übernachten ...«

»Wenn dich ein Räuber in die Hände bekommt, kann dir das Schlimmste passieren ...«

Nehmt mich mit, schrie alles in mir. Nehmt mich mit zu euch nach Hause, gebt mir Wasser zum Waschen und was Warmes zu essen und ein warmes Bett!

Die beiden beratschlagten eine Weile, und zu meinem Entsetzen hielt der Mann schließlich per Handzeichen ein vorüberfahrendes Polizeiauto an: »Wir haben hier ein Findelkind ...«

So schnell konnte ich gar nicht schauen, wie ich im Polizeiauto saß. Die beiden lieben Wunscheltern meines kurzen Kindertraumes wurden im Rückfenster kleiner und kleiner.

Und kurz darauf wurde ich in dem Heim abgeliefert, aus dem ich gekommen war.

Wieder in der Übernahmestelle im Waschraum, wurde ich abgeschrubbt, und meine stinkenden Hosen wurden im Zuber eingeweicht.

»Ja wo warst du denn, du Lausejunge?« Eine derbe Hand riss mich aus der Wanne.

»Ich hab mich beim Versteckspielen verirrt«, stammelte ich mit Kernseife in den Augen.

»Da war ein Gitter halb offen, und ich dachte, das ist ein gutes Versteck, und plötzlich war ich draußen, und dann habe ich im Dunkeln den Eingang nicht mehr gefunden …«

Tatsächlich glaubte man mir meine Notlügen, und ich konnte mein Versprechen Dieter gegenüber halten.

Der staunte nicht schlecht, als er mich am nächsten Morgen wieder in meinem Bett vorfand.

Und kurz darauf wurde ich in ein anderes Kinderheim gebracht.

WIEN PÖTZLEINSDORF,
Oktober 1944

Das geht nicht, Franz, du bist noch zu klein!« Walter, mein neuer Zimmergenosse, packte gerade seine Schultasche und stopfte sein Lateinbuch hinein. »Ich kann dich nicht mitnehmen, ich bin ja schon in der dritten Klasse im Gymnasium!«

»O bitte, Walter, nimm mich mit!« Seit Wochen teilte ich nun mein Zimmer mit dem etwa Dreizehnjährigen, und wenn er in der Schule war, langweilte ich mich schrecklich. Nachmittags sah ich ihm neidisch dabei zu, wie er Vokabeln lernte und Mathematikaufgaben löste, mit einem Zirkel und einem Geodreieck. So etwas wollte ich auch besitzen!

»Aber Franz, wenn du noch nie in der Schule warst, was willst du dann im Gymnasium?«

»Ich kann es doch versuchen!«

»Na gut, meinetwegen. Aber knöpf dein Hemd richtig zu und steck es ordentlich in die Hose.«

Es war frühmorgens in der Dämmerung, leichter Nebel stieg von den Wiesen auf, Straßenbahnen ratterten klingelnd an uns vorbei, ein Schupo regelte den Verkehr, als ich vor Stolz und Aufregung platzend mit Walter die Straße hinaufmarschierte, zu einem beeindruckend aussehenden Klinkergebäude, vor dem eine Statue stand, die aus übereinander bockspringenden Kindern bestand.

»*Mens sana in corpore sano!*« Walter zeigte auf ein Schild, das darunter angebracht war.

»Ich weiß, was das heißt«, improvisierte ich keck. »Zäh wie Leder, flink wie ein Wiesel, hart wie Kruppstahl!« Das war das Mantra der SS-Soldaten gewesen!

»Fast. Das bedeutet, wer was in den Muckis hat, der hat auch was in der Birne.«

»Ich hab was in den Muckis und in der Birne!«, beharrte ich.

Walter lachte. »Pass auf, Kleiner. In meine Klasse kann ich dich echt nicht mitnehmen, das ist bereits die dritte am Gymnasium, aber ich bring dich in die erste. Such dir einfach einen freien Platz, und wenn der Unterricht fertig ist, hole ich dich wieder ab.«

Er schob mich in einen Klassenraum, wo ich von etwa fünfundzwanzig Jungen misstrauisch beäugt wurde.

Jetzt galt es, nicht einzuknicken. Lässig peilte ich einen Stuhl an, auf dem noch niemand saß, und ließ mich darauf nieder. Schultasche hatte ich keine, also faltete ich meine Hände auf der von Tinte verschmierten Tischplatte und schaute erwartungsvoll nach vorne, wo einer der Jungen mit einem Schwamm die Kreideschrift vom Vortag wegwischte. Wie schade. Das hätte ich mir gern noch länger angeschaut. So sah also Schrift aus. Erschrocken zuckte ich zusammen, als schrilles Klingeln den Beginn des Unterrichts ankündigte.

»Eh, spinnst du, du sitzt auf meinem Platz.«

Ein blonder Junge riss sich keuchend die Mütze vom Kopf und knallte sie auf meinen Tisch. »Hau ab, du Idiot!«

Verlegen trollte ich mich und suchte unauffällig nach einem anderen freien Platz, den ich schließlich ganz hinten an der Wand in der Ecke fand. Uff. Das war geschafft.

Die Tür öffnete sich, und eine schöne vitale Frau in weißer Bluse und blauem Faltenrock betrat den Raum.

Die Jungen sprangen wie auf Kommando auf und standen neben ihrer Bank stramm.

»Guten Morgen, Kinder!«

»Gu-ten-Mor-gen-Frau-Pro-fes-sor-Kol-ler!«

Wie auf Knopfdruck saßen alle Buben auf ihrem Hosenboden.

»Oh, ich sehe, wir haben ein neues Gesicht?« Freundlich blickte sie in meine Richtung.

»Wie heißt du?«

»Franz Peters.«

»Ah, sehr schön. Willkommen in meiner Klasse. Also, fahren wir fort, wir hatten gestern damit begonnen, die Fabel vom Hasen und vom Igel zu lesen. Wer möchte fortfahren?«

Fünfundzwanzig Arme schnellten in die Luft. Um nicht aufzufallen, riss ich ebenfalls meinen Arm in die Höhe.

»Ah, das ist schön. Franz. Bitte lies.«

»Er hat kein Buch.«

»Ah, dann schiebe ihm deines rüber, Seppi. Nun, Franz? Wir sind ganz Ohr.«

Hilfsbereit schob mir ein Junge sein Lesebuch über den Tisch und zeigte mit seinem Finger auf eine bestimmte Stelle. Das Bild auf der Seite war schon mal vielversprechend und bunt.

»Ein Hase rennt zwischen zwei Igeln hin und her«, improvisierte ich. »Der Hase denkt wahrscheinlich, dass der Igel schneller ist als er, und bemerkt gar nicht, dass es zwei sind.«

»Das ist eine schöne Interpretation, aber lieber wäre mir, du würdest den Text lesen, so wie er da steht!« Die Lehrerin lächelte liebenswürdig. Die Jungen kicherten und stießen sich gegenseitig in die Rippen.

»Ich kann nicht lesen.«

Das Kichern ging in Flüstern über.

»Aber Franz, das kann ich gar nicht glauben, du hast ja die Szene perfekt erfasst!«

»Ist ja auch nicht schwer. *Mens sana in corpore sano.*« Ich tippte mir an die Stirn.

Das Flüstern ging in Raunen über, die Lehrerin hob erstaunt die Augenbrauen.

»Also … Seite 14, zweiter Absatz. Bitte.«

Der Zeigefinger meines Nachbarn bohrte sich in die entsprechende Stelle.

»Ich kann wirklich nicht lesen.«

Das Raunen ging in Lachen über, und alle Köpfe waren mir zugewendet. Ich sah Spott, Häme, unverhohlene Neugier und ungläubiges Staunen. Und ich sah Mitleid. Und dann fiel das Wort »Zigeunerjunge«.

Plötzlich kamen mir die Tränen. »Ich wollte unbedingt in die Schule, weil der Walter doch auch immer geht, aber ich war noch nie in einer Schule!«

»Und wie kommst du dann hierher?«

»Der Walter hat mich mitgenommen, aus dem Kinderheim! Er meint, die dritte Klasse Gymnasium ist noch nichts für mich, aber ich soll es mal in der ersten versuchen.«

Plötzlich fing die Lehrerin hellauf an zu lachen. »Aber Franz, das finde ich sehr mutig von dir!« Und plötzlich lachten alle Kinder nicht mehr hämisch, sondern freiheraus mit. Aber ich hatte nicht mehr das Gefühl, dass sie mich auslachten, sondern dass sie meinen Mut bewunderten.

»Du darfst bis zum Ende des Unterrichts hierbleiben, Franz. Hör einfach zu und versuch, die Buchstaben zu erfassen.«

Das gelang mir auf Anhieb schon recht gut, und den Banknachbarn mochte ich sofort.

Nach dem Unterricht nahm Frau Koller mich mit zur Direktorin, und nachdem Walter mich vergeblich gesucht hatte, trudelte er auch dort ein.

»Walter, was hast du dir dabei gedacht?«

»Er wollte unbedingt!«

»Nun, siehst du, Franz, jetzt, im laufenden Schuljahr ist es ziemlich schwierig, dich noch irgendwo unterzubringen …« Die Direktorin, eine gütige Frau mit kurzen grauen Haaren, sah Frau Koller von der Seite an. »Würden Sie ihm Nachhilfeunterricht geben, dass er den Anschluss findet?«

WIEN, 23. BEZIRK, HAYMOGASSE 53,

Weihnachten 1944

Franz, wenn das Glöckchen klingelt, darfst du zur Bescherung herunterkommen. Das Christkind schmückt gerade noch den Baum und legt die Geschenke … du glühst ja! Franz, ist dir nicht gut?«

Frau Koller, die mich über die Feiertage zu ihren Eltern nach Hause eingeladen hatte, fühlte besorgt meine Stirn. »Da muss ich den Herrn Hofrat holen, das sieht mir nicht gut aus …«

In meiner ganzen Aufregung und Vorfreude auf das erste Weihnachtsfest meines Lebens, das ich in einer herrschaftlichen Villa verbringen sollte, lag ich nun mit Schüttelfrost und Angstattacken im Bett. Zu meinem Leidwesen musste ich mich auch noch übergeben, und das in den hochherrschaftlichen Räumen dieser Villa! Immer in Stresssituationen hatte mein Körper einfach alles von sich gegeben. Inzwischen machte ich zwar nicht mehr in die Hose, aber das Rebellieren meines inneren Abwehrsystems ließ nicht nach. Das Zimmer war riesig und hatte so hohe Stuckdecken, dass mich in der Nacht Angstträume heimgesucht hatten.

Wieder und wieder irrte ich mutterseelenallein durch die Nacht, verfolgt von Wölfen, Ustaschas, Tschnetniks und Germanskis, die vor meinen Augen die Partisanen erschossen. Immer wieder stand ich vor meinem eigenen Grab. Wieder und wieder erlebte ich in meinen Träumen all das Schreckliche, das ich noch nicht verarbeitet hatte. Züge rasten durch die Nacht und wurden von Flugzeugen beschossen. Und immer wieder Tote und Verstümmelte, um Hilfe schreiende Menschen, und der große Wurm namens Krieg fraß jeden, dem ich mein Herz geschenkt hatte. Und ein weiteres Mal war ich bei fremden Menschen, die ich lieb gewonnen hatte und die mich bestimmt wieder verlassen würden.

»Junge, wir lassen dich nicht allein, ich versuche alles, um dich aus dem Heim herauszubekommen ...« Frau Koller tupfte mir Stirn ab. Diskret hatte sie das Bett abgezogen und mir einen frischen Schlafanzug angezogen. »Wenn wir nur irgendwelche Papiere von dir hätten, ginge das mit der Adoption einfacher, aber in diesen Kriegswirren sind alle Ämter überlastet ...«

Ja, inzwischen wollte die Lehrerin, Frau Koller, mich adoptieren, da von Karl nie wieder ein Lebenszeichen gekommen war. Er war sicher an der Ostfront umgekommen. Mein Herz hämmerte vor Schmerz und Kummer.

Der Hofrat legte seine Glatze an meine Knabenbrust, horchte mich ab und ließ ein kaltes Stethoskop über meinen Rücken gleiten.

»Er hat die Masern. Nichts Besonderes um diese Zeit. Im Kinderheim haben das fast alle.« Er ließ mich eine bittere Arznei schlucken: »Möchtest du denn von der Familie Koller adoptiert werden, Franz?«

Ich schluckte trocken. Das war jetzt die vierte Person, die mich adoptieren wollte, nach meinem verstorbenen Adoptivvater, Heinz Peters. »Oh, ja, das möchte ich!«

»Dann werde nur ganz schnell wieder gesund und mach der Familie von Frau Koller keinen Kummer mehr.«

Die Arznei wirkte schnell, und schon am zweiten Weihnachtstag konnte ich doch noch zur Bescherung in das beheizte Kabinett der Familie hinuntergehen.

»Da kommt er!«

Zwei alte Herrschaften saßen aufgeregt unter einem mit Lichtern geschmückten Tannenbaum und umklammerten dünnwandige Teetassen. Die alte Dame klingelte begeistert mit einem Glöckchen, und der alte Mann, der wohl blind war, lehnte lächelnd am Kamin.

Das waren wohl die Eltern von Frau Koller.

»Sieht so aus, als hättest du wieder einen Sohn, Adelheid!«

Die alten Herrschaften sangen mit brechender Stimme gerührt ein paar Lieder, die ich nicht kannte. »Stille Nacht, heilige Nacht ...« Bei »*hol der* Knabe im lockigen Haar« wagte ich nicht zu erwähnen, dass es doch wohl »hol *den* Knaben im lockigen Haar« heißen musste. Aber ich war ja schon da, was der Blinde vielleicht nicht bemerkt hatte, und nachdem ihre Tochter, die Lehrerin, sie nicht verbesserte, hielt ich anstandshalber den Mund.

Zu meiner Begeisterung lagen unter dem herrlich geschmückten Baum nicht nur neue Strickhandschuhe, eine lange Wollhose und Süßigkeiten für mich, sondern auch eine echte lederne Schultasche, die verführerisch roch! Mit einem Lesebuch! Und einer Schiefertafel! Mit Griffel! Und Schwamm! Ein prickelndes Glücksgefühl breitete sich in mir aus wie Brausepulver.

»Du wirst sehen, Franz, das Lesen lernst du ganz leicht. Frau Engl wird dir dabei helfen.«

Herr und Frau Engl, die alten Leutchen, waren die Eltern von Frau Koller, und ich durfte sie »Großmutter« und »Großvater« nennen.

»Und nun hör gut zu, denn der Großvater liest jetzt die Weihnachtsgeschichte.« Andächtig saß ich neben Frau Koller und starrte auf den alten blinden Mann, der ein großes Buch auf den Knien hielt und auswendig anfing: »Es begab sich aber zu der Zeit, da der Kaiser Augustus ...«

Was nun folgte, war eine etwas komplizierte Geschichte, die darin mündete, dass eine gewisse Maria mit einem gewissen Josef zu einer Volkszählung gehen musste, dabei aber merkte, dass sie ein Kind bekam, und weil alle Herbergen voll waren, dafür in einen Stall ausweichen musste. Nichts also, was mich weiter vom Hocker gerissen hätte, aber die Familie von Frau Koller fand die Geschichte so einmalig und großartig, dass der Großvater sie sogar auswendig konnte. Außerdem läuteten in ganz Wien die Glocken wegen dieser Geschichte unaufhörlich, obwohl sie schon zweitausend Jahre her war.

So vergingen für mich unvergessliche, gemütliche und harmonische Weihnachtsfeiertage im Kreis dieser lieben Familie. Wie mir die alten Leutchen erzählten, war Frau Kollers Mann im Krieg geblieben und galt als vermisst, und ihr Sohn, ein junger zwanzigjähriger Leutnant, war in der Schlacht von Stalingrad gefallen.

Sie hatten Gefallen an mir gefunden und wollten mich behalten.

Zu meiner Freude hörte ich am ersten Werktag nach den Feiertagen Frau Koller mit dem Kinderheim telefonieren: »Ja, sehr ansteckend … Nein, noch lange nicht. Also soll ich ihn gar nicht … Ach so. Nein das ist sicher besser so. Der Hofrat kümmert sich … ja, dann pfuiti servus baa baa.«

WIEN,
Januar 1945

A lso noch mal, Franz. Dein Großvater heißt Alois Engl, ist Bankangestellter im Ruhestand und seit dem Ersten Weltkrieg erblindet. Deine Großmutter heißt ... Na?«

»Auguste Engl, Hausfrau, und kümmert sich um mich, während du im Gymnasium unterrichtest. Sie bringt mir Rechnen und Lesen bei, und ich mache mich dafür im Haushalt nützlich.«

»Sehr schön. Dann darfst du jetzt hinaus in den Garten gehen, schau, es hat geschneit.«

»Und wer wohnt da in der kleinen Hütte?« Neugierig spähte ich aus dem Fenster und betrachtete ein Mädchen, etwa in meinem Alter, das dick eingemummt in Wetterfleck und Haube, also Mantel und Mütze, versuchte, einen Schneemann zu bauen, umkläfft von einem struppigen Hund.

»Das ist die Käthe, die ist elf. Sie ist die Tochter der Familie Kresak.«

»Der Hund heißt Struppi und beißt jeden, der eine Uniform anhat, auch den Briefträger.« Ich hatte schon so oft am Fenster gehangen, dass ich diese Informationen kannte. Aber was ich noch nicht wusste: »Die Familienverhältnisse sind etwas kompliziert ...« Die Großmutter Engl näherte sich mit ihrem Stock und trat an das Fenster heran. »Der Herr Kresak lebt mit seinen zwei Frauen dort in der Hütte und hat mit jeder ein Kind.«

»Mutter!« Frau Koller schüttelte tadelnd den Kopf, mit einem pikierten Blick auf mich.

»Ja, das kann der Junge doch wissen«, sagte Großmutter.

Mir war das völlig wurscht, wie man hier sagte. Hauptsache, ich konnte mit dem Mädchen spielen.

Und während ich mich ebenfalls in einen Wetterfleck packen ließ, hörte ich noch, wie die Großmutter Engl zur Mutter, Frau Koller, sagte: »Hast du es schon über deine Parteigenossen probiert? Das mit der Adoption kann doch nicht so schwer sein!«

»Der Junge gilt als staatenlos und hat nur einen Militärausweis.«

»Aber Adelheid, du hast doch Bekannte in entsprechender Position!«

»Mutter, lass mich nur machen. Den Franz, den gebe ich nimmer her.«

Frühling 1945

Wieder Fliegeralarm! Franz! Käthe! Schnell, in den Luftschutzkeller!«

Wir schafften es gerade noch, mitsamt Struppi in die Kellerräumlichkeiten zu gelangen, als uns auch schon ein bestialisches Sausen und Pfeifen die Sinne raubte. Mit den Händen schützend über dem Kopf kauerten wir auf dem Fußboden, den zitternden Hund an uns gepresst. Mutter Koller und ihre alten Eltern, Herr und Frau Engl, saßen dicht gedrängt neben der Familie Kresak; dem Mann mit seinen zwei Frauen. Diese wimmerten und klagten vor Angst. »Jetzt hat unser letztes Stündlein geschlagen!«

Haus- und Kellertür wurden durch eine unsichtbare Hand krachend aufgerissen. Mauerwerk flog durch die Luft, und dichter, dunkler Staub raubte mir die Luft zum Atmen. Sekunden später schlug die Bombe neben dem Haus mit einem furchtbaren Krachen und Bersten ein.

»Vater unser, der du bist im Himmel …«, beteten die Frauen schuchzend und wimmernd. Ich klammerte mich an dem Hund fest, und Käthe suchte meine Hand. So hockten wir minutenlang in sicherer Gewissheit, jetzt den Tod zu finden. Entweder durch eine weitere Detonation oder durch das Zusammenbrechen unseres Hauses.

»Entwarnung!« Mutter Koller hob nach einiger Zeit den Kopf und lauschte. »Seid ihr noch ganz?«

Von Staub und Dreck verschüttet, befreiten wir uns aus unserer misslichen Lage. Mutter Koller stieg vorsichtig voran über die zerstörte Kellertreppe und versuchte, die Tür aufzuschieben, vor der Trümmer, Scherben, Schutt und Steine lagen. »Hilf mir, Franz, ich schaffe es nicht allein.«

Mit vereinten Kräften stemmten wir uns gegen die Kellertür und taumelten schließlich hinaus ins Freie.

Lautes Jammern und Weinen war zu hören, aus allen Türen quollen Menschen, stolperten heraus und brachen hustend und röchelnd zusammen. Die Nachbarn liefen aus ihren Kellern und besahen den Schaden, den die Bombe angerichtet hatte.

»Um Gottes willen, das Haus Nummer 13 ist dem Erdboden gleichgemacht!«

»Ein einziger Krater!«

»Sind Sie verletzt?«

»Haben Sie Schmerzen?«

»Wo ist mein Mann?«

»Hilfe, ich vermisse meine Tochter!«

So schrien die Menschen verzweifelt durcheinander, und Käthe und ich sahen dem schrecklichen Schauspiel hilflos zu.

Es war schon der zigste schlimme Bombenangriff auf unseren Stadtteil gewesen, und wir waren alle völlig verzweifelt. Sollte diese Hölle denn nie aufhören? Laut dem kleinen schwarzen Volksempfänger, der bei uns in der Küche stand, wurden die Nachrichten über den Verlauf des Krieges immer hoffnungsloser. Nach wie vor war es bei Todesstrafe verboten, zu äußern, dass Deutschland – und damit auch Österreich – den Krieg verlieren würde. Noch immer kreischte die Stimme des Propagandaministers Goebbels in rheinisch angehauchtem Singsang durch den Äther, dass bis zum letzten Mann und bis zur letzten Patrone für das Deutsche Reich gekämpft werden müsse, und jeder, der das leugnen oder infrage stellen oder sich selbst vor der Verantwortung drücken wollte, am nächsten Laternenpfahl aufgehängt würde. Dieses Verbrechen nannte man Wehrkraftzersetzung, wie ich schon lange wusste.

»Wo ist Großvater?«

Im Getümmel der umherirrenden Menschen, die unter den Trümmern nach ihren Lieben suchten, vermisste ich den blinden alten Mann, der sich in letzter Zeit so liebevoll um mich gekümmert hatte.

Inzwischen trug ich seinen Namen, nämlich Engl, und hieß nun offiziell Franz Peters-Engl.

Die Parteigenossen meiner Adoptivmutter, Frau Koller, hatten da wohl auf dem kleinen Dienstweg etwas erreicht, was sonst vermutlich wieder nichts geworden wäre. Nur zur Erklärung: Meine Mutter war natürlich in der Partei. Sonst hätte sie gar nicht Lehrerin werden und bleiben können. Es gab nur noch »stramme« Parteimitglieder in öffentlichen Stellen. Wie es mit ihrer inneren Überzeugung aussah, wurde nie zum Thema gemacht, denn das war lebensgefährlich. So hätte ich auch nie zu fragen gewagt, ob sie eigentlich weiterhin an diesen Hitler glaubte.

»Käthe, hast du Großvater gesehen?«

»Ich weiß nicht, er saß doch noch bei uns im Luftschutzkeller!«

»Hat niemand dem alten blinden Mann wieder herausgeholfen?«

Mutter, die sich um Nachbarn gekümmert hatte, balancierte über die Trümmer zurück und stakste über Steine, Scherben und Mauerschutt erneut die Kellertreppe hinunter. Die Tür steckte schief in den Angeln, und Drähte und Telefonmasten hingen in wirren Schnüren darüber.

»Vater?«

Mir schwante Schreckliches. Von meinem Großvater Engl, der offiziell nun mein Adoptivvater war, hatte ich das Schachspielen gelernt, und das kleine und große Einmaleins.

»Vater, bist du noch da unten? Warte, ich hole dich …« Mutter stakste in ihren Gummistiefeln durch den Morast und verschwand im Inneren des zerstörten Gebäudes. In panischer Angst, das Haus könnte im letzten Moment noch über ihr zusammenbrechen, rannte ich wie ein junger Hund, von einer schrecklichen Ahnung getrieben, hinter ihr her.

»Franz, bleib weg, das ist gefährlich …«

Doch ich hörte nicht auf die warnenden Stimmen. Bei Mutter im Luftschutzkeller angekommen, erstarrte ich. Großvater saß tot unter den Trümmern, den Blick starr ins Dunkel gerichtet. Sein aufgezwirbelter Schnurrbart war weiß vor Staub.

* * *

»Frau Koller! Franz!«

»Ja, Käthe, wo brennt es denn schon wieder!«

»Der Vater hat sich aufgehängt!«

Käthe kam mir bleich und schreiend entgegengelaufen. »Er hängt auf dem Dachboden!«

Mutter und ich rannten hinüber zum Nebengebäude, und die beiden Frauen des Herrn Kresak standen panisch kreischend am Treppenabsatz.

»Jetzt hat er die Bombenangriffe überlebt, und dann lässt er uns im Stich!«

»Was soll nur aus uns und Käthe werden!«

Obwohl Mutter mir den Anblick ersparen wollte, konnte ich doch einen kurzen Blick auf den Erhängten erhaschen: Sein Hals war ganz lang und verbogen, die Zunge hing ihm schwarz heraus, und seine Füße schleiften im Wind, der durch das zerstörte Dach des Gebäudes hereinwehte, über den Fußboden hin und her. Käthe schrie. Es war kaum mehr auszuhalten mit dem Unglück und Elend, das jeden Tag von Neuem über uns hereinbrach.

Nachdem die Mutter die beiden Frauen halbwegs beruhigt und den Mann abgeschnitten hatte, kam sie erschöpft und käseweiß wieder zu uns herüber.

»Deutschlands Militär wird immer mehr vom Feind Richtung Westen gedrängt und befindet sich bereits im Zustand der Auflösung, sagen die Kresak-Frauen, die übrigens Schwestern waren.

Sie meinen, ich sollte schleunigst mein Parteibuch verstecken und Hitlers *Mein Kampf* vergraben.«

»Aber Adelheid, das darfst du doch nicht laut sagen!« Großmutter schlug sich die Hände vor das Gesicht. »Nicht, dass sie dich am nächsten Laternenmast aufhängen!«

»Nein, Mutter, wir müssen den Tatsachen ins Gesicht sehen und so schnell wie möglich flüchten. Wenn die Russen kommen, ist es zu spät. – Komm her, Franz.«

Sie winkte mich zu sich heran, und da Käthe an mir hing wie eine Klette, wurde das elfjährige Mädchen gleich mit eingeweiht.

»Geht in den Keller und schaut, in welchen Nischen ihr die wertvollen Bücher und andere Gegenstände, die ich euch jetzt raussuchen werde, verstecken könnt.«

»Wird gemacht, Frau Koller.«

»Arbeitet schnell und möglichst geräuschlos, redet mit niemandem darüber, verstanden?«

»Jawoll, Frau Koller.«

»Hier, alles ab in den Keller, was ich in diese Kisten lege!«

Sie wieselte, so schnell sie konnte, die Treppe hinauf und brachte Gegenstände und Bücher, die ich noch nicht identifizieren konnte. »Versteckt das. Es darf auf keinen Fall gefunden werden!«

»Ja, Mutter.«

Käthe und ich rissen mit den Händen die losen Steine von den Wänden, stopften Bücher, Parteibücher und das große Hitler-Bild, das bei uns im Wohnzimmer gehangen hatte, hinein und verschlossen die Stellen mit Ziegelsteinen.

»Und das hier …« Mutter riss sich das Parteiabzeichen mit dem Hakenkreuz von der Jacke. »… das vergrabt ihr ganz hinten im Garten, so tief wie möglich, hört ihr! Schnell, schnell, wir müssen verschwinden!«

Auch das erledigten Käthe und ich so gewissenhaft, wie es uns in der Eile möglich war.

»Hier, halt du die Schachtel, ich grabe, so tief ich kann!« Während dessen holten mich Bilder ein, wie die Partisanen in den Wäldern ihre eigenen Gräber graben mussten und einer von ihnen sich angeboten hatte, für mich eines zu graben. Ich hatte schon vor meinem eigenen Grab gestanden, als der Offizier mit dem Schäferhund …

»Kinder! Seid ihr so weit? Wir müssen los!«

Inzwischen hatte Mutter einen Bollerwagen aus dem Keller geholt, und Großmutter stopfte einen Koffer und einen Militärrucksack voll mit überlebensnotwendigen Dingen.

»Verabschiedet euch voneinander!« Käthe und ich fielen uns ein letztes Mal stumm in die Arme, und sie verschwand schluchzend in ihrem kleinen Haus. So wie sie mir erzählt hatte, hatte sich Herr Kresak deshalb umgebracht, weil die beiden Schwestern ihm das Leben zur Hölle gemacht hatten. Und das alles mitten im Krieg, mitten im Bombenhagel.

Wo fing Krieg an, und wo hörte er auf? Das hätte ich gern die Mutter gefragt, stattdessen beschränkte ich mich auf die Frage:

»Wo gehen wir eigentlich hin?«

Mutter und Großmutter hatten bereits beide am Handkarren rechts und links der Stange zum Ziehen angepackt und zerrten das überladene Gefährt rumpelnd über Kopfsteinpflaster, Schutt und Asche durch die zerstörten Straßen von Mauer, wie unser Stadtteil im dreiundzwanzigsten Bezirk hieß, Richtung Westen.

»Letztlich wollen wir nach Passau, da wohnt eine Schulfreundin von mir.«

Nach Passau, und das zu Fuß, mit einem Handkarren? Ich wagte nichts zu hinterfragen.

»Komm, Franz, schieb mal hinten mit an.« Immer wenn es über Geröll und Schutthalden ging, stemmte ich mein ganzes Körpergewicht gegen den Wagen, dessen zwei gummiüberzogene Räder die sperrigen Hindernisse kaum überwanden.

Es war bereits später Nachmittag, als wir über Lainz und Auhof endlich Hütteldorf erreichten.

»Mutter, ich kann nicht mehr!« Stöhnend rieb ich mir den schmerzenden Rücken und vertrat mir die Füße, die schon Blasen hatten.

»Franz, du musst dich zusammenreißen. Wir lassen dich nicht zurück.«

Großmutter half Mutter beim Ziehen des Handwagens, und gleichzeitig zog sie mich an der Hand hinter sich her.

»Da vorne müssen wir in den Wald hinein.«

Als wir den steilen schmalen Pfad endlich erreichten, ließ ich mich weinend auf die Erde fallen. Ich konnte und wollte einfach nicht mehr! Mein ganzes bisheriges Leben hatte aus Flucht und Schmerzen, Leid und Elend, Gewalt und Tod bestanden. Ich war annähernd zehn Jahre alt und hatte noch nie etwas anderes erlebt!

»Ich kann nicht mehr. Bitte lasst mich hier sterben.« Mutlos und total erschöpft wollte ich mich in eine Mulde zum Schlafen legen.

»Franz, bitte, wir lassen dich nicht im Stich! Du musst aufstehen und weitergehen! Nur noch ein paar Kilometer, dann können wir rasten!«

»Komm, kleiner Mann, du schaffst das!« Großmutter und Mutter redeten mit Engelszungen auf mich ein, und mit letzter Kraft rappelte ich mich auf und stolperte todmüde hinter dem mühsam gezogenen Wagen her, der unter seiner klappernden Last kaum vom Fleck kam. Die beiden Frauen keuchten und stöhnten und schüttelten ihre Hände aus, die bereits von blutigen Blasen übersät waren. »Hätten wir doch an Handschuhe gedacht!«

»Habe ich, doch die sind mit den Kästen in die Luft geflogen.«

»Nur noch ein bisschen, da hinten ist eine Lichtung, da werden wir rasten …«

Unter Keuchen und Stöhnen mühten wir uns den steilen Wald-weg hinauf.

»Halt! Keinen Schritt weiter und Hände hoch!«

Wir erstarrten alle drei. Wortlos hielten wir die Hände über den Kopf in der Erwartung, jetzt erschossen zu werden. Bilder von der Erschießung meiner Partisanenfreunde kamen wieder hoch. Bilder von der Erschießung so vieler Menschen, die ich schon hatte mit ansehen müssen.

»Wer sind Sie, was machen Sie hier, können Sie sich ausweisen!«

Aus dem Schatten eines Baumes trat ein Offizier der deutschen Wehrmacht.

Zitternd kramte Mutter ihren Ausweis aus dem Brustbeutel, der Schein einer Taschenlampe flammte auf.

»Sie sind Lehrerin am Gymnasium?!«

»Ja, und das sind meine Mutter Auguste Engl und mein Findel-kind Franz. Er ist ein armes Waisenkind und ist staatenlos.«

»Was um alle Welt machen Sie hier im Grenzgebiet? Wissen Sie, wie gefährlich das ist?«

Der Offizier leuchtete uns allen dreien ins Gesicht.

»Wir wollen vor den Russen fliehen.« Mutter machte ein ver-zweifeltes, bittendes Gesicht. »Und bitte sagen Sie jetzt nicht, dass alles unter Kontrolle ist. Wir haben Radio gehört.«

Der Offizier zuckte zusammen. Er schaute sich langsam nach al-len Seiten um, um festzustellen, dass niemand mithörte.

»Gute Frau, Sie reden sich um Kopf und Kragen. Drehen Sie um und gehen Sie zurück. Dann habe ich Sie nicht gesehen.«

»Bitte, Herr Offizier. Wir können nicht zurück. Unser Haus ist in die Luft geflogen, Mann und Sohn gefallen, unser Opa unter Schutt und Asche begraben. Lassen Sie uns einfach weitergehen. Wir wol-len nach Passau zu einer Freundin. Wir machen Ihnen auch keine Scherereien.«

»Sie befinden sich in einem militärischen Sperrgebiet! Da kön-nen Sie nicht einfach nachts mit einem Kind herumspazieren!«

»Bitte, Herr Offizier! Haben Sie nicht auch Kinder …?«

»Warten Sie hier.« Der Offizier verschwand, und wir standen starr und steif vor Schreck. Defätisten, wie man Zweifler und Flüchtlinge nannte, wurden standrechtlich erschossen.

Würde er Verstärkung holen und sich auf diese Weise unserer Lästigkeit entledigen? Denn wenn er etwas für uns tun würde, machte er sich mitschuldig.

Der Offizier entfernte sich ein paar Meter, und wir hörten ihn am Feldtelefon mit jemandem sprechen. Plötzlich stießen aus dem dunklen Wald mehrere Soldaten zu uns.

Mein Herz polterte wie wild. Sie würden uns gewiss erschießen.

»Bringen Sie die Leute hier weg.« Mit einer zackigen Kopfbewegung wies der Offizier die Soldaten an.

»Jawohl, Herr Offizier!« Sie begleiteten uns zu der Lichtung, zu der wir sowieso hatten gehen wollen. Einer nahm sich des Handwagens an, ein anderer schulterte das Gepäck, und ein dritter nahm kurzerhand mich auf den Arm. Mutter und Großmutter wurden von beiden Seiten flankiert.

Auf der Lichtung standen im Mondlicht einige Panzerspähwagen.

»Hier rein. Schnell.«

Rasch kletterten wir in das Gefährt, in dem bereits zwei Soldaten abfahrbereit saßen.

»Heil Hitler.«

»Heil … Grüß Gott.«

Kaum hatten wir uns zusammengequetscht, setzte sich der Spähwagen laut knatternd in Bewegung und holperte durch den Wald, über Stock und Stein, dahin. Sein Suchscheinwerfer fraß sich ins Dunkel und leuchtete auf unheimliche Weise jeden Baum und Strauch, jeden Ast und jeden Zweig an. Vor meinem inneren Auge sah ich wieder Märchenwesen und Feen, Gespenster und böse Angreifer, ja sogar die lauernden Augen von imaginären Wölfen, doch hier im Inneren des gepanzerten Fahrzeugs verspürte ich auch so etwas wie Sicherheit.

»Bist du schon mal Panzer gefahren, Junge?« Der Fahrer drehte sich um und grinste mich verschmitzt unter seinem Helm und seiner Tarnung an. Er war ganz schlammgrün im Gesicht. Nur seine Augen leuchteten weiß hervor.

»Nein.«

»Ein Spähwagen unterscheidet sich vom Panzer dadurch, dass er zu einer Hälfte mit Autoreifen bestückt ist. So kommen wir schneller vom Fleck.« Das bemalte Gesicht vor mir wackelte in der Dunkelheit, und das aufzuckende Scheinwerferlicht zuckte in regelmäßigen Abständen über sein Profil.

»Sieh mal nach oben. Die Spähwagen sind nicht wie Panzer mit einer Eisenkuppel abgeschlossen, sondern verfügen nur über eine etwas stärkere Zeltplane.«

»Was ja nicht gerade günstig bei einem Tieffliegerangriff ist.« Mutter legte beschützend den Arm um mich.

»Trotzdem sind wir sehr dankbar, dass Sie uns mitgenommen haben.« Großmutter warf ihr einen warnenden Blick zu und klammerte sich an die Stange des Vordersitzes. »Wir wissen Ihre Hilfsbereitschaft sehr zu schätzen. Es gibt doch noch anständige Leute auf dieser Welt.«

»Wo wollen Sie denn letztlich hin?«

»Passau. Da habe ich eine Schulfreundin.«

»Wir fahren nur bis Mautern!« Das schlammgrün gemalte Gesicht des Fahrers wandte sich wieder zu uns nach hinten, und das Licht zuckte schemenhaft darüber hinweg. »Da müsst ihr zu Fuß über die Donaubrücke zum Schiffsanlegeplatz laufen, und wenn ihr Glück habt, fährt noch ein Schiff flussaufwärts! Der Schiffsverkehr wird ja jetzt eingestellt.«

Der Wagen holperte aus dem Wald hinaus und bog auf eine normale Landstraße ein. Normalerweise wäre ich bei dem eintönigen Fahren eingeschlafen, zumal ich furchtbar erschöpft war, aber die Fahrt im Panzerspähwagen fand ich doch zu aufregend.

»Ah, da vorne ist kein Durchkommen.« Abrupt hielt unser Panzerwagen an. Der Fahrer und sein Beifahrer spähten durch die kleine Scheibe, und ich krabbelte nach vorne, um besser sehen zu können, was sich dort für Szenen auf der Straße abspielten. Ellenlange Flüchtlingskolonnen versperrten die Straße; die armen Menschen waren zu Fuß, mit voll beladenen Fahrrädern, die geschoben wurden, mit Handkarren wie unserem, Kinderwagen oder auch mit Pferd und Kutschwagen unterwegs.

»Ach Gott, die armen Menschen!« Mutter beugte sich vor und spähte über meine Schulter.

»Das sind ja fast nur Frauen und Kinder, wo sollen die denn alle hin?«

»Schau nur, die armen Alten!« Großmutter starrte entsetzt aus dem kleinen Rückfenster.

»Die können doch nicht mehr, lieber Gott, warum hilft denen denn keiner?«

Auch ich krabbelte jetzt nach hinten, kniete mich auf eine Kiste, in der Waffen oder Ersatzteillager untergebracht waren, und lugte hinaus. Inzwischen graute schon wieder der Morgen, und die Menschenschlangen schoben sich stoisch verzweifelt dem Westen entgegen. Mütter schoben Karren, auf denen Koffer, Decken, Kochgeschirr und obendrauf noch ein oder zwei Babys unter dicken Decken festgezurrt lagen, Kleinkinder wurden geschleppt oder auf Bollerwagen gezogen, größere Kinder schoben Schubkarren oder Fahrräder, und allen stand die nackte Angst im Gesicht.

Rechts und links der Landstraße hatten viele alte Menschen, zudem Mütter mit kleinen Kindern inzwischen einfach aufgegeben. Sie saßen apathisch auf der Erde und ließen den Zug der Menschen resignierend an sich vorbeiziehen. Andere, die helfen wollten, wurden selber abgedrängt, Kinder schrien nach ihren Müttern, irrten weinend und orientierungslos herum und wurden niedergetrampelt. Es herrschte Chaos, Panik und unendliches Elend. Irgendwann fuhr unser Panzer doch wieder los und scheuchte hupend die armen Menschen zur Seite, die ängstlich auseinanderwichen und uns anstandslos passieren ließen.

In diesem Moment überkam mich ein schlechtes Gewissen: Wir durften im Panzer sitzen und wurden gefahren, und diese Menschen mussten laufen, ohne zu wissen, wohin! Zu allem Unglück musste man obendrein jeden Moment mit einem Tieffliegerangriff rechnen. Dann bot nur noch der Straßengraben Schutz, wenn überhaupt. Der Anblick des Elends auf der Straße an diesem kalten Märzmorgen '45 ist mit Worten kaum zu beschreiben.

»So, es ist Mittag, junger Mann. Wir sind über achtzig Kilometer mit euch gefahren.« Die Soldaten hatten sich zu uns umgedreht. Inzwischen war ich doch eingeschlafen. »Wir waren jetzt vierzehn Stunden mit euch unterwegs. Mehr können wir nicht mehr für euch tun. Ab jetzt müsst ihr laufen.«

»Vielen Dank, die Herren.« Mutter half Großmutter beim Aussteigen. Der Panzerspähwagen hatte uns bis hinunter zum Donau-Ufer gebracht. Dem fürchterlichen Bild zum Trotz blühten die ersten gelben Forsythien, und die Vögel zwitscherten. Der Fluss zog sich träge und breit dahin, auch wenn jede Menge Trümmer, Balken und Kleinteile darin schwammen: Der blaue Himmel ließ ihn fast romantisch wirken, wie eine schwimmende Schatzkiste.

»Komm, Franz. – Danke noch mal für Ihre Hilfe, wir werden Ihnen das nie vergessen.«

»Es hat uns Freude gemacht, mal etwas Sinnvolles zu tun.« Die Soldaten halfen uns, den Handkarren wieder zu beladen und mit Wolldecken festzuzurren, und steckten uns sogar etwas von ihrem Proviant zu. »Auf der anderen Seite der Donaubrücke ist Krems, da müsst ihr rüber!«

»Für Ihr Vorhaben wünschen wir Ihnen viel Glück.«

Einer der beiden zwickte mich noch in die Wange: »Hals- und Beinbruch, Kleiner. Pass gut auf deine Mame und deine Oma auf.«

Und trotz all der Mühe, Plage und Angst vibrierte mein Herz ganz zart wie ein junger Vogel im Nest: Ich hatte eine Mame und eine Oma. Alles würde gut.

Erfrischt und gestärkt kämpften wir uns mit unserem Handwagen über die Brücke, auf der chaotische Zustände herrschten. Die einen wollten nach rechts der Donau, die anderen nach links. Alle Menschen rannten und drängelten durcheinander, und in allen Augen stand Ratlosigkeit und Verzweiflung.

»Bitte, sind Sie aus dieser Gegend hier?« Mutter hielt eine andere Frau am Ärmel fest. »Wann geht das nächste Schiff nach Passau?«

»Passau?!« Sie blieb sogar einen Moment stehen und hielt wiederum ihre kleine Tochter an der Kapuze ihres roten Mäntelchens fest. Vehement schüttelte sie den Kopf. »Da fährt kein Schiff mehr.«

»O doch, das letzte liegt noch an der Anlegestelle!« Eine ältere Frau im grauen Mantel mit Kopftuch und Koffer mischte sich ein und zeigte auf eine Stelle, wo tatsächlich ein Schiff stand! »Wenn Sie rennen, erwischen Sie es vielleicht!«

»Ach, das ist doch völlig überfüllt!« Großmutter spähte hinunter. »Da hängen die Leute ja schon an der Reling!«

»Wir müssen es versuchen!« Mutter zerrte am Handwagen und bahnte sich einen Weg durch die Menschenmenge. »Vielleicht nimmt es uns noch mit! Lauf, Franz, lauf vor!«

In dem Moment ertönte ein lautes Tuten. Erschrocken zuckte ich zusammen, aber es war keine Bombenwarnung, sondern das Schiff, das sich anschickte, abzulegen.

Wir liefen, was unsere Kräfte hergaben. Mutter winkte mit einem weißen Tuch, Großmutter hatte sich einen Schultergurt umgelegt, um den Wagen besser ziehen zu können. In meiner Angst, sie zu verlieren, hielt ich mich neben ihr auf und ließ den Schultergurt nicht los. Aber Großmutter fühlte sich von mir behindert, und da sie nicht ahnen konnte, welche Angst vor dem Verlassenwerden sich in meine Seele gefressen hatte, schrie sie durch das Gewühl: »Franz, lauf du vor und halte das Schiff auf!«

Ich nahm all meinen Mut zusammen und kämpfte mich durch die Menschenmenge.

»Bitte, Sie müssen uns noch mitnehmen!« Keuchend rannte ich über den Steg, und machte mir fast schon wieder in die Hose vor Aufregung und Angst: Der Matrose hatte bereits die Reling eingezogen.

»Wie viele Personen?«

»Drei!« Ich zeigte auf Mutter und Großmutter, die sich mit dem Karren abmühten.

»Es gibt aber nur noch Stehplätze unten im Maschinenraum.«

»Bitte! Wir nehmen alles! Wir wissen sonst nicht, wohin!«

Zu meiner grenzenlosen Erleichterung zog der Steuermann noch einmal zwei Meter zurück, und im Laufschritt erreichten die beiden Frauen samt Karren das Schiff.

»Da haben Sie Glück, dieses ist definitiv das letzte Schiff, bevor der Donauverkehr für die Zivilbevölkerung eingestellt wird!«

Wir drängelten uns in eine dunkle Ecke unter Deck, in dem es scheußlich nach Benzin und Öl roch, und klammerten uns zitternd aneinander.

»Geschafft!«

Die Fahrt auf dem Schiff verlief ruhig, und ein Fliegerangriff blieb uns erspart. Wir alle drei sanken auf den schmierigen kalten Fußboden, und ich schlief erschöpft ein.

Als wir am nächsten Tag in Passau ankamen, ließ Mutter uns an der Anlegestelle warten.

»Ich schaue, ob ich die Schulfreundin finde. Es hat keinen Zweck, mit dem Karren durch die Altstadt zu rumpeln. Passt ihr auf unser Gepäck auf, ich hole euch, wenn ich sie gefunden habe.«

So verbrachten Großmutter und ich den ganzen Tag auf unserem Karren sitzend am Donau-Ufer. Von ferne konnte ich russische Kriegsgefangene beobachten, die Frachtschiffe entladen mussten.

»Da! Da kommt Mutter!«

Endlich, es dämmerte schon wieder, und mein Magen krampfte vor Hunger, kam Mutter mit einem Bündel in der Hand zurückgerannt.

»Meine Schulfreundin ist selber auf der Flucht! Ihr Haus liegt in Schutt und Asche! Sie hat mir das hier gegeben ...«

Sie entknotete das Bündel, das aus einem Küchenhandtuch bestand, und ein paar Scheiben trockenes Brot, ein Stück harte Wurst und eine Käserinde kullerten uns entgegen. Heißhungrig fielen wir darüber her.

»Gib dem Jungen, er braucht es am nötigsten, ich kann das harte Zeug sowieso nicht mehr beißen ...« Großmutter hatte kaum noch Zähne im Mund, und ihr Gebiss hatte sie beim letzten Bombenangriff verloren.

»Was nun?« Die alte Frau blickte sorgenvoll über den Fluss, auf dem tatsächlich nur Kriegs- und Frachtschiffe zu sehen waren. »Zurück geht nichts mehr.«

»Ich habe mir schon was überlegt.« Mutter schob mir den letzten Rest des Brotes zu. »Erinnerst du dich an Angela?«

»Wer ist Angela?« Großmutter reichte mir die Käserinde. »Hier, Franz, das kannst du noch abknabbern.«

»Angela!« Mutter trank einen Schluck Wasser aus der Thermoskanne. »Wie konnten wir sie nur vergessen? Hansis Verlobte!«

»Ach, du meinst die entzückende Kindergärtnerin?« Die Großmutter wischte sich mit dem Taschentuch die Hände ab. Und zu mir gewandt: »Du weißt, wer Hansi war?«

»Der Sohn von Mutter.« Ich leckte die Käserinde ab. »Der mit zwanzig Jahren als Leutnant vor Stalingrad gefallen ist.«

»Genau. Und der war verlobt. Mit einem bezaubernden Mädel. Angela aus Kleindorf im Mölltal.«

»Aber das liegt in Kärnten.« Großmutter reichte mir die Thermoskanne. »Hier, Junge. Der Rest ist für dich. Trink aus, sonst kippst du mir um.« Und zu Mutter gewandt: »Das wäre ja wieder komplett die andere Richtung. Mindestens dreihundert Kilometer von hier.«

»Das stimmt.« Mutter sah uns mit entschlossenem Blick an. »Aber das Mölltal liegt strategisch so günstig, dass es vor Tieffliegerangriffen sicher ist. Da ist weit und breit nichts, was sich zu beschießen lohnt. Warum bin ich nicht gleich drauf gekommen.« Sie rappelte sich bereits auf. »Meine Schulfreundin Regina warnt, dass Passau in höchster Gefahr ist. Die Alliierten kommen von Westen, die Russen von Osten, strategisch ist diese Stadt ein Brennpunkt, zumal es hier Konzentrationslager und jede Menge russische Zwangsarbeiter gibt. Wir müssen schnellstens zurück.«

»Aber auf der Donau geht nichts mehr!« Großmutter schüttelte müde den Kopf.

»Nein, wir müssen sehen, dass wir einen Zug erreichen, bevor der Bahnhof in die Luft gesprengt wird.«

Mutter kramte drei Fahrkarten aus ihrem Brustbeutel und hielt sie hoch: »Regina ist ein Schatz, sie ist sogar noch mit mir zum Bahnhof gelaufen, um die hier zu besorgen! Und sie hat mich auch gefragt, ob ich nicht schleunigst mein Parteibuch weggeworfen habe, denn das kann uns zum Verhängnis werden!«

Wir bahnten uns einen Weg bergauf über steiles Kopfsteinpflaster, Mutter den Wagen mit dem Gurt ziehend, die Großmutter hinten anschiebend und ich immer noch auf der Käserinde kauend, und erreichten nach einer Stunde den Bahnhof. Auf den Gleisen drängten sich Hunderte von Menschen, niemand wusste, wohin, die Züge waren restlos überladen, wurden aber ohne Rücksicht auf Verluste weiter geentert. Brüllende Kinder wurden von hilfreichen

Händen durch Fenster gereicht, und verzweifelte Mütter fuhren sich irgendwo festklammernd noch auf Trittbrettern mit. Alles in allem ein chaotischer, entsetzlicher Anblick.

»Zum Glück wollen die alle nach Westen, und wir fahren zurück nach Osten.«

Mutter dirigierte uns durch die verstopfte Unterführung, und die beiden Frauen hoben den Wagen beim Treppensteigen über die Köpfe der Leute, während ich mich mit dem Koffer abmühte. Irgendjemand packte beherzt mit an, und ich hatte schon Angst, diese Hand wolle mir den Koffer stehlen. Auch wollte ich nicht von jemandem hilfreich durch irgendein Fenster gestopft werden, deshalb hielt ich mich dicht an die zwei Frauen.

Über Wels, Salzburg und Bischofshofen, wo wir jedes Mal wieder umsteigen mussten, schafften wir es in drei Tagesreisen ins Gasteinertal.

Mit dem Zug zu reisen, war nach wie vor gefährlich, bot doch dieser ein gutes Ziel für einen Tieffliegerangriff.

»Schau nur, Franz, die hohen Berge! Gebe es Gott, dass wir heil hindurchkommen!«

Die klaffenden felsgrauen Steinriesen hoben sich senkrecht rechts und links des Zuges wie Schutzwälle und bildeten einen magischen Kontrast zu dem blauen Himmel, während der stählerne Bandwurm sich pfeifend zwischen ihnen entlangschlängelte. Da auch dieser Zug völlig überladen war, rumpelte er recht gemächlich, mit keuchender Dampflok stetig bergauf. Immerhin hatten wir aber auf hölzernen Bänken Sitzplätze ergattert.

Plötzlich hörte ich ein mir allzu bekanntes Geräusch: das widerlich giftige, aggressive und bösartige Pfeifen sich nähernder Tiefflieger! Als würden sich wild gewordene Wespen auf einen wehrlosen Körper stürzen, so schossen die Kampfflieger aus dem Nichts heran. Panisch warf ich mich auf den Fußboden und robbte unter den Sitz, wo ich mir die Ohren zuhielt.

»Was hat der Junge denn?« Großmutter war schon schwerhörig, aber Mutter ahnte Schlimmes und riss sie mit sich auf den Boden. Dem Lokführer dürfte der Angriff ebenfalls nicht entgangen sein. Plötzlich beschleunigte der Zug ruckartig sein Tempo, und mit Vollgas schaffte es der Lokführer, in letzter Sekunde die ganze Garnitur in den Tunnel einzufahren.

Die Raketen prallten am Böckstein-Tunnel ab, und die Kampfpiloten rissen die Flieger hoch, um nicht selber gegen den Tunneleingang zu prallen oder von Querschlägern getroffen zu werden.

Mit quietschenden Bremsen hielt der Zug im Tunnel an; gerade noch rechtzeitig, bevor er am anderen Ende wieder hinausgefahren wäre. Denn da warteten die aggressiven Luftpiraten kreisend auf ihre Beute.

Mit fürchterlichem Herzklopfen hockten wir im Dunkeln. Der Zug stand. Und stand. Eine halbe Stunde, eine Stunde, zwei Stunden. Innerlich betete ich, dass nicht ein Nachfolgezug auf uns draufprallen würde. Mutter hatte gesagt, alle zwei Stunden fahre ein Zug in diese Richtung.

»Er wartet jetzt so lange, bis die Kampfpiloten aufgeben und abdrehen.« Mutter hatte sich als Erste wieder gefangen und zog uns im Stockfinsteren auf die Holzbank zurück. »Damit er ganz sichergehen kann, dass sie nicht zurückkommen, muss er mit dem Zug im sicheren Versteck bleiben. Franz, hab keine Angst, komm her zu mir, ich nehme dich in den Arm.«

Das Trauma der Fliegerangriffe zwischen Belgrad und Budapest kam erneut hoch, und unwillkürlich zitterte ich am ganzen Leib. Meine Zähne schlugen aufeinander, und ich weinte und wimmerte vor Angst. Ich presste die Beine zusammen, um nicht wieder meiner Notdurft freien Lauf zu lassen. Dazu war ich jetzt definitiv zu alt!

Mutter tätschelte mir beruhigend den Kopf. »Diesmal kann dir nichts geschehen, hier im Tunnel sind wir sicher.« Sie führte mich sogar im Dunkeln zu einer Toilette, weil sie meine Qualen spüren konnte. »Alles ist gut, Franz. Wir kriegen das hin. Du bist ein tapferer großer Junge.«

»Bitte geh nicht weg!«

»Nein, ich gehe nicht weg. Die Tür lassen wir offen. Ich kann sowieso nichts sehen.«

»Ich ziehe auch nicht ab.« Mein Blick glitt durch die Kloschüssel auf die Schwärze des Tunnels, wo sich die Schienen wie glitschige Schlangen unter uns herzogen.

»Nein, das brauchst du nicht.«

Endlich setzte sich der Zug knarrend und quietschend wieder in Bewegung. Als wir das Tunnelende erreichten, hielten wir den Atem an und zogen unwillkürlich die Köpfe ein.

Aber ohne einen weiteren Angriff erreichten wir den ersten Ort südlich der Alpen: Mallnitz.

»Hier sind wir vor Tieffliegerangriffen sicher. Schau, der Ort liegt in einem Talkessel, und die Flieger würden unweigerlich gegen die Berge krachen, deshalb versuchen sie es erst gar nicht.«

Kalkweiß im Gesicht und mit zitternden Beinen stiegen wir aus.

»Achtung, Achtung. Der Zug hat hier eine Stunde Aufenthalt.«

»Komm, wir vertreten uns die Beine und schauen, ob wir eine Bäckerei finden.«

Mutter zog mich mit sich, während Großmutter im Zug sitzen blieb, um auf das Gepäck aufzupassen.

Das liebliche Örtchen Mallnitz strahlte in der Frühlingssonne so eine beschauliche Ruhe aus, dass ich am liebsten gleich hiergeblieben wäre. In einem Landgasthaus neben der Kirche durften wir uns nicht nur frisch machen, sondern auch einen Laib Brot und ein gutes Stück Käse erstehen. Die freundliche Wirtin brachte mir sogar ein Glas Milch.

»Na, junger Mann. Du siehst aus, als hättest du eine lange Reise hinter dir.«

Wenn du wüsstest, dachte ich, wie sehr du den Nagel auf den Kopf triffst. Stattdessen bedankte ich mich artig und machte einen Diener, wie Frau Koller und die Großeltern es mir beigebracht hatten.

So gestärkt, traten wir die letzte Etappe unserer Flucht nach Kärnten an.

»Bei der nächsten Station müssen wir aussteigen und zu Fuß weiter.« Mutter wuchtete bereits den Koffer und den kleinen Rucksack aus dem Gepäcknetz, während Großmutter den sperrigen Handwagen unter der Holzbank hervorzerrte.

»Obervellach, hier Obervellach«, knarrte es aus dem Lautsprecher, und ein freundlicher Schaffner mit buschigem Schnurrbart half uns beim Aussteigen. Überhaupt hatten hier viele Männer buschige Schnurrbärte. Allerdings in Form eines Pinsels am Rande ihres Hutes.

»Wo geht es weiter nach Kleindorf?« Mutter hatte den Bahnhofsvorsteher mit der roten Mütze bemerkt, der den Zug mit der Trillerpfeife weiter nach Villach und Klagenfurt schickte.

»Gehen Sie über die Schotterstraße das Mölltal aufwärts Richtung Flattach! Die nächste Siedlung ist Kleindorf.«

Mit letzter Kraft zogen und schoben wir abwechselnd den Handkarren über den schmalen gewundenen Schotterweg bergauf. Großmutter musste immer wieder stehen bleiben und sich Luft zufächeln; nach über einer Woche unserer beschwerlichen Reise konnte sie einfach nicht mehr.

»Wären wir mal gleich von Wien nach Kärnten gefahren«, jammerte sie ein ums andere Mal. »Dieser Umweg über Passau hätte doch nicht sein müssen!«

»Es tut mir leid, Mutter. Aber ich hatte Regina mit ihrem großen Haus und ihrem Mann als einflussreichem General in bester Erinnerung.« Mutter stemmte sich in den Schultergurt und zerrte das rumpelnde Gefährt, auf dem der Koffer unter seiner Decke mit jedem Stein auf und ab sprang, weiter. »Ich wollte nur in Richtung Westen. Dass sich die Lage in Passau bereits so zugespitzt hatte, konnte ich nicht ahnen.«

»Ich weiß, Kind. Du wolltest einfach nur weg von den Russen. Welche Frau will das nicht.« Großmutter ächzte schon weiter. »Wir sind so gut wie am Ziel. Hoffentlich ist die reizende Kindergärtnerin überhaupt noch hier und nicht längst anderswo verheiratet!«

»Da oben, das dürfte Kleindorf sein!« Keuchend zeigte Mutter auf ein paar vereinzelte Häuser, die über einen Hügel versprengt wirkten wie hingeworfene Bauklötze, und hielt sich den schmerzenden Rücken.

»Kleindorf ist aber wirklich klein«, murmelte ich, der ich inzwischen Wien mit seinen prächtigen Villen in den großzügigen Vororten gewohnt war.

»Schaut mal, da kommen Kinder!«

Spielende Kinder hatten uns bereits bemerkt und waren uns vorausgeeilt, um unser Kommen zu melden. Eine Frau stand mit ihrem Baby auf der Hüfte vor ihrem Haus.

»Grüß Gott, zu wem wollen Sie denn?« Das Kind strampelte und riss ihr an der Schürze.

»Grüß Gott. Wir suchen die Kindergärtnerin Angela.«

»Was wollen S' denn von der Angela? Ich frag nur, weil der Bub schon zu groß ist für den Kindergarten!« Sie zeigte auf mich, und das Kind grinste und entblößte einen Zahn.

»Naa, geh«, verfiel Mutter fast in den Kärntner Dialekt, dessen sich die Frau befleißigte.

»Die Angela war mal mit meinem Sohn verlobt, dem Hansi!«

»Aaah, dann sind Sie die Frau Koller aus Wien!« Die freundliche Frau wusste offenbar genau Bescheid. »Na, da wird sich die Angela aber freuen! Die spricht so oft von Ihnen und Ihren lieben Eltern!«

»Das ist meine Mutter, der Vater hat es leider nicht geschafft, aber das hier ist der Franz.«

Nach einer herzlichen Begrüßung stellte die freundliche Frau auch sich selbst und ihre Familie vor: »Ich bin die Barbara Bugelnig, mein Mann ist der Josef Bugelnig, der ist hier der Wegmocher, und kimmts her, Kinderla, des sind die Waltraud, der Robert und der Reinhold, der Seppi, der Fritzi und des hier ist die kloane Sylvia …« Ich starrte sie mit offenem Mund an. Welche Sprache sprach diese Frau? Hatte ich doch in den letzten Jahren wirklich gut Deutsch gelernt, auch das breite Wienerisch, aber das hier verstand ich leider gar nicht.

»Was ist ein Wegmocher?«

»Ein Straßenmeister, Franz. Der Papa von diesen sechs Kindern ist für die Instandhaltung eines bestimmten Straßenabschnitts im Mölltal zuständig«, lachte die Frau, deutlich bemüht, hochdeutsch zu sprechen. »Und jetzt schauts omoi, da kimmt s', die Angela!«

Natürlich hatte eines ihrer Sprösslinge die Kindergärtnerin bereits informiert, und ebenso staunend wie strahlend kam die hübsche junge Frau aus dem gegenüberliegenden Haus gelaufen, von mehreren Schützlingen an Händen und Schürzenzipfeln umringt. So viele kleine Kinder auf einen Haufen hatte ich lange nicht mehr gesehen.

Nach herzlichen und tränenreichen Umarmungen stellte sich heraus, dass die Angela keineswegs einen anderen geheiratet hatte, da sie den verstorbenen Hansi immer noch von Herzen liebte.

»Na, wo werden wir euch nur unterbringen?«

Sie selbst wohnte nämlich auch im Hause der kinderreichen Familie Bugelnig, wo nicht das kleinste Plätzchen mehr frei war. Aber da der Kindergarten gleich gegenüberlag, bedurfte es nur eines Gespräches mit dem Bürgermeister, der ebenfalls einen dieser Pinsel mit Borsten auf dem Hut hatte, von dem ich zwar kein Wort verstand, das aber letztlich dazu führte, dass Großmutter, Mutter und ich in einen der leer stehenden Räume einziehen durften. Man legte uns Matratzen auf den Fußboden und spendierte jedem von uns ein Handtuch. Außerdem durften wir den Herd benutzen, auf dem gerade Kakao gekocht wurde.

Umgeben von unzähligen fröhlichen Kindern, die mit dem Krieg noch kaum spürbar in Berührung gekommen waren, durfte ich mich endlich selbst wie ein Kind fühlen. Es schien, als wäre ich angekommen.

Mai 1945

Zu dem Zeitpunkt unseres Ankommens in Kärnten war noch immer Krieg, aber von Tag zu Tag wurde es absehbarer, dass Deutschland diesen unabwendbar verlieren würde.

»Die deutschen Militäreinheiten ziehen sich immer mehr zurück!« Herr Bugelnig, der auch noch eine kleine Landwirtschaft betrieb, ackerte in seinem Garten herum, während die Frauen auf dem benachbarten Feld arbeiteten. Nur Großmutter saß auf einer Bank in der Sonne und wiegte das jüngste Kind der Bugelnigs, die kleine Sylvia. Ich lugte neugierig um die Ecke, müde vom Toben mit den anderen Kindern. »Kann ich Ihnen helfen?«

»Du kannst die Hühner füttern. Hast du das schon mal gemacht?« Der Bauer stapfte zum Hühnerstall und riss die Tür auf. »Und schauen, ob es Eier gibt. Aber vorsichtig, Bub, nicht dass dir eines zerbricht.«

Obwohl ich inzwischen fast zehn Jahre alt war, schoss mir die Erinnerung an damals, als ich drei- oder vierjährig mit Mame zum Hühnerstall ging, um zu schauen, ob die Wölfe sie zerrissen hatten, blitzartig hoch.

»Ja, ich kenne mich mit Hühnern aus.« Mit geübten Griffen zog ich die Eier aus ihrem Versteck und legte sie in den bereitliegenden Korb. Großmutter brachte sie schnell in Sicherheit, weil eine Horde spielender Kinder mit Geschrei um die Ecke kam. Zum Glück weder Wölfe noch Schlangen, noch Ustaschas. Nur Kinder.

»Braver Junge. – Schau!« Herr Bugelnig zog mich an den Zaun und wies auf die Schotterstraße, die zum Wald hinunterführte. »Da siehst du es! Deutsche Militärlastwagen, die kommen aus Obervellach und fahren weiter ins Mölltal hinauf, um vor den Alliierten zu fliehen. Ich habe zudem schon vereinzelte Soldaten zu Fuß abhauen sehen. Kinder, das nennt man Fahnenflucht, aber jetzt geht ihnen der Oasch auf Grundeis.«

Mit großen Augen schaute ich dem Spektakel zu. Auch die anderen Kinder standen dabei und staunten nicht schlecht: Kurz vor Flattach auf einer Straßenkuppe hielten die Militärlaster an, Dutzende deutscher Soldaten sprangen in fliegender Eile heraus und warfen ihr Ladegut unterhalb der Straße in den steil abfallenden Wald. Wir hörten es krachen und scheppern.

»Nichts wie hin!«

»Jetzt wartet, bis sie weg sind, Kruzitürkn!« Der Bauer saugte nervös auf einem Zigarettenstummel herum. Doch wir Kinder waren nicht zu halten, und kaum war der letzte Laster über die Hügelkuppe verschwunden, rasten wir los, die Straße hinauf, rutschten über steilen Waldboden zwischen dicht stehenden Bäumen hinunter und fanden Unmengen an nützlichen Dingen, derer sich die Soldaten entledigt hatten. Schuhe, Stoffe, Uniformen, Autoreifen, Werkzeugkisten mit Inhalt, aber auch Waffen!

»Finger weg!« Der Bauer kam schon mit seinem Traktor angefahren und herrschte uns Jungen an, die gefährlichen Sachen nicht anzurühren. »Nur des G'wand derfts mir obabringa.« (Zu deutsch: Nur die Klamotten dürft ihr mir herunterbringen. Anmerkung der in Österreich lebenden Autorin :-)))

Herr Bugelnig und die anderen Kleinbauern in Kleindorf versteckten die Beute in der Hoffnung, manch Brauchbares zu einem späteren Zeitpunkt wieder ausgraben zu können.

»Das darf der Feind nicht finden, das kostet uns Kopf und Kragen!«

Mutter jedoch riss sich einen uniformbraunen Stoffballen unter den Nagel, aus dem sie mir und Großmutter je eine Decke und etwas zum Anziehen nähte. Wir hatten ja sonst nichts.

Für Deutschland, und natürlich auch für Österreich, war der Krieg unabwendbar verloren.

Im Radio war zu hören, dass der Führer, bis zum letzten Atemzug für Volk und Vaterland kämpfend, bereits im April gefallen war.

Herr Bugelnig ließ sich davon nicht beeindrucken: »Der hat sich umbrocht, die feige Sau.« So wurde am Stammtisch gesprochen, unter Rauchschwaden und nach einigen Bieren und Schnäpsen, und ich verstand nicht alles, aber das Wichtigste.

Am 8. Mai 1945 wurde das Ende des Zweiten Weltkrieges erklärt. Die Bewohner von Kleindorf saßen vor dem beliebtesten Radio des Dorfes, und das stand in der besagten Kneipe.

Mit Bangen erwarteten die Menschen des kleinen Ortes, was nun weiter passieren würde. Am Stammtisch wurde lautstark gerätselt, wer von den alliierten Mächten Kärnten besetzen würde: die Amerikaner, die Russen, was Gott verhüten möge, die Engländer oder, was eher unwahrscheinlich war, die Franzosen.

»Und wie werden die Besatzer sich uns und speziell den Frauen gegenüber verhalten?«

»Hauptsache, es kommt nicht der Russ!«

Da hatte man am Stammtisch schon die schlimmsten Dinge gehört, von Misshandlungen und Vergewaltigungen an jungen und unschuldigen Frauen, und, so merkwürdig ich mir dabei vorkam, es war nichts, was ich nicht bereits gesehen oder erlebt hätte. Doch für die Dorfbewohner war das alles unvorstellbar und grauenvoll. Wohlweislich hielt ich meinen Mund.

Die Menschen im Dorf gingen täglich in die Kirche und beteten, vom ältesten zahnlosen Mütterchen bis zum Kommunionkind. Auch ich ließ mich mitziehen in den Bann der Kirche, der Gebete und der Lieder.

Und dann kamen sie, die Besatzer: »Es sind Engländer! Sie suchen die Häuser nach geflohenen deutschen und österreichischen Soldaten ab!«

Eine kleine Einheit der britischen Besatzungsmacht erkundete mit mehreren Jeeps die Umgebung von Flattach, Kleindorf und Fragant. Englische Soldaten klopften an jede Tür, durchsuchten alle Räume von oben bis unten, inspizierten besonders die Scheunen und Ställe, die Keller und die Dachböden und drehten das Untere zuoberst. Hatten sie aber bemerkt, dass keine deutschen Soldaten mehr zu finden waren, grüßten sie höflich und zogen fürs Erste weiter. Mit Herzklopfen und Spannung beobachteten wir Kinder das außergewöhnliche Ereignis.

»Sie wollen den Bürgermeister von Flattach sprechen!«

»Die reden so ganz komisch, aber der Dolmetscher kann Deutsch!«

Im Gemeindesaal versammelten sich die Engländer mit dem Bürgermeister und einigen Gemeinderäten, und es wurde schnell erklärt, was die Besatzer von den Bewohnern erwarteten: Sie wollten in den Räumen der Volksschule einquartiert werden, außerdem sollten die Dorfbewohner täglich eine gewisse Menge an Eiern, Speck, Brot, Milch und Butter bereitstellen. Der noch nachkommende Rest der englischen Besatzer würde sich in Zelten auf dem Gelände gegenüber der Schule einrichten. Dieses würde eingezäunt werden. Wenn sich die Dorfbewohner respektvoll und ruhig verhalten würden, hätten sie mit keinerlei unangenehmen Konsequenzen zu rechnen, die englischen Männer seien angewiesen, sich der Bevölkerung gegenüber korrekt zu verhalten.

Ein Aufatmen ging durch den Raum, und der Bürgermeister von Flattach versprach, alles Gewünschte zu veranlassen.

Da in der Schule in Flattach sowieso kein Unterricht mehr stattfand, wurden die Klassenzimmer zu Quartieren für die Offiziere umfunktioniert, und in der Turnhalle wurde die Feldküche aufgestellt. Unmittelbar neben dem Gelände der Zelte wurde ein Areal für die Lagerung von Militärgut provisorisch eingezäunt. Wir Kinder fanden das natürlich spannend und lugten ständig durch die

Zäune und Fenster, obwohl uns unsere Eltern oft rüde zurück-
pfiffen.

»Schleichts euch, ihr Gfraster, das geht uns alles nix an!«

»Geh leckts mi am Oasch, da sind auch volle Benzinkanister!«

Zwei große Jungen, der Hofer Santi und der Stampferer Herbert,
spähten durch das Drahtgitter, das oben mit Stacheldraht umsäumt
war. »Das holen wir uns. Mei Papa braucht des für seinen Traktor.
Er kimmt sunst nimmer auf die Felder, und ois verdirbt.«

»Des derfen mer net!«

»Geh scheißen, Suderer!«

Die beiden klebten mit den Nasen am Gitter und schmiedeten
bereits Pläne, wie sie des Nachts auf das verbotene militärische Gelände eindringen könnten. Ich machte schleunigst, dass ich weg-
kam, denn ich wollte mit der Sache nichts zu tun haben. Meine
Mutter und auch meine Großmutter hatten mich stets gemahnt,
mich unauffällig und vorbildlich zu verhalten, schließlich seien wir
hier nur geduldet und dürften in keiner Weise auffallen.

Das Zusammenleben mit den Engländern verlief unerwartet
friedlich und in geordneten Bahnen, wie sich auch der Pfarrer auf
der Predigtkanzel ausdrückte, und man war von beiden Seiten aus
bemüht, keine ungute Stimmung entstehen zu lassen.

In derselben Nacht dürften die beiden Dorfrowdys dann doch
auf dem Militärgelände der Engländer eingebrochen sein, denn am
nächsten Tag fehlten die entsprechenden Benzinkanister.

»Der Bürgermeister muss auf die Militärkommandantur in der
Schule!«

»Des setzt a feine Watschn!«

Wir klebten an den unteren Fenstern und spähten in das Innere
des Schulfoyers hinein.

Der Bürgermeister stand kleinlaut und ratlos vor den Offizieren,
die als eine Art Gerichtskomitee hinter einem Schultisch saßen
und ihn böse anstarrten, und drehte seinen Pinselhut in der Hand.

Der Mittlere schimpfte laut und gestenreich auf Englisch, und ein Dolmetscher übersetzte alles.

In alter Gewohnheit knallte der Bürgermeister mit den Hacken.

»Der Bürgermeister entschuldigt sich im Namen aller Dorfbewohner und verspricht, der Sache nachzugehen.«

»DAS REICHT NICHT!« Der englische Militär, Harold Alexander, schlug mit der flachen Hand auf den Tisch, dass die Schreibmaschine der Sekretärin wackelte. »Das ist eine bodenlose Frechheit! Ich verlange, den oder die Täter heute noch zu sehen und ihre Entschuldigung aus ihrem eigenen Munde zu hören!« Der Dolmetscher übersetzte eilig. »Ich verlange, dass die Benzinkanister *fully upfilled* zurückgebracht werden, und zwar bis *eight p.m.!*«

Der arme Bürgermeister drehte seinen Hut immer schneller in der Hand, und die Röte schoss ihm in jede Pore seines Gesichtes.

»Und falls das nicht der Fall sein sollte, hat die gesamte Dorfbevölkerung mit dementsprechenden Sanktionen zu rechnen! – Bis jetzt haben wir uns korrekt und höflich verhalten, aber nach einem so unverschämten Verhalten können wir auch anders!«

Wir hielten den Atem an, der Bürgermeister starrte auf seine Schuhe, und der Offizier verließ im Stechschritt den Raum.

Wie ein Lauffeuer verbreitete sich im Dorf die Drohung, dass es allen Bewohnern schlecht gehen würde, wenn nicht bis *äjt pieäm* der oder die Täter mitsamt dem Benzin reuevoll auf der Matte stehen würden!

Ich selbst haderte fürchterlich mit mir; wusste ich doch, wer die Übeltäter waren und wo ich sie finden konnte! Aber auf Verrat innerhalb der Dorfgemeinschaft stand eine noch viel schlimmere Strafe, und dabei war ich so froh, endlich eine Heimat gefunden zu haben.

Panisch hetzte ich im Dorf hin und her und beobachtete die Sachlage. Um 18 Uhr läuteten die Glocken zur Maiandacht, die bis auf den letzten Platz besetzt war.

Der Pfarrer war ein cholerischer, sadistischer und lauter Mann, der seine Macht auf der Kanzel voll auskostete. Man sagte von ihm, dass er auch die Kinder regelmäßig schlug, die er in der Schule unterrichtete, und nicht selten mussten Kinder auf Holzscheiten knien oder zur Strafe für harmlose Vergehen bei ihm zu Hause Holz hacken.

Er brüllte die Gemeinde regelrecht zusammen:

»Und wenn einer unter euch ist, der die Täter kennt und nicht den Mut hat, mit dem Finger auf sie zu zeigen, dann wird er wegen Mitwisserschaft seine gerechte Strafe von dem da oben …« Er zeigte drohend in den Himmel. »… bekommen! Der Herr sieht alles, und feige Diebe bestraft er spätestens in der Hölle! Die Ausgeburt des Krieges noch nicht hinter uns, wird Gott der Herr mit neuen grässlichen Qualen unser Dorf bestrafen!« Mir wurde ganz anders, und ich schlotterte vor Angst.

Alle Augen waren auf die zwei Übeltäter gerichtet, die mit gesenkten Köpfen ganz hinten an der Tür standen.

»Oh, Herr, du hast uns den Krieg überleben lassen. Lass unser Dorf nicht in ernsthafte Schwierigkeiten geraten durch den Leichtsinn und Übermut einzelner, böswilliger und gemeiner Diebe, sondern gib ihnen die gerechte Strafe …«

»Wir bitten dich, erhöre uns.«

Direkt nach der Maiandacht stiefelte die gesamte Gemeinde über den Friedhof, die Treppe hinunter zur Schule hinüber, und in gebührlichem Abstand blieben wir alle draußen stehen, mit feuchten Händen in den Hosentaschen und rasenden Herzen unter dem Jankerl.

Mit schamroten Gesichtern gingen der Hofer Santi und der Stamperer Herbert hinein, begleitet vom Bürgermeister.

Es stellte sich heraus, dass der Offizier kein Unmensch war, sondern ein Gefühl für Art und Ausmaß einer gerechten Strafe besaß. Vielleicht hatte er selber Söhne?

Die zwei Übeltäter mussten eine Woche lang das gesamte Schulgebäude von oben bis unten reinigen, inklusive Aufwischen der Böden. Das Abspülen des täglich anfallenden Geschirrs sowie das Stiefelputzen gehörten ebenfalls zu ihren Aufgaben.

»Sie haben sich einsichtig und reuevoll gezeigt und Rotz und Wasser geheult«, meldete der Bürgermeister abends am Stammtisch und wischte sich erleichtert den Schweiß von der Stirn. »Und die Engländer haben mir im Gegenzug versprochen, unsere Jungs anständig zu behandeln. Sie bekommen sogar drei Mahlzeiten am Tag, das kann hier nicht jeder von sich behaupten!«

Und so nahm die Benzinkanister-Affäre von Kleindorf doch noch ein gutes Ende.

Sommer 1945

Der Sommer begann, als die Engländer unauffällig und ohne Ankündigung das Mölltal verließen. Der Alltag der sonnengewärmten ländlichen Region erforderte wieder jede helfende Hand. Da fast alle Männer in Kriegsgefangenschaft waren, wurden die Kinder zu Feld- und Waldarbeiten ebenso herangezogen wie die Frauen. Lebensmittelmarken waren knapp, und hätten die Kleinbauern nicht ein paar Früchte oder Erzeugnisse aus dem eigenen Garten gehabt, so wären wohl viele verhungert.

Inzwischen wohnte bei uns im Kindergarten auch noch eine andere Familie:

Frau Schulmeister mit ihren Kindern. Herr Schulmeister war ein höherer Offizier beim deutschen Militär gewesen; er hatte sich gestellt und befand sich zunächst in britischer Kriegsgefangenschaft und später sogar in einem Gefängnis. Dennoch durfte er ab und zu seine Familie für kurze Zeit besuchen, musste aber danach wieder in das Gefängnis zurückkehren. Herr Schulmeister war ein gut aussehender, feiner und Achtung einflößender Mann. Er stand dazu, was die Deutschen angerichtet hatten, und büßte seine Strafe mit Haltung und Demut ab. So wurde er seinen Kindern und mir ein großes Vorbild.

»Franz, hör mir zu, ich muss nach Wien zurückkehren, denn von Feldarbeiten kann ich euch nicht ernähren.« Mutter, die den ganzen Sommer der Familie Bugelnig zur Hand gegangen war, nahm mich eines Abends beiseite. »Ich muss versuchen, wieder als Lehrerin am Gymnasium zu arbeiten, denn das ist das Einzige, was ich kann. Aber es wird nicht einfach sein, mit meiner Vorgeschichte als Parteimitglied der Nazis.«

»Und was wird aus mir?« Ein weiteres Mal zog es mir den Boden unter den Füßen weg. Ratlos sah ich mich um. Ich liebte inzwischen das Landleben, hatte meine Freunde gefunden und endlich so etwas wie Frieden erlebt. Auch wenn die unmittelbare Nachkriegszeit von Entbehrungen und Armut geprägt war, so fielen doch keine Bomben mehr, und ich war nicht mehr auf der Flucht.

»Großmutter und du, ihr bleibt hier. In Wien haben wir ja gar keine Wohnung mehr. Das, was noch davon übrig ist, wurde von den Russen beschlagnahmt. Ich versuche, bei einer Freundin unterzukommen.«

»Aber ich muss doch zur Schule!«

»Du gehst mit Robert Bugelnig demnächst in die Volksschule in Flattach.«

»Und kommst du uns denn besuchen?«

»Das wird in den nächsten zwei, drei Jahren nicht gehen, Franz. Züge und Busse fahren noch nicht, und woher sollte ich Geld für eine Fahrkarte nehmen? Ich schreibe dir aber, sooft ich kann. Und vielleicht kann ich dir eines Tages schon ein kleines Paket schicken.«

So ging auch diese Mutter wieder, aber ich war erstens inzwischen alt und vernünftig genug, das zu verstehen, und zweitens blieb mir ja die Großmutter.

So winkten Großmutter und ich Anfang September 1945 eines Tages Mutter nach, die von Flattach aus zu Fuß nach Obervellach ging, den Handwagen mit einem Koffer und allerlei Proviant ziehend.

»Bleib brav und gesund, mein Junge! Und passt mir aufeinander auf!«

»So, Franz, und jetzt los mit dir in die Schule.« Großmutter zog mir das Hemd gerade und rückte mir die kurzen Hosen über den wie immer zerschrammten Knien zurecht. »Ich schaue, dass ich für unsere Lebensmittelmarken noch einen alten Brotrest ergattern kann, und gehe dann weiter nach Kleindorf. Vielleicht kann ich mir durch Näharbeiten etwas dazuverdienen.«

»Großmutter, bitte komm mit mir in die Schule«, jammerte ich. »Ich trau mich nicht, und ich war doch noch nie in einer Schule!«

»Außer an dem einen Tag im Gymnasium, wo du Frau Koller als Klassenlehrerin hattest! Die jetzt deine Mutter ist.« Großmutter klopfte mir begütigend auf die Wange. »Diesmal wird es klappen, du gehst ja nur in die Volksschule, und das tun doch alle Kinder hier aus dem Dorf.«

Sie zeichnete mir ein Kreuz auf die Stirn und gab mir einen liebevollen Schubs. »Na mach! Schau, da vorne kommt der Robert, dem kannst du dich gleich anschließen.«

Mit sehr gemischten Gefühlen trottete ich neben Robert her. »In welche Klasse gehst du?«

»Keine Ahnung, der Lehrer wird es mir gewiss sagen!« Er riss mir die Mütze vom Kopf und drückte sie mir in die Hand. »Am besten sagen wir beide, wir waren schon in der zweiten Klasse, dann kommen wir zusammen in die dritte.«

»Alle hintereinander in einer Reihe aufstellen, die Kleinen nach vorne, die Großen nach hinten!« Der alte Dorflehrer klatschte in die Hände, und sofort bildete sich eine lange Reihe, bestehend aus vierzig Kindern verschiedenen Alters, aufgereiht wie die Orgelpfeifen. Die Mädchen trugen alle Schürzen und Zöpfe, die Jungen kurze Lederhosen mit Hosenträgern.

Nachdem ich bei Robert stand, kam er sofort mit dem Rohrstock. »Du Kleiner, weiter nach vorn!« Tatsächlich war ich für mein Alter viel zu klein, was natürlich auch an meiner Herkunft lag: Die Menschen meines Schlages waren einfach im Durchschnitt kleiner als vergleichsweise die Österreicher. Außerdem hatte ich meine halbe Kindheit gehungert.

»Du Würschterl kommst in die erste Klasse!« Er zerrte mich am

Hemdkragen zu den Siebenjährigen, und allgemeines Gelächter brach aus.

»Ruhe! Name? Alter?!«

»Franz Peters-Engl, ich bin zehn.«

»Na, das glaubst du ja selber nicht.«

»Doch Herr Lehrer, er ist zehn, er ist genauso alt wie ich!« Robert meldete sich aus der hinteren Reihe. »Wir waren beide schon in der zweiten Klasse!«

Mir stockte der Atem. Mein Herz setzte aus. Wenn der Lehrer, der alle vier Klassen in einem Raum gleichzeitig unterrichtete, jetzt merken würde, dass ich immer noch nicht lesen und schreiben konnte, was dann? Mir schlotterten die Knie vor Angst. Der war bestimmt nicht so nett wie Frau Koller, die nun meine Mutter war, als Lehrerin.

»Stimmt das, Franz?«

Ich nickte mit gesenktem Kopf. Lieber Gott, lass mich nichts vorlesen müssen.

»Dann darfst du dich neben Robert setzen.« Erleichtert, jedoch zutiefst beschämt, flüchtete ich mich in die hintere Reihe und schlüpfte neben meinen Freund.

»Ich kann aber gar nicht lesen und schreiben!«

»Das merkt der nicht!« Robert stieß mich in die Rippen: »Schau mal, die Kinder da vorne, die wohnen in den Bergen, die kommen oft den ganzen Winter nicht in die Schule!«

Und so war es dann auch. Der Lehrer war viel zu überfordert mit den vierzig Kindern aus sechs oder sieben Jahrgängen, um sich mit jedem einzelnen aufzuhalten.

Und nachdem die Großmutter mir zu Hause im Kindergarten bei den Hausaufgaben half, erreichte ich schon bald den Stand des dritten Schuljahres.

Am meisten fürchtete ich mich, wie alle Kinder, vor dem Pfarrer. Seine Predigten ließen einen erschauern, und man fühlte sich danach tatsächlich als großer Sünder. Oft wurde er auch persönlich, und in der Schule beim Religionsunterricht ließ er seine Wut an mir aus.

Ich war nicht christlich aufgewachsen und kannte weder die Zehn Gebote noch das Neue Testament, was ihn schier durchdrehen ließ.

»Wie lauten die Seligpreisungen unseres Herrn Jesus bei seiner Bergpredigt? Na? Franz?«

Betreten blickte ich zu Boden, und meine Kehle war wie zugeschnürt.

»Selig, die hungern …« Robert beugte sich unauffällig zu mir rüber und murmelte in seine Hand hinein.

»Selig, die hungern …«

»Lauter!«

»Selig, die hungern!« Mein Magen knurrte, und mein Mund war wie ausgedörrt.

»Weiter!«

»Denn sie werden Gerechtigkeit finden und satt werden«, kam es hilfreich von Heidi mit den blonden Zöpfen schräg hinter mir.

»Denn sie werden selbstgerecht satt werden«, stammelte ich hilflos.

Die Kinder lachten.

Da hatte ich schon seine Hand im Genick. »So, du wilder Zigeuner. Auf die Knie. Du kniest jetzt mit dem Gesicht zur Wand auf diesen Holzscheiten, und zwar so lange, bis du die Seligpreisungen unseres Herrn Jesus Christus auswendig kannst!«

So musste ich mit nackten Knien auf meinen schlecht verheilten Narben auf dem Holzscheit knien bis ich meine Beine nicht mehr spürte. Unter Qualen humpelte ich nach dieser Religionsstunde nach Hause und weinte mich bei der Großmutter aus.

»Ach Junge, was sollen wir nur tun? Ich kann mich nicht beim Pfarrer beschweren, denn wir sind die Zugereisten, und der Pfarrer ist neben dem Bürgermeister der angesehenste Mann im Ort. Niemand wagt es, sich dem Pfarrer zu widersetzen!« Die Großmutter drückte mir kühlende Blätter auf die blutenden Wunden. »Versuch einfach, die Bergpredigt auswendig zu lernen und nett zu dem Pfarrer zu sein.«

Wie sehr mir das widerstrebte! Ich hasste diesen Mann, ich hasste ihn von ganzem Herzen.

Kein anderer Mann war je vorsätzlich dermaßen gemein zu mir gewesen!

Die Großmutter nähte und strickte für einige Leute im Dorf, und so kam es, dass ihr manchmal eine milde Gabe zugesteckt wurde in Form von Butter, ein oder zwei Eiern, oder auch mal einem Stück Speck. Denn die Lebensmittelmarken reichten bei Weitem nicht aus.

»Was sollen wir dir nur anziehen, wenn der Winter kommt?« Großmutter kramte in ihrem Nähkorb herum, eine grobe Stopfnadel im Mund. »Hier, ein dicker Filz, den nähe ich dir unter warme Socken, die ich dir noch stricken werde. Damit musst du dann im Winter durch Schnee und Eis in die Schule. Schuhe oder gar Stiefel können wir uns nicht leisten.«

Wenn sie wüsste, blitzte es in mir auf, und ich sah mich kurzzeitig wieder auf einem Fetzen im Wald neben Ljubica stehen. Barfuß war ich mit ihr aus dem Krankenhaus geflohen! Die Filzsocken würden der reine Luxus sein!

Nicht überraschend hielt der strenge Winter 1945/46 Einzug, und es fielen große Mengen Schnee. Trotz eisiger Kälte und notdürftiger Kleidung hatten wir Kinder auf dem Schulweg eine Menge Spaß. Wir bewarfen einander mit Schneebällen, rutschten auf selbst gezimmerten Schlitten herum und hatten unsere Freude daran, die Mädchen in den Schnee zu werfen. Dann gelang uns nämlich manchmal ein Blick unter ihre Kittel: In dieser katholischen Gegend galt das Tragen von Hosen für Mädchen als unschicklich, und die meisten trugen keine Unterhosen.

Im Advent kamen Horden von gefürchteten Krampussen mit wilder Maske, Fell und teuflischem Aussehen, dabei wurde heftig auf Kuhglocken geschlagen und auf uns Kinder gleich mit. Es war eine alte österreichische Tradition, auf die sich viele Kinder sogar freuten. Lachend liefen sie vor den Krampussen weg und schnitten ihnen sogar noch Grimassen.

Was machte das mit meiner traumatisierten Kinderseele, die ich die wahre Hölle und die wirklichen Teufel erlebt hatte? Ich hatte nie Zeit, darüber nachzudenken.

Es wurde Weihnachten, und die Menschen versuchten dieses erste Nachkriegs-Weihnachten so gut wie möglich zu gestalten, aber die schwere Zeit konnte man einfach nicht verdrängen. Es war zu viel Schlimmes passiert. Der selbst gestrickte Pullover von meiner Großmutter und ein paar Süßigkeiten waren als Geschenk etwas ganz Besonderes. Wir durften bei der Familie Bugelnig feiern, wo die Stube wunderbar eingeheizt war und ein Christbaum in voller Kerzenpracht stand. Unter dem Weihnachtsbaum fand ich dann auch ein Päckchen von meiner Mutter, die aus Wien Kaffee und warme Strümpfe geschickt hatte. Sie schrieb bedauernd, dass sie wegen ihrer Parteizugehörigkeit keine Anstellung als Lehrerin gefunden habe, wohl aber als »Trümmerfrau« zum Wegräumen von Schutt und Geröll verpflichtet worden sei, und zwar im Bereich der Staatsoper.

Viele Männer waren noch in Kriegsgefangenschaft beziehungsweise kehrten überhaupt nicht mehr zurück, sodass die Frauen zu diesen schweren Arbeiten herangezogen wurden.

*　*　*

Der Frühling 1946 ließ die Tage endlich länger werden, und die herrliche Landschaft Kärntens erwachte mit all ihrer Pracht. Die Menschen traten vor ihre Häuser, und man hörte endlich so manches fröhliche Lachen. Für uns Kinder war es höchste Zeit, konnten wir doch endlich im Freien herumtollen. Inzwischen waren wir fast alle wieder barfuß unterwegs, denn unsere Socken mit den Filzfetzen waren längst zerlöchert und zerfetzt.

Obwohl noch genügend Schneereste auf den Wegen, Wiesen und Waldpfaden lagen, rannten wir bloßfüßig zur Schule. Nicht nur der harsche Altschnee in schattigen Mulden war kalt, auch der feuchte Boden auf dem Schotterweg und die eiskalten Pfützen trieben uns in aller Herrgottsfrühe in größter Eile in die Schule. Von Kleindorf nach Flattach waren es immerhin etwa drei Kilometer, die im Barfuß-Sprint zu bewältigen waren.

Nach der Schule, wenn wir zu Feldarbeiten herangezogen wurden, waren wir ebenfalls barfuß unterwegs, und nicht selten gab es schmerzhafte Verletzungen.

Mit dem Frühling kam Ostern, und die in der Karwoche traditionell vorgeschriebenen Verhaltensregeln, etwa das Fasten, wurden streng eingehalten. Der Pfarrer kontrollierte persönlich unsere Schultaschen, ob auch ja nichts Essbares darin sei! Kinder, die vor der Messe gefrühstückt hatten oder eine Jause dabeihatten, wurden geohrfeigt und mussten während der gesamten Messe abseits auf Holzscheiten knien.

Am Karsamstag kamen viele besonders schön angezogene Leute, aus der ganzen Umgebung nach Flattach, um gegen Mitternacht an der Auferstehungsfeier Christi teilzunehmen. Die Frauen der Bauern trugen große Körbe mit Lebensmitteln mit sich, um diese während der Messe segnen zu lassen.

* * *

Ein weiterer Brief von Mutter erreichte uns im Frühsommer 1946: Sie war mit einer Freundin im Kaffeehaus Fröhlich in Wien gewesen, und dort verkehrten amerikanische Soldaten. Ein Offizier, der

Deutsch konnte, fragte Mutter, ob sie im Komitee des Suchdienstes für vermisste Soldaten als Schriftführerin arbeiten wolle. Sie war natürlich begeistert und konnte auf diese Weise mit der Zeit dazu beitragen, dass viele als vermisst gemeldete Soldaten gefunden und in ihre Heimat zurückkehren konnten. Aufgrund ihrer Tätigkeit, die besser bezahlt wurde als die einer Trümmerfrau, konnte Mutter uns auch wieder Pakete mit wertvollem Inhalt schicken.

Durch Mutters Briefe erfuhren wir, was sich sonst in Wien so tat: Die Stadt war in vier Militärzonen aufgeteilt worden: eine amerikanische, eine englische, eine französische und eine russische. Der 8. Bezirk, in dem Mutter bei einer Freundin untergekommen war, gehörte zum Amerikanischen Bezirk. Was ihr großes Glück war.

Während des Sommers 1946 trauten sich die Dorfbewohner von Kleindorf auch wieder an die Gegenstände, die das deutsche Militär bei seinem übereilten Abzug in den nahe liegenden Wäldern abgeworfen hatte, und behutsam begann man, aus gut getarnten Verstecken in Scheunen, Kellern, Dachböden und Ställen die kostbaren Schätze herauszuholen. Fahrräder, Motorräder, ja sogar einige uralte Autos kamen zutage und wurden in liebevoller Mühe instand gesetzt. Da aber kein Benzin vorhanden war, schätzte man sich glücklich, wenigstens ein Fahrrad zu besitzen. Während der Sommerferien tobten wir Kinder begeistert mit einem solchen viel zu großen Männerfahrrad herum, und ich durfte so manches Mal auf dem Lenker oder der Stange sitzen. Natürlich landeten wir häufig im Straßengraben, auf einer abschüssigen Wiese oder an einer Stallwand, aber diese Stürze taten unserer Begeisterung keinen Abbruch. Selber fahren konnte ich absolut nicht, war ich doch mit Abstand der Kleinste und hätte nie an die Pedale gereicht.

Noch immer waren viele Männer in Kriegsgefangenschaft oder galten als vermisst. So wurden wir Kinder regelmäßig zu Feldarbeiten herangezogen. Ich zeigte mich bei solchen Einsätzen immer sehr bemüht, und deshalb war ich bei den Bauern gern gesehen.

»Der kloane Wilde« konnte am entschlossensten zupacken, war wieselflink und fleißig und hatte dann aber auch einen berechtigten Bärenhunger. Die meisten Einheimischen hatten ihre helle Freude an mir, bis auf den Pfarrer, der mich züchtigte, demütigte und terrorisierte, wo er nur konnte. Ich war nicht getauft, und deshalb war ich in seinen Augen kein lebenswertes Wesen. Nach wie vor war ich staatenlos und hatte keinerlei Papiere, also ein richtiger »Wilder«.

Die von der Nazipartei unterzeichneten Adoptionspapiere hatte Mutter mich ebenso wie ihre anderen Beweise für ihre Parteizugehörigkeit noch vor der Flucht aus Wien in den Trümmern vergraben lassen. Später kam ich aber wieder in deren Besitz.

Dabei war ich bei den Streichen der Dorfjugend nie der Anstifter, sondern immer nur Zuschauer. Als sich eines heißen Sommertages mal wieder eine kleine Gruppe Kinder im Dorf versammelt hatte, war es der Stampferer Herbert, der mit einem Luftdruckgewehr herumfuchtelte: »Das hat mein Vater aus dem Versteck geholt, ich hab's im Stall gefunden!« Er hielt eine selbst gebastelte Zielscheibe hoch: »Wer mag mit mir Schießen üben?«

»Mei, Herbert, dei Vater bringt di um!« Sein Mittäter in Sachen Benzinklau, der Hofer Santi, steckte verlegen die Hände in die Lederhosentaschen. »Lass das bloß den Pfarrer nicht sehen!«

»Ah, geh, scheiß di net in d' Hosn!« Der Stampferer Herbert pickte schon seine Zielscheibe an eine entlegene Schuppenwand und begann, sein Luftgewehr mit Bleikugeln zu bestücken.

Wie immer schaute ich interessiert und begeistert, aber in gebührlichem Abstand zu.

Unsere Bewunderung sichtlich genießend, führte der Herbert sogleich seine Schießkunst vor.

Es knallte hübsch, und die Zielscheibe hing schon in Fetzen an der Schuppenwand. Nachdem weit und breit kein Erwachsener unserem Treiben Einhalt gebot, weil sie alle auf den Feldern beschäftigt waren, gab es kein Halten mehr.

»Lass mich auch mal, ich will es auch mal probieren!« Die großen Buben drängten und knufften um ihn herum und versuchten, das kostbare Objekt Schießgewehr zu erhaschen, doch schließlich siegte Herberts Vernunft: »Na, des kunn i net moch'n. Der Votta reißt mir'n Oasch auf. Und der Hofer Santi ist zu feig!«

Das wollte der Hofer Santi nicht auf sich sitzen lassen. »Halt dei Maul! I bin net feig!« Und um seinen Mut unter Beweis zu stellen, kehrte er dem Herbert seinen Allerwertesten zu: »Hier, du kannst auf meinen Oasch schießen, ich halt still und lauf nicht weg!«

Wir hielten alle den Atem an. Das war aber eine Mutprobe, die sich gewaschen hatte!

Auch wenn der Santi eine Lederhose anhatte, so schien das dem Herbert zu gefährlich.

»Na, jetzt traust *du di net!*«, feixte der Hofer Santi. »Wer ist jetzt feig?«

Nach einigem Hin und Her, das wir anderen Kinder mit offenem Mund verfolgten, stimmte der Herbert zu, auf den Hintern von Santi zu schießen, aber nur unter der Bedingung, dass er statt der Bleikugel eine aus Papier zusammengerollte feuchte Kugel verwenden würde.

»Na dös wird a Gaudi!«

Sofort rissen wir den Rest der Zielscheibe in kleine Fetzen, befeuchteten sie mit Spucke und rollten sie zu kleinen Kugeln, die der Herbert in sein Gewehr stopfte.

»Also dann.«

Der Santi wartete bereits gebückt, sein lederbehostes Hinterteil uns Zuschauern entgegengestreckt. Nun konnte er nicht mehr zurück.

Herbert stellte sich in einiger Entfernung in Schussposition. »Oans – – – zwoa – – – –« und bei drei drückte er ab. Der Schuss saß voll auf der gespannten Lederhose, und der Santi raste wie ein angestochener Eber vor Schmerz brüllend davon.

»Geh, Santi, komm!« In wilder Hast stoben wir hinter ihm her, allen voran Herbert.

Es dauerte nicht lange, bis wir ihm seine Lederhose heruntergezogen hatten. Ein riesiger roter Fleck zeigte sich auf dem nackten Hinterteil, und Santi hörte nicht auf zu brüllen.

»Geh herst, des war doch nur Papier, deppertes!«

Herbert riss ein paar Blätter von den Sträuchern, spuckte darauf und presste sie seinem Freund auf den Hintern.

»Ja, aber was für a Granatn!« Santi wimmerte noch lange und wälzte sich im Gras. Auf die Idee, ihn zum Arzt zu bringen, wäre keiner von uns je gekommen. Denn erstens gab es nur einen einzigen Arzt für das gesamte Mölltal, und der wohnte in Fragant, und zweitens war der dort sowieso nie anzutreffen. Wie es hieß, war der Arzt immer tagelang auf der Jagd unterwegs. Drittens: Wegen so einer Lappalie überhaupt einen Erwachsenen zu belästigen, wäre uns nie in den Sinn gekommen. Im Gegenteil: Bei so etwas gab es dann noch Haue obendrein.

* * *

Der Winter 1946 hielt Einzug, und bei mehreren Erwachsenen war zu bemerken, dass sie eine festere Winterkleidung trugen. Man war zusehends mutiger geworden und getraute sich nun auch, die vorsorglich versteckten Stoffe und Decken aus ehemaligen Militärbeständen hervorzuholen. Die hatte man bisher nicht so dringend gebraucht und es deshalb noch vermieden, sie zu benutzen. Ein Schneider in Schmelzhütten, auf der »Schottseitn«, zu der man eine steile Schlucht mittels Hängebrücke überwinden musste, fertigte sogar Anzüge an.

Auffällig war auch, dass sogar einige der größeren Mädchen, trotz veralteter Ansichten so mancher Erwachsener, plötzlich lange Männerhosen trugen und nicht mehr beim Rodeln frieren mussten.

Und der Stampferer Herbert tauchte eines Tages mit einem Paar grün gestrichener Skier und dazugehörigen Skistöcken auf.

»Was tuat man damit?« Mit offenem Mund starrte ich ihn an.

»Skifoan! Was sonst!«

»Aber wie geht das?«

»Na schau nur her, Kloana!« Der Herbert schnallte die Skier unter entsprechend präparierte Skischuhe, die spezielle Rillen aufwiesen, und versuchte, unterschiedliche Hänge mit seinen Skiern herunterzufahren. Dabei stellte er sich sehr geschickt an. In späteren Jahren wurde er übrigens Skilehrer in Kärnten und sogar ein bekannter Skirennläufer.

Während der darauffolgenden Wintermonate im Januar bis März 1947 kam noch einmal ein Brief von Mutter, in dem sie Überlegungen anstellte, wie Großmutter und ich wieder nach Wien zurückkehren könnten.

Ein mit Schrecken verbundenes Hindernis bedeutete der Grenzübergang am Semmering nach Niederösterreich, der von Russen besetzt war. Da ich nach wie vor keinen Pass hatte und als staatenlos galt, war nicht abzusehen, wann ich jemals aus dem Mölltal herauskommen würde. Und Großmutter ließ mich um keinen Preis allein. Die tapfere alte Frau saß nach wie vor mit mir in einem winzigen Raum des Kindergartens, strickte und stopfte und kümmerte sich sogar noch um ältere, einsamere Leute, wie die »Kloazn-Mirl«, ein verrücktes alter Weiberl, das einsam mit vielen Katzen in einem verschrobenen Schuppen hauste.

Als wir eines Tages zur Fastenzeit wieder auf den lehnenlosen Kirchenbänken in der eiskalten Kirche hockten und den Ausführungen des Pfarrers lauschten, wurde dieser kurz vom Mesner weggerufen.

»Ihr bleibt sitzen, und keiner rührt sich!«

Kaum war er draußen, turnte der Dierker Sepp, ein immer zu Späßen aufgelegter Bub, einmal vor und wieder zurück über die Bänke. »Der oide Trottl kimmt eh so schnell net zruck!«

In dem Moment stürzte der Pfarrer mit hochrotem Kopf und vor Zorn brüllend zur Tür herein, packte sich den Sepp und riss ihn zu Boden. Vor unser aller Augen trat und prügelte er wie von Sinnen auf ihn ein, bis wir Kinder schrien, dass er aufhören solle! Wir glaubten, der Pfarrer würde den armen Sepp tottreten. Unser schrilles Geschrei brachte den Pfarrer schließlich zur Besinnung, und er rannte fluchtartig aus der Kirche. Wir versuchten, dem armen Sepp auf die Beine zu helfen. Flennend ließ er sich von uns die Lederhose herunterziehen und zeigte uns seinen nackten Hintern, der voller blauer Flecken und blutiger Striemen war. Das Ganze nannte sich Kommunionsunterricht.

»Junge, was ziehen wir dir bloß an zu deinem heiligen Ehrentag?«

Großmutter war es gelungen, ein Stück Stoff aus besagten Militärbeständen zu ergattern.

Der Schneider in Schmelzhütten, zu dem ich unter größter Todesangst mit dem Stück Stoff im Rucksack über die Hängebrücke marschieren musste, die allerdings rechts und links dicke Seile zum Festhalten hatte, fertigte mir daraus schließlich einen Anzug an. Beim Anprobieren stellte er sich als zu klein heraus; an den Hosenbeinen und Ärmeln fehlten je eine Handbreit!

»Jo, mehr Stoff hat's halt net g'habt, Bua!«

Sogar für mich, den »Kloan«, war das eine Schande, und ich rannte bitterlich weinend zu meiner Großmutter zurück.

»Ach Junge, was machen wir denn nur?« Diese Schmach wollte sie nicht auf mir sitzen lassen.

»Ich frage jetzt in der Nachbarschaft herum, ob jemand eine Handbreit Stoff übrig hat ...«

Schon wetzte sie emsig los, auf ihren krummen alten Beinen, und als ich das nächste Mal vom Kommunionsunterricht kam, hatte sie mir Ärmel und Hosenbeine mit grünem Stoff verlängert.

»Da schau, das ist ein steirischer Anzug!«, behauptete sie, und ich war richtig stolz darauf.

Nach der ersten heiligen Kommunion, bei der der Sepp während der Hostiengabe vom Pfarrer vor allen Leuten eine saftige Ohrfeige bekam, war ich also nun ein Gotteskind.

Großmutter und ich waren eingeladen, mit der Familie Bugelnig und anderen Kommunionkindern und deren Familien in der Fraganter Dorfkneipe zu Mittag zu essen, zur Feier des Tages.

Es war ein warmer Frühlingstag, und nach all der Aufregung, dem morgendlichen Fasten und dem langen Stillsitzen in der Kirche tobten wir Kommunionkinder aufgedreht im Gastgarten herum.

Die Erwachsenen hatten bereits im Inneren des Wirtshauses für ein bescheidenes Festmahl an den Holztischen Platz genommen.

Großmutter schimpfte nicht, als ich mir den kostbaren Anzug beim Spielen im Gras schmutzig gemacht hatte: »Das ist Steirer-Grün, dazu passt das Grasgrün perfekt!«

Ich ließ mich von ihr abklopfen und löffelte heißhungrig die Festtagssuppe in mich hinein, eine wundervolle Rindssuppe mit Frittaten und mindestens drei Fettaugen, während ich meine Augen schweifen ließ. Ein solch uriges Gasthaus hatte ich noch nie von innen gesehen! Die Menschen aßen und tranken, rauchten und diskutierten, lachten und spielten Karten, und proppere junge Frauen, genannt Bedienungen, bahnten sich im engen Dirndl mit ihren vollen Tellern und Gläsern einen Weg.

Im Gewühl des bummvollen Wirtshauses konnte ich auch einen Blick in den Nebenraum werfen, in dem einfache Waldarbeiter in Arbeitskleidung beim Sonntagsbier und Kartenspiel saßen. Sie waren unrasiert und hatten breitkrempige Schlapphüte auf. Immer wieder klatschten Skatkarten auf den einfachen Holztisch, und Schlachtrufe wie »Wir spielen Kreuz!« oder »Trumpf sticht!« hallten zu mir herüber. Sie sprachen gar nicht unseren Dialekt!

Wie magisch angezogen, rutschte ich von meinem Stuhl neben der Großmutter, die sich gerade angeregt mit jemandem unterhielt, und schlüpfte in das verrauchte Nebenzimmer.

»Geben, hören, sagen!«

»Ich passe!« Sie sprachen aber einen Dialekt, den ich sehr gut kannte! Woher nur?

Lautes Gelächter aus rauen Waldarbeiterkehlen, Fluchen und das Klatschen der Skatkarten packten mich, ich sah mich wieder im Zug von Belgrad über Budapest nach Wien sitzen, und ich starrte aus sicherem Winkel im Dunkeln der Stube zu ihnen hinüber. Die Männer nahmen mich kaum wahr, unterhielten sich weiter und rauchten, bis einer rief: »Kloana, magst kibitzn? Kannst no was lernen!«

»Na, ich kunn's!«

»Hahaha, der Kloana mag mitspielen! Der kann ja kaum über die Tischkantn schauen!«

»Aber i kunn's!«

Plötzlich sprang einer der Männer überrascht auf, warf seinen Stuhl um und kam auf mich zu. »Franz?!«

Es war Karl! Mein Karl! Ich traute meinen Augen nicht, und sprachlos starrte ich ihn an.

Er riss mich an sich, und wir fielen uns um den Hals.

Er roch streng nach Wald und Schweiß, aber auch nach Karl. Seit ich vergeblich vor der Litfaßsäule des Kinderheimes auf ihn gewartet hatte, waren Jahre vergangen, und ich hatte nie wieder von ihm gehört! Wie konnte das sein? Was tat er hier? Ich glaubte zu träumen.

Vielleicht war das die Wirkung von dieser heiligen Hostie, und ich war schlicht verklärt?

Bevor ich noch etwas sagen konnte, hielt Karl mich mit energischem Ruck von sich weg, legte seinen Finger auf meinen Mund und bedeutete mir zu schweigen. Das Herz schlug mir bis zum

Hals. Wortlos starrte ich ihn an. Ich hätte vor Aufregung sowieso nichts sagen können.

Die anderen Waldarbeiter spielten längst weiter Karten, und niemand beachtete uns.

Karl bedeutete mir, ihm ins Freie zu folgen. Wir liefen hinter die Plumpsklos im Garten, und Karl zog mich in den Schutz einer wilden Hecke. Endlich traute er sich zu sprechen: »Franz, ich sollte wieder an die Ostfront, erinnerst du dich?«

Wild nickte ich. Er hielt meine beiden Hände.

»Ich bin damals abgehauen! Verstehst du? Desertiert! Fahnenflucht! Deshalb konnte ich nicht an der Litfaßsäule auf dich warten!«

Wieder nickte ich heftig. Mein Herz raste wie eine Dampflok.

»Ich bin dann mit den Kameraden, die auch nicht mehr an die Ostfront wollten, in die Wälder von Kärnten geflüchtet, und dort haben wir uns versteckt.«

Ich nickte. Vor meinem inneren Auge sah ich mich frierend und nach Hundekacke stinkend auf der Bank im Stadtpark liegen, zutiefst enttäuscht und der einsamste Junge der Welt.

»Bis zum Abzug der Engländer aus dem Mölltal haben wir uns in Gebirgshöhlen und Almhütten versteckt. Als uns die Lage langsam sicherer erschien, sind wir vorsichtig zu den Bergbauern und haben dort um Arbeit gebeten. Die meisten Männer waren ja noch im Krieg, also konnten die Almbäuerinnen dort oben uns gut gebrauchen. Sie stellten keine Fragen.«

Ich nickte immer weiter.

»Als die Männer aus dem Krieg wiederkamen, war es aus Sicherheitsgründen naheliegend, dass man uns als Holzknechte im Wald beschäftigte. Denn als ehemaliger SS-Offizier hätte ich sonst mit dem Schlimmsten rechnen müssen.« Er machte eine Handbewegung vor seiner Kehle. »Verstehst du, Junge!«

»Hm, hm.«

»Meine Familie im Banat gibt es nicht mehr. Es heißt, meine

Frau ist nach Sibirien verschleppt worden und die kleine Anni in einem Todeslager im Donaudelta umgekommen. Meine Eltern waren noch bei ihr, aber niemand hat dieses Lager überlebt.«

Ich nickte.

»Ich bin jetzt ein heimatloser Tagelöhner.« Er sah mich mit brennenden Augen an. »Aber jetzt du, Franz!« Er hielt mich auf Armeslänge von sich ab: »In einem so feschen Anzug! Sag, dir kann es ja nur besser ergangen sein!«

»Ich hatte heute meine erste heilige Kommunion.«

»Sapperlot. Bist du auch nicht vor der Orgel weggerannt?«

»Und ich gehe jetzt im dritten Jahr in die Schule.«

Karl nickte unter Tränen. »Dann ist es dir gut ergangen, Junge. Das ist gut.«

»Franz? Franz, wo bist du?« Meine Großmutter stand suchend vor der Wirtschaft und hielt nach mir Ausschau. »Franz, es gibt frischen Reinling! Den Napfkuchen willst du dir doch nicht entgehen lassen!«

»Du musst jetzt zurück zu deiner Familie.« Karl drückte mir einen flüchtigen Kuss auf die Stirn. »Und du hast mich nie gesehen, versprochen?«

»Versprochen.« Verwirrt rappelte ich mich auf, und Karl gab mir einen aufmunternden Klaps auf den Hintern. »Leb wohl, Franz. Aus dir wird noch mal was! Vergiss mich nicht!«

»Ja wo warst du denn?« Die Großmutter nahm mich in Empfang und zog mir meine Kniestrümpfe hoch. »Was hast du denn da für einen schwarzen Fleck auf der Stirn?« Sie spuckte auf ihr Taschentuch und rieb mir auf der Stirn herum.

»Ach Großmutter, wir haben nur Verstecken gespielt …« Um mich herum drehte sich alles.

Ich spürte noch die Umarmung von Karl und seinen Kuss auf meiner Stirn, und alles in mir zog sich zusammen. Die Begegnung mit Karl erschien mir wie ein Traum. Es dauerte lange, bis ich mich wieder am Geschehen des Kommunionstages beteiligen konnte.

IM ZUG NACH WIEN,
Sommer 1947

Bitte, Franz, hör auf zu weinen!« Großmutter saß mir gegenüber im Zug in Richtung Semmering und reichte mir ihr Stofftaschentuch. »Wir kommen bestimmt einmal wieder nach Kärnten zurück!«

»Ich habe mich so an Kleindorf und meine Freunde gewöhnt!« Schluchzend starrte ich aus dem Fenster, wo ich noch eben einer ganzen Meute von Kindern gewinkt hatte, die uns zu Fuß zurück nach Obervellach begleitet hatten.

»Aber Franz, wir müssen an deine Zukunft denken!«

»Warum muss ich denn auf das Gymnasium?«, heulte ich. »Ich könnte doch die Heidi heiraten und Bauer werden!«

»Aber Franz, sei vernünftig.« Großmutter hielt mir das Taschentuch vor die Nase und ließ mich hineinschnäuzen. »Viel wichtiger ist, dass Mutter wieder einen Platz als Lehrerin gefunden hat und wir beide nach Wien zurückkehren können!«

Vor meinen Augen zerfloss der ganze Traum der letzten drei Jahre auf dem Lande. All meine Freunde, die Natur, die Abenteuer und Streiche, der Zusammenhalt, alles sah ich in sich zusammensinken wie eine Sandburg. Wir hatten uns so bemüht, als »Zugereiste« dazuzugehören, und wir waren doch angekommen!

»Bitte, Franz, reiß dich jetzt zusammen.« Großmutter wischte mir die Tränen ab und sah mich eindringlich an. »Wenn wir zur Grenze am Semmering kommen, werden russische Soldaten die Pässe kontrollieren.«

»Aber ich habe doch keine Papiere?!« Noch immer war ich staatenlos und gehörte rechtlich nicht zur Familie Koller.

»Hör zu, mein tapferer Kleiner.« Die Großmutter nahm meine beiden Hände in ihre und zog mich ganz dicht an sich heran. Um uns herum im Dritte-Klasse-Abteil saßen einige versprengte Bäuerlein auf ihren Holzbänken, und niemand schenkte uns weiter Beachtung. »Wir reihen uns in die Schlange der Leute ein, und du bleibst ganz dicht bei mir.«

»Die Fahrscheine bitte!« Der Schaffner riss die Abteiltür auf, und mein Herz wollte mir fast zerspringen. Wenn die Großmutter nun rüber in den russischen Sektor kam und ich nicht? Sollte ich unter ihre Röcke kriechen? Aber dazu war ich nun zu alt!

»Wohin geht's?«

»Zurück nach Wien.«

Der Schaffner knipste die beiden kleinen Pappkärtchen ab und gab sie Großmutter zurück. »Na dann gute Reise.«

»Also Franz.« Wieder zog mich die Großmutter ganz dicht zu sich heran. »Wenn wir am Schranken ankommen, schlüpfst du so schnell wie möglich darunter her. In dem Gewühl wird ein kleiner Junge hoffentlich nicht auffallen.«

»Und wenn doch? Was ist, wenn sie mich erschießen?«

»Sie werden nicht auf ein Kind schießen.« Großmutter klang selbst nicht besonders überzeugt. Es dauerte viele Stunden, bis Großmutter mich beruhigt und von ihrem kühnen Plan überzeugt hatte.

Am Semmering angekommen, mussten alle Fahrgäste aussteigen und sich hintereinander in eine lange Schlange einreihen. Ein zu beiden Seiten mit Holzbalken eingegrenzter Zickzackweg führte schließlich zum Kontrollpunkt. Kaum hatte ich einen Blick für die großartige Landschaft im steilen Gelände und erst recht nicht für die hochherrschaftlichen Villen und Luxushotels, die unversehrt geblieben waren. Hier hatte es sich die Wehrmacht und ihr Gefolge gut gehen lassen, und nun residierten hier die sowjetischen Offiziere, wie die gehissten roten Fahnen mit Hammer und Sichel deutlich zu verstehen gaben. Bis vor Kurzem hatten hier Hakenkreuzfahnen im Winde geweht …

»Franz, trödele nicht.« Großmutter schob mich eng vor sich her. »Schau, Franz, wenn es da vorne am Kontrollhäuschen Probleme gibt, schlüpfst du unter dem Holzbalken durch und rennst zurück. Schrei ganz laut »Mame!«, dann denken die Russen, du hättest weiter hinten deine Mame gesehen. Ich komme später auch zurück, und dann versuchen wir es morgen wieder, bei anderen Grenzbeamten.«

Mein Herz klopfte wie wild, und das Blut rauschte mir zwischen den Ohren. Mit jedem Zentimeter, den wir uns weiter vorschoben, spannte ich meine Beinmuskeln mehr an, und meine Lungen wollten mir aus der Brust springen.

Am Grenzposten standen zwei bewaffnete Russen rechts und links der Holzeinzäunung, in der sich die Menschen wie Schafe weiterschoben. Großmutter hielt ihren Pass bereit, um ihn in die Luke des Holzhäuschens zu stecken, damit er abgestempelt würde, und ich klammerte mich vor Angst hinten an ihrem Rock fest und legte mein Gesicht an ihren Rücken.

Der Russe beäugte den Pass, und ich duckte mich, bereit, durch die Umzäunung zu schlüpfen.

Nachdem der Russe den Stempel auf ihren Pass geknallt hatte, schnellte seine Hand aus der Luke und krallte sich in meine Locken. In der Erwartung, jetzt herausgefischt und abgeführt zu werden, schloss ich die Augen.

»*Dawai, dawai!*« Lachend zerzauste der Russe meine Haare und schob mich weiter. »Nächster!«

So durfte ich, ohne einen Ausweis zu zeigen, über die Grenze gehen. Wir taumelten erst einmal beiseite und sanken außerhalb ihres Blickfeldes auf eine Bank. Großmutter und ich waren überglücklich, die gefürchtete Grenze ohne Zwischenfall überschritten zu haben.

»So, Franz, jetzt sind wir in der russischen Zone!« Nach einem längeren Aufenthalt stiegen wir am Semmering in den Zug nach Wien und kamen dort gegen Abend am Südbahnhof an.

Mutter stand schon wartend am Ausgang und breitete die Arme aus: »Willkommen zurück in Wien, Franz! Lass dich anschauen! Gott, was bist du groß geworden!«

Sie bedankte sich durch eine innige Umarmung bei Großmutter, dass sie in den letzten drei Jahren so gut auf mich aufgepasst hatte.

»Hast du ihn auch genügend auf die Aufnahmeprüfung des Gymnasiums vorbereitet?«

»So gut ich konnte. Der Junge ist ja viel schlauer als ich!« Lachend und eingehakt marschierten die Frauen durch die turbulente Bahnhofshalle, und ich ging artig und etwas befremdet an Mutters Hand, in der anderen Hand den Koffer tragend.

»Wir haben dich in der Hausmeisterwohnung untergebracht, Franz.« Vor einem riesigen dunkelgrauen Mietshaus angekommen, in dem überall noch Einschusslöcher zu sehen waren, übergab mich Mutter einer Zugehfrau, die in einer Portiersloge saß und aufpasste, wer kam und ging. »Großmutter und ich haben ein Zimmer im dritten Stock bei meiner Freundin!«

Willig ließ ich mich in das Kellergeschoss ziehen, wo neben Putzeimern, Schaufeln und Gartengerät ein Klappbett für mich aufgestellt war. Das hier war nun mein neues Zuhause. Wir sehr sehnte ich mich nach meiner Kindergartenwohnung, in der es licht und hell gewesen war! Wie sehr nach den anderen Kindern, nach den Bugelnigs, nach Angela!

Doch ich hatte längst gelernt, nicht zurückzuschauen.

Am nächsten Morgen holte Mutter mich dort ab, um mich zur Aufnahmeprüfung in das Realgymnasium am Stubenbastei im ersten Bezirk zu begleiten.

Vor dem milchigen Spiegel der Zugehfrau im Eck versuchte sie noch, mit Spucke meine Haare zu glätten und mir den Schmutz aus dem inzwischen viel zu klein gewordenen Kommunionsanzug zu klopfen. Der Hemdkragen hing grau und lappig um meinen viel zu dünnen Hals.

»Komm, Franz, wir sind schon spät dran!«

»Viel Glück, Bua!« Die Hausmeisterin steckte mir noch fünf Schilling zu: »Kauf dir was Schönes!«

Von den fünf Schilling konnten wir sogar mit der Straßenbahn fahren!

Wir erreichten im Laufschritt die Tram, wie sie hier in Wien genannt wurde, und ließen uns von ihr über die kurvenreiche Strecke bis in den ersten Bezirk schütteln. »Merk dir gut diesen Schulweg, du wirst ihn in Zukunft allein gehen müssen!«

Mutter hatte Himmel und Hölle in Bewegung gesetzt, um diesen allerletzten freien Platz an einem Wiener Gymnasium für mich zu ergattern. »Natürlich nur, wenn du die Aufnahmeprüfung bestehst! Deine erste Fremdsprache wird Russisch sein!«

In aufgeregter Eile zog sie mich schließlich die breite Treppe hinauf, die in ein dunkelrotes Klinkergebäude führte. Der allgemeine Unterricht hatte schon begonnen, es herrschte ehrwürdige Ruhe und angespanntes Lernen hinter jeder der riesigen hölzernen Klassentüren.

Eine große Uhr in der Vorhalle blickte tadelnd auf mich herab, der Zeiger stand auf fünf nach acht.

Mutter zog mich durch lange Gänge, die nach Linoleum rochen, und klopfte an die Tür des Direktors.

»Ah, da haben wir ja unseren kleinen Spätankömmling.« Der Direktor blickte wohlwollend zu mir herab. »Du bist ja recht klein für dein Alter, nicht wahr?«

Was sollte ich darauf erwidern. Bescheiden nickte ich und blickte ängstlich zu Boden. An den Wänden des Direktorzimmers hingen schwere dunkle Bilder, unter anderem das Porträt von dem streng blickenden Stalin, denn wir waren im russischen Sektor, und die Bücherregale reichten von der hohen Stuckdecke bis zum dunkelbraunen Parkettboden.

»Nun, Franz, dann zeige uns mal, was du dort in Kärnten auf der Volksschule gelernt hast.«

Man führte mich in ein leer stehendes Klassenzimmer. »Setz dich hier an diesen Tisch. Du hast drei Stunden Zeit.«

Auf dem Pult lagen bereits die Prüfungsblätter, die Aufgaben zu verschiedenen Fächern enthielten.

»Schreibe einen Aufsatz mit dem Thema: ›Als ich einmal Mut hatte‹.«

Ich kaute am Bleistift. »Einmal? Als ich *einmal Mut* hatte?«

Was für ein absurdes Ansinnen! Lange ließ ich den Film meines Lebens an mir vorüberziehen und konnte mich nicht entscheiden.

Mit einem Blick auf die beharrlich tickende Uhr über der Tür entschied ich mich für eine Begebenheit im Freibad von Fragant, als ich, obwohl ich nicht schwimmen konnte, vor den Augen der anderen Kinder vom Dreimeterbrett gesprungen war. Denn alle anderen möglichen Geschichten hätten mir den Eintritt ins Gymnasium wohl nur verwehrt, und ich wollte meiner Mutter keine Schande machen.

In Mathematik wurden Grundrechenarten abgefragt: Addition, Subtraktion, Multiplikation, Division und erste Bruchrechnungen. In Geometrie musste ich einen Würfel zeichnen und ein Dreieck mit einem rechten Winkel. Dazu lag ein Geodreieck bereit. Alles gelang mir wunderbar. Danke, Großmutter! Auch ein paar Fragen zu österreichischer Geschichte, zu Texten von Volksliedern und berühmten Musikern und Malern konnte ich beantworten.

»Wie hieß der berühmteste Komponist Österreichs und nenne mir drei Kompositionen aus seiner Feder!«

Alles klar. Wolfgang Amadeus Mozart und »Kleine Nachtmusik«, »Zauberflöte« und … »Rondo Alla Turca«. Abgehakt.

Als Letztes kam das Fach »Heimatkunde« dran. Oh, ja, das konnte ich! Eifrig spitzte ich meinen Bleistift neu und legte mit herausschauender Zungenspitze den letzten Fragebogen zurecht. Um erleichtert aufzulachen!

»Nenne alle dreiundzwanzig Wiener Bezirke!«

Das war ja wohl der Joker!

Von Mutter hatte ich immer nur gehört, sie wohne im 8. Bezirk, während diese Schule im 1. Bezirk lag. Also schrieb ich brav: 1. Bezirk, 2. Bezirk, 3. Bezirk ... bis 23. Bezirk« und gab schließlich die Prüfungsbogen ab. Das war ja leicht!

Mutter stand schon draußen auf dem Flur, wo sie nervös auf und ab gegangen war.

»Wie ist es dir ergangen?«

»Ich denke gut. Ich habe alles gewusst.«

Mutter drückte mich an sich: »Braver Junge.«

Kurz darauf stürmte der Prüfer wieder aus dem Klassenzimmer. »Er hat alles bestanden, nur in Heimatkunde eine glatte Fünf!«

Mein Herz setzte aus. Aber das war doch die leichteste Frage gewesen!

»Schauen Sie, Frau Kollegin Koller. Bei der Beantwortung dieser Fragen könnte man sich, selbst wenn man es gut meint, leicht auf den Arm genommen fühlen! Dem Jungen fehlt es an Respekt!«

Die beiden steckten die Köpfe zusammen, und Mutter brach in schallendes Gelächter aus.

»Der Junge hat seine gesamte Volksschulzeit in Kärnten verbracht! Er ist gestern erst zurück nach Wien gekommen!«

Jetzt lachte der Prüfer auch, und der Direktor, der dazugerufen worden war, nickte begütigend mit dem Kopf, während ich mit den Tränen kämpfend an der Wand stand und im Erdboden versinken wollte.

»Junge, dann zeichne jetzt eine Skizze von Kärnten mit den dazugehörigen Flüssen, Bergen und Seen, dazu alle größeren Orte.

Zeichne die Grenzen zu den Nachbarländern und benenne sie. Dazu hast du noch einmal eine halbe Stunde Zeit.«

Hastig wischte ich mir die Tränen ab und begann, eifrig zu zeichnen. Und nachdem alles zur besten Zufriedenheit der Lehrer gelungen war, hatte ich die Prüfung bestanden.

Mit großem Hurra wurde ich in der ersten Klasse des Gymnasiums aufgenommen. Kaum war die erste Pause, forderten mich die Kameraden, die alle einen Kopf größer waren als ich, zu den sogenannten Reiterspielchen auf.

Zwei eher stämmige Burschen gaben die »Pferde«, und zwei eher zierliche Kameraden, so auch ich, mussten auf ihre Schultern steigen. Was ich natürlich begeistert tat!

»Los, schnell, macht hin, bevor der Klassenvorstand kommt!«

Das war unser Klassenlehrer und Russischlehrer, Professor Löffler, ein bedächtiger, freundlicher Mann mit Glatze, der mich schon ins Herz geschlossen hatte.

»Auf die Plätze, fertig, los!«

Unter Geschrei und Hallo stürmten nun die beiden Pferde aufeinander zu, und Hans und ich, wir beiden Reiter, mussten miteinander ringen.

Der Rest der Klasse feuerte uns an, und einer stand draußen im Gang Schmiere.

Natürlich wollte ich mir als Neuer keine Blöße geben und rang mit aller Kraft gegen den anderen Reiter, sehr zum Gejubel meiner neuen Klassenkameraden.

Es ging eine ganze Weile hin und her, Auge um Auge, Zahn um Zahn, immer wieder nahmen die sich unten mühenden Kameraden Anlauf, und wir oben Sitzenden kämpften mehr wie die Kängurus mit unseren dünnen Ärmchen und lachten uns dabei kaputt.

Der Wachhaltende draußen rief gerade: »Vorsicht, der Löffler kommt!«, als einer der Zuschauer meinem Untermann die Schulbank in die Kniekehlen rammte.

Der fiel rückwärts hin, und ich knallte aus luftiger Höhe zwischen die Bänke auf den Boden.

»Ja du lieber Himmel, was ist denn hier los!« Der freundliche Professor stürmte herein und sah mich mit schmerzverzerrtem Gesicht auf dem Boden liegen.

»Wer hat angefangen?«

Natürlich niemand.

»Wer hat den Neuen zu solchem Unsinn angestiftet?«

Natürlich erst recht niemand.

Weiter konnte ich mich nicht am Gespräch beteiligen, denn ich wurde vor Schmerzen ohnmächtig. Hastig trugen sie mich ins Lehrerzimmer, wo der eilig herbeigerufene Hofrat kurz darauf einen Schlüsselbeinbruch bei mir feststellte.

»Burli, was machst du auch immer für Sachen!« Es war derselbe alte Hofrat, der vor drei Jahren bei mir die Masern festgestellt hatte!

Meine Mutter schlug die Hände über dem Kopf zusammen: »Aber Franz, konntest du das denn nicht verhindern?«

Stumm schüttelte ich den Kopf.

Die Tatsache, dass ich niemanden verriet, machte mich später zum Klassensprecher.

Aber erst musste ich ein schreckliches Gipskorsett tragen, das nicht nur fürchterlich juckte, sodass ich oft mit einer Stricknadel darin herumfuhrwerkte, sondern das mich auch über zwei oder drei Monate außer Gefecht setzte. Lernen konnte ich aber trotzdem, und das tat ich mit Feuereifer.

Im Zuge dieser Unannehmlichkeiten, die mir furchtbar peinlich waren, wurde ich einem Amtsarzt vorgeführt. Meine Mutter hatte nämlich immer noch keine gültigen Adoptionspapiere vorzuweisen.

»Sag mal, Franz, wie alt bist du eigentlich genau?«

Ich hätte ja gern die Schultern gezuckt, aber das tat mir zu weh.

»Dann müssen wir dein Alter gemäß deines Knochen- und Körperbaus und anderer Merkmale schätzen.«

Zu meiner Schmach musste ich mich splitternackt ausziehen, und der Amtsarzt bückte sich interessiert.

Nachdem er einige Haare im Geschlechtsbereich entdeckt hatte, meinte er, dass ich ungefähr im Jahre 1935 geboren sein könnte.

»Du darfst dir ein Datum für deinen Geburtstag wählen.«

»Dann nehme ich den 12. Juli.«

»Das ist doch schon mal ein Anfang, Franz.« Er notierte einiges auf seinem Klemmbrett und rief auch meine Mutter hinzu.

»Wie sieht das denn jetzt aus mit dem Jungen? Wie ich den Unterlagen entnehmen kann, wird er immer noch als staatenlos geführt.«

»Ja, Herr Doktor, es ist äußerst schwierig, in diesen Zeiten die österreichische Staatsbürgerschaft zu bekommen, da in diesem Zusammenhang gewisse Bedingungen erfüllt sein müssen.« Die Mutter knetete verlegen ihre Hände. »Wir hatten schon einmal ein Adoptionspapier, das ist aber im Zuge unserer Flucht …« Sie räusperte sich verlegen. »… verloren gegangen.«

»Der Junge muss nachweisen, mindestens zehn Jahre im Land gelebt zu haben, und sehr gut beleumundet sein.«

Der Arzt kritzelte in seinen Unterlagen herum und verwies Mutter an einen Mann im Einbürgerungsamt, den er kannte. Er schien zu ahnen, dass weder das eine noch das andere auf meine Wenigkeit zutraf. »Nachdem der Junge keine Einnahmen hat und noch zur Schule geht, kann ich wohlwollend darauf einwirken, dass man Sie den hohen Betrag in Raten abzahlen lassen wird …«

Die Summe wurde schließlich auf die Hälfte herabgesetzt, und Mutter stotterte viertausend Schilling statt achttausend Schilling für meine Einbürgerung in Österreich ab.

Daraufhin stand meiner Adoption durch sie nun endlich nichts mehr im Wege.

»Wie willst du denn nun heißen, Franz?«

»Liebe Mutter, bitte sei mir nicht böse, aber mein im Krieg verstorbener Stiefvater hieß Peters, und ich fühle mich ihm verbunden.«

»Das verstehe ich absolut. Aber mit meinem verstorbenen Mann Koller hast du ja nichts zu tun …«

»Aber dein Vater wollte mich doch schon adoptieren. Der liebe Großvater, der im Luftschutzkeller starb, der war für mich ein Engel …«

»Dann soll es mein Mädchenname und der von Großmutter sein: Engl.«

Dieser Name gefiel mir sehr gut und passte auch wunderbar zu ihr. Sie hatte mich durch drei lange entbehrungsreiche Nachkriegsjahre in Kärnten begleitet und mir buchstäblich ihr letztes Hemd gegeben.

So bekam ich schließlich meinen Pass, mit dem Namen Franz Peters-Engl.

Die Entscheidung, einen damals noch unüblichen Doppelnamen zu tragen, war für mein weiteres Leben von großer Bedeutung. Ich wurde dadurch in späteren Jahren zusammen mit meiner lieben Frau Ingrid der Begründer einer neuen Familie mit dem schönen Namen Peters-Engl.

Wir bekamen einen Sohn namens Christian, der in Wien ein bekannter Gynäkologe und Onkologe wurde.

Von ihm und seiner lieben Frau haben wir drei Enkelkinder, die nun auch schon erwachsen sind.

NACHWORT DJOKO

Danken möchte ich den Menschen, die mir geholfen haben, die schrecklichen Jahre des Zweiten Weltkrieges zu überstehen. Ohne ihren aufopfernden Beistand hätte mich in vielen Fällen sicher der Tod ereilt.

Meinen Eltern: Mame und Tate
Durch ihren frühen, grausam erlittenen Tod konnten sie mich leider nur ein kurzes Stück auf meinem Lebensweg begleiten und mir zur Seite stehen.

Großvater (mütterlicherseits)
Beschwor mich, unbedingt in das Dorf hinunterzugehen und nicht bei ihm auszuharren, da er schwer verwundet sei und bald sterben würde.

Den Bewohnern des Dorfes
Diese fanden mich blutend, im Staub liegend, von unerträglichen Schmerzen geplagt vor und leisteten Erste Hilfe.

Mames Großtante
Von ihr wurde ich aufgenommen, und sie bemühte sich, meine Schmerzen zu lindern. Sie war umsichtig und mutig. Dies bewies sie während der zwei hintereinander erfolgten Überfälle durch die Ustaschas.

Dem Ustascha-Arzt (oder Sanitäter)
Dieser versorgte meine Wunden mit den Worten zu seinen Beglei-

tern: »Erschießt die beiden nicht, das Kind überlebt sowieso nicht, und die Alte macht es auch nicht mehr lang.«

Den beiden jungen Partisanen
Die selbstlos und im Bewusstsein drohender Gefahr dafür sorgten, dass ich in ein Spital gebracht wurde.

Dem Riesen (Rübezahl)
Dieser brachte mich mit Pferd und Schlitten bei klirrender Kälte ins Spital.

Den Ärzten im Militärspital
Diese versorgten meine schlimm aussehenden Wunden und sprachen mir, wenn mich Schmerzen plagten, Trost zu.

Schwester Ljubica
Behielt mich nach dem übereilten Verlassen des Spitals in ihrer Obhut und während der weiteren Flucht.

Dem berittenen Partisan-Offizier
Er half Ljubica und mir, soweit dies möglich war, auf dem weiteren Fluchtweg.

Der rothaarigen Partisanin und ihren zwei Begleitern
Nachdem ich Ljubica verloren hatte, flüchteten sie mit mir in die Wälder.

Dem SS-Offizier mit dem Schäferhund
Nach der Gefangennahme wurde ich von ihm rechtzeitig vor dem Erschießen gerettet.

Dem Soldaten Franz Bauer

Wurde nach der Gefangennahme mein väterlicher Begleiter. Ich bekam später von ihm seinen Vornamen: Franz.

Dem Soldaten Karl Weber

Nahm mich während eines Urlaubs in den Banat zu seiner Familie mit und wollte mich adoptieren.

Leutnant Heinz Peters

Er übernahm mich von Feldwebel Fritz in seine Obhut. Entsprechend der gesetzlichen Voraussetzung wurde ich von ihm adoptiert und erhielt seinen Familiennamen: Peters.

Dem Mädchen Moiza am Militärflugplatz Metkovic

Ein noch sehr junges Mädchen und meine gute Freundin. Kümmerte sich sehr um mich, wenn die Soldaten im Einsatz waren, bis sie von Konrad vergewaltigt und geschwängert wurde.

Dem Chefarzt des Krankenhauses in Sarajevo

Nach meiner Einlieferung in das Krankenhaus wegen Malaria wurde ich von ihm hervorragend betreut. Auch er wollte mich nach dem Tod von Heinz Peters adoptieren.

Krankenschwester Karola in Wien

Sie kümmerte sich während meines Aufenthaltes in Lainz sehr um mich.

Dem Studenten Walter

War nebenbei Erzieher im Kinderheim Pötzleinsdorf und um uns Kinder sehr bemüht. Hatte immer ein offenes Ohr für unsere Nöte und Sorgen. Der Schüler Walter ist nach ihm benannt.

Dem Wehrmachtsoffizier und seinen Soldaten

Er veranlasste, dass wir bei unserer Flucht von Wien bis Krems mit dem Panzerspähwagen mitgenommen wurden.

Frau Adelheid Koller

Sie lud mich über Weihnachten zu sich nach Hause ein und nahm mich später an Sohnes statt an. Ihr habe ich zu verdanken, dass sich mein Leben zum Guten gewendet hat.

Frau Auguste Engl, Mutter von Adelheid Koller

War für mich eine ganz liebe Großmutter, begleitete mich durch meine Volksschulzeit in Kärnten und gab für mich das letzte Hemd.

Der Familie Josef Bugelnig

Großmutter und ich wurden von der Familie Bugelnig offen aufgenommen und in den ersten Nachkriegsjahren unterstützt.

Ingrid

Meine spätere Frau, die ich beim Eislaufen im Stadtpark Wien kennenlernte. Eine großartige Schwimmerin und Skifahrerin, mit der ich meine ersten Reisen machte. Mit unserem ersten Renault 4CV überquerten wir die Alpen und besuchten erneut meine Heimat in Kärnten.

Christian, unser wunderbarer Sohn, der einer der erfolgreichsten Gynäkologen (Onkologen) Wiens wurde.

Vilma, unsere Schwiegertochter, die uns unsere drei wunderbaren Enkel schenkte:
Lara, Daniel und Stefan

VITA

Franz Peters-Engl, Jahrgang 1935, wurde im ehemaligen Jugoslawien geboren. Er verlor in den Anfängen des Zweiten Weltkrieges seine Eltern und wurde etwa fünfjährig zum Waisenkind. Nach Monaten des Herumirrens mit Partisanenflüchtlingen wurde er von einer deutschen Militäreinheit aufgegriffen und fand bei dieser Zuflucht bis Herbst 1944.

Während des Rückzuges der deutschen Einheiten Richtung Westen wurde der damals Achtjährige in weiterer Folge nach Österreich mitgenommen, wo er schließlich in Wien ein bleibendes Zuhause fand.

Nach Abschluss der Volksschule in Kärnten besuchte er vier Klassen des Realgymnasiums und anschließend fünf Klassen einer höheren technischen Lehranstalt für Maschinenbau in Wien.

Er ist verheiratet und hat einen Sohn, Christian.

Heute lebt er mit seiner Frau Ingrid in Wien, reist begeistert und liebt das Leben.

NACHWORT HERA LIND

Als ich im Oktober 2021 die Einsendung von Franz Peters-Engl bekam, drückte ich sie etwas ratlos meinem Mann Engelbert in die Hand. Auf dem 2018 im Eigenverlag herausgegebenen Buch war ein scheuendes Pferd mit einem bärtigen Reiter zu sehen, und nach beiden schnappte ein Wolf.

»Lies du das mal, das sieht mir eher nach Karl May aus und passt sicher nicht in mein Beuteschema.«

Wenige Stunden später reichte mein Mann mir das Buch zurück: »Ich versteh ja nichts vom Bestsellerschreiben, aber in meinen Augen ist das ein Volltreffer.«

Mein Mann hat als Hotelmanager mit vierzigjähriger Erfahrung echte Menschenkenntnis und ein Gespür für Wahrhaftigkeit.

Ungläubig riss ich ihm das Buch aus der Hand und war stundenlang nicht ansprechbar. Am selben Abend bestätigte ich ihm: »Volltreffer.«

Wenn der Funke beim Lesen überspringt, greife ich immer sofort zum Telefon.

Djoko, so wurde Franz Peter-Engl genannt, hörte sich bereits am Telefon so charmant wie sympathisch an mit seinem Wiener Schmäh und seinem galanten »Gnädige Frau«. Er freute sich hörbar über mein Interesse, und wir vereinbarten ein Kennenlernen bei ihm zu Hause.

Bereits im November 2021 saß ich gebannt im Taxi und ließ mich in den beschaulichen Wiener Vorort fahren, in dem mein Romanheld recht bürgerlich und bescheiden mit seiner Frau Ingrid lebt.

Es war bereits dunkel und es lag Schnee. Ganz Gentleman alter Schule, kam der weißhaarige alte Herr mir durch den verschneiten

Vorgarten entgegengeeilt und geleitete mich fürsorglich durch das Treppenhaus eines Mehrfamilienhauses in den obersten Stock, wo die Schuhe vor der Wohnungstür standen. Patschen hatte ich zum Glück dabei, wie sich das in Österreich für einen Besucher gehört.

Bei Sekt und Kuchen saßen wir kurz darauf gemütlich in dem vertäfelten Wohnzimmer zusammen.

»Und das haben Sie wirklich alles erlebt, Herr Peters-Engl?«

»Jawohl, das habe ich.« Leises Gelächter perlte zwischen den Sektgläsern.

»Und das stimmt, Frau Ingrid?«

»Ja, das stimmt. Hier, sehen Sie, die Fotos …«

Seine zurückhaltende, freundliche Gattin brachte Fotos herbei, und auch wenn es von der ersten Zeit der Flucht durch die Wälder verständlicherweise keine Fotos gibt, so erschien mir seine Geschichte doch wirklich glaubhaft.

Das erste Foto zeigt seine Adoptivmutter Adelheid Koller, eine dunkelhaarige junge Frau mit Hochsteckfrisur und Pelzjacke. Das zweite Foto ihre gutbürgerliche Villa im 23. Bezirk. Das dritte zeigte den blinden, schnurrbärtigen Vater von Frau Koller, Alois Engl, mit Anzug und Krawatte im Vorgarten.

Dann legte Ingrid mir ein Schwarz-Weiß-Foto von zwei spielenden Kindern in »Wetterfleck und Haube« hin, die gerade einen Schneemann gebaut haben: Käthe und Franz.

Es folgten Fotos von Familie Bugelnig mit Kindern und Angela, der Kindergärtnerin, mit weißer Schürze und einer Schar Kleinkinder um sich herum.

Die Hängebrücke in der Raggaschlucht, auf der Franz zum Schneider gelaufen ist. Sie schlängelt sich durch wilde, steile Formationen an senkrechten Felsen über einem reißenden Bach entlang, aber sie hat ein Geländer.

Seine allerersten visuellen Eindrücke hat Franz Peters-Engl auf sehr plastische Weise selbst gebastelt und abfotografiert: In seinem

Buch sieht man das winzige Häuschen mit den zwei Ställen, der Hühnerstall mit Leiter, neben zwei Felsblöcken auf einer einsamen Wiese stehen. Zum runden steinernen Brunnen fließt ein kleiner Bach, und Schatten deuten den Waldrand an. Seine erste Erinnerung, sein Elternhaus.

Absolut faszinierend ist ihm die Darstellung der Hängebrücke über den reißenden Fluss Vrbas gelungen: Mithilfe kleiner Plastikfigürchen, die verzweifelt versuchen, bäuchlings hinüberzugelangen, wird das Ausmaß der Länge, aber auch die absolut lebensgefährliche Situation plastisch verdeutlicht.

Eine letzte von ihm mithilfe von Plastikfiguren gestellte Szene ist die der drei Partisanen (eine davon rothaarig) mit dem kleinen Djoko an der Wasserquelle: Die vier liegen bäuchlings in der Wiese und sehen noch nicht, dass sie von vier bewaffneten SS-Männern umringt sind.

Djokos Erzählweise in seinem Buch ist ungeheuer dicht und atemberaubend, wenn auch durchgehend männlich-sachlich: »Es ergab sich durch unseren geschwächten Zustand, dass der eine oder andere von uns stolperte und zu lange liegen blieb. Seitens der Germanskis wurde das als Provokation aufgefasst und eine Maschinenpistole im Rücken fühlend, stand man rasch wieder auf den Beinen.«

Ich kam nicht umhin, Djoko – also Franz Peters-Engl – mehrfach Komplimente zu machen zu seinem dichten Erzählstil, seiner großartigen Leistung, dieses Buch geschrieben und illustriert zu haben, und natürlich seiner Lebensleistung, der unfassbaren Tapferkeit.

Immer wieder freute sich der alte Herr auf seine bescheidene, heitere Art, und seine Frau reichte Kuchen nach.

Es folgten Bilder von der Volksschulklasse in Kärnten: Etwa vierzig Kinder sitzen dicht gedrängt vor einem hölzernen Bau. Der Kleinste mit den schwarzen Locken und dem strahlenden

Lachen ist eindeutig Djoko. Beziehungsweise Franz. Man ist wirklich schockverliebt.

Bei köstlichem Apfelstrudel mit Schlag durfte ich dann mithilfe von Bildern den weiteren Lebensweg von Djoko verfolgen: Franz mit einem Rennrad, das er 1951 zur bestandenen Prüfung von Mutter und Großmutter geschenkt bekommt. Der Sechzehnjährige strahlt vor Stolz und Unternehmungslust.

Franz mit Familie Bugelnig und Traktor vor deren altem Bauernhaus, zu dem Franz 1952 mit seinem Rennrad gefahren ist.

Franz in seiner vierzigköpfigen Klasse, etwa sechzehnjährig, mit Lehrer, der Pfeife raucht. Franz erkennbar der Dunkelste und Kleinste.

Franz in der Tanzstunde mit einer jungen Dame, weiße Bluse, knöchellanger Faltenrock. Franz im dunklen Anzug.

Franz mit Fußball und selbiger junger Dame lachend im Sommer auf einer Wiese sitzend.

Franz als junger Erwachsener mit junger Dame auf Skiern in den Bergen.

Franz und selbige junge Dame als Brautpaar 1961.

Baby Christian in der Wiege, geboren 1962.

»Darf ich Ihre Geschichte denn in meinem Stil neu schreiben?«

»Aber bitte, gnädige Frau. Sie sind die Bestsellerautorin. Ich vertraue Ihnen.«

»Und möchten Sie einen Blick darauf werfen, wenn ich fertig bin?«

»Nein. Wie gesagt, ich vertraue Ihnen und lasse mich überraschen.«

Ich kann mich nur bei der Dame bedanken, die Djoko den Rat gegeben hat, mir sein Buch zu schicken. Inhaltlich habe ich fast gar nichts verändert. Nur ab und zu habe ich Nebenfiguren oder Nebenschauplätze gebündelt und gestrafft.

Und es ist tatsächlich ein vierhundert Seiten umfassender Roman geworden, auch wenn es sich »nur« um die Kindheit des Protagonisten handelt!

Natürlich hat Franz Peters-Engl mir noch weitere Informationen über sein späteres Leben geschickt, aber das wirklich Faszinierende, Außergewöhnliche ist seine Kindheit.

Ich bedanke mich bei Djoko – Franz Peters-Engl – mit tiefem Respekt und großer Wertschätzung für sein Vertrauen, seine unglaubliche Lebensleistung und seine großartige Vorlage.

Es ist mir eine Aufgabe und eine Verantwortung, die unfassbaren Geschichten der Menschen, die im Zweiten Weltkrieg Kinder waren, heute einer breiten Öffentlichkeit zukommen zu lassen.

Wenn Sie, liebe Leserin und lieber Leser, auch eine außergewöhnliche, spannende Geschichte für mich haben, die eine große Öffentlichkeit interessieren könnte, dann senden Sie sie mir gerne, ich lese alle Einsendungen selbst, deshalb bitte ich Sie um Geduld.

heralind@a1.net

Hera Lind
Roman- und Schreibwerkstatt
Universitätsplatz 9
A-5020 Salzburg

Mein Dank geht natürlich auch an meine wundervollen Mitstreiter und Mitstreiterinnen im Verlag, allen voran Michaela Kenklies und Dr. Doris Janhsen, der Verlegerin, die von Anfang an die Kraft meiner Tatsachenromane geglaubt haben, an alle, die an der Verbreitung in den sozialen Medien arbeiten, an alle Mitarbeiter und

Mitarbeiterinnen im Buchhandel und natürlich an Sie, meine treuen Leserinnen und Leser.

Mein innigster Dank geht an meinen Mann, Engelbert Lainer-Wartenberg, der unermüdlich dafür sorgt, dass in der Roman- und Schreibwerkstatt die Kreativität blühen darf: Durch seine Fürsorge und Liebe, seine respektvolle Aufmerksamkeit meinen Protagonisten und Protagonistinnen, Schreibseminar-Teilnehmern und -Teilnehmerinnen und meiner Wenigkeit gegenüber. Wir sind ein tolles Team.

Besuchen Sie auch meine Internetseite:
www.heralind.com/schreibseminar

Vielleicht dürfen wir Sie eines Tages hier in unserer Romanwerkstatt im Herzen der Mozartstadt Salzburg willkommen heißen.

TEILNEHMERSTIMMEN:

Von Herzen sage ich Dir und Engelbert DANKE für dieses außergewöhnlich inspirierende Wochenende in der Mozartstadt. Euer gemeinsames Projekt, die »Romanwerkstatt«, ist kein Seminar im üblichen Sinne. Es ist ein einzigartiges Schatzkästchen, gefüllt mit lauter Puzzleteilen, wovon jedes einzelne Eure innige Verbindung widerspiegelt und als Ganzes das Wort LIEBE ergibt. – *Kathrin*

Die Hingabe zum Schreiben, die Empathie zu den unterschiedlichsten Menschen, der Gaumenkitzel der Gourmetküche, die Liebe zu Salzburg und Österreich und die Heimat, die ihr gefunden habt und in der ich mich von der ersten Sekunde an wohlgefühlt habe – das alles und noch viel mehr sind die einzelnen Bausteine, die insgesamt ein tolles Seminarprogramm ergeben haben. – *Bernd*

Mit Leichtigkeit, Spaß, Lebensfreude und echtem Interesse an jedem von uns führst du uns durch die Übungen, und im richtigen Moment, sobald die Köpfe rauchen und ein Funke der Anstrengung in unseren Gesichtern aufgetaucht ist, serviert uns Engelbert die nächste Köstlichkeit. – *Isolde*

Jede Anleitung und jedes immer wertschätzende Feedback war klar, präzise und sofort schnell umsetzbar. Die Lust am Schreiben ist mit jeder Übung gewachsen. Jede einzelne Träne der Erleichterung, jeden Glücksmoment und den einzigartigen Geschmack des Kalbsgulaschs habe ich in meinen Zellen gespeichert und kann alles jederzeit wieder in der Erinnerung abrufen. – *Claudia*

Zur Masterclass: Dir ist es gelungen, uns alle vier da abzuholen, wo wir mit unseren Werken zwischenzeitlich waren. Wir haben voneinander gelernt wie von Dir: Mimik, Gestik, Körpersprache! Lebendige Dialoge! Atmosphäre, Tempo, Spannung, roter Faden! Du hast uns immer wertschätzend Rückmeldung gegeben und uns ebenso humorvoll wie liebevoll motiviert! Und Engelbert hat uns jeden Wunsch von den Augen abgelesen. Einfach großartig, ich weiß jetzt, wie ich weiterschreiben kann, und es war jede einzelne Minute wert! – *Roland*

Ein Wochenende der Superlative. Mit perfekt aufeinander abgestimmten Kurseinheiten kitzelt Hera Lind dein verborgenes Potenzial hervor. Liebevoll und professionell wird aktuelles Schreibhandwerk vermittelt. Dazu wirst Du königlich verköstigt. Für mich war es Lebensschulung pur. Eine wahre Freude und Bereicherung. Tausend Dank an Hera und Engelbert. – *Franziska*

Ich hab schon einige Schreibseminare besucht … und dort war es nicht immer angenehm, wenn ein Text oder eine Formulierung gnadenlos zerpflückt wurde. Bei Hera Lind und Engelbert Lainer-Wartenberg war das GANZ ANDERS – durch wertschätzende Kritik und eine sehr angenehme Atmosphäre in ihrer Privatwohnung im Herzen von Salzburg fühlte ich mich jederzeit sehr wohl und gut aufgehoben. Es war das mit Abstand beste Seminar, das ich mitgemacht habe: viel Neues gelernt und ganz viel Motivation mitgenommen! Hera verriet uns zahlreiche Techniken und Kniffe zum literarischen Schreiben, die mir viel gebracht haben. Dazu kamen interessante und gewinnbringende Gespräche über das Bücherschreiben, das Aufspüren von Themen und das Leben an sich. Auch durch die vorzügliche kulinarische Betreuung von Engelbert fühlten wir uns alle – obwohl die Schreibübungen bisweilen herausfordernd und anstrengend waren – wie in einem Urlaub, den man gern verlängern würde. Zwei außergewöhnliche Menschen, frei von jeglicher Arroganz, mit großem Herzen, viel Lebenserfahrung und Humor geleiteten uns Teilnehmer:innen durch drei wundervolle Tage. Es war eine interessante Mischung – intensiv, locker, anstrengend, bewegend, lehrreich, traurig, lustig … in Summe FÜNF STERNE SUPERIOR! 1000 DANK, liebe Hera und lieber Engelbert! – *Sibylle*

Auch auf diesem Wege möchte ich mich ganz herzlich für das tolle, inspirierende und genussvolle Wochenende bei Euch bedanken. Ich hatte keine Vorstellung, was mich erwartet. Die Realität hätte und hat alles übertroffen. »Eingetaucht« bin ich in eine Welt, die sich mir sicher sonst niemals erschlossen hätte, von der ich bis dahin nicht wusste, dass es sie gibt. Es hat unbeschreiblichen Spaß gemacht, und ich konnte viel lernen, auch, dass es möglich ist, das zu tun, was mich glücklich macht. Meiner Fantasie freien Lauf zu lassen. IHR seid richtige Herzensmenschen! Engelbert, dein Name ist Programm: Engel. Du kochst überirdisch. – *Martina*

Der Aufenthalt in Salzburg, ganz besonders bei euch in euren privaten Räumen mit der hervorragenden und einzigartigen Bewirtung, hat einen solch bleibenden Eindruck bei mir hinterlassen, dass die Fahrt von Salzburg nach Hause (immerhin 7½ Stunden) nur so ein Gucken war. Gedanklich habe ich das komplette Seminar noch einmal erlebt, die vielen Eindrücke verarbeitet und mich über die neuen Bekanntschaften gefreut.
Mein erster Roman ist auch schon in meinem Kopf entstanden. Das Handwerkszeug habe ich bei euch lernen dürfen. Jetzt geht's ans Anwenden.
Ich bin so unglaublich motiviert, wie schon seit Jahren nicht mehr. Nicht nur, was das Schreiben angeht. Habe ich mich letzte Woche noch jeden Morgen frustriert auf den Weg zur Arbeit gemacht, bin ich heute früh mit Schwung aufgestanden und verbreite seitdem gute Laune im Büro :-) – *Anke*

Auf meinem Lebensbogen thront das Erlebte und Erfahrene der drei Tage des Schreibseminars nun ganz oben!

Mit Offenheit, Humor, liebevoller Fürsorge und klingenscharfem Sachverstand habt Ihr eine Atmosphäre kreiert, in der sich seelische Schleusen öffnen, die Kreativität explodiert wie ein Vulkan und komprimiertes, fundiertes Wissen vermittelt, das mich jahrelang bereichern wird.

Welches Wort drückt die Steigerung von »Danke!« aus?

Es muss noch erfunden werden, um auszudrücken, welches Geschenk und auch Ehre es war, kurz ein Teil Eures Lebens zu sein und so viel Inspiration und Motivation mitnehmen zu dürfen.

Ich hoffe: Auf bald! Ich mache mich an die Arbeit. – *Birgit*

Liebe Hera,

ich habe das Buch »Die nächste Depperte« von Susanne Kristek gelesen, in dem Dir ein Kapitel gewidmet ist. Dabei habe ich an die kreative Schreibwerkstatt in Eurem gemütlichen Heim mit der wunderbaren Betreuung von Deinem sympathischen Engelbert gedacht, und mich nochmal gefreut, dass ich teilgenommen hatte und mir für meine privaten Reisedokumente und für einige Kurzgeschichten über alltägliche skurrile Ereignisse sehr viel mitnehmen konnte, was meinen Schreiballtag bunter macht: Kino im Kopf … allzeit präsent!

Danke, dass ich durch Deine wirksamen Übungen wenigstens kleine Türchen in meinem Hirn öffnen konnte, aus denen so manche brauchbare Quelle sprudelt. – *Trixi*

Wahre Liebe, Höllenqualen und die Hoffnung
auf eine bessere Zukunft

HERA LIND

MIT DEM MUT
ZUR LIEBE

Roman nach einer wahren Geschichte

Es ist Liebe auf den ersten Blick, als sich Johanna und Dieto 1957 in Dresden zum ersten Mal begegnen. Ihre Väter waren zusammen in russischer Kriegsgefangenschaft, und beide bringen ihren Kindern die artistischen Kunststücke bei, die ihnen den sicheren Tod im Arbeitslager erspart haben. Doch als das junge Artistenpaar nach hartem Drill schließlich Weltniveau erreicht, muss Dieto sich drei Jahre beim Militär verpflichten. Das junge Paar flieht Hals über Kopf in einem Schlauchboot über die Adria, wo sie nur mit Badesachen bekleidet nach 36 Stunden völlig erschöpft ankommen. Da wird ihnen bewusst, dass sie ohne ihr Equipment keine Existenz aufbauen können. Dieto lässt Johanna bei Fremden zurück und versucht es ein zweites Mal …

Die wahre Geschichte einer Frau, die Unaussprechliches erlebt und trotzdem nie ihr Herz verschlossen hat

HERA LIND

DAS LETZTE VERSPRECHEN

Roman nach einer wahren Geschichte

Weihnachten 1944 bricht im Banat die Hölle für die kleine Anni aus: Brutal wird die Fünfjährige in Siebenbürgen aus den Armen ihrer jungen Mutter gerissen – und in ein jugoslawisches Kinderheim verschleppt. Heimlich fährt Annis Oma mit und ermöglicht der Kleinen die Flucht. Doch als Anni später endlich wieder mit ihrer Mutter vereint ist, kann ihr die schwer traumatisierte Frau keine Liebe mehr geben. Und im Nachkriegsdeutschland hat niemand Zeit für Mitgefühl. Erst als Anni dem Bauernsohn Hans begegnet, glaubt sie, ein wenig Glück gefunden zu haben. Bis die Schrecken der Hölle sie einholen …